Geulnuri
2014-B-02

Law of International Transaction

국제거래법

김원규

글누리
HNU

국제거래법

머 리 말

이 책은 국제거래 · 국제사법 강좌의 교과서로 사용하기 위하여 저술된 것으로서, 초학자가 국제거래 및 국제사법에 가능한한 쉽게 접근할 수 있도록 꾸미고자 노력하였다. 국제화를 넘어 세계화라는 말이 누구에게나 낯설지 않게 느껴지는 지금, 이 책이 앞으로도 그 역할을 하는 데 도움이 되기를 바라는 마음으로 서문을 쓴다.

현대인의 생활은 어떤 형태로든 국제거래와 관련하여 생각할 수 있다. 특히 수출과 수입 등 국제무역을 중심으로 이루어지는 우리나라의 경제구조, 일일생활권이라고 하기에는 조금은 부족하지만 개인이나 각종 단체의 빈번한 국제적인 왕래를 생각한다면 이를 쉽게 이해할 수 있을 것이다.

이러한 의미에서 국제거래를 둘러싼 다양한 법적 문제에 대한 해석은 오늘날 국제거래법학을 포함한 법학의 중요한 과제라고 생각한다. 이 점에서 국제거래법의 연구와 젊은 학생에 대한 교육은 앞으로도 더욱 그 중요성을 더해 갈 것으로 전망된다. 그러나 국제거래법의 개념정의가 정립되지 아니한 점 말고도, 그 내용이 다양하고 그 적용 대상 또한 너무 넓기 때문에, 연구자는 물론 후학들의 앞으로의 역할과 활약이 기대된다.

이 책은 전체적인 내용과 형식의 일관성을 중시하여 그 구상과 내용에 관하여 이를 유지하고자 노력했으며, 2003년 8월 16일 국무회의 심의를 거쳐 2004년 2월 9일 국회에서 동의를 얻어 2004년 2월 17일 국제연합 사무총장에게 가입서를 기탁함으로써, 2005년 3월 1일자로 대한민국에 대하여 발효된 국제물품매매계약에 관한 국제연합협약(CISG, The United Nations Convention on International Contracts for the Sale of Goods)에 관하여도 그 해석에 신중을 기했다.

이 책이 독자들로 하여금 국제거래와 관련된 법률적 지식만을 전달하는 단계를 넘어, 세계화시대에 온 국민의 국제적인 생활관계를 이루만져주고 관련 분쟁을 아우르는 데 조금이라도 도움이 되었으면 하는 간절한 마음을 담는다.

끝으로 이 책의 출판에 도움을 준 한남대학교 출판부 관계자들에게 고마움을 전한다.

2014년 2월

한남대학교 법과대학 김원규

국제거래법

차 례

❖ 머/리/말

제1장 총 설

제2장 국제거래계약

PART 1

총 설

제1절 국제거래의 개념

제2절 국제거래법의 개념

제1절 국제거래의 개념

01 의의

국제거래의 개념은 아직 명확하게 정립되어 있지는 않으나 일부 주장이 유력하게 제기되고 있다. 일반적으로 국제거래란 서로 다른 국가에 소재하는 당사자 간에 국경을 넘어 이루어지는 물품,[1] 용역·기술,[2] 자본[3] 등의 상거래를 말한다. 그러므로 거래의 대상이 국경을 넘지 않고 우리나라 기업 간에 미국 내에서 이루어지는 거래 또는 외국기업 간에 한국 내에서 행하여지는 거래는 국제거래라고 할 수 없다.

이에 대하여 국제거래의 개념을 좀 더 넓게 파악하여 위와 같은 상거래에 부수하여 발생하는 국제기업조직, 국제과세 및 국제상사분쟁을 포함하여 이해하는 경우도 있다.

2차 대전 이후 1950년대까지는 물품의 매매와 이에 부수하는 해상운송, 해상보험, 대금결제 등 물품거래가 중심을 이루었다. 이후 생산기술의 발달과 교통·

---

1) 물품거래는 '무역거래', '수출입거래', '중개무역거래' 등으로도 불리며, 한국에서 미국으로의 자동차 수출, 사우디아라비아에서 한국으로의 원유 수입, 미국에서 한국으로의 소맥(밀)의 중개무역 등이 이에 해당한다.

2) 용역거래는 '서비스거래', '무역외거래'라고도 불리는데, 예를 들면 한국 기업의 개발도상국에 대한 기술원조거래, 상품의 해상운송거래 및 해상보험거래 등을 들 수 있다.

3) '자본거래'로서, 외국환거래법 제3조 제19호 각 목에 해당하는 거래를 말하며, 이에 해당하지 않는 거래는 '무역외거래'가 된다.

통신의 발전에 따라 국제거래가 증가하게 되었고, 운송, 보험, 금융, 정보, 광고 등 용역(서비스)의 거래 또한 중요한 위치를 차지하게 되었으며, 공업화의 진전에 따라 생산시설(플랜트)의 건설이나 첨단기술의 국제적 이전과 새로운 거래형태의 창출 등 국제거래의 다양화와 거래규모의 확대가 진전되었다.

한편 국제금융시장의 발달과 함께 대출거래, 해외에서 발행하는 증권거래, 합작회사의 설립이나 외국 회사의 매입과 같은 해외투자 등을 중심으로 자본거래가 활발하게 이루어지게 되었다.[4)]

국제거래에 적용되는 법률로는 국제계약법 등과 같이 당사자 간의 사적인 권리의무와 관련된 국제상거래법, 국제경제법 등과 같이 거래에 대한 각국 정부의 WTO에의 개입 및 간섭과 관련된 국제통상 관련법, 광의의 국제사법 및 당사자 간의 분쟁해결과 관련된 국제분쟁관련법 등이 있다.

02 특 징

1) 거래대상의 다양성

국제거래는 그 대상이 국경을 초월하며 움직이기 때문에 거래의 상대방이 다양하다는 특성이 있다. 즉, 국제거래의 상대방은 인종, 민족, 종교, 언어, 풍속, 관습, 사고, 가치판단, 문화 등에서 서로 다른 경우가 많다. 이러한 상대방의 다양성은 법률의 다양성과 상사분쟁의 빈발이라는 특징의 원인이 되기도 한다.

2) 법률의 다양성

국제거래에는 자국의 법률뿐만 아니라 당해 국제거래와 관련된 여러 국가의 법률이 관련되는 경우가 많다. 여기서 말하는 법률에는 조약이나 국제상업회의

4) 여기에는 경영참여를 위한 장기자본 이동에 해당하는 직접투자와 자본이득 목적의 단기자본 이동에 해당하는 간접투자가 있다.

소(ICC; International Chamber of Commerce)가 작성한 각종 통일규칙 등도 포함된다. 국제거래와 관련된 법률의 다양성은 법률의 저촉을 초래하게 되는데, 국제거래에서 공법의 저촉에는 국제거래에 따른 국제이중과세 및 공정거래법의 역외적용의 문제가 있으며, 사법이 저촉될 가능성이 있는 경우에는 각종의 국제거래에 적용되는 준거법을 지정하는 국제사법의 도움을 받을 수밖에 없다.

3) 상사분쟁의 빈발

국제거래에서는 거래의 상대방이 다양하다 보니 상사분쟁이 자주 발생한다. 그러므로 국제민사소송이나, 국제상사중재, 그리고 정부조사[5]에 적합한 대응을 해야 한다. 이러한 상사분쟁을 예방하기 위한 조치로서는 신용 있는 상대방의 선택과 계약 시의 합당한 조치가 필요하다.

한편, 최근 기업과 기업의 임원이나 종업원이 국제거래와 관련하여 형사법 위반이 문제되는 경우가 종종 있다. 자국이나 현지국의 외국환거래법 위반, 영업비밀(Trade Secret)의 유출 교사, 증뢰 내지는 부정 지급 등이 이에 해당하나, 이러한 문제들은 현지 주재원의 유괴와 관련된 문제를 포함하여 '법적 위기관리' (Legal Risk Management)의 일환으로써, 이와 같은 형사법과 관련된 소송문제 등은 여기서는 다루지 않기로 한다.

4) 국제기업조직의 필요성

국제거래를 수행하는 당사자는 현지국의 실정에 적합한 국제기업조직을 설치하는 경우가 많다. 국제기업조직이란 해외에서 설치 또는 설립되는 공사사무소, 주재원사무소, 지점, 합작회사를 포함한 현지법인 등을 말하는데, 보통 현지국의 이른바 외국인 관련법, 세법, 국제과세, 기업의 채산성 등을 검토하여 설치한다.

---

5) 즉, 최근 무역마찰 내지는 경제마찰을 배경으로 소위 '통상법'에 기초하여 정부에 의한 덤핑 조사 등이 빈번히 이루어지고 있다.

03
국제거래의 사적영역에서 고려되는 문제

국제거래의 사적영역에서는,

① 수출계약에 적용될 매매계약법상의 대금결정과 지급, 물품의 인도, 위험이전에 관한 문제

② 대금지급과 관련된 환어음 등 유가증권, 신용장에 의한 대금지급 시 관련법에 관한 문제

③ 매도인의 수출이행의무를 담보할 보증이 수수될 경우 관련법 문제

④ 물품의 인도를 위하여 체결되는 해상운송계약 및 보험계약과 관련된 운송법과 보험법에 관한 문제

⑤ 거래목적물의 결함에 의한 소비자 피해발생 시의 제조물책임법 문제

⑥ 계속적인 거래가 이루어지는 경우에는 상대국의 수입상을 대리점으로 지정하거나 독점적 판매권을 가진 총판을 지정한다면 대리에 관한 법률 문제

⑦ 계속적 공급계약의 경우 관련법의 적용 문제

⑧ 독점권의 부여 시 당사자 간의 약정으로 경쟁자를 부당하게 배제하거나 상대방에게 부당한 거래조건(예컨대, 재판매가격유지행위 등)을 부과할 경우 공정거래법 등의 적용 문제가 고려될 수 있다.

제 2 절 국제거래법의 개념

01 의 의

국제거래를 규율하는 법규범의 총칭[6]으로서의 국제거래법(The Law of International Transaction)의 개념정립은 아직 미숙하기 때문에 그 내용이나 범위 또한 확립되어 있지 못하다. 그러나 이에 관한 이론을 정리하면, 국제거래를 어떻게 이해하는가에 따라서 다음과 같이 세 가지 견해로 나누어 볼 수 있다.

1) 제 1 설

이 이론은 국제거래법이란 국경을 넘어 이루어지는 물품, 자본, 기술, 서비스 제공 등을 내용으로 하는 거래와 관련된 일체의 법규로서, 국제거래에 적용되는 모든 법을 국제거래법으로 보는 견해이다(국제거래의 개념을 광의로 파악한다).

2) 제 2 설

이 이론은 국제거래법이란 서로 다른 국가 또는 법체계를 달리하는 지역 간

6) 대표적인 규범으로는 국제물품매매계약에 관한 UN협약(비엔나협약), ICC의 신용장통일규칙과 INCOTERMS, 해상법, 국제항공운송과 관련한 바르샤바협약과 헤이그 의정서, 보험법, 국제사법, 중재법 등을 들 수 있다.

에 행하여지는 물품, 용역 및 자본 등의 상거래를 규율하는 사법적 성격을 가지는 실체법 규범으로서, 국제상거래법만이 국제거래법으로 보는 견해이다(국제거래의 개념을 협의로 파악한다).

3) 제 3 설

이 이론에 따르면 국제거래법이란 국제거래에 직접 관련된 법체계로서 국제상거래를 규율하는 실체법 규범이라고 한다. 이러한 법규범은 상거래로부터 발생하는 사인 간의 권리와 의무를 직접 규율하는 사법적 성격을 가지며, 여기에는 격지자 간의 상거래를 규율하는 통일법이나 통일규칙 및 관습, 각국에서 섭외적인 법률관계를 규율하는 법률이 포함된다(절충적인 입장).

4) 검토

이상 살펴본 바와 같이 국제거래를 협의로 파악하느냐 아니면 이를 광의로 파악하느냐에 따라서 국제거래법도 달리 정의되어진다.

제1설에 따라 국제거래법을 아주 포괄적으로 정의하면 국제간의 상거래에 적용되는 공법과 사법을 포괄한 모든 법의 총체로 파악하는 개념으로 정의된다. 즉, 여기에는 국제기업조직과 관련된 법으로서 외국인 관련법, 외국자본 관련법, 외국기업규제 관련법 등은 물론, 국제과세와 관련된 법으로서 현지국의 세법, 자국이 체결하고 있는 조세조약 등 및 국제상사분쟁과 관련된 법으로서 국제민사소송법, 국제중재법, 미국통상법(Trade Acts), EC의 덤핑방지법(Anti-Dumping Acts) 등을 포함하고 있다. 이에 관하여 국제거래를 수행하기 위한 국제기업조직, 국제거래로부터 발생하는 이익에 대한 국제과세 및 국제거래에 수반하는 국제상사분쟁과 관련된 법규범을 모두 포함시키는 것은 국제거래법의 범위를 지나치게 넓히게 된다는 점이 지적될 수 있다.

제2설에 따르면 외국환거래법, 세법, 경쟁법 등 공법적 성격을 가지는 법과 국제민사소송법이나 국제중재법 및 국제사법 등 절차법이나 저촉법은 국제거래법에 포함될 수 없기 때문에 당사자 간의 분쟁해결을 위한 국제사법이나 국제상사중재법도 여기에서 제외되는 모순을 안고 있다는 지적이 있을 수 있다.

제3설에 따르면 국제거래법은 공법적 색채가 강한 국제통상법을 제외한 국제상거래법과 국제운송법, 보험법, 국제상거래상의 분쟁해결을 위한 국제사법과 국제상사중재법 등으로 한정하게 된다. 이에 대하여는 사인 간의 권리와 의무에 관하여는 세계적인 규모의 완전한 법규의 통일이 이루어지지 않는 한, 법정지의 저촉규칙인 국제사법에 의하여 결정되는 준거법인 각국의 국내법이 적용되고 통일규칙 등은 당사자가 이를 원용함으로써, 그리고 관습이나 관습법의 적용은 준거법의 규정에 따르기 때문에, 국제거래법은 결국 각국의 섭외적 실질법을 의미하는 데 지나지 않는다는 지적이 있을 수 있다.[7)]

02 국제거래법의 형성과정

1) 중세의 상인법

중세의 상인법은 중세 후기에 지중해 연안을 중심으로 활동하던 상인들에 의해 형성된 상관습법이다. 당시 상인단체가 전 유럽을 상대로 국제적인 활동을 했기 때문에 이들의 영업방식과 관행은 그들의 활동범위 내에서는 일반적으로 적용되었다. 이러한 관행은 장기간에 걸쳐 반복적으로 적용되면서 관습법화되었고, 이는 나중에 각국의 국내법에 영향을 미쳐 오늘날 각국의 국내법에 포함된 규정의 상당부분은 중세의 상인법에서 유래한다고 할 수 있다.

2) 상인법의 국내법에의 편입(17~19C)

중세 상인법은 17세기 유럽의 절대왕조에 의한 주권국가의 성립과 함께 각국의 국내법 체계로 수용되었으며 이로 인하여 국제성을 상당부분 상실하게 되었다.

7) 高桑昭·江頭憲治郎編, 「國際取引法(第2版)」, 青林書院, 1997, 13면.

3) 국제사법의 극복과 국제거래법의 생성

국제거래 당사자 간의 난제는 적용법이 서로 다르다는 데 있다. 법의 충돌을 해결하기 위하여, 미리 당사자 간에 적용법규와 관할권에 관하여 합의하거나, 만일 합의가 없을 때에는 각국의 국제사법에 의하여 준거법을 결정하는 것이 일반적이다. 그러나 국내법인 국제사법의 내용이 서로 다르다 보니 그 해결이 곤란한 경우가 많다.8)

2차 대전 이후 국제적 환경의 안정과 과학기술의 발전은 농업을 포함한 산업의 대량생산 체제와 대규모 시장 및 분배기술의 진전을 견인하고 또한 기업활동의 세계화를 위한 환경조성을 앞당기게 하였다. 이러한 환경 하에서 국제거래가 증가하게 되면서 국제사법의 적용만으로는 거래관계의 원활한 해결이 곤란하다는 점이 논의되기에 이르렀다. 이에 따라 국제사법으로 적용법규를 지정하기보다는 국제거래관계를 규율하는 실질적인 법을 통일하는 것이 거래의 안전과 신속을 도모할 수 있다는 인식 하에, 이후 국제거래에 관한 각국 법의 조화와 통일을 위한 법규범이 형성되기에 이르렀다. 또한 국제거래에 수반하는 법적 기술은 정치적, 사상적, 경제적인 경향 여부를 불문하고, 또한 자본주의 경제이든 사회주의 경제이든, 선·후진국을 불문하고 차이가 없다는 점도 국제거래법규의 통일을 재촉하는 근거가 되었다.9) 1966년 UN국제상거래위원회(UNCITRAL; The United Nations Commission on International Trade Law)의 발족과 활동은 국제거래법의 발전에 결정적인 계기가 되었다.

국제거래법의 제정은 국가에 의해 구성되어 재정이 지원되는 정부 간 국제기구인 UN국제상거래위원회(UNCITRAL)를 비롯하여, 사법통일국제협회(UNIDROIT), 국제경제단체나 국제법률가협회(ILA; International Law Association) 등의 사적

---

8) 예를 들면, 국제물품매매계약에서 매도인의 소재지 국가의 국제사법은 계약에 적용될 법을 체결지법으로 하고 있는데, 매수인 측의 국제사법에는 적용법규를 이행지법으로 한 경우. 매수인 측의 법은 환어음의 발행지를 준거법으로 하고, 매도인의 법은 환어음의 지급지를 준거법으로 한 경우가 있다.

9) 위의 어떤 경우이든 상인들은 FOB 또는 CIF 조건으로 물품을 사고 판다. 대금지급은 화환신용장(L/C) 또는 추심협정에 의하여 하고, 물품의 인도는 용선계약, 선하증권 혹은 항공화물운송장에 의해 이루어지며, 운송 중에는 보험계약이 체결된다.

단체에 의하여 구성되는 비정부 간 국제기구인 국제상업회의소(ICC) 및 국제금융회의(IMC; International Monetary Conference)에 의하여 이루어진다.

03 국제거래법의 특징과 범위

1) 국제거래법의 특징

(1) 국내법과의 조화를 위하여 임의법 내지는 사적 자치가 허용된다.

(2) 국제거래법은 국내법적인 성질의 것이지만 이는 법의 조정과 통일의 필요성에 의하여 국제적인 규범제정기구에 의하여 의도적으로 제정되었으며, 그 법적 안정성을 확보하기 위하여 법규의 조정 내지는 통일을 꾀하고 있다.[10)]

(3) 국제거래법은 그 규율대상으로 하는 사항에 관하여 망라적이고 체계적인 규정을 가지고 있지 않고, 국제거래의 각 분야에서 국제적인 독자의 관습 및 관행이 성립되는 경우가 많다.[11)]

(4) 국제거래법의 대상은 다양하지만 그 규정의 성질은,

① 통일된 규정을 획일적이고 강행적으로 적용하기 위한 강행법규

② 당사자에 의한 계약자유를 제한하고 당사자의 권리의무를 일정 범위로 한정하기 위한 편면적 강행법규인 경우도 있다.

③ 당사자 간의 합의에 대신하거나 또는 이를 보충하는 임의규정의 세 가지로 정리할 수 있다.[12)] 물론, 통일규칙이나 표준거래조건 등의 대부분의

---

10) 예를 들면, 조약, 통일규칙, 표준거래조건, 약관, 관습 등을 들 수 있다.

11) 예를 들면, 상품의 해상운송 분야의 관습 등. 이는 각국의 법제도상의 차이, 정치적 내지는 경제적인 이유로 광범위에 걸친 통일법의 형성이 어렵기 때문이다. 통일규칙이나 표준거래조건 등이 일정한 법률관계를 모두 규율할 수 없기 때문에, 규정이 없는 경우에는 저촉규칙에 따라 결정되는 준거법이 적용된다.

12) 여기서 ①과 ②는 조약에 의한 통일이 필요하다고 할 수 있으나, ③은 각국의 국내법이 국제거래에 적합한 규정이라고는 볼 수 없다는 점에서 통일법 제정의 실익이 없다고는 할 수 없다.

통일법규는 임의규정이면서도 실제로는 당사자가 이와 다른 규정을 할 수 없다는 점도 특징의 하나로 볼 수 있다.13)

(5) 국제거래법은 민법이나 상법과 같은 국내법의 규정과 본질적으로 다르지는 않지만 주로 섭외적 관계에 적용된다.

2) 국제거래법의 범위

국제거래법은 앞에서 말한 바와 같이 광의의 법규범으로 해석될 수 있다. 예를 들면, 국제매매계약에서 필요한 법규에는 ① 외국환거래법 ② 공정거래법(경쟁법) ③ 세법(법인) 및 조세조약 ④ 관세법 및 통상법 ⑤ 무역보험법 ⑥ 제조물책임법 및 소비자기본법 ⑦ 환경법(공해) ⑧ 지적재산권법 ⑨ 국제민사소송법 및 국제중재법 ⑩ 국제사법 등이 있다.

따라서 국제사법, 국제민사소송법, 국제경제법, 국제법 등은 국제거래법과 밀접한 관련이 있으면서도 다른 법분야에 속하는 법이라는 견해도 있으나, 이러한 법들도 국제거래와 관련되는 한 국제거래법의 일부라고 할 수 있을 것이다.

04 국제거래법의 법원

1) 개관

통상적으로 법원(Source of Law)이란 법의 존재형식이라는 의미로 정의된다. 예를 들면, 국제거래에서 당사자 간의 계약은 청약과 승낙이라는 의사표시의 합치에 의하여 성립된다. 이때 청약 또는 승낙 행위가 있었는가의 여부나 당사자 중에 법인이 있었을 경우 그 행위가 권한 있는 법인의 기관에 의하여 행하여졌는지가 문제가 되었다면, 이에 대한 판단은 법정지의 국제사법에 의하

13) 예를 들면, 신용장통일규칙의 경우 획일적인 처리를 필요로 하는 점에서는 어음법과 유사하다.

여 정하여지는 당사자 중 어느 일방의 국가의 국내법인 민법이나 상법 등의 적용에 의하여 행하여질 것이다. 이 경우 국내법인 민법이나 상법이 법원이 된다.

이와 같이 국제거래법의 법원은 국제거래에서 발생한 일정한 법률문제를 해결하기 위하여 그 근거가 되는 법규범을 말하며, 여기에는 국제협약, 통일규칙, 국내법, 국제상관습법 등이 있다.

2) 국제제정규범

(1) 국제협약

국제협약이란 주권국가 간에 국제적인 법률관계를 설정하기 위한 문서에 의한 명시적인 합의를 말한다.

국제거래 관련 국제협약 중 각국 사법의 통일을 목적으로 하는 통일사법적 조약이 국제거래법의 법원이 되며, 이와 같이 사법적 성격을 가진 것으로는 UN어음협약(1988), 국제물품매매계약에 관한 UN협약(1980),[14] 선하증권에 관한 헤이그협약(1924), 지적재산권의 보호에 관한 파리조약, 서작물의 보호를 위한 베른조약이 있으며, 이 중에는 국내 입법을 거치지 않고 적용되는 것과 입법을 해야만 적용되는 것, 당사자의 의사에 관계없이 강행 적용되는 것과 당사자 간 그 적용을 배제할 수 있는 것이 있다.

그리고 공법적 성격을 지니는 국제협약에는 관세 및 무역에 관한 일반협정, 국제통화기금협정, 조세조약이 있다.

---

14) 비엔나협약(CISG; The United Nations Convention on International Contracts for the Sale of Goods)이라고도 하며, 이 협약에는 그 적용 범위와 적용 제외되는 부분이 명시되어 있고, 또한 계약의 성립, 물품의 매매, 매도인과 매수인의 의무, 및 계약의 상대방이 의무를 이행하지 않을 때 구제조치에 관하여도 명시되어 있다. 2003년 8월 16일 제36회 국무회의 심의를 거쳐 2004년 2월 9일 제245회 국회 제4차 본회의에서 동의를 얻어 2004년 2월 17일 국제연합 사무총장에게 가입서를 기탁함으로써, 2005년 3월 1일자로 대한민국에 대하여 발효하였다.

(2) 통일규칙

통일규칙은 국제거래계약의 당사자 사이에 계약조항 중에 이를 원용하여 계약내용의 일부로 할 것을 예정하여 작성한 계약내용이나 용어의 정의 등에 관한 일정한 규칙을 말한다.

국제적인 민간단체나 연구기관이 국제거래조건이나 그 해석에 관하여 작성한 것으로서, 국제상업회의소(ICC; International Chamber of Commerce)가 1936년에 제정한 정형거래조건(Trade Terms)에 관한 정의인 무역거래조건의 해석에 관한 국제규칙(INCOTERMS; International Rules for the Interpretation of Trade Terms)[15]과 1933년에 작성한 화환신용장통일규칙(UCP; Uniform Customs and Practice for Documentary Credits)[16] 등이 있으며, 이러한 통일규칙은 동종의 거래에서는 대단히 널리 이용되기 때문에 당사자가 계약 중에서 명시적으로 원용하지 않더라도 계약 중에 당연히 포함되어 있다고 추정되는 경우도 있다(예컨대, 추심통일규칙).[17]

(3) 표준계약조건과 약관

이는 통일규칙이 아니며 중재기관이나 업계의 협회 등 국제적인 단체에서 작성한 표준계약서식(Standard Contract Form)이나 표준계약조건을 말한다.[18]

---

15) Incoterms는 정형거래조건의 해석에 관하여 국제적인 규칙을 제공함으로써 국가 간 거래조건에 대한 상이한 해석에 따른 불편함을 제거하거나 감소시키기 위하여 ICC가 1936년에 제정한 국제규칙이다. 각 거래조건별로 당사자의 의무와 위험 및 비용의 분기점 등에 관하여 숙지하고 있어야 원활한 거래가 이루어 질 수 있다.

16) 국제매매거래의 대금결제에서 발생하는 문제점을 해소하고, 보다 원활한 거래를 위하여 ICC가 화환신용장의 형식과 용어 및 해석 기준 등에 관하여 규정한 국제규범이다. 실무에서는 주로 용어의 해석 및 제시해야 할 서류의 작성기준 등에 관하여 숙지하고 있어야 신용장의 내용에 합치하는 서류를 작성할 수 있기 때문에, 기본적인 용어를 중심으로 문구의 해석에 대한 기준에 관한 지식을 습득하는 것이 필요하다.

17) 국제거래에서 필수적으로 수반되는 것은 유상계약이기 때문에 대금결제 방식은 중요한 요소이다. 신용장, 송금환 등의 결제도 있으나, 추심을 통한 결제도 있다. 이러한 경우에 추심의 정의, 추심당사자, 제시형식, 의무 및 책임 등에 대하여 알기 위하여 추심통일규칙을 활용한다.

18) 통일규칙은 일단 당사자 간에 원용하기로 한 경우에는 그 내용을 변경할 수 없으나, 표준

예를 들면, 용선계약에서 이용되는 New York Produce Form, 플랜트수출계약에서 이용되는 유럽경제위원회(UNECE), 국제건설업협회(FIDIC)가 제정한 표준계약조건, 거래단체가 작성한 매매계약서식, 시장지배적인 기업이 작성한 매매계약서식, 발트해국제해운동맹(BIMCO; Baltic and International Maritime Conference)이 작성한 용선계약서식, 국제컨설턴트협회(FIDIC; Federation Internationale des Ingeniers-Conseils)가 작성한 공업시설건설계약서식 등이 있다. 이들은 그 자체는 계약서식의 형식을 갖추고 있지 않더라도 국제거래계약 중에 인용됨으로써 계약의 일부가 되는 것을 예정한 '원용 가능한 통일규칙'으로 불리는 것도 있다.[19)]

이들은 계약의 내용을 이루면서 당사자 간의 권리와 의무를 규율하는 데 지나지 않기 때문에 법원이 될 수 없다는 견해가 있으나, 반면 이들이 국제거래상 실제로 수행하고 있는 기능의 크기로 본다면 이는 자치법규로서 법원의 일종이라고 보는 견해도 유력하게 제기되고 있다. 표준계약조건은 거래계의 관행의 내용이나 존재를 확인하는 자료가 될 뿐이므로 법원이라 할 수 없다고 본다.

3) 국내법

국제거래에서는 섭외적인 법률관계에 적용하는 것을 목적으로 하여 국가가 국제조약에 근거하지 않고 독자적인 입장에서 제정한 국내법이 적용되는 경우가 많다. 또한 통일협약의 국내입법 형태(1936년 미국의 국제해상물품운송법은 헤이그규칙을 시행하기 위한 입법), 국제사법에 의한 적용(통일규칙이나 국제협약이 존재하지 않는 경우 국제사법에 따라 지정), 국내법의 역외 적용(공정거래법, 자본시장법) 등도 이에 해당한다.

계약조건은 이를 변경할 수 있다. 표준계약서식은 국제계약의 체결교섭의 기초로서 사용될 것을 예정한 계약 FORM을 말한다.

19) 예를 들면, INCOTERMS 등이 대표적이다.

4) 국제상관습법

보통 관습법은 관습이 장기간에 걸쳐서 계속적이고 반복적으로 행하여진 결과 그 구성원들에 의하여 법적 확신을 가지기에 이른 것을 말하는데, 국제거래에 관한 관습법은 항만과 같은 특정 지역에서 행하여지는 국제거래의 관습법으로서 성립하는 것도 있고, 특정한 종류의 거래에 관하여 세계적인 규모로 성립하는 것도 있다.

이러한 상관습법은 국제상업회의소(ICC)나 국제상거래위원회(UNCITRAL), 사법통일국제협회(UNIDROIT) 등에 의하여 국제상관습이 정형화되어 더욱 명료하고 지속적인 형태를 가지게 되었다. 예를 들면, ICC에 의하여 정형화된 무역거래조건(Incoterms)과 신용장통일규칙(UCP, 대부분의 국가의 은행에서 사용 중)이 있다. 국제상관습은 이미 대부분이 통일규칙이나 표준계약조건 등으로 정형화되었기 때문에 법원으로 설명할 실익이 없다.

5) 국제거래법의 법원의 적용순위

국제거래법의 법원 중 강행규정인 조약과 국내법, 계약조항, 국내법 중의 임의규정, 상관습법의 순서로 적용될 수 있을 것이다.

05 국제거래법과 다른 법과의 관계

1) 국제사법

국제거래법은 일정한 법률관계에 관하여 당사자의 권리의무를 규정하는 실체법에 속하는데 대하여, 국제사법은 일정한 법률관계에 적용되어야 하는 국가나 지역의 법률을 도출하기 위한 법칙으로서 이 법에서 직접적으로 당사자의 권리의무를 규정하지 않는다. 각국의 국내법에서 규정하는 섭외관계에 관한 법규정은 통상적으로는 국제사법을 개재시켜야 비로소 적용된다.

2) 국제경제법

국제경제법은 국제적인 경제활동에 관하여 국내 또는 국제적으로 경제정책적인 관점에서 규율하는 법규범을 총칭하는 개념으로서, 그 규정으로 당사자 간의 법률관계를 규제하고 혹은 거기에 개입하며 당사자의 권리의무에 간섭하거나 영향을 미치는 점은 있으나, 사인 간의 권리의무 그 자체를 규정하는 것은 아니다. 국제경제법은 규율의 대상이나 원리가 국제거래법과는 다르나 실제로는 국내 및 국제적인 경제정책의 틀 아래에서 국제적 상거래가 이루어지고 계약상으로도 이러한 공법적 규칙을 전제로 하지 않을 수 없다.

3) 국제민사소송법

국제민사소송법은 섭외적인 민사소송에 관한 법규범으로서 그 내용은 국제적 재판관할권, 당사자 능력, 소송능력, 송달, 외국 판결, 외국 중재판정의 승인 및 집행, 섭외적 파산 절차 및 효력 등에 관한 규정으로 구성된다. 이러한 규정들은 국제거래와 관련성이 있는 것도 있으나, 이는 섭외적 법률관계에서 발생하는 사항을 규율대상으로 하는 절차규정으로서 국제거래법과는 서로 다른 법분야라고 할 수 있다.

4) 국제법

국제법은 국가 간의 관습 또는 합의에 의하여 형성된 주권국가 간 또는 국가와 다른 단체나 개인과의 관계를 규율하는 법규범인데 대하여, 국제거래법은 사인 간의 권리의무에 관하여 이를 직접 규율하는 법규범이다. 그러나 국가 간에는 통일법에 관한 조약과 같이 사인 간의 권리의무에 관한 규정에 관하여 합의할 수 있는데, 그 이유는 당사국 간에 법의 통일을 강제적으로 실현하고자 하는 데 있다.

PART 2

국제거래계약

제1절 국제거래계약의 개념

제2절 국제거래계약의 당사자

제3절 국제거래계약의 성립

제4절 국제거래계약의 효력

제5절 국제거래계약의 준거법

제 1 절 국제거래계약의 개념

01 의 의

국제거래계약(Contract on International Business)이란 서로 다른 국가영역에 영업소를 둔 당사자 간에 국제상거래(International Commercial Transaction)에 관하여 당사자의 법적 권리와 의무를 규정하는 성문의 합의를 말한다. 국제거래계약이 국제적 성격을 갖기 위해서는 서로 다른 국가 간에 (국경을 넘어) 국제물품운송이나 용역제공 및 자본의 이동이 있고, 상이한 국가영역에서 청약과 승낙이 이루어져 청약 또는 승낙이 행하여진 국가 이외의 다른 국가영역에서 물품의 인도나 용역의 제공 및 자본의 이동이 있어야 한다.

한국 기업이 국제거래와 관련하여 체결하고 있는 주요한 계약을 종류별로 구분하면 물품매매관련계약, 용역제공관련계약, 투융자관련계약으로 나누어 볼 수 있다.

국제거래가 물품거래와 용역거래 및 자본거래로 구성되어 있다는 점은 이미 앞에서 말한 바와 같으나 여기서는 실제로 우리나라의 기업이 체결하고 있는 계약을 중심으로 이를 국제물품매매계약, 국제기술거래계약, 국제금융거래계약 및 국제합작회사계약 등으로 구분하여 그 구성과 국제거래법과의 접점 등에 관하여 설명하고자 한다.

02 국제거래계약의 특성

1) 국제거래계약의 일반적인 특성

국제거래계약은 상이한 국가영역에 영업소(Place of Business)를 둔 당사자 간의 계약이기 때문에 국내에서 체결되는 일반적인 계약과는 달리 ① 상이한 언어, 문화, 상관습 ② 거리와 시간의 원격성 ③ 상이한 법률제도 ④ 상이한 화폐와 외환관리제도 ⑤ 상이한 주권국가 ⑥ 상이한 관세제도 등과 같은 특수한 경제환경에서 이루어지므로 다음과 같은 특성을 가진다.

첫째, 어느 나라의 법률을 적용하여야 할지 법률적용의 불확실성이 야기된다. 따라서 국제계약체결 시에는 반드시 준거법조항을 기재할 필요가 있다.

둘째, 국제계약은 법적용의 불확실성 때문에 자연스럽게 당사자 자치의 원칙과 상관습을 존중한다.

셋째, 국제계약은 관련국가 간의 경제적 이해관계로 인하여 주권적 간섭에 관한 문제가 자주 일어난다. 예컨대, 무역거래를 규율하는 통상관계법(대외무역법·관세법·외국환거래법·외자도입법·공정거래법 등) 영역에서의 규제완화, 자유화 요구 등의 주요 이슈가 그 좋은 예에 속한다.

넷째, 국제계약분쟁해결의 특성으로서 소송경제 및 판결의 강제집행 등을 고려하여 법원에 의한 국제분쟁 해결보다는 당사자가 합의한 제3자의 공정한 처리, 즉 중재(Arbitration)에 의하여 분쟁을 해결하는 것이 특징이다.

다섯째, 국제계약을 체결함에 있어서 대체로 영어로 계약서를 작성하는 것이 일반적이고 실제로 오늘날 국제거래는 영미법계 국가들이 주도하고 있기 때문에 영미법 원칙이 우세하다.

여섯째, 국제거래계약에서는 신용장통일규칙(UCP), 국제거래조건의 해석에 관한 통일규칙(INCOTERMS; International Ruls for the Interpretation of Trade Terms) 및 국제물품매매계약에 관한 UN협약(United Nations Convention on

Contracts for the International Sale of Goods; Vienna Convention) 등의 생성·발전에서 보는 바와 같이 국제계약의 당사자 자치내용이 정형화·부합계약화 되고 나아가 보통거래약관이 널리 이용되는 추세에 있다.[1)]

2) 당사자 자치의 원칙

(1) 의의

사적 자치는 개인이 자기결정에 의하여 자기의 자유의사에 따라 법률관계를 형성하는 것이다. 그런데 개인의 의사를 요소로 하는 법률요건이 법률행위이므로, 결국 법률행위는 사적 자치를 실현하는 수단이 되고, 따라서 여기서 법률행위 자유의 원칙이 나오게 된다. 법률행위의 자유는 계약의 자유·유언의 자유·단체설립의 자유를 포함한다. 그러나 유언의 자유는 엄격한 방식을 요구하고, 단체설립의 자유는 일정한 제한을 받으므로 결국 계약의 자유가 그 중심을 이루게 된다. 계약자유에는 '계약체결의 자유', '내용결정의 자유', '방식의 자유'를 포함한다.

계약자유원칙은 다음과 같은 두 가지의 법적 의미를 갖는다.

① 법은 일정한 범위에서는 사인(私人) 간의 법률관계에 개입하는 것을 포기한다는 것이며,

② 당사자 간의 계약을 법이 법적 구속력 있는 것으로 인정하여 계약당사자가 계약을 이행하지 않는 경우, 국가가 강제력을 동원하여 계약내용의 실현을 돕는다는 점이다.

여기서 특히 주의할 점은 이러한 계약자유가 무제한적으로 인정되는 것이 아니라는 점이다. 당사자가 맺은 계약내용이 강행법규에 위반하거나, 공서양속에 위반하거나(민법 제103조) 또는 당사자의 궁박·경솔·무경험으로 인하여 현저

---

1) 부종계약이라고도 하는데, 일반적으로 계약의 형식을 취하고 있으나 그 내용을 미리 일방의 당사자가 결정하고 상대방은 이에 따를 수밖에 없는 계약으로서 운송, 보험, 전기, 가스, 수도공급, 고용계약 등과 같이 대량·대규모의 거래에서 주로 이루어진다. 국가의 감독이 필요한 계약이다.

하게 공정성을 잃은 경우(민법 제104조)에는 그 계약은 무효이다.

이상과 같은 계약자유의 원칙은 국제계약에 있어서도 그대로 적용되어 국제계약법의 기본원리를 형성하고 있다. 특히 국제계약의 다양성, 복잡성 때문에 획일적이고 통일된 국제계약법을 따로 정립하기는 사실상 불가능한 일이므로 특별한 경우를 제외하고는 국제계약내용의 특정을 당사자의 합의 자체에 맡기는 원칙 즉, 국제계약자유의 원칙이 최우선적으로 적용된다고 할 수 있다.

(2) 국제거래계약상 계약자유의 원칙의 주요 내용

① 실질법적 당사자 자치의 원칙으로서 국내계약법에서와 같이 공서양속이나 강행규정에 위반되지 않는 범위 내에서 당사자 스스로가 그 법률행위의 내용을 결정하는 원칙을 말한다. 국제계약에서 계약내용 결정의 자유는 국제계약을 지배하는 가장 중요한 법원리이다.

다만, 오늘날 국제계약상 서식전쟁(Battle of Forms)[2]이라고 불릴 정도로 계약당사자들 간에 자신에게 유리한 약관을 붙여 계약의 청약과 승낙에 임하는 경우가 많기 때문에 계약내용 결정의 자유는 약관충돌의 문제로 대두되고 있다.

② 저촉법적 당사자 자치원칙으로서 전술한 실질법적 당사자 자치원칙과는 달리 당사자가 법률 저촉의 경우를 예상하여 당사자 스스로가 당해 계약에 적용할 특정 국가의 법률을 지정하는 것을 말한다.

③ 소송상의 당사자 자치원칙으로서 이는 계약당사자가 분쟁해결에 있어서 어느 특정한 국가의 법원이 재판관할권을 가지도록 합의하는 것을 말한다. 예컨대, 무역계약당사자 간의 중재의 합의도 이와 같은 소송상의 당사자 자치원칙에 해당되는데 실제로 무역계약상의 분쟁은 이러한 중재절차에 따라 해결되는 경우가 허다하다.

---

2) 국제거래 실무에서 청약자와 승낙자 간에 경쟁적으로 자기에게 유리한 서식을 사용하여 협상 시나 새로운 조건을 추가할 경우 계약의 성립 여부를 다투는 일.

(3) 계약자유원칙의 한계

계약자유의 원칙은 실질법상의 계약자유의 원칙을 중심으로 개인의 경제활동의 자유를 최대한 보장하기 위해 국가의 법적 간섭을 가급적 억제하려는 자유방임주의의 소산이다. 그러나 자본주의가 심화되면서 계약자유의 모순이 노정되고 그에 따라 각국은 사적 계약관계에 대한 규제를 강화하여 왔다. 특히 실질적 정의를 달성하기 위해, 경제법분야에 많은 강행법이 제정되면서 계약자유의 원칙은 크게 수정되었으며, 그 결과 일정한 한계를 갖게 되었다.

예컨대, 국제계약상 계약자유의 원칙을 공서양속 또는 중대한 공익보호의 관점에서 제약하고 있는 우리나라의 법률에는 외국환거래법, 대외무역법, 관세법 등의 통상법, 독점규제 및 공정거래에 관한 법률, 상법, 외국인 토지법 등이 있고, 미국의 무역관계법(the U.S. Trade Regulation Laws), 독점금지법(Anti Trust Laws), 증권거래법(Securities Laws) 등이 그 대표적인 예에 속한다.

03 국제물품매매관련계약

1) 국제물품매매계약

(1) 개관

계약이란 일정한 채권관계의 발생을 목적으로 하는 복수 당사자 간의 서로 대립하는 의사표시의 합치에 의하여 성립되는 법률행위를 말한다. 즉, 당사자 간에 채권·채무를 창설하고 규정하는 법률행위이다. 광의의 계약을 합의(Agreement)라고도 하며, 여기에는 채권계약·물권계약 및 신분법상의 계약도 포함되나 협의의 계약은 채권계약만을 지칭한다. 국제거래의 가장 중요한 부분은 국제물품매매계약인 채권계약이다.

국제매매거래는 국경을 넘어서 이루어지는 물품의 상거래이기 때문에 그 대상은 모두 동산이며, 부동산은 대상이 아니다. 국제거래의 대상이 되는 동산의 종류는 농축산물, 수산물, 가공식품, 원유, 천연가스, 석탄, 철광석, 동광석, 철강, 자동차, 화장품, 기타 중화학공업제품 등 수없이 많다. 그리고 매매계약의 내용은 그 대상이 되는 상품마다 다르다. 또한 매매계약은 대상상품이 같더라도 거래조건이 다르다면 이에 따라 내용이 다르게 된다.

국제물품매매계약 중에는 오로지 1회의 선적 내지는 인도로 매도인(Seller)의 채무의 이행이 완료되는 것도 있으며(스폿매매계약, Spot Contracts), 선적 내지는 인도가 장기간에 걸쳐 몇 번이든 반복 가능한 것도 있다(장기매매계약). 또한 이 중에는 매매대상물은 하나이지만 이를 제조하여, 현지에서 조립 내지는 설치하기 위하여 장기간을 필요로 하는 계약도 있다. 플랜트수출계약은 그 전형이다. 매매계약은 대상상품, 거래조건, 이행기간의 장단 등의 차이에 따라 그 내용이 다르다. 국제물품매매계약의 개념을 정리하면 다음과 같다.

(2) 영국 물품매매법상의 정의

영국의 물품매매법(SGA; Sale of Goods Act)에 의하면, 국제물품매매계약이란 매도인이 대금이라는 금전의 대가를 받고 매수인에게 물품의 소유권을 이전하거나 이전하기로 합의하는 계약을 말한다.

(3) 미국 통일상법전상의 정의

미국 통일상법전(UCC; Uniform Commercial Code)에 의하면 국제물품매매계약이란 대가를 받고 매도인으로부터 매수인에게 권리를 이전하는 것이라고 규정하고 있다.

(4) 우리 민법상의 정의

우리 민법에서 매매는 "당사자 일방이 재산권을 상대방에게 이전할 것을 약정하고 상대방이 그 대금을 지급할 것을 약정함으로써 그 효력이 생긴다."고 규정하고 있다.[3]

---

3) 【민법 제563조】 (매매의 의의) 매매는 당사자 일방이 재산권을 상대방에게 이전할 것을 약

이상에서 살펴본 바와 같이 물품매매계약에 관한 정의는 영미법과 우리 법 모두 그 기본취지가 동일하다고 할 수 있다.

국제물품매매계약은 매매(Sale)와 매매의 합의(Agreement to Sale)를 포함한다. 따라서 매매계약은 현물매매(Present Sale of Goods)와 미래의 시점에 물품을 매매할 계약인 선물매매를 포함한다. 이와 같이 계약체결에 의하여 이행되는 현재의 매매를 이행계약 또는 기이행계약(Executed Contract)이라 하고, 매매합의에 의하여 이루어지는 장래의 선물(Future Goods)에 관련된 매매계약을 미이행계약(Executory Contract)이라고 하는데, 국제물품매매계약은 미이행계약이 일반적이다.

(5) 국제물품매매계약 유형

국제물품거래계약 분야에서는 주계약인 국제물품매매계약(Sales Contract) 이외에도 보조계약으로서 ① 환계약(Foreign Exchange Contract) ② 신용장관련계약(L/C Related Contract) ③ 추심약정계약(Collection Arrangement Contract) ④ 상계거래계약(Counter Trade Contract) ⑤ 보증장관련계약(L/G Related Contract) ⑥ 해상운송계약(Contract for Carriage of Goods by Sea) ⑦ 항공운송계약(Contract for Carriage of Goods by Air) ⑧ 복합운송계약(Contract for Combined Transport of Goods) ⑨ 수출보험계약(Export Insurance Contract) ⑩ 적하보험계약(Marine Cargo Insurance Contract) ⑪ 제조물책임보험계약(Product Liability Insurance Contract) 등이 있다.

한편, 국제물품매매계약의 의무기한의 이행기에 따라,

① 단기매매계약(Spot Sale Agreement),

② 장기매매계약(Long Term Sales Agreement),

③ 플랜트수출계약(Plant Export Agreement) 등이 있다.

정하고 상대방이 그 대금을 지급할 것을 약정함으로써 그 효력이 생긴다.

2) 매매보조계약

매매거래는 보통 매도인과 매수인 사이에서 직접 이루어지지만, 매도인과 매수인 간의 매매거래에 제3자가 종종 개입하는 경우가 있다. 이와 같이 국제매도인과 국제매수인 사이의 매매거래에 제3자가 개입하는 형태에 따라 ① 대리점계약(Agency Agreement) ② 판매점계약(Distributorship Agreement) ③ 위탁적계약(Consignment Agreement) 등이 있으며, 이 제3자는 매매거래에 개입하는 입장의 차이에 따라 대리점, 판매점, 수탁자(인수인, Consignee) 등으로 불린다.

국제거래에서 매도인(수출자, 생산자)은 물품을 보다 원활하게 판매하기 위해서 현지(수출대상지역)에 판매조직을 갖추는 경우가 많다. 당해 물품에 대한 현지의 수요예측이나 사후관리(After Service)는 물론 물품에 대한 이미지 구축 등에 있어서 유리하기 때문이다.

실무적으로는 수출자를 위해 수출상대국 내에서 판매를 전담하는 총판대리점과 수입자를 위해 수입국 내에서 판매를 전담하는 총판대리점의 역할을 전담하는 매도인은 거래조건이나 현지국의 법적·제도적 조건 및 외환변동 등에 따라 대리점(Agent)이나 판매점(Distributor, Dealer)을 판매조직으로 설치한다.

대리점은 생산자 등의 매도인과 수요자 등의 매수인과의 사이에서 거래를 중개하거나 또는 이를 매개할 뿐, 자기명의로 거래를 행하지는 않는 자를 말한다. 우리 상법에 비추어 보면 계약체결권을 가지지 않는 대리상(상법 제5장 제87조~제92조의 3)에 해당한다. 이 대리점과 매도인과의 사이에 체결되는 계약이 대리점계약이며, 매매계약은 매도인과 매수인과의 사이에서 직접 체결된다. 그리고 대리점은 매매의 성립과 그 이행에 관하여 매도인으로부터 대리점 수수료를 지급받는다.

판매점은 생산자 등으로부터 상품을 매입함으로써 매도인과 매수인의 관계에 서며, 수요자 등에 대하여는 자기명의로 판매를 행하는 자를 말한다. 우리 상법상으로는 판매점이라는 개념은 없다. 판매점과 매도인과의 사이에 체결되는 계약이 판매점계약이며, 상품의 판매가 행하여질 때마다 매도인과 판매점과의 사이에 판매점계약에 기초하여 매매계약이 체결된다. 판매점은 수요자에 상품의 전매를 행함으로써 전매차익을 얻는다.

수탁자는 생산자 등으로부터 상품의 위탁을 받아서 보관·관리함과 동시에 수요자에의 판매를 행하는 자를 말한다. 상품의 운송·보관비용, 보험료, 판매 불능으로 인한 손실 등은 원칙적으로 위탁인이 부담한다. 우리 상법에는 이러한 종류의 수탁자라는 개념은 존재하지 않는다. 수탁자와 위탁자와의 사이에 체결되는 계약이 위탁계약이다. 수탁자는 위탁자의 판매대리점으로서 수요자에게 상품의 판매활동을 한다. 판매고에 따라 위탁수수료를 수령하지만, 통상적으로는 매수인으로부터의 채권의 회수의무를 부담하지 않는다. 위탁계약 중에는 상품이 수요자에게 판매될 때마다 수탁자가 위탁자로부터 당해 상품을 매입하는 거래도 많다.

3) 기타 계약

통상적으로 매매거래에 관한 그 밖의 계약에는 화물을 해상운송하기 위한 용선계약 및 개품운송계약, 화물의 해상운송에 따른 위험을 부보하기 위한 보험계약이 있다.

용선계약(Charter Party)은 일정한 기간 또는 특정한 항해를 위하여 선박을 용선하는 계약으로서 전자를 기간용선계약(Time Charter)라 하고, 후자를 항해용선계약(Voyage Charter)라고 부른다. 용선계약은 주로 대량화물을 부정기선으로 운송하는 경우에 선박회사와 용선자가 체결하는 계약으로, 'Charter Party'의 머리글자를 따서 C/P라고도 한다. 선박 전부를 빌리는 전체용선계약(Whole Charter)과 일부만을 빌리는 일부용선계약(Partial Charter)이 있으며, 계약선박에 따라서 항해용선계약(Voyage Charter)과 정기용선계약(Time Charter), 선체용선계약(Bareboat Charter, 나용선계약 또는 선박임대차계약이라고도 한다) 등으로 나뉜다.

나용선계약(Demise Charter; Bareboat Charter)은 소위 선박의 임대차계약으로서 선주는 용선자에게 선박만을 대여하고, 선장 이하의 선원의 모집은 용선자가 행한다. 즉, 나용선계약은 인적·물적 요소 일체를 용선자가 부담하고, 동시에 용선자가 운항 전체를 관리한다. 실제적으로 선박임대차와 동일하다.

항해용선계약은 일정한 항로에 한하는 계약으로, 원칙적으로 1회의 항해를 단위로 한다. 이 계약에서 선주는 하주에게 운임조건만을 수취하고 그 외의 항해비 일체를 부담한다. 항해용선계약은 운임결정 방식에 따라 다시 항차용선계약과 목돈용선계약, 일부용선계약으로 나뉜다.

항차용선계약은 실제 선적량으로 운임을 결정하는 것으로 중량용선계약이라고도 하며,

목돈용선계약은 일정한 선복에 대해 운임을 정하는 것으로 선복용선계약이라고도 한다.

일부용선계약은 선복에 화물을 적재할 수 있는 설비 및 용구를 갖추고 선원을 승선시켜 장기간 해상을 운항할 수 있는 선박을 일정 기간 용선하는 계약이다. 이때 용선주는 용선료 외에 연료비·입항세·운항비 등을 부담한다.

개품운송계약(Carriage in a General Ship)은 선박회사가 송하인으로부터 인수한 개개의 화물의 운송을 목적으로 하는 해상운송계약을 말하며, 주로 정기선으로 행하여진다. 해상법에 의하면 해상물건운송계약의 종류는 선박의 전부, 또는 일부를 물건의 운송에 제공함을 목적으로 하는 용선계약과 개품운송계약의 두 가지로 나누어진다(상법 제780조). 오늘날의 해상물건운송계약으로는 개품운송계약이 오히려 일반화되어 있으나, 현행 상법상의 규정이 미비하므로 결국 선하증권상의 보통거래약관(General Conditions)에 의하게 된다.

해상보험계약은 이른바 약관[4]의 형태로 이루어진다. 우리나라는 손해보험협회(General Insurance Association of Korea)의 협회적하약관에 따른 보험증권이 사용되고 있다.

---

4) 예를 들면, 협회화물약관(Institute Cargo Clauses) 등.

04

국제용역·기술거래관련계약

1) 국제용역(서비스)거래계약

국제용역거래계약이란 외국에 국제기업조직을 설치할 때 CEO(Chief Executive Officer) 등을 고용하기도 하고(Employment Agreement), 현지 판매원을 고용하기도 하는데, 고용은 당사자 일방(노무자)이 상대방(사용자)에 대하여 노무를 제공할 것을 약정하고 이에 대하여 보수를 지급할 것을 약정함으로써 성립하는 계약을 말한다.

용역계약 중에는 변호사 기용계약과 같이 특별한 자격에 기초하여 기용하는 경우도 있으며, 상담역 기용계약 및 용역 제공계약과 같이 특별한 자격에 근거하지 않는 경우도 있다. 일례로서 조사계약이나 업무위탁(수탁)계약을 들 수 있다.

2) 국제기술거래계약

국제기술거래계약이란 국제적인 기술실시권허락계약으로서 이는 권리의 성질이나 그 보호법제도가 서로 다르며 재산적 가치가 있는 산업기술에 관한 특허권, 실용실안권, 디자인권 및 상표권 등의 산업재산권과 그 밖의 노하우(Know-how) 등을 포함한 산업기술의 실시 내지 사용을 허락하고 이에 대하여 대가가 지급되는 계약을 말한다. 즉, 국제기술거래계약의 대상은 특허, 상표, 노하우 등의 넓은 의미에서의 지식재산권(Intellectual Property Rights)이다.

지식재산권을 대상으로 하는 국제거래계약을 특히 국제라이센스계약(International License Agreement)[5] 또는 기술원조계약이라고 한다. 국제라이

---

5) 라이센스계약이란 지식재산권을 가진 자가 타인에 대하여 그 권리를 실시할 수 있도록 허락하는 것을 내용으로 하는 계약이다. 동일한 지식재산이라고 하더라도 나라마다 독립해서 지식재산권이 존재하므로, 지식재산권의 실시를 허락하는 것도 한 나라에서의 지식재산권에 한정하는 경우와 여러 나라에서의 권리를 목적으로 하는 경우가 있다.

센스계약에서는 권리 또는 기술을 가지고 있는 자(Licensor, 실시허락자)로부터 권리의 이용 또는 기술의 원조를 받는 자(Licensee, 실시권자)로의 권리의 사용허락(License)은 물론, 기술자의 파견이나 실시권자의 종업원에 대한 훈련 수임 등도 정할 수 있다. 권리의 사용허락을 하지 않고 단순히 기술지도를 위한 계약은 기술자파견계약 또는 기술지도계약이라고 한다.

국제라이센스계약의 체결에 앞서 실시허락자로부터 실시권자에 대하여 기술의 내용이 공개되는 경우가 있다. 이때 공개되는 기술의 비밀을 계속 유지할 목적으로 당사자 간에 비밀유지계약이 체결되기도 한다.

한편, 국제라이센스계약은 근본적으로는 실시허락자(Licensor)와 실시권자(Licensee) 사이의 일종의 국제매매거래계약이라고 볼 수 있으며, 다른 한편으로는 Licensee가 계약에 포함된 산업재산권 등을 사용하는 데 대하여 Licensor가 침해소송을 제기하지 아니하겠다는 포기계약이기도 하다.

3) 국제도급계약

도급계약은 당사자 일방인 수급인이 일정한 일을 완성할 것을 약정하고, 상대방인 도급인이 그 일의 결과에 대하여 보수를 지급할 것을 약정함으로써 성립하는 유상·쌍무·낙성·불요식 계약이다.

도급계약은 도급대상의 차이에 따라 제작물공급계약(물건제작도급계약), 공사도급계약(공사시공도급계약), 건물 등 건설계약(건물 등 건설도급계약), 위탁가공계약(원료가공도급계약), 경영위탁계약(경영도급계약) 등으로 나누며, 같은 도급계약이라도 각각의 계약내용은 크게 다르다. 즉, 도급은 일의 완성을 목적으로 하는 계약으로서 여기서 '일'이란 노무에 관하여 생기는 결과를 말하며, 그 대상에 따라 다음과 같이 나눌 수 있다.

첫째, 국제제작물공급계약(International Production Agreement)은 당사자의 일방이 상대방의 주문에 따라 자기소유의 재료를 사용하여 만든 물건을 공급할 것을 약정하고 이에 대하여 상대방이 대가를 지급하기로 약정하는 계약이다.

둘째, 국제공사도급계약(International Civil Engineering Agreement)은 국제공사의 시공을 도급하기로 하는 계약이다.

셋째, 국제건설공사계약(International Construction Contract)은 건물 등의 건설을 도급하기로 하는 계약으로서 원료제공자에 따라 ① 소요되는 자제·원료를 수주자가 제공하는 경우 ② 발주자가 제공하는 경우 ③ 그 절충형으로 분류된다.

넷째, 국제위탁가공계약(International Processing Agreement or Tolling Agreement)은 원료의 가공을 도급하기로 하는 계약이다.

다섯째, 국제경영위탁계약(International Management Agreement)은 국제기업경영을 도급하기로 하는 계약이다.

4) 고용계약

국제거래를 수행함에 있어서는 주로 자국기업의 현지에서의 국제기업조직인 대리점이나 지점, 현지법인, 판매점 및 주재원사무소를 통하여 여러 가지 고용계약을 체결한다. 사장 등의 고용계약 및 세일즈맨 기용계약이 이에 해당한다. 해당 기업의 사장이나 세일즈맨 등은 대리점, 판매점 등과는 달리 기업의 내부사로서 그 기업에 기여한다.

05 국제자본거래관련계약

1) 국제자본거래관련계약의 유형

국제자본거래는 통상적으로 투자관련계약과 융자관련계약으로 나눌 수 있다. 우선 투자관련계약은 해외에 대한 직·간접적인 투자형식으로 이루어지며, 이러한 투자는 주식, 지분, 자산(동산) 등에 대하여 행하여진다. 한 기업에 주식이나 지분에 관하여 체결하고 있는 계약에는 주주간계약, 합작투자계약(Joint Venture), 무한책임조합(합명회사)계약(General Partnership), 유한책임조합(합자회사)계약(Limited Partnership), 주식매수계약 등이 있다.

융자관련계약은 융자계약과 담보계약으로 구성된다. 융자에는 채무자가 소유하는 전 재산을 대상으로 변제를 청구할 수 있는 융자(통상적인 융자)와 채무자의 특정 재산에 한하여 구상할 수 있는 융자(Project Finance)[6]가 있다.

융자금 변제의 담보에는 인적 담보와 물적 담보가 있다. 인적 담보는 보증서의 첨부 또는 보증계약의 체결로 이루어진다. 보증서의 첨부 또는 보증계약의 체결에 앞서 보증인은 보증을 위탁한 자와의 사이에 보증위탁계약을 체결하여 그 권리를 확보하고 이를 보전하고자 하는 경우가 많다. 또 물적 담보에는 질권, 저당권 기타 우리나라의 법제에서는 볼 수 없는 각종의 담보권이 많다. 또한 자산에 관하여는 자산매수계약이 있다.

이러한 국제자본거래관련계약 중 중요한 것으로는, ① 국제정기대출계약(International Term Loan Agreement) ② 신디케이트론계약(Syndicated Loan Agreement) ③ 국제증권관련계약(International Bond Related Agreement) ④ 국제금융리스계약(International Financial Leasing Agreement) ⑤ 팩토링계약(Factoring Agreement) ⑥ 프로젝트파이낸스관련계약(Project Financing Agreement) ⑦ 선물거래계약(Futures Agreement) ⑧ 옵션계약(Option Agreement) ⑨ 스왑계약(Swap Agreement) ⑩ 투자계약(Investment Contract) ⑪ 합작투자계약(Joint Venturing Agreement) ⑫ 기업매수·합병계약(M&A Agreement) 등을 들 수 있다.

위에서 본 바와 같이 국제자본거래관련계약은 여러 유형으로 나누어져 있지만 국제금융이 물적 담보보다는 당사자 간의 인적 신용을 바탕으로 이루어진다는 특징이 있고, 특히 영미계약법의 영향을 많이 받는다. 이하에서는 이들 개별 관련 계약의 의의 및 특징을 살펴보기로 한다.

---

6) 금융기관이 당해 프로젝트의 사업성과 그 사업의 신용만을 보고 자금을 지원하는 금융기법으로서, 대출상환은 그 프로젝트에서 발생하는 수익을 원천으로 하므로 프로젝트 파이낸스의 초점은 최초 예상한 현금흐름의 유지와 확보에 있으며, 정상적인 현금흐름을 방해할 수 있는 모든 요인을 리스크로 간주한다.

2) 국제정기대출계약

(1) 국제정기대출계약은 대주(貸主)가 일정 금액을 일정 기간 동안 차주(借主)에게 제공하고 차주는 이에 대해 이자를 지급할 것을 약정하는 단순한 금전소비대차계약이 기본 골격을 형성한다.

(2) 대출기간은 단기·중기·장기로 구분되며, 국제정기대출은 일반적으로 국제금융시장에서 1년 이상 15년에 걸치는 중장기 대출을 의미하나 대부분은 3∽10년이 보통이고 10년을 초과하는 경우는 아주 드물다.

(3) 계약당사자의 구성에 따라 1인의 대주와 1인의 차주 간에 체결되는 일반대출과 수인의 대주가 신디케이트를 구성하여 1인의 차주와 체결하는 신디케이트론으로 구분되나, 정기대출은 신디케이트론을 제외한 나머지 대출방식을 의미한다.

(4) 최근 국제정기대출의 대부분은 유로커런시대출(Eurocurrency Floating Rate Loans)이며, 유로커런시란 어느 통화의 발행국 이외의 지역에 소재하고 있는 은행에 그 통화표시로 예치된 예금으로서 예로 유로달러,[7] 유로엔 등 여러 형태로 존재한다.

(5) 국제정기대출계약에는 인출기간(Drawdown Period), 대출목적 또는 사용제한(Restiction), 수수료(Fee), 관할권(Jurisdiction), 선행조건(Condition Precedent), 후속조건(Condition Subsequent), 구속약정 조항 등을 둔다.

3) 신디케이트론계약

(1) 두 개 이상의 금융기관이 같은 조건으로 기업에 대하여 대규모의 중장기자금을 융자하는 대출방식 즉, 국제간 협조융자를 신디케이트론(Syndicated Loan)이라고 일컫는다. (2) 신디케이트 대출방식을 활용할 경우 차입자의 입장에서는 대규모 소요자금을 단일조건으로 보다 효율적으로 조달할 수 있다. 개별은행들과 차입조건이나 융자절차, 대출한도 등에 대해 별도의 협의를 해야

7) 유로달러는 미국 이외의 국가에 소재하는 금융기관에 예치된 미국달러표시예금을 말한다.

하는 번거로움을 겪지 않고도 대규모 자금을 일시에 조달할 수 있다는 장점이 있다.

(3) 신디케이트론에 참여하는 은행의 입장에선 특정 기업에 대한 과다융자를 피함으로써 차입자의 채무불이행에 따른 위험을 분산시킬 수 있는 이점이 있다. 이 같은 대출방식은 주로 유로시장에서뿐만 아니라 미국 금융시장에서 대규모 대출에 주로 활용된다. 일본·유럽·미국의 금융기관들이 외환위기를 겪고 있는 아시아 국가들에 대해 제공하는 대출이 전형적인 신디케이트론이다.

(4) 신디케이트론은 거액의 자금을 차입할 수 있고 차관단의 규모도 5개 이상의 금융기관으로 구성된다는 점, 융자기간이 7~10년 정도의 중장기대출로서 3~6개월 단위의 변동금리를 적용한다는 점, 차주는 국가기관이나 국제금융시장에서 높은 신용도를 유지하는 기업인 경우가 대부분이며 따라서 물적 담보 없이 무담보신용대출이 관례라는데 그 특징이 있다.

4) 국제간접투자계약[8)]

(1) 국제증권관련계약

국제증권이란 국제증권시장에서 발행되고 유통되는 증권의 총칭으로서 우리 외국환거래법에서는 이를 '외화증권'이라고 하여 "외국통화로 표시된 증권 또는 외국에서 지급받을 수 있는 증권"이라고 정의하고 있다(동법 제3조 제8호).

외화증권에는 보통채권 및 변동금리부채권, 전환사채 또는 신주인수권부사채, 주식예탁증서, 해외교환사채, 무기명양도성외화예금증서, 주식 및 출자지분, 수익증권 및 이권이 포함된다. 이를 대별하면 국제증권은 크게 채권과 주식으로 구분된다.

채권(Bond)은 발행자가 증권의 소지인에게 일정 기일에 일정 이율의 이자를 지급하며, 또한 만기 도래 시에 원금을 상환하겠다는 채무를 표창하는 증권으로 국공채와 회사채, 내국채와 외국채, 확정이자부채, 변동이자부채 및 제로쿠

8) 자본이득이나 배당 또는 이자소득을 목적으로 한 투자계약이다.

폰채, 기명채와 무기명채, 공모채와 사모채로 구분된다.

외국채는 특정 국가의 국내에서 당해 국가의 통화로 표시되며, 당해 국가의 증권규제에 따라 발행되기 때문에 그 나라의 내국채와 같다. 다만, 국제채는 차주가 외국인이기 때문에 세법이나 증권규제 등에서 혜택이 주어진다는 점에서 내국채와 큰 차이가 있다.

외국채는 발행되는 지역에 따라 그 명칭이 부여되는데, 내국에서 달러표시로 발행되는 외국채를 양키 본드(Yankee Bonds), 일본의 경우에는 사무라이 본드(Samurai Bonds), 영국의 경우에는 불독 본드(Bulldog Bonds)라고 한다.

(2) 선물거래계약

선물거래계약은 미래의 일정 시점에 물품을 매매하는 계약, 즉, 매매대상물과 그 대금이 계약체결일로부터 일정 기간 후에나 교환되는 거래에 관한 계약으로서, 매매계약의 체결과 동시에 상품의 인도와 대금결제가 이루어지는 현물거래에 대응하는 개념이다.

선물거래계약은 거래의 대상에 따라서 상품선물(Commodity Futures)과 금융선물(Financial Futures)이 있으며, 금융선물거래는 상품선물에서 발달한 거래기법을 채권이나 외국통화에 응용한 것으로서 농축산물이나 금속 등을 대상으로 하는 상품선물거래와 유사하다.

제 2 절 국제거래계약의 당사자

01 의 의

국제거래계약의 당사자란 국제거래계약이라는 법률행위를 할 수 있는 국제거래계약법상의 능동적인 주체(Subject)로서 그 계약에 의하여 발생한 권리·의무의 직접적인 귀속자인 국제거래의 주체를 말한다. 국제거래계약당사자를 그 법적 성격에 따라 분류하면 자연인, 법인, 국가 또는 국가기관, 국제기업조직, 국제기구와 이들의 대리인이 있으며, 이 중에서 국제거래의 복잡성과 규모 면에서 볼 때 법인의 역할이 매우 크다.

자연인인 개인이 국제거래계약의 당사자가 되는 경우는 거의 없지만, 만약 자연인이 계약의 당사자가 되는 경우에는 권리능력이나 행위능력, 외국인의 권리의 제한 등에 대한 검토가 필요하다. 특히 외국인의 권리제한으로서 어느 나라를 막론하고 예컨대 선거권, 출입국관리 등과 같이 공법상의 지위에 관한 제한이 있으며, 우리 헌법 제6조 제2항은 국제법과 조약이 정하는 바에 따른 외국인의 지위보장을 천명하고 있다.

국제계약을 체결함에 있어서 가장 중요한 점은 당해 계약의 당사자가 특정되어야 하며, 당사자의 특정은 단순히 당사자의 동일성을 확인하는 데 그치는 것이 아니라 그 당사자의 궁극적인 실체, 법인격, 법적 권한, 책임의 한계, 의사결정과정, 기타 법적 특권 또는 제한의 존재 여부에까지 미친다. 따라서 계약서에 당사자를 표시하는 경우에는 정확하고 완전한 명칭과 주소를 기재해야 한다. 당사자가 법인인 경우에는 그 설립의 준거법도 밝혀야 한다. 이는 당사자의 법적 지위와 대리인의 권한의 범위나 소송에서의 당사자 능력이나 소송 능력을 분명히 하기 위한 것이다. 특정 당사자의 법적 지위에 따라 상대방이 그 이행이나 변제를 확보하기 위하여 당해 계약에 제3자를 보증인으로 참가시킬 것을 요구하는 경우도 있다.

국제계약의 당사자로서 문제가 되는 자는 자연인인 개인, 법인, 국가 또는 국가기관 및 국제법인이며, 그 중에서도 법인의 역할이 압도적으로 크다고 할 수 있다.

02 자연인

1) 개관

자연인인 개인이 국제계약의 당사자가 되는 일은 그렇게 많지는 않으나, 만일 자연인이 계약의 당사자가 되는 경우에는 그의 권리능력을 비롯하여 외국인 관련법상의 권리의 규제 및 행위능력에 관하여 검토할 필요가 있다.

2) 권리능력

자연인의 사법상의 권리의무의 주체가 될 수 있는 자격으로서의 권리능력은 오늘날에는 모든 나라에서 일반적으로 인정되고 있다. 따라서 권리능력에 관하여는 사법상의 저촉은 거의 존재하지 않는다. 가령, 지구상에 자연인의 권리능력을 인정하지 않는 나라가 존재하고, 그 나라의 법률 적용결과 권리능력이 일반적으로 부정되는 것이 된다면, 우리나라의 국제사법에서의 공서[9]에 반하는

9) 【동법 제10조】 (사회질서에 반하는 외국법의 규정) 외국법에 의하여야 하는 경우에 그 규정의 적용이 대한민국의 선량한 풍속 그 밖의 사회질서에 명백히 위반되는 때에는 이를 적

것이 되어, 결국 당해 국가의 법률은 적용되지 않게 된다.

외국인은 자국에서는 어떠한 제한도 받지 않고 권리를 향유하더라도 우리나라나 다른 나라에서는 그 권리에 관하여 규제를 받게 되는데,[10] 내국에서 외국인에게 권리의 향유를 인정하거나 또는 그 활동을 규제하는 법률은 일반적으로 외국인 관련법으로 불린다. 외국인 관련법에는 외국인의 선거권이나 출입국관리 등 공법상의 지위에 관한 것과 사법상의 지위에 관한 것이 있으나 국제거래와의 관계에서 문제가 되는 것은 후자라고 할 수 있다.

외국인의 법적 지위에 관하여는 현재 많은 나라의 법률에서 평등주의(Equality)와 상호주의(Reciprocity)를 채택하고 있다. 이에 관하여 우리나라의 외국인토지법은 상호주의를 취하고 있으며,[11] 헌법은 국제법과 조약이 정하는 바에 따라 외국인의 지위를 보장하고, 국가는 법률이 정하는 바에 의하여 재외국민을 보호할 의무를 지도록 규정하고 있다.[12]

외국인의 사권 향유는 조약상 규제하고 있는 것은 아니므로, 외국인 관련법에 따른 사법상의 규제는 법령에서 예외적으로 규정하고 있는 것이다.

3) 행위능력

(1) 미성년자

우리나라에서는 사람의 행위능력에 관하여 본국법주의를 취하고 있다.[13] 그리고 미성년자가 성년이 되는 연령은 세계 주요국에서는 18세이지만,[14] 우리나라

용하지 아니한다.

10) 국제사법상 사람의 권리능력은 본국법에 의한다(【동 제11조】).

11) 【외국인토지법 제3조】 (상호주의) 국토해양부장관은 대한민국 국민, 대한민국의 법령에 따라 설립된 법인 또는 단체나 대한민국 정부에 대하여 자국 안의 토지의 취득 또는 양도를 금지하거나 제한하는 국가의 개인·법인·단체 또는 정부에 대하여 대통령령으로 정하는 바에 따라 대한민국 안의 토지의 취득 또는 양도를 금지하거나 제한할 수 있다. 다만, 헌법과 법률에 따라 체결된 조약의 이행에 필요한 경우에는 그러하지 아니하다.

12) 【헌법 제2조 ②】 국가는 법률이 정하는 바에 의하여 재외국민을 보호할 의무를 진다.
【제6조 ②】 외국인은 국제법과 조약이 정하는 바에 의하여 그 지위가 보장된다.

13) 【국제사법 제13조】 (행위능력) ① 사람의 행위능력은 그의 본국법에 의한다. 행위능력이 혼인에 의하여 확대되는 경우에도 또한 같다.

에서는 만 19세로 하고 있기 때문에(민법 제4조) 우리나라의 법률은 다수 국가의 법률과 저촉될 가능성이 있다. 예를 들면, 18세의 외국인(만 18세로 성년이 되는 국가)이 우리나라에서 체결한 계약은 유효하지만 만 18세의 한국인이 체결한 계약은 법정대리인의 동의가 없는 한 취소할 수 있다(민법 제5조 제2항).

그러나 국제사법은 국내거래보호의 관점에서 본국법의 적용을 제한하고 외국인이 우리나라에서 법률행위를 하고, 또한 우리 법상 능력자인 때에는 그 외국인을 능력자로 보고 있다.[15] 예를 들면, 자국법상 22세를 성년으로 하는 국가의 만 19세의 외국인이 우리나라에서 체결한 계약은 유효하다.

(2) 피한정후견인(한정치산자)

가정법원은 질병, 장애, 노령, 그 밖의 사유로 인한 정신적 제약으로 사무를 처리할 능력이 부족한 사람에 대하여 본인, 배우자, 4촌 이내의 친족, 미성년후견인, 미성년후견감독인, 성년후견인, 성년후견감독인, 특정후견인, 특정후견감독인, 검사 또는 지방자치단체의 장의 청구에 따라 본인의 의사를 고려하여 한정후견개시의 심판을 한다(민법 제12조).

(3) 미성년후견인(금치산자)

가정법원은 질병, 장애, 노령, 그 밖의 사유로 인한 정신적 제약으로 사무를 처리할 능력이 지속적으로 결여된 사람에 대하여 본인, 배우자, 4촌 이내의 친족, 미성년후견인, 미성년후견감독인, 한정후견인, 한정후견감독인, 특정후견인, 특정후견감독인, 검사 또는 지방자치단체의 장의 청구에 의하여 성년후견개시의 심판을 한다(민법 제9조). 행위무능력자가 단독으로 행한 법률행위는 취소할 수 있다.

---

14) 미국, 영국, 프랑스, 독일 등.

15) 【국제사법 제15조】 (거래보호) ① 법률행위를 행한 자와 상대방이 법률행위의 성립 당시 동일한 국가 안에 있는 경우에 그 행위자가 그의 본국법에 의하면 무능력자이더라도 법률행위가 행하여진 국가의 법에 의하여 능력자인 때에는 그의 무능력을 주장할 수 없다. 다만, 상대방이 법률행위 당시 그의 무능력을 알았거나 알 수 있었을 경우에는 그러하지 아니하다. ② 제1항의 규정은 친족법 또는 상속법의 규정에 의한 법률행위 및 행위지 외의 국가에 있는 부동산에 관한 법률행위에는 이를 적용하지 아니한다.

한정후견개시(한정치산) 및 성년후견개시(금치산) 심판(선고)에 관하여 국제사법은 우리나라에 상거소 또는 거소가 있는 외국인에 대하여 우리 법에 따라 선고할 수 있음을 규정함으로써 우리나라에 거주하는 외국인에 대한 재판관할권을 인정하고 있다.[16)]

03 법 인

1) 개관

국제거래계약체결 시 당사자가 법인인 경우에는 계약체결에 앞서 다음과 같은 사항을 검토해야 한다.

(1) 법인의 경우 자국법상 유효한 법인으로 존속하고 있는지 그 여부를 반드시 확인하여야 한다. 한국·프랑스·일본은 모든 회사를 법인으로 하고 있으나 독일법은 주식회사, 주식합자회사와 유한회사는 법인이지만 합명회사와 합자회사는 조합으로 취급하고, 영국법은 Partnership은 법인격이 없지만 Company는 Unincorporated Company와 Incorporated Company가 있고, 미국법은 Partnership은 법인격이 없고 Corporation은 법인이다.

(2) 계약상대방 법인이 특정 회사의 서류상회사(Paper Company) 또는 자회사(Subsidiary)인 경우, 그 모회사로부터의 이행보증(Performance Guarantee)을 꼭 받아야 한다.

(3) 법인의 경우 양 당사자는 각각 국내의 회사법상 또는 정관 등의 회사내규상 요청되는 적법절차의 준수 여부 및 특히 서명자가 법인의 대표권이 있는지 여부를 반드시 확인하여야 한다. 특히 표현대리와의 관계가 있는지 여부를 유의할 필요가 있다.

---

16) 【국제사법 제14조】 (한정치산 및 금치산선고) 법원은 대한민국에 상거소 또는 거소가 있는 외국인에 대하여 대한민국 법에 의하여 한정치산 또는 금치산선고를 할 수 있다.

(4) 세금을 절약할 목적으로 조세피난처(조세천국, tax heaven) 즉, 세율이 낮거나 세금이 부과되지 않는 국가에 설립한 자회사와 계약을 체결할 경우에는 그 자회사의 모회사와의 관계, 자회사의 법인격 및 재무구조의 내실 여부를 확인하고 그에 따른 특수한 조세문제를 확인하여야 한다.

(5) 법인이 제3국에서 어떤 영업행위를 하기 위해서는 그 성질에 따라 제3국의 국내법에 의하여 요구되는 절차가 필요하므로 그 이행 여부를 확인할 필요가 있다.

2) 법인의 종속법

(1) 의의

법인의 종속법이란 일정한 재단 또는 사단에 법인격을 부여하고, 법인을 둘러싼 법률적인 모든 문제에 관하여 원칙적으로 항상 적용되는 법률을 말한다. 즉, 이는 법인의 설립에서부터 그 소멸에 이르기까지 법인을 둘러싸고 발생하는 모든 법률적인 문제에 적용된다. 이와 같이 법인의 종속법은 법인에게 법인격을 부여한 법률이므로 당해 법인의 권리능력의 준거법이 된다.

(2) 법인격의 범위

법인이 권리능력을 취득하는 요건이나 그 범위에 관하여 각국의 법률은 각기 다르게 규정하고 있기 때문에, 국제거래계약에서는 법인의 권리능력에 관하여 어느 국가의 법률에 따를 것인가 등의 문제가 당해 거래지역에서의 거래의 보호와의 관계에서 문제가 된다. 즉, 종속법이 인정하는 법인격의 범위가 거래가 이루어지는 지역에서의 법의 인정범위보다도 좁은 경우에는 거래가 이루어지는 지역에서의 거래의 보호라는 관점에서 문제가 된다.

이에 관하여는 영미법계 국가의 설립준거법주의와 대륙법계 국가의 주소지 또는 본거지법주의가 대립하고 있다. 설립준거법주의는 그 법인의 설립 시에 준거한 법률에 따라 법인의 권리능력이 결정된다는 견해이며,[17] 본거지법주의는 법인의 주소지(본거지[18])법의 적용에 의하여 권리능력이 결정되어야 한다는 견해[19]이다. 이와 관련하여 현행 국제사법은 법인의 종속법의 결정에 관하여 그 설립의 준거법에 의한다고 규정한다.[20]

영미법상의 권한을 넘은 행위이론(Ultra Vires Doctrine)에 따라 회사의 권리능력은 정관에 규정된 영업의 목적범위 내로 엄격하게 제한된다.[21] 그러나 이 경우에는 종속법인 외국법을 적용하여 거래를 무효로 하는 것은 부당하기 때문에 거래보호의 관점에서 자연인에 관한 국제사법의 규정을 법인에게도 유추 적용하여 종속법의 적용을 제한할 수 있다.

(3) 법인의 대표권

법인의 기관 및 그 권한은 종속법에 따르기 때문에 법인의 대표권도 종속법에 의하며, 판례 및 다수설도 같은 입장이다.[22] 그러나 종속법이 인정하는 대표권의 범위가 행위지법이 인정하는 범위보다도 좁을 때에는 행위지에서의 거래보호와의 관계에서 법인의 대표권이 문제가 된다. 이 경우에는 거래보호의 관점에서 자연인에 관한 국제사법의 규정을 유추 적용하여 종속법의 적용을 행위지법에 의하여 제한하여야 할 것이다.

한편, 법인의 설립 및 조직, 법인의 소멸 등 내부관계에 관하여도 법인의 종속법이 적용된다.

---

17) 법인에게 일반적인 권리능력을 부여하는 것은 국가가 제정한 일정한 법률이므로, 설립 시에 준거된 법률에 따라야 한다고 한다.

18) 법인의 본거지는 '영업활동의 중심지'라는 주장과 '주된 사무소의 소재지(다수설과 판례의 입장)'라는 견해가 있다.

19) 법인과 가장 밀접한 관계에 서는 것은 그 현실적 본거라는 점에서 본거지 즉, 영업활동의 지휘·통제가 이루어지는 주된 사무소의 소재지법을 준거법으로 한다.

20) 【국제사법 제16조】 다만, 외국에서 설립된 법인 또는 단체가 대한민국에 주된 사무소가 있거나 대한민국에서 주된 사업을 하는 경우에는 대한민국의 법에 의한다.

21) 다수설과 판례의 입장이다.

22) 즉, 국제계약에서 법인을 대표하여 계약을 체결할 자는 설립의 준거법에 따라 정한다.

(4) 외국 법인의 외국인 관련법상의 문제

가) 개관

종속법에 따라 외국 법인으로 판단되는 법인은 상법, 그 외의 법률에 의하여 내국 법인과 구별되며, 권리의 향유를 제한받거나 특별한 감독을 받는다. 우리 민법은 외국 법인에 관하여 아무런 규정을 두고 있지 않으므로, 외국 법인에게도 원칙적으로 내국 법인과 동등한 권리의무능력이 인정된다고 할 수 있다. 그러나 외국 법인의 권리능력이나 행위능력은 법률이나 조약에 의하여 제한할 수 있다. 상법은 외국상사법인 즉, 외국 회사에 관하여 자세한 규정을 두고 있다(동법 제614~621조).

나) 외국 법인의 인허가

외국 법인(Foreign Corporation)은 내국 법인(內國法人)이 아닌 법인이기 때문에, 내국에서 활동하기 위해서는 내국에서 법인격이 승인되어야 하는데, 이를 외국 법인의 인·허가라고 한다.

다) 외국 법인의 감독

외국 법인의 감독에 관하여는 상법, 외국인토지법, 외국인투자촉진법, 외국환거래법, 자본시장과 금융투자업에 관한 법률(이하, 자본시장법이라 한다) 등에서 규정한다. 우리 상법 제614조는 외국 회사가 계속하여 한국에서 영업활동을 하기 위해서는 영업소의 설치, 재한국 대표자의 선임 및 성명과 주소, 회사설립의 준거법 등을 등기해야 하며, 대표사원의 권한과 책임에 관하여는 상법 제209조 및 제210조의 규정을 준용하도록 하고 있다.

라) 유사 외국 회사의 규제

유사 외국 회사(Pseudo-Foreign Corporation)란 설립준거법설에 의하면 외국법에 준거하여 한국에 본점을 설치하거나 또는 한국에서 영업활동을 수행하는 것을 주된 목적으로 하여 외국에서 설립된 회사를 말하며,[23] 이들에 관하여

---

23) 내국 회사와 외국 회사를 구별하는 표준에 관하여는 주소지설·준거법설·설립지설, 설립자

는 한국에서 설립된 회사와 동일한 규정에 따르도록 하고 있다(상법 제617조). 이는 규제가 엄격한 영업활동지의 회사법을 회피하기 위하여 규제가 느슨한 국가에서 회사를 설립하는 것에 대비하기 위한 규정이다.

(5) 법인격 없는 사단 및 재단

세계 각국의 법률 중에는 일정한 단체의 법인격은 인정되지 않지만 법인에 준하여 법적 규제를 받는 사단 또는 재단이 있다. 예를 들면, 영미법상의 합명회사(무한책임조합, A Unlimited Partnership; A General Partnership) 및 합자회사(유한책임조합, A Limited Partnership)가 이에 해당한다. 법인격이 없는 사단 및 재단은 가령, 법인으로서의 실체를 갖추고 있다면 위의 법인과 동등하게 취급된다.

04 국가 및 국가기관

1) 개관

국가 및 국가기관은 개인이나 기업 등의 국제거래를 규제함과 동시에, 스스로도 직·간접적으로 국제거래에 참가하고 있다. 오늘날에는 개발도상국 및 사회주의 제국의 국가 및 국가기관이 국제거래에서 담당하는 역할이 크고, 또한 선진국의 정부기관 및 지방자치단체도 직접 또는 간접적으로 국제거래의 주체로서 등장할 기회가 많다.

의 국적설 등의 학설이 대립되고 있으나, 그 중 가장 유력한 것이 설립준거법설과 주소지설이다. 전자에 의하면 회사는 그 설립에 있어서 준거한 법률의 소속 국적을 가지는데, 따라서 외국법에 준거하여 설립된 회사가 외국 회사이다. 후자에 의하면 주소지를 표준으로 하는데, 이 설은 다시 ① 회사 업무의 중심지설과 ② 주된 사무소(본점)의 소재지설로 나누어지며, ②의 설이 유력하다. 많은 입법례가 회사의 설립에 있어서 자국에 본점을 설치하도록 하고 있기 때문에, 설립준거법설을 취하든 주소지설을 취하든 실제로는 같은 경우가 많다.

국가 또는 국가기관이 국제거래계약의 당사자가 되는 경우 기본적으로는 법인에 준하여 다루어지지만, 국가계약, 주권면제 및 중재의 해결에 관하여는 특별한 배려가 필요하다. 국제거래계약의 당사자가 정부기관 및 지방자치단체 등과 같이 국가 또는 국가기관인 경우, 기본적으로 법인에 준하여 그 법적인 취급이 이루어지지만, 국가와 국가기관이 사기업과 체결한 국가계약에 관하여는 가끔 문제가 발생한다. 즉, 일부 개발도상국의 경우에는 국유화법 등의 신법을 만들어 사기업과 체결하는 국가계약을 입법적으로 파기하고 자산의 국유화를 꾀하기도 한다. 따라서 사기업은 미리 대책을 강구하여 국가계약의 파기 및 자산의 국유화에 대응하여야 한다.

국가 또는 국가기관이 국제거래계약의 상대방이 될 경우, 그 국가 및 재산은 국제법상 외국의 재판권에 복종하지 않는다. 이러한 원칙을 주권면제특권(Sovereign Immunity)이라고 하는데, 이러한 주권면제에는 절대적 주권면제(Absolute Immunity)와 상대적·제한적 주권면제(Restrictive Immunity)가 있으며, 전자는 주권면제가 절대적으로 인정되어야 한다는 것이고, 후자는 상대적·제한적으로 인정되어야 한다는 것이다. 최근의 일반 관례는 비록 국가 또는 정부라 하더라도 그 행위가 국가의 행위(Act of State)가 아닌 순수한 상행위(Commercial Activity)인 경우에는 면책이 인정되지 않는 것으로 되어 있다. 그러나 만약의 경우를 대비하여 주권면제에 대한 대응책을 확인하여야 한다.

2) 국가계약

국가 및 국가기관이 행하는 영업활동에 관하여는 법인과 동일하게 국제사법 및 실체법이 적용된다. 그런데 국가 및 국가기관이 사기업과의 사이에서 체결되는 국가계약(State Contract)을 둘러싸고 문제가 되는 경우가 있다.[24] 즉, 국가계약은 일반적으로 현지국의 국내법에 의하여 규율되어 왔으나, 흔한 일은 아니지만 과거 개발도상국은 새로이 법률을 제정하여[25] 사기업과의 국가계약

24) 예를 들면, 석유 또는 광물자원의 개발을 위한 자원개발협정 등.

25) 예를 들면, 사기업 국유화법의 제정.

을 일방적으로 개정하거나 파기하는 경우가 간혹 있었다.

사기업은 이에 대응하기 위하여 실무상 다양한 궁리를 하고 있으며, 그 중에서도 국가계약의 준거법으로서 다음과 같은 결정을 하는 경우가 많다.

① 계약의 해석에 있어서는 '국제법의 원칙' 또는 '법의 일반원칙'에 따른다.

② 계약에 적용되는 '국내법'은 계약체결 당시의 것으로 한다. 즉, 계약체결 이후의 입법은 당해 국가계약에 적용되지 않는다. 이를 '안정화 조항'이라고 한다.

③ 계약체결 이후의 입법에 의하여 사기업에 불리하게 되는 것은 계약에 적용하지 않는다. 국가계약에서 '국제법' 또는 '법의 일반원칙'을 준거법으로 하는 이유는 국가가 자국법에 근거하여 계약을 일방적으로 개정하거나 파기하는 것을 억제하는 데 있다. 그러나 국가와 사기업과의 계약은 국제법을 준거법으로 지정하더라도 그 계약이 국제법상의 계약으로 바뀌는 것은 아니고, 어느 국가의 국내법질서에 따르는 것이 된다.

결론적으로 계약만으로 국가와 사기업 사이의 계약과 관련된 문제를 처리하는 것은 곤란하고, 각국은 개발도상국의 국가 내지는 국가기관에 의한 계약의 일방적인 파기, 국유화 등의 위험으로부터 자국의 기업을 조약의 체결에 의하여 보호하려고 한다. 이러한 종류의 조약에는 우호통상항해조약 중의 투자보호규정 및 투자보호협정 등이 있다.

3) 주권면제(Sovereign Immunity)

사기업은 국가 또는 국가기관을 국제거래계약의 상대방으로 하는 경우, 국가 및 그 재산은 국제법상 일반적으로 외국의 재판권에 따르지 않는다는 원칙에 특히 주의해야 한다. 이 원칙은 주권면제, 국가면제 또는 재판권면제의 원칙이라고 부르며, 이 원칙에 의하면 국가는 외국의 법원에 제소할 수 있으나 외국의 재판권에는 따르지 않는다. 주권면제에는 절대적 주권면제와 제한적 주권면제가 있다. 전자는 주권면제가 절대적으로 인정되어야 한다는 견해이고, 후자는 주권면제가 상대적·제한적으로만 인정되어야 한다는 견해이다.

국가는 최근 그 활동영역을 점차 확대하고 종래에는 개인의 활동분야였던 경제활동에까지 미치게 되어, 주권면제는 종래와 같은 정도로는 유지할 수 없다는 견해가 대두되었다. 이러한 견해는 유럽국가면제조약(1972년), 미국의 외국주권면제법(1976년), 영국의 국가면제법(1978년)으로 실현된 바 있다.

우리나라는 주권면제에 관하여 명문의 규정을 두고 있지는 않으나 판례는 절대적 면제주의를 취하는 것[26]과 제한적 면제주의를 취한 것[27]이 있다.

주권면제에 대하여는 실무적으로 다음과 같은 대응책을 고려할 필요가 있다.

① 국가 또는 국가기관과 체결한 국제거래계약의 내용 중 재판권의 면제 및 강제집행의 면제라는 국가가 가지는 특권을 포기하도록 하고, 동시에 당해 특권의 포기는 법률상 유효하다는 취지의 법무부장관의 확인서를 받아 둔다.

② 위와 같이 특권을 포기시키고, 법무부장관의 확인서를 받기 곤란한 경우에는 확인서 대신 현지 변호사의 의견서를 확보한다.

③ 위 ① 및 ②의 어느 것도 할 수 없는 경우에는 '당해 국가에서 그 계약과 관련하여 법률상 유효하게 국가 또는 국가기관을 상대로 소송을 제기할 수 있고 또한 강제집행할 수 있다.'는 취지의 현지 변호사의 의견서를 확보하는 것이 필요하다.

---

26) 서울민사지법 1985.09.25. 선고 84가합5303 제8부 판결 : 확정 【대여금청구사건】 [하집 1985(3), 288]

이 판결은 외국에 대한 민사재판권의 유무에 관하여, 국가는 국제관례상 외국의 재판권에 복종하지 않게 되어 있으므로 특히 조약에 의하여 예외로 된 경우나 스스로 외교상의 특권을 포기하는 경우를 제외하고는 외국을 피고로 하여 우리나라가 재판권을 행사할 수 없고, 비록 최근에 이르러 상당수의 국가에서 국내입법이나 판례를 통하여 위와 같은 국가주권면제의 원칙을 완화하여 일정한 사법상의 행사에 관련된 소송에 관하여 국가의 주권면책을 인정하지 않는 사례를 찾아볼 수 있다고는 하나 그와 같은 경향이 아직 국제관습법의 지위에 이르렀다고 볼 수 없다고 판시했다.

27) 서울민사지법 1994.06.22. 90가합4223 제15부 판결 : 항소 【손해배상(기)청구사건】 [하집 1994(1), 473]

이 판결은 외국에 대하여 국내법원이 재판권을 가지는지 여부에 관하여, 외국 혹은 외국기관의 행위는 그 행위의 성질이 주권적, 공법적 행위가 아닌 사경제적 또는 상업활동적 행위인 경우에는 국내법원의 재판권으로부터 면제되지 아니한다고 판시했다.

4) 중재에 의한 분쟁의 해결

사기업이 국가를 상대로 국가계약을 체결하는 경우에는 분쟁발생 시의 조치에 관하여 미리 배려해야 한다. 분쟁해결의 수단으로써 소송제기도 고려할 수 있으나, 미리 다음과 같은 문제점을 검토해야 한다.

① 국가의 재판권 면제 문제

② 현지 국가의 법원에서 공정한 재판이 기대될 수 있는지 여부의 문제

국가 내지는 국가기관과의 상사분쟁을 소송으로 해결하는 것은 문제가 많기 때문에, 국가와의 거래에서 발생한 분쟁을 중재로 해결하는 경우도 적지 않다. 그러나 중재에 의하여 분쟁을 해결하기 위해서는 계약당사자 사이에서 사전 또는 사후에 중재의 합의가 필요하다.

국가와 사기업과의 사이에서 발생한 분쟁을 해결하기 위하여 '국가와 다른 국가의 국민 간의 투자분쟁의 해결에 관한 협약'(Washington Convention for Settlement of Investment Dispute, 1966년)에 의한 특별한 분쟁해결제도가 마련되어 있으며, 이 협약에는 2009년 12월 현재 144개국이 가입되어 있다. 이 협약은 투자수입국과 투자자 간의 투자에서 직접 발생하는 법률상의 분쟁을 중재 또는 조정으로 해결하고자 하는 것으로서, 이 협약에 따라 설치된 국제투자분쟁해결센터(ICSID; International Centre for Settlement of Investment Disputes)가 사무국으로서 편의를 제공하고 있다. 이 협약에 의한 중재절차는 합리적이고 중재비용도 적절하여 이용률이 점차 증가하고 있다.[28]

---

28) 국제투자분쟁처리센터는 세계은행 산하에 1966년에 설치된 국제중재기관으로서, 사무국은 미국 워싱턴 D.C.에 있으며 주로 회원국 사이의 투자분쟁을 중재하는 일을 하고 있다. 최근 다자간 무역협정이 증가하면서 센터에 회부되는 사건 수도 증가하고 있다.

05 국제기구

국제법상 '국제기구'란 설립헌장이라고 불리는 국제조약에 의하여 성립된 정부 간 조직체로서 기본법과 고유기관 및 독립된 법인격을 가지고 설립헌장상의 목적과 기능에 따라 활동하는 국제공동체의 구성원을 말한다.

1969년 Vienna협약 제2조 1항 i는 국제기구를 단순히 정부 간 기구라고만 표시하여 비정부 간 기구와 구별하고 있을 뿐이다. 이러한 국제기구는 실제로 조직의 성격이 상이한데, UN이나 EU와 같은 주권국가와 유사한 성격을 가지는 국제기구가 있는가 하면 국제부흥개발은행(IBRD; International Bank for Reconstruction and Development; World Bank)이나 아시아개발은행(ADB; Asian Development Bank) 처럼 일종의 경제단체에 해당하는 기구도 있다.

따라서 UN, EU 등의 국제기구는 주권면제특권의 인정 등 주권국가와 동등한 대우가 필요한 경우가 많은 것이 특징이며, IBRD나 ADB 등은 일반 사법인인 당사자와는 다른 특별한 대우를 해야 하는 경우가 간혹 있다.

06 국제법인

1) 개관

국제법인(International Body Corporate)이란 국제적인 규모로 활동하는 단체 중에서 국제조약에 따라 설립되어 법인격을 부여받은 단체를 말하며, IBRD, 국제금융공사,[29] 스칸디나비아항공회사(Scandinavian Airlines Systems)[30] 등

29) International Finance Corporation은 개발도상국의 생산적인 민간기업의 설립이나 개선 및 확대의 촉진에 대한 투자와 대출을 목적으로 1956년 7월 워싱턴서 설립된 UN의 전문금융기구로서 현재 175개국이 가입되어 있다. IBRD의 자매기관으로서 IBRD 가맹국은 가입할

이 있다. 최근 국제법인은 종종 국제거래의 당사자가 되고 있으며, 이에 관하여는 다음과 같은 문제가 대두된다.

2) 국제법인의 종속법

국제법인에는 조약의 규정에 직접 준거하여 설립된 법인과 특정 국가의 국내법에 준거하여 설립된 법인이 있다. 예를 들면, 세계은행과 국제금융공사는 조약의 규정에 따라 설립되었다. 국제법인에 대하여는 조약 및 그에 부속하는 정관이 종속법으로서 적용된다고 해석된다. 가령, 특정 국가의 법률에 준거하여 설립된 법인이라고 하더라도 조약 및 정관이 본점 소재지의 법률에 우선하여 적용된다.

3) 국제법인의 인허가

만일 우리나라가 국제법인의 설립에 관한 조약의 가맹국일 때에는 당해 국제법인은 우리나라에서 조약에 근거하여 당연히 승인된다. 우리나라가 가맹국이 아닐 경우에는 국제법인의 성격에 따라 국가 또는 상사회사에 준하여 승인해도 무방하다고 본다.

4) 국제법인의 재판권 면제

국제법인에는 조약, 협약 등에서 재판권의 면제에 관하여 규정하는 것이 있다. 예를 들면, 국제연합은 '국제연합헌장 제105조', '국제연합의 특권 및 면제에 관한 조약'에 따라 특권 및 면제를 향유하고 있다.

수 있다.

30) 스웨덴, 노르웨이, 덴마크가 공동으로 설립한 국제합작 항공회사.

07 국제기업조직

국제거래의 주체로서의 국제기업조직(International Enterprise; Transnational Corporation)은 그 단일 국적성과 자본의 초국가성 및 본사의 경영지배를 축으로 다양한 국제적 이익을 추구하는 기업으로서, 다음과 같은 여러 가지 형태가 있다.

(1) 국제거래계약이 본인이 아닌 대리인에 의하여 혹은 법인의 경우 법인의 대표자 또는 직원에 의하여 서명되는 경우에는 그 서명인의 인적 사항, 대리권·대표권 여부 및 그 범위의 증명확인이 필요하다.

대리권이나 대표권의 범위를 초과한 행위 즉, 월권대리행위(Ultra Vires Act)의 효력에 관하여는 여러 문제가 있으나 일단 법인의 경우 통상적으로 일상적인 영업행위(Routine Daily Business Activities)로 인정되는 행위에 한하여 법인에 대한 기속력이 인정되는 것이 관례로 되어 있다.

(2) 국제기업조직의 하나인 지점(Branch Office)은 본점에 종속하여 본점의 지휘와 명령에 따르기는 하지만 일정한 범위 내에서 독자적인 영업활동을 결정·수행하고 대외적인 거래를 할 수 있는 조직인데, 지점은 현지의 회사법에 따라 외국 회사의 지점으로서 등기된다. 현지에서 지점으로 등기되면 당해 지점은 회계장부를 갖추고 재무제표의 작성, 세무신고 및 납세의무를 지게 된다.

지점은 현지의 법률상 제한 내지는 금지된 것이 아닌 한 원칙적으로 정관에 기재된 회사목적에 해당하는 활동 전부를 할 수 있다. 지점은 독립채산이 원칙이고 주재원사무소와는 달리 설치된 후의 경비는 모두 현지의 영업활동에 의하여 충당한다. 외국환거래법상 외국 법인의 한국 지점은 한국에서는 거주자로 본다.

(3) 현지법인은 대체로 현지의 회사법을 준거법으로 하여 설립된 회사를 말하는데, 현지법인 중에는 한국 기업이 100% 출자하여 완전한 지배권을 가지고 있는 회사도 있지만 타사와 공동출자한 합작회사도 있다.

현지법인의 장점으로는 다음과 같은 점을 들 수 있다.

첫째, 모회사로부터 독립하여 현지의 내국 법인으로서 현지 사정에 적합한 경영을 할 수 있다.

둘째, 현지법인 자신의 이익을 유보하여 장래의 손실보전을 준비할 수 있다.

셋째, 모회사는 원칙적으로 현지법인의 채무에 대하여 이행보증이나 지급보증을 한 경우가 아닌 한 법률상의 책임을 지지 않는다.

넷째, 현지법인은 외국환 거래법상 비거주자(Non-Residents)이므로 국내법의 적용을 받지 않는다.

다섯째, 현지법인의 경영자는 사장 또는 부사장의 직함으로 현지 경영활동을 용이하게 할 수 있다.

반면, 현지법인의 단점으로는 다음과 같은 점을 들 수 있다.

첫째, 현지법인은 모회사와 법인격이 다르기 때문에 모회사의 신용을 이용할 수 없다.

둘째, 경영손실이 발생한 때에는 현지법인 스스로 해결하여야 한다.

셋째, 모회사와는 독립법인으로서 별도의 경영조직에 따라 운영되고 실패하는 경우에는 조직이 해체되어야 한다.

이상과 같이 현지법인은 주식회사 또는 유한회사가 보통이다.

국제기업조직과 관계가 밀접한 국제조약으로는 각 국가와 체결한 우호통상항해조약, 투자보호협정, 조세조약 등이 있다. 우호통상항해조약은 한국 기업이 현지에서 최혜국대우·내국민대우를 받고, 투자보호협정은 현지에서 법적, 제도적 측면에서 각종의 보호를 받으며, 조세조약은 중과세를 방지하고 투자소득 및 양도소득에 대한 원천소득세 감면조치 등을 주요 내용으로 하고 있다.

제 3 절 국제거래계약의 성립

01 의 의

국제거래계약이란 일정한 채권·채무관계(Legal Obligation)의 형성을 목적으로 계약당사자 사이의 상호 대립되는 의사표시의 합치에 의하여 성립되는 법률행위로써 즉, 채권·채무관계를 창설하는 당사자 상호간의 합의(Agreement)를 말한다.

계약은 그것이 국제거래계약이든 국내계약이든 청약(Offer)에 대한 승낙(Acceptance)에 의하여 성립한다. 그런데 한국의 법률은 대륙법계에 속하지만, 한국의 많은 기업들은 영미법계 국가의 기업과 국제거래를 한다. 따라서 여기서는 국제거래계약의 성립에 관하여 우리 법과 영미법을 비교하면서 설명한다.

실제로 계약을 구성하는 법률사실로서는 적어도 당사자 상호간에 내용이 일치할 수 있는 두 개의 의사표시가 있어야 하기 때문에, 계약이 성립되려면 원칙적으로 당사자 상호간에 반드시 합의가 이루어져야 한다. 왜냐하면 합의의 개념 자체가 계약을 체결하려는 당사자 상호간의 의사의 일치를 의미하기 때문이다.

따라서 이러한 관점에서 본다면 계약당사자 상호간의 합의의 성립이 국제거래계약이 성립하기 위한 기본원칙이라고 할 수 있다. 통상적으로 합의는 일방당사자가 상대방의 청약을 승낙할 경우에 성립되며, 그러한 합의는 반드시 명확하고 최종적(Certain and Final)이어야 한다.

영미법의 경우에는 합의가 법적 구속력을 갖는 계약의 효력을 나타내기 위해서는 그 합의가 약인(Consideration)을 수반하는 것이거나 또는 날인증서와 같은 일정한 방식을 갖춘 것이어야 한다.

02 청 약

1) 청약의 의의

계약의 성립에 있어서 당사자 상호간의 합의의 존재를 추론하는 것이 합리적인지의 여부를 결정하기 위하여 또는 당사자 간의 합의의 방식으로서 청약과 승낙이라는 개념이 오랫동안 이용되어 왔다. 따라서 법원은 계약의 성립 여부를 판단하기 위해서 일방 당사자가 확정적인 청약을 하였는지 그리고 상대방이 그러한 확정된 청약에 대하여 승낙하였는지 등을 모든 주변상황을 주도면밀하게 검토하여 확인하게 된다.

이러한 관점에서 청약이란 상대방의 승낙이 있으면 곧바로 계약이 성립할 것을 목적으로 하는 확정적인 의사표시로서 특별한 방식을 필요로 하지 않으며, 구두나 서면 또는 행위 등의 방법으로 상대방에게 할 수 있다. 즉, 청약이란 법적으로 구속력이 있는 계약체결조건 중에서 피청약자의 작위 또는 부작위에 의하여 청약이 승낙된다면 즉시 청약자를 구속한다는 것을 명시적 또는 묵시적으로 표시된 의사이다.

그러므로 본질적으로 상대방의 승낙에 의하여 합의로 전환될 수 있는 청약은 특정한 조건이 승낙되면 법적인 구속력을 가지는 명확한 약속으로 구성되어야 한다. 실제로 청약자는 청약에 대한 승낙 또는 거절의 선택권은 피청약자에게 맡기고, 자신은 특정한 조건 하에서 그의 의무를 이행할 의사를 표시하는 것만으로도 청약의 개념은 충분하다.

따라서 내용이 확정되지 않은 청약은 이른바 청약이라고 할 수 없다. 즉, 청약은 소위 '청약의 유인' (Invitation to Offer)과 구별되어야 한다. '청약의 유인'이란 상대방으로 하여금 청약을 하도록 유인하는 행위를 말한다. 어떤 의사표시가 청약인지 아니면 청약의 유인인지는 당사자의 의사해석의 문제로서 여기에는 의사표시 당시의 거래의 성격이나 관습 등이 고려된다. 예를 들면, 견적서(Quotation)나 가격표(Price List) 및 안내장(Circular)이나 카탈로그(Catalogue) 등의 송부, 입찰(Tender)이나 경매(Auction)의 실시 등은 일반적으로는 청약의 유인으로 본다. 이러한 청약의 유인에 대하여 상대방이 이에 응하는 의사표시를 한 경우에는 그 의사표시는 새로운 청약이 된다.

2) 청약과 청약의 유인의 구분 기준

일반적으로 국제계약의 체결에 있어서 계약당사자들은 확정청약을 하기 이전에, 당사자 상호간에 계약의 체결을 위한 사전의 예비교섭단계를 거친다. 즉, 계약당사자는 거래청약서(Circular Letter) 또는 문의(Inquiry) 등을 통하여 상대방의 청약을 유인하거나 또는 확정청약과 유사한 형태의 예비교섭단계를 가지게 된다. 일반적으로 의사표시를 한 당사자의 의도를 기준으로 청약과 청약의 유인을 구분한다.

첫째, 의사표시를 한 일방 당사자가 상대방의 승낙과 동시에 자신의 의사표시에 구속되려는 의도를 가진 경우 그러한 의사표시는 청약으로 인정된다. 즉, 청약은 특정한 조건이 승낙된다면 구속되는 확정적인 약속으로 구성되어야 한다는 것을 의미한다.

둘째, 의사표시를 한 일방 당사자는 상대방의 동의의 통지만으로는 구속되지 않고, 반드시 그 자신의 의사표시가 포함된 서류에 서명한 경우에 그 자신이 구속되는 것을 명시적으로 규정한 경우에, 그러한 의사표시는 청약의 유인으로 인정된다. 왜냐하면 청약은 상대방의 승낙이 있으면 즉시 계약을 성립시킬 의사표시이지만, 청약의 유인은 상대방이 승낙을 한다고 하더라도 그것 자체가 승낙이 아니므로 계약이 성립될 수 없기 때문이다. 요컨대, 청약의 유인은 상대방으로 하여금 자신에게 청약을 하도록 유인하는 행위로써, 그 전형적인 예로서는 구인광고, 물품판매광고, 상품목록의 배부, 정찰상품 등의 진열 등을 들 수 있다.[31]

[청약과 승낙 과정]

청약자(Offeror) ⇔ 피청약자(Offeree)

1. 국제시장조사 및 거래선의 발굴(International Market Research)
2. 거래의 권유(Circular)
3. 조회(Inquiry)
4. 조회회신 및 신용조회(Reply to Inquiry and Credit Inquiry)
5. 청약(Offer)
6. 반대 청약(Counter Offer)
7. 확정 청약(Firm Offer)
8. 승낙(Acceptance)
9. 계약(Contract)의 체결

계약의 체결을 위한 이와 같은 사전의 예비교섭단계에서 문제가 되는 것은 확정청약과 사전의 예비교섭단계에서 이루어지는 '청약의 유인'과의 명확한 구분이다. 국제거래계약은 당사자 일방의 청약에 대하여 상대방이 승낙하면 성립하는 낙성계약으로서, 예비교섭단계 중에서 일방 당사자의 청약과 유사한 형태의 청약의 유인(Invitation to Treat Invitation to Offer)에 대하여 상대방이 승낙하더라도 계약이 성립될 수 없기 때문이다.

실제 거래에서 시세가 불안정한 때에는 다음과 같이 청약자가 '청약자의 확

31) Fisher v. Bell 사건에서 Parker 판사는, "보통 계약법에 따라, 진열장에 정찰표시가 부착된 물품의 진열은 청약의 유인에 불과하다. 그것은 결코 승낙에 의하여 계약이 성립되는 판매청약이 아니다."고 판시하였다.

인을 조건으로 하는 청약'(Offer Subject to our Confirmation)의 의사표시를 하는 경우가 있다.

> ① 청 약 자 : We offer 1,000 dozen of Article No. A for shipment in January at U.S. $100 per dozen subject to our confirmation.
> ② 피청약자 : We accept your offer.
> ③ 청 약 자 : We confirm your acceptance.

위 예에서 ①은 'offer'라는 표현을 사용하고 있지만, 사실 이는 청약이 아니고 청약의 유인에 해당한다. ②에서 피청약자가 승낙한다고 하더라도 ③에서 청약자가 승낙을 하지 않는다면 계약이 성립될 수 없기 때문이다. 반대로 ②에서는 피청약자가 'accept'라는 표현을 사용하고 있는데 실제로는 이것이 구매청약이며, ③에서는 청약자가 'confirm'이라고 표시하고 있지만 실제로는 이것이 승낙이라고 할 수 있다. 즉, 비록 'offer'라고 표시하고 있지만 이것이 청약의 유인이 될 수도 있고, 반대로 'acceptance'라고 표시하고 있다고 하더라도 청약인 경우가 있다.

결국 청약과 청약의 유인의 구분에서 'offer' 또는 'acceptance'라는 표현이 결정적인 요소가 되지는 않는다. 사실, 청약과 청약의 유인의 구분이 이와 같이 어렵게 되는 것은 이러한 문제가 계약당사자의 추론적인 의사의 범주에 따라서 결정되기 때문이다.

3) 청약의 효력 발생시기

일반적으로 청약은 피청약자에게 도달할 때까지는 그 효력이 발생되지 않는다. 왜냐하면, 피청약자는 청약자가 청약을 하였다는 사실을 인지할 때까지는 그러한 청약에 근거하여 어떠한 행동도 취할 수 없는 것이 당연하기 때문이다. 이러한 관점에서 청약은 피청약자에게 도달된 시점에서 그 효력이 발생하며,

그 이전에는 효력이 발생하지 않는다. 즉, 청약의 효력 발생은 도달주의의 입장을 취하고 있다.[32)]

예컨대, 만일 A가 어떠한 행위에 대한 약속의 청약을 하고, B가 그러한 청약을 인지하지 못한 상태에서 그러한 행위를 한 경우에, B는 청약의 존재를 인지한 시점에서 상대방에게 청약의 이행을 요구할 수 있는 것인가? 대답은 자명하다. 즉, B는 그가 인지하지도 못한 청약에 대한 승낙은 불가능하다. 왜냐하면, 청약의 효력은 청약이 피청약자에게 도달된 시점에서 발생되기 때문이다.

또한, 이러한 사실은 다음과 같은 예에서도 명확하게 표현되어 있다.

6월 1일, 매도인은 특정 물품을 특정 가격으로 판매하겠다는 청약을 매수인에게 서신으로 송부하였고, 그 청약에는 "본 청약은 7월 1일까지 취소 불가능하고 또한 당사자를 구속한다."는 내용이 기술되어 있었다. 실제로 매도인으로부터 매수인에게 서신이 전달되는 데에는 일주일이 소요되었다. 6월 6일 매수인이 매도인의 6월 1일자 서신을 받기 전에, 매도인은 6월 1일자 판매청약을 취소한다는 내용의 통화를 매수인에게 하였지만, 매수인은 매도인의 6월 1일자 청약을 승낙한다고 응답하였다.

위 예에서 본질적인 문제는 매도인의 판매청약의 효력 발생 여부와 이에 따른 매수인의 승낙에 의한 계약의 성립 여부이다. 실제로 국제거래계약의 경우에, 피청약자는 많은 청약자로부터의 청약을 인지한 상태에서 자신에게 가장 유리한 청약에 대하여 승낙함으로써 국제거래계약이 성립하게 된다. 다시 말해서, 일단 계약이 성립되기 위해서는 피청약자가 청약을 인지한 상태에서 청약의 효력이 발생되어야 하며, 그러한 청약에 대하여 피청약자가 승낙하여야 한다.

앞의 예의 경우에, 6월 6일 청약이 피청약자에게 도달되지 않았기 때문에 6월 1일의 판매청약은 효력이 발생되지 않았다. 따라서 계약이 성립될 수 없는 것은 당연하다. 그러나 실제로 영미법의 경우에, 도달주의의 원칙에 따른 판례도 있고, 도달주의의 원칙을 따르지 않은 판례도 있다.[33)]

---

32) 민법은 격지의 상대방 있는 의사표시에 관하여 그 통지가 상대방에게 도달한 때부터 효력이 발생함을 규정함으로써 도달주의를 취하고 있다(【민법 제111조 제1항】).

33) Gibbons v. Proctor 사건에서 법원은, 비록 경찰관이 범인의 체포에 결정적인 정보를 제공

4) 청약의 효력 소멸

(1) 개관

청약은 표의자가 그 통지를 발송한 후 사망하거나 행위능력을 상실하여도 의사표시의 효력에는 영향을 미치지 않으나(민법 제111조 제2항), 영미법의 경우에는 다음과 같은 사유가 있는 때에는 그 효력의 소멸사유가 된다. 단, 우리 민법상으로는 청약은 철회할 수 없다(민법 제527조).

(2) 청약의 철회(Revocation of Offer)

우리 민법은 피청약자의 기대를 보호하기 위하여 청약을 철회할 수 없도록 규정하고 있다. 이에 관하여 논자는 해석상 청약의 효력 발생 이전이라면 이를 철회할 수 있다고 주장한다.[34] 이에 대하여 비엔나협약은, "청약은 피청약자에게 도달한 때에 비로소 효력이 발생하기 때문에 설사 그것이 취소 불능한 것이더라도 그 철회가 청약이 도달 전 또는 그와 동시에 피청약자에게 도달하는 경우에는 이를 철회할 수 있다."고 규정한다(비엔나 협약 제15조).[35]

영미법에서는 청약의 의사표시를 한 경우 청약자는 원칙적으로 승낙이 있을 때까지는 언제든지 이를 철회할 수 있다. 즉, 승낙기간을 정하지 않은 청약은 상당한 기간 동안 효력을 가지며, 그 상당한 기간의 만료에 의하여 자동적으로 효력을 상실한다. 그러나 청약자는 그 상당한 기간 내에도 언제든지 청약을 철회할 수 있다. 물론 이러한 점은 승낙기간을 정한 청약의 경우에도 마찬가지이

하면 보상금을 수여한다는 전단(handbill)을 보기 이전에 그러한 정보를 제공하였더라도, 경찰관은 전단에 근거하여 보상금을 받을 수 있다는 판결을 하였다. 즉, 이 판결에서는 청약의 효력 발생에 관해서 도달주의의 입장을 취하고 있지 않다. 반면, Fitch v. Smedaker 사건에서 법원은 청약을 인지하지 못한 피청약자는 그 청약에 관련된 보상을 청구할 수 없다고 판결하였다. 왜냐하면, 청약을 인지하지 못한 상태에서 특정 행위를 한 피청약자는 청약자와 피청약자 상호간에 의사의 합치가 있었거나 또는 그 자신의 특정 행위가 청약된 약속에 대한 대가가 아니기 때문이다. 즉, 이 사건의 경우에는 청약의 효력 발생에 관하여 도달주의의 원칙을 취하고 있다.

34) 최준선, 『국제거래법(제5판)』 삼영사, 2006, 121면.

35) 사실 청약이 이미 상대방에게 도달한 경우에는 철회가 아닌 취소문제가 되기 때문이다.

다. 단, 당해 확정청약(Firm Offer)[36]에 대하여 철회하지 않겠다는 약인(約因, Consideration)[37]이 부여되어 있거나 또는 날인증서(Deed 또는 Indenture)로 청약한 경우에는 정해진 기간 또는 상당한 기간 내에는 청약을 철회할 수 없다. 한편, 미국의 통일상법전(UCC; Uniform Commercial Code) 2-205조는 매매와 관련된 청약이 서면(Signed Writing)에 의할 때에는 약인이 없더라도 소정 기간에는 이를 철회할 수 없다고 규정한다.

청약의 철회가 청약에 대한 승낙 이전의 어느 시점에서도 가능하고 또한 유효하다는 것은 1789년의 Payne v. Cave 사건 이후 확립된 원칙이다. 즉, 청약의 효력에 관한 일반원칙으로서 청약은 피청약자가 청약을 승낙하기 이전이라면 어느 시점에서도 철회가 가능함을 의미한다. 다만, 청약의 효력 발생에 있어서 도달주의의 입장을 취하고 있는 바와 같이, 청약의 철회통지는 반드시 현실적으로 피청약자에게 도달하여야 하며, 단순한 우편의 발신만으로는 청약의 철회가 이루어지지 않는다.[38]

(3) 청약의 거절(Rejection or Refusal of Offer)

청약은 거절되면 당연히 그 효력이 소멸한다. 즉, 피청약자가 청약자에 대하

---

36) Firm Offer란 상대방에 의한 승낙을 위하여 일정 기간을 열어두는 청약을 말한다. 영미법상 청약자는 Firm Offer를 했다고 하더라도 그 청약을 철회할 수 있다.

37) 약인이란 한쪽 당사자에게 발생할 어떤 권리, 이익 혹은 상대방이 행한 부작위, 그로 인한 불이익 또는 손실, 부담한 책임을 말한다.

38) 예컨대, Byrme & Co. v. Leon Van Tienhoven 사건의 경우, Cardiff의 매도인은 10월 1일 New York의 매수인에게 주석의 판매청약을 우편으로 하였고, 다시 10월 8일에 청약철회의 서신을 우편으로 발신하였다. 반면에, 청약은 10월 11일에 매수인에게 도착되어 매수인은 전보로서 즉시 승낙을 하였고, 10월 15일에 서신으로 확인하였다. 실제로 10월 20일에야 비로서 청약철회의 서신이 매수인에게 도착하였다. 이 사건에 대하여 법원은 청약이 승낙된 시점에서 청약의 철회가 매수인에게 도달되지 않았기 때문에 계약은 성립되었다고 판결하였다. 즉, 청약철회의 통지가 청약에 대한 승낙 이후에 도달하였기 때문에 청약의 효력이 소멸되지 않았고, 따라서 계약이 성립되었음을 의미한다. 다만, 이 사건의 판결에 있어서 좀 더 명확하게 판시했어야 할 내용 중의 하나는 청약철회의 통지가 발생되는 시점이다. 환언하면, 이 사건의 판결은 청약철회의 통지가 발생되는 정확한 시점을 규정하고 있지 않다. 그러나 적어도 상업상의 경우라면, 정상적인 영업일에 도착하는 서신은 비록 개봉되지 않았다고 하더라도 청약철회의 통지가 이루어진 것으로 보는 것이 합리적이다.

여 승낙을 하지 않았다는 취지를 적극적으로 표시하였을 때에는 청약은 그 효력을 상실한다. 실제로 청약에 포함되어 있지 않은 새로운 조건의 청약에 대한 승낙의 의사표시도 반대청약이 수반된 것이기 때문에, 청약의 거절이 되고 그 효력이 소멸된다. 다시 말하면, 반대청약(Counter-Offer)은 기존의 청약조건을 변경한 것이기 때문에 그것 자체가 새로운 하나의 청약으로서 기존의 청약에 대한 거절을 의미한다.[39)]

가령, A가 B에 대하여 서신으로 청약을 하였다고 하자. B는 그 서신을 받자마자 즉시 거절의 회신을 발송했다. B의 거절서신이 A에게 도착하기 전에, B는 마음을 바꾸어 A에게 청약을 승낙하는 취지의 전화를 했다. 이러한 경우에 A와 B 상호간에는 계약이 성립한다. 왜냐하면 청약거절의 효력 발생은 도달주의를 취하고 있기 때문에, B의 청약거절의 회신 이전에 이미 승낙이 통지되었기 때문이다.

통상적으로 피청약자는 청약에 대하여 승낙하지 않는 경우에는 굳이 거절의 통지를 할 필요가 없다. 그러나 예외적으로 청약자에 대하여 낙부의 통지의무를 부과하는 경우가 있다. 즉, 우리 상법은 상인이 상시거래관계에 있는 자로부터 그 영업부류에 속한 계약의 청약을 받은 때에는 지체 없이 낙부의 통지를 발송하여야 하며, 이를 해태한 때에는 승낙한 것으로 본다고 규정한다(상법 제53조). 이에 대하여 영미법은 청약의 권유자로부터 청약을 받은 경우와 같이 특별한 사정이 있는 경우에는 침묵이 승낙으로 해석되는 경우가 있다.

(4) 시간의 경과(승낙기간의 만료)

일반적으로 청약자는 자신의 청약에 대하여 상대방이 승낙하는 기간 즉, 승낙기간을 명시하거나 또는 명시하지 않는 방법에 의하여 피청약자에게 청약을 한다. 따라서 청약의 효력 발생과 시간은 상당히 중요한 관계를 갖는다.

---

39) Anson의 경우도 청약은 피청약자에 의하여 거절되면 그 효력이 소멸되며 그러한 거절은 그 통지가 청약자에게 도달해서야 비로소 효력이 발생한다고 한다. 즉, 청약거절의 통지도 청약철회의 경우처럼 도달주의를 취하고 있다.

첫째, 청약자가 승낙기간 즉, 청약의 유효기간을 정한 경우에는 그 기간이 경과한 후의 피청약자의 승낙은 효력이 상실되는 것이 당연하다. 왜냐하면, 승낙기간을 정한 청약의 경우에는 그 기간이 경과하게 되면 자연적으로 청약이 소멸되기 때문이다. 우리 민법상으로도 청약은 승낙기간의 만료로 그 효력이 소멸된다.[40]

둘째, 비록 청약자가 승낙기간에 대한 명시적인 정함을 하지 않았다고 하더라도 청약은 무한정으로 유효한 것이 아니라, 일반적으로 상당한 기간 내에만 그 효력이 발생한다. 이러한 경우에는 상당한 기간의 의미는 사실상의 문제로서 결정되기 때문에 상황에 따라 상이하다.[41]

(5) 반대청약

영미법상의 반대청약(Counter-Offer)은 우리 민법상의 청약에 대하여 변경을 가한 승낙으로서, 이것은 청약의 거절이면서 동시에 새로운 청약으로 본다.[42]

(6) 청약자의 사망

영미법의 경우 청약자가 사망한 때에는 피청약자가 그 사실을 알았든 몰랐든 청약은 효력을 상실한다.

---

40) 【민법 제528조】 ① 승낙의 기간을 정한 계약의 청약은 청약자가 그 기간 내에 승낙의 통지를 받지 못한 때에는 그 효력을 잃는다.
【민법 제529조】 승낙의 기간을 정하지 아니한 계약의 청약은 청약자가 상당한 기간 내에 승낙의 통지를 받지 못한 때에는 그 효력을 잃는다.

41) 부패하기 쉬운 상품 또는 가격변동이 심한 상품의 청약의 경우에는 비교적 단기간의 경과로 청약의 효력이 소멸되는 것으로 인정되어야 하며, 청약이 전보에 의하여 이루어진 경우에도 동일하게 인정되어야 할 것이다.

42) 승낙자가 청약에 대하여 조건을 붙이거나 변경을 가하여 승낙한 때에는 그 청약의 거절과 동시에 새로 청약한 것으로 본다(【민법 제534조】).

03 승 낙

1) 승낙의 의의

승낙이란 계약의 상대방인 피청약자가 청약에 응하여 계약을 성립시킬 목적으로 청약자에 대하여 행하는 의사표시를 말한다. 다시 말하면, 승낙은 청약과 함께 계약성립의 요소가 되는 의사표시이며, 청약자가 지시한 방법에 따라 청약조건의 동의의 의사표시를 언어 또는 행위에 의하여 행하는 것이다.

영미법에서 계약이 성립하기 위해서는 청약의 의사표시가 도달한 후에 이에 대한 대답으로써 확실한 형태의 승낙의 의사표시를 해야 하기 때문에 교차청약으로는 계약이 성립하지 않는다. 이에 대하여 우리나라에서는 동일한 내용의 청약이 상호 교차한 경우에도 양 청약이 상대방에게 도달한 때에는 그 도달 시점에서 계약이 성립한다(민법 제533조).[43)]

이러한 관점에서 승낙은 청약의 내용 또는 조건과 일치하여야 한다. 즉, 승낙은 무조건적인 것이어야 하며, 청약에 대한 조건적인 승낙 또는 청약의 조건을 변경시킨 승낙은 본질적으로 청약을 거절한 것으로 본다. 이와 같이 승낙의 목적은 합의에 의하여 계약을 성립시키려는 것이기 때문에 청약의 조건을 변경한 승낙이나, 청약에 대하여 추가조건을 붙인 승낙 및 애매한 승낙 등은 승낙으로서의 효력이 발생하지 않으며, 이러한 승낙은 새로운 청약에 지나지 않는다고 할 수 있다.[44)]

---

43) 당사자의 일방이 청약의 의사표시를 하고, 이 의사표시가 상대방에게 도달하기 전에 상대방도 동일한 내용의 의사표시를 청약자에게 표시한 경우 이를 교차청약이라고 하는데, 일본의 통설은 당사자 간에 청약이 상호 교차된 경우에는 나중에 행한 청약이 승낙으로 간주되어 계약이 성립한다고 한다.

44) Hyde v. Wrench 사건에서, A는 자신의 농장을 1,000파운드의 가격으로 B에게 판매청약을 하였으나, B가 950파운드의 가격이라면 그 농장을 구매하겠다고 응답하자, A는 이를 거절하였고, 이에 B는 다시 농장에 대하여 1,000파운드로 구매하겠다고 하였으나 A는 B의 구매의사를 거절하였다. 이에 대하여 법원은 1,000파운드의 판매청약에 대하여 950파운드의 구매청약은 반대청약에 의한 청약의 거절이기 때문에 계약이 성립되지 않았다고 판결하였다.

2) 승낙의 방법과 효력 발생시기

(1) 개관

계약은 원칙적으로 피청약자가 청약자의 의사표시에 대하여 승낙함으로써 성립되지만, 국제거래계약의 경우에는 청약자와 피청약자가 서로 다른 국가에 거주하고 있기 때문에 문제가 된다. 왜냐하면, 승낙의 효력 발생 여부에 따라서 국제거래계약의 성립 여부가 결정되기 때문이다. 승낙의 방법은 청약의 경우와 같이 서면이나 구두 또는 행위 등 어떠한 방법이라도 좋다. 단, 청약자가 승낙의 방법이나 수단을 지정한 때에는 그에 따른 승낙을 하지 않으면 계약은 성립하지 않는다. 청약자가 이를 지정하지 않은 때에는 당해 거래의 사정이나 관습 등에 따라서 판단한다. 예를 들면, 우편으로 청약을 수령한 때에는 우편으로 승낙하면 된다.

일반적으로 승낙의 효력 발생시기에 관하여 다음의 세 가지 견해가 대립되고 있다.

① 피청약자가 승낙의 의사표시를 발신한 시점에서 계약이 성립한다고 하는 견해 즉, 승낙의 효력 발생에 대한 발신주의의 입장이다.
② 피청약자의 승낙의 의사표시가 청약자에게 도달한 시점에서 계약이 성립한다고 하는 견해 즉, 승낙의 효력 발생에 대한 도달주의의 입장이다.
③ 물리적으로 단순하게 승낙의 의사표시가 청약자에게 도달한 시점뿐만 아니라, 청약자가 현실적으로 그러한 내용을 인지한 시점에서 계약이 성립한다고 하는 견해 즉, 승낙의 효력 발생에 대한 양지주의의 입장이다.

사실상 각 법체계마다 승낙의 효력 발생시기에 관하여 입장을 달리할 수도 있고, 또한 승낙의 방법에 관하여도 각각 상이한 견해를 취할 수도 있다. 가령, 비록 청약자와 피청약자가 각기 상이한 국가에 거주하고 있다고 하더라도, 승낙이 전화 또는 텔렉스에 의하여 이루어지는 경우에는 양 당사자는 대화자로 취급되며, 또는 우편이나 전보에 의한 경우에는, 통지의 송달시간이 소요되기 때문에 격지자로 인정된다. 따라서 대화자와 격지자의 경우에 있어서 승낙의 효력 발생시기에 대한 원칙이 다르게 나타난다.

이에 관하여 우리 민법은 격지자 간의 계약은 승낙의 통지를 발송한 때에 성립한다고 규정함으로써 격지자 간의 계약은 원칙적으로 발신주의를 취한다(민법 제531조). 그러나 예외적으로 승낙기간을 정하여 청약한 경우와 대화자 간의 승낙에 대하여는 도달주의를 취한다.45)

한편, 영미법의 경우 승낙의 효력 발생시기에 관하여 원칙적으로 도달주의의 입장을 취하고 있으나, 예외적으로 격지자 간의 일부 통신수단에 의한 거래에서는 발신주의 입장을 취하고 있다. 즉, 승낙은 승낙기간이 정하여진 경우에는 그 기간 내에, 기간의 정함이 없는 경우에는 청약자가 사용한 통지의 수단이나 기타 거래상황을 고려하여 합리적인 기간 내에 상대방에게 도달한 때에 효력이 발생함을 원칙으로 한다.46)

(2) 우편 또는 전보에 의한 승낙

계약의 성립에 있어서 계약당사자가 통신수단으로써 우편 또는 전보를 이용하는 경우, 서신이 우편함에 투함되거나 또는 전보가 전보국의 계원에게 제출되는 시점으로부터 상대방에게 우편 또는 전보가 도달할 때까지는 상당한 시간이 소요된다. 그렇기 때문에 어느 시점에서 계약이 성립되는지의 문제는 계약당사자 간에 중요한 문제이다. 다시 말하면, 우편 또는 전보에 의한 승낙의 효력 발생시기에 관하여 발신주의를 택할 것인지 아니면 도달주의를 택할 것인지의 여부가 중요한 문제이다.47)

---

45) 【민법 제528조】 ① 승낙의 기간을 정한 계약의 청약은 청약자가 그 기간 내에 승낙의 통지를 받지 못한 때에는 그 효력을 잃는다. ② 승낙의 통지가 전항의 기간 후에 도달한 경우에 보통 그 기간 내에 도달할 수 있는 발송인 때에는 청약자는 지체 없이 상대방에게 그 연착의 통지를 하여야 한다. 그러나 그 도달 전에 지연의 통지를 발송한 때에는 그러하지 아니하다.

46) 이에 대하여 영국법은 격지자 간에 우편이나 전보에 의한 승낙에 관하여는 우편물 규칙에 따라 발신주의를 취하고 있으나 그 외의 경우에는 도달주의를 채용하고 있다. 미국법은 원칙적으로 도달주의이지만 예외적으로 격지자 간에서는 허용된 통신수단(Authorized Mode of Communication)에 의하여 승낙의 통지를 발송한 때에는 그 시점에서 효력이 발생한다.

47) 예컨대, 우편 또는 전보에 의한 승낙은 법률적인 견지에서 보면, 승낙으로 인정될 수 있기 때문에 학문적인 문제로서, 승낙의 효력 발생시기에 관하여, 첫째, 승낙서가 우편함에

영국의 경우에, 승낙은 일반원칙으로서 도달주의의 입장이지만, 이러한 것의 중대한 예외로서 우편 또는 전보에 대한 승낙의 경우에는 편의상 서신이 투함되거나 전보가 전보국의 계원에게 제출된 때에 승낙이 완성된다고 한다. 즉, 격지자 간의 우편 또는 전보에 의한 승낙의 경우에는 그 효력 발생이 발신주의의 입장을 취하고 있음을 의미한다.[48]

한편, 미국의 경우에도, 승낙의 효력 발생시기에 관하여 영국과 동일한 입장을 취하고 있다.[49]

(3) 전화·텔렉스 및 인터넷에 의한 승낙

오늘날 국제정보통신기술의 눈부신 성장에 따라 계약의 성립에 따른 의사전달의 수단으로써, 우편 또는 전보보다는 신속하고 편리한 전화·텔렉스 또는 인터넷 등이 많이 활용되고 있다. 특히 최근의 무역에 있어서는 텔렉스·팩시밀리 또는 인터넷의 활용도가 높아져 가고 있는 실정이다.

이러한 관점에서, 전화, 텔렉스 및 팩시밀리에 의한 승낙의 경우에, 어느 시점에서 계약이 성립되는지의 문제가 계약당사자의 중요한 관심사항이다. 원칙

투함될 때, 둘째, 승낙서가 청약자의 주소에 도달될 때, 셋째, 승낙서가 청약자에게 실질적으로 통지될 때의 세 가지의 해답이 가능하다.

48) 예컨대, Adams v. Lindsell 사건의 경우에, 9월 2일 피고는 특정 수량에 대한 판매청약을 우편에 의하여 원고에게 발송하였고, 그 내용 중에는 회신은 반드시 우편으로 해야 한다는 것이 포함되어 있었다. 9월 5일에 피고는 원고의 이름을 Worcestershire라고 써야 할 것을 Leicestershire라고 잘못 기재하였기 때문에, 편지가 2일정도 지연되어 원고에게 도착하였고, 동일에 원고는 승낙의 서신을 발송하였다. 피고가 원고의 이름만 정확하게 기재하였더라면, 원고의 회신은 9월 7일에 도착하였을 것이다. 그러나 9월 7일이 되어도 원고의 회신이 도착하지 않았기 때문에 9월 8일에 피고는 양모(洋毛)를 제3자에게 판매하였다. 이 사건에서, 법원은 계약의 성립시기를 서신이 우편함에 투함된 시점으로 판시함으로써 우편 또는 전보에 의한 승낙의 효력 발생에 관하여 발신주의의 입장을 취하였다.

49) 이에 관하여 미국의 계약법에 관한 리스테이트먼트는, "청약이 별도로 규정하지 않는 한, 청약이 지정한 방법으로 이루어진 승낙은, 그것이 청약자에게 도달하였는지의 여부에 관계없이 피청약자의 점유를 이탈한 순간 상호적인 동의의 표시가 된다."고 규정한다. 또한 피청약자가 승낙의 서신을 발송한 후 그 서신이 청약자에게 도달하기 전에 피청약자가 사망한 Mactier's Adams v. Frith 사건에서도, 법원은 "승낙서가 발송된 순간에 계약이 성립된다."라고 판시함으로써, 미국의 경우도 우편 또는 전보에 의한 승낙의 효력 발생시기에 있어서 영국과 같이 발신주의의 입장을 취하고 있다.

적으로 전화에 의한 승낙의 경우에는, 실제로 발신과 동시에 상대방에게 전달되는 것이기 때문에 청약자와 피청약자가 격지자 간일지라도 승낙의 효력 발생은 도달주의에 의한다.[50)]

한편 텔렉스에 의한 승낙의 경우도, 전화에 의한 경우와 동일하게 발신과 동시에 상대방에게 승낙이 전달되기 때문에, 청약자와 피청약자가 격지자 간일지라도 승낙의 효력 발생은 도달주의이다.[51)]

---

50) 실제로 영국의 Entores Ltd. v. Miles Far East Corporation. 사건에서, 법원은 "전화에 의한 승낙은 당사자가 서로 마주앉아 있는 경우와 동일하게 그 효력에 있어서 도달주의의 원칙에 따라야 하는 것으로 하고, 계약은 승낙이 청약자에 의하여 수령된 경우에만 성립되고, 승낙이 수령된 장소에서 성립된다."고 판시하였다.

미국에서도 전화 또는 그 외의 실질적으로 동시적인 상호 통신수단에 의하여 이루어진 승낙은 "당사자가 서로 마주 앉아 있는 경우의 승낙에 적용되어야 할 원칙에 따른다."라고 규정함으로써 전화에 의한 승낙의 효력 발생에 있어서 영국의 경우와 동일하게 도달주의의 입장을 취한다.

51) 텔렉스에 의한 계약의 성립시기가 문제가 된 Entores Ltd. v. Miles Far East Corporation. 사건에서, 미국의 Miles Far East Corporation은 영국의 Entores Ltd.에게 "400톤의 일본산 분해액(Japenese Cathode)을 톤당 C.I.F. 조건으로 240파운드에 판매청약함"이라고 판매청약하였다. 그런데 Entores. Ltd.는 이러한 청약에 대하여 Miles Far East Corporation에게 "C.I.F. 조건의 톤당 239파운드로 승낙함"이라고 텔렉스로 회신하였다.

사실상 Miles Far East Corporation의 승낙은 비록 승낙이라는 표현을 사용하고 있지만, 내용적으로 볼 때 승낙이 본질적으로 가져야 할 무조건적인 동의의 의사표시가 없기 때문에 승낙이라고는 볼 수 없다. 이러한 승낙은 반대청약에 불과하다. 그러나 Miles Far East Corporation은 텔렉스로 "We received. O.K. Thank you"라고 반대청약에 대한 승낙의 취지를 Entores Ltd.에게 발신하였다. 요컨대, Entores Ltd.의 반대청약에 대한 Miles Far East Corporation의 승낙에 의하여 계약이 성립된 것이 명확하지만, 계약이 어디에서 성립하였는가는 중요한 문제이다. 왜냐하면, Entores Ltd.가 Miles Far East Corporation의 승낙통지를 수령한 영국에서 성립되었는지 아니면 Miles Ltd.의 Amsterdam지점이 승낙을 텔렉스로 발신한 때의 네덜란드에서 성립되었는지와 같은 계약의 성립장소에 관한 문제가 야기될 수 있기 때문이다. 다시 말해서, 텔렉스에 의한 승낙의 경우에 그 효력 발생에 있어서 발신주의를 취한 것인지 아니면 도달주의를 취할 것인지가 문제가 된다. 이 사건에 대하여 Parker 판사는 "텔렉스의 메시지에 관한 한, 비록 텔렉스 메시지의 발신과 수신이 완전히 동시에 이루어지지 않는다고 하더라도 양 당사자는 모두 전화에 의한 의사전달과 동일하게 인정된다. 따라서 청약자에게 승낙의 통지가 도달할 때까지는 계약이 성립될 수 없다."라고 판시하였다. 즉, 텔렉스에 의한 승낙의 경우도, 전화의 경우와 동일하게 그 효력 발생에서 도달주의의 입장을 취하고 있다.

(4) 전자거래계약의 경우

한편 전자거래계약의 경우에는 계약의 성립시기가 문제가 될 수 있는데, 결론적으로 인터넷상에서 거래를 할 경우에는 즉시성이 강하고 기술의 발달로 청약과 승낙이 거의 동시에 이루어져 실시간으로 계약이 체결될 수 있다. 따라서 격지자 간의 계약의 성립시기에 관한 논의는 사실상 실익이 없다고 본다. 현행 전자거래기본법에서도 전자문서의 도달시기는 그 발신인이 보낸 메시지가 수신인의 컴퓨터 파일에 기록된 때에 그 상대방에게 도달한 것으로 본다고 규정하고 있다. 그러므로 전자거래계약은 정하여진 승낙기간 내에 청약자에게 도달한 때에 계약이 성립한다고 본다.

다만, 승낙의 방법과 그 효력 발생시기와 관련하여 고려하여야 할 문제는, 대화자 또는 격지자로 구분하는 기준에 관한 것이다. 일반적으로 대화자와 격지자의 구별은 의사의 전달이 즉시 행하여지는가의 여부에 따라 결정된다. 따라서 승낙의 여러 가지 방법 중에서 전화 또는 텔렉스에 의한 경우는 비록 양 당사자가 거리적으로 멀리 떨어져 있다고 하더라도 대화자로 인정될 수 있으며, 우편 또는 전보에 의한 경우는 승낙의 송달시간이 필요하기 때문에 격지자로 인정될 수 있다고 본다.

3) 승낙통지의 연착

(1) 우리 법

앞에서 본 바와 같이 격지자 간의 계약에서 승낙의 통지는 발송과 동시에 그 효력이 발생한다(민법 제531조). 그러나 이를 승낙기간을 정한 청약의 경우와 그 기간을 정하지 않은 청약의 경우로 나누어 살펴보면, 우선 전자의 경우에 청약자가 그 기간 내에 승낙의 통지를 받지 못한 때에는 그 청약은 효력을 잃으며(민법 제528조 제1항), 후자의 경우에 청약자가 상당한 기간 내에 승낙의 통지를 받지 못한 때에는 그 효력을 잃는다(민법 제529조).

승낙의 통지가 승낙기간 후에 도달한 경우에 보통 그 기간 내에 도달할 수 있는 발송인 때에는 청약자는 지체 없이 상대방에게 그 연착의 통지를 하여야 하지만, 만약 그 도달 전에 지연의 통지를 발송한 때에는 연착의 통지를 할 필요가 없다(민법 제528조 제2항). 이때 청약자가 연착의 통지를 하지 아니한 때에는 승낙의 통지는 연착되지 않은 것으로 본다(동법 동조 제3항). 단, 청약자는 연착된 승낙을 새로운 청약으로 볼 수 있다(동법 제530조).

(2) 영미법

영미법에서는 승낙이 발신주의에 의하여 효력을 발생한 때에는 가령, 승낙이 지연되더라도 계약은 유효하게 성립한다. 그러나 도달주의에 의하는 경우에는 계약은 성립하지 않는다. 즉, 영국법에서는 승낙의 통지가 상대방에게 도달하지 않은 경우에 관하여, 우편 또는 전보에 의한 승낙의 발신주의와 그 외의 경우의 도달주의가 지켜지고 있다. 우선 전자에 관하여는 일단 승낙의 통지가 발송되었으므로 그 통지가 상대방에게 도달하지 않았다고 해도 계약은 성립하고, 후자에 관하여는 승낙의 통지가 상대방에게 도달하지 않는 한 계약은 성립하지 않는다.

미국법에서는 승낙의 통지가 상대방에게 도착하지 않은 때에는 원칙적으로 계약이 성립하지 않는다. 단, 격지자 간에 허용된 통신수단에 의하여 승낙의 통지가 발송된 때에는 승낙의 통지가 도달하지 않은 경우에도 계약은 성립한다.

4) 침묵과 승낙

(1) 우리 법

통상적으로 침묵은 승낙으로는 간주되지 않는다. 그러나 상인 간 상시거래관계에서 간혹 침묵은 승낙으로 간주되는 경우가 있다(상법 제53조).[52)]

---

52) 【상법 제53조】 (청약에 대한 낙부통지의무) 상인이 상시 거래관계에 있는 자로부터 그 영업부류에 속한 계약의 청약을 받은 때에는 지체 없이 낙부의 통지를 발송하여야 한다. 이를 해태한 때에는 승낙한 것으로 본다.

(2) 영미법

영미법에서는 '침묵은 그 자체가 승낙이 되지는 않는다.'는 원칙이 있다. 미국에서의 매매거래에 관하여는 상인 간에 서면에 의한 계약의 확인(Written Confirmation of Contract)이 가능하여, 그 수령 후 10일 이내에 그 내용에 관하여 서면으로 이의가 있다는 취지의 통지(Written Objection Notice)를 하지 않은 때에는 계약이 성립한다(UCC 2-201조 2항).

5) 조건부승낙과 서식전쟁

피청약자는 청약자에 대하여 승낙할 때에 청약과 다른 조건을 붙이거나 청약내용에 포함되지 않는 조건을 추가할 수 있다. 이 경우 당해 계약의 성립 여부 및 계약이 성립한 경우의 계약내용 등에 관한 문제가 대두된다. 이러한 문제는 각 계약당사자의 계약서식을 둘러싸고 발생하는 것으로서 이를 일반적으로 서식전쟁(Battle of Forms)이라고 부른다.

(1) 조건부승낙

가) 우리 법

피청약자(승낙자)가 청약에 대하여 조건을 붙이거나 기타 변경을 가하여 승낙한 때에는 그 청약을 거절하고, 이와 동시에 새로운 청약을 한 것으로 본다(민법 제534조). 그러므로 이 규정을 엄격하게 해석한다면 조건부승낙이 있는 경우에는 계약은 성립하지 않는다고 할 수 있다.

나) 영미법

승낙이 청약조건에는 없는 추가조건부 또는 청약조건과는 다른 조건으로 행하여진 경우에도 특정한 경우를 제외하고 계약은 성립한다(UCC 2-207조 1항). 이 경우 청약조건과는 다른 조건이 계약의 일부가 되지는 않지만, 추가조건에 관하여는 매도인과 매수인 모두 상인인 경우에는 특정한 경우를 제외하고는 계약의 일부가 된다(UCC 2-207조 2항).

(2) 서식전쟁

국제거래(특히 매매거래)에서 각 당사자는 영문계약서의 서식(Forms)을 미리 작성하기 때문에, 텔렉스, 텔레팩스, 우편 등으로 중요한 조건 등의 계약의 요소에 관하여 일단 합의에 도달하면, 일방 당사자인 매도인은 자신이 준비한 매도계약서 등 서식을 상대방의 서명을 받기 위하여 송부하고, 상대방인 매수인도 매도인이 보내준 서식을 사용하지 아니하고 자사가 미리 작성한 매수계약서 등 서식을 미리 송부하게 되는데, 이와 같은 일은 국제거래에서는 빈번히 일어나는 것으로 그다지 놀랄 일은 아니다.

이와 같이 각 당사자는 자신이 미리 작성한 서식에 자사에게 유리한 일반조항을 규정하고 있기 때문에, 어느 서식이 채택되는가에 따라서 각 당사자에게는 커다란 문제이며, 때에 따라서는 계약의 기본조건인 상품의 수량이나 가격, 인도시기 및 결제조건 등을 제외한 그 밖의 부분에서는 청약과 승낙의 내용이 일치하지 않는 경우가 발생한다.[53] 따라서 각 당사자는 상대방에게 자신이 미리 준비한 서식을 강제로 떠맡기려고 하는 것이며, 이러한 당사자 간의 다툼을 일반적으로 서식전쟁이라고 부른다. 이와 같은 매도인과 매수인 사이에서 계약이 서로 상대방의 가슴을 찌르는 상태에 있는 경우 계약의 성립 여부, 가령, 성립한 경우에는 어떠한 조건으로 성립한 것인가 등의 문제가 대두된다.

국제거래실무에서는 앞에서 언급한 바와 같이 계약당사자 사이에서 계약의 주요한 조건에 관하여 텔렉스, 텔레팩스, 우편 등으로 합의에 이르고 있는 경우가 많고, 그와 같은 경우에는 계약이 성립했다고 볼 가능성이 강하다. 단, 이 경우 텔렉스 등에서 합의된 부분만이 계약의 내용이 되고, 일반조항 등 미리 합의되지 않은 사항은 별도의 사정이 없는 한 계약의 일부로는 간주되지 않는다. 또한 각 당사자의 각자의 서식을 비교하여 실질적인 부분에서 일치하고 있

53) 이에 관하여 미국 통일상법전 2-207조에 의하면, 청약과 다른 조항을 가진 승낙이라도 당사자가 준비한 계약서식을 교환하는 경우에는 피청약자의 주문서에 승낙했다는 표시가 명백하게 나타나고 또한 당사자의 서식을 대조하여 목적물의 동일성이나 수량 및 대금이나 지급조건 등의 주된 의무가 일치하고 있다면, 그 외의 조항이 일치하지 않는다고 하더라도 계약은 유효하게 성립한다.

어, 그 차이가 하찮은 사항에 불과한 경우에도, 계약은 성립한다고 볼 가능성이 크다. 또한 계약이 서로 상대방의 가슴을 찌르는 상태 그대로 양 당사자가 계약의 이행에 착수한 경우에도 계약은 성립한다고 본다.

이러한 문제에 관하여 각국의 법률은 각기 다르게 규정하고 있기 때문에 계약이나 법률행위에 관하여 어느 국가의 법률이 적용될 것인가의 문제를 포함하여, 만약 상사분쟁이 발생한 때에는 지극히 귀찮은 문제가 되는 것만은 확실하다.

6) 승낙의 철회

일반적으로 승낙은 청약자에게 통지되지 않으면 또는 통지될 때까지는 그 효력이 발생하지 않는다. 즉, 이러한 원칙은 승낙의 사실을 청약자가 인식하지 않으면 안 된다는 것을 의미한다. 예를 들면, 승낙의 의사표시가 일정한 장해에 의하여 상대방에게 전달되지 않은 경우에는, 계약이 성립하지 않는다. 이러한 관점에서 본다면 승낙의 철회 자체가 승낙이 도달되기 전에 전달되는 한 승낙의 철회가 가능하다고 본다.

이에 대하여 영미법의 경우에는, 우편 또는 전보에 의한 승낙은 발신주의의 입장에서 서신이 우편함에 투함되거나 전보가 전보국의 계원에게 제출된 시점에서 그 효력이 발생되기 때문에 승낙의 의사표시가 일단 발신되면 계약은 성립한다. 그러므로 영미법상 이러한 경우에는 청약을 철회할 수 없게 된다.

04 약인과 날인증서

1) 약인의 의미

영미법에서는 우리나라를 비롯한 대륙법계 국가의 법률에서는 볼 수 없는 약인(約因, Consideration)이라는 법률상의 개념이 있는데, 이는 계약의 유효요건이며, 증여와 같이 약인이 없는 약속은 법률상 보호되지 않는다. 약인이란 계약상의 일방 당사자의 약속(채무)의 대가로써 상대방이 제공하는 반대급부(소액의 명목상의 반대급부도 포함)인 작위, 부작위 또는 이에 관한 법률관계의 발생·변경·소멸에 대한 약속을 말한다. 즉, 약인은 매매계약에서 매도인이 약정한 물품을 인도하기로 하는 약속에 대하여 매수인이 대금을 지급하거나 또는 지급하기로 하는 약속하는 것과 같이 매매계약에서 당사자 간의 상호 약속의 대가로서 제공되는 것으로서 그 기본개념은 대가의 상호교환이라고 할 수 있다.[54)]

약인이론은 거래와 증여를 구별하기 위하여 영미법에서 발달한 제도로서 증여 성질의 약속은 강제로 집행할 수 없다는 점에 문제의 핵심이 있다. 즉, 계약에서 강제집행이 가능하려면 계약의 내용상 당사자 상호간에 거래되는 무엇인가가 있어야 하고, 여기서 거래되는 것은 법률적 가치가 충분해야 한다. 만약 계약의 당사자가 국제적 상인인 경우 일정한 채무가 일체의 반대급부도 없이 성립하였다고는 볼 수 없기 때문이다. 최근 국제거래에서는 영미법이 대세를 이루고 있지만 약인이론에 의하여 거래가 무산 경우는 많지 않다. 영국법상 "법률상의 유가약인(Valuable Consideration)은 일방의 당사자에게 발생하는 일정한 권리, 이익 또는 상대방이 행한 부작위, 그가 입은 불이익 또는 손실, 부담한 책임"이라고 정의한다.

통상적으로 계약의 성립과의 관계에서 약인이 문제가 되는 것은 위에서 언급한 바와 같이 승낙기간을 정한 청약의 철회의 가부에 관한 것이다. 또한 날인증서가 없는 단순계약(Simple Contract)은 이러한 약인이 있음으로써 비로소 유효하게 된다. 그러나 국제거래에서는 상호간의 약속이 대가관계에 있기 때문에 단순계약에 관하여도 일반적으로는 약인에 관하여 그다지 문제시 할 필요는 없다.

다만, 거래처의 신용불안 때문에 영미법계 국가의 제3자로부터 보증서를 확보하는 때에는 충분한 요건을 갖춘 약인이 있는가의 여부를 검토할 필요가 있다.

또한 영미법상 가령, 약인이 존재한다고 하더라도 보증은 사기방지법(Statute

54) 영미법상에서는 계약의 성립이나 변경을 유효하게 하기 위해서는 원칙적으로 약인의 존재가 필요하다. 다만, 날인증서를 수반하는 계약 등 몇몇의 예외는 존재한다. 따라서 일반적으로 증여는 우리법상으로는 계약에 해당하나 영미법상으로는 계약에 해당하지 않는다.

of Frauds)[55]에 의하여 서면이 작성되어 있지 않으면 강제집행을 할 수 없다. 약인이 유효하기 위해서는 다음과 같은 몇 가지 요건을 갖추어야 한다.

① 약인은 계약의 당사자가 권리의무의 주체로서의 의사를 가져야 하며, 이들이 이행해야 할 약속은 법률적인 관점에서 일정한 가치를 지녀야 한다.

② 약인은 그 내용이 일정하고 가능하며 또한 적법할 것을 요한다.

③ 이미 이행 완료된 과거의 약인(Past Consideration)이 아니어야 한다.

④ 약인은 단순한 동기 또는 도덕상의 의무(Moral Obligation)가 아니어야 한다.

⑤ 약인은 계약상 채무자로부터 제공되는 것이다.

2) 날인증서

날인증서(Sealed Deed)란 영미법상 법률행위를 성립시키기 위하여 계약의 내용을 서면에 기재하고 약속한 당사자가 날인하여 상대방에게 교부하는 증서를 말한다. 무상계약도 이 날인증서를 작성하게 되면 약인이 없더라도 유효하다. 미국에서는 대부분의 주가 제정법으로 수정을 가하여 날인증서를 보통의 서면과 동일하게 취급하거나 또는 서면에 의한 계약에는 약인이 있다고 추정하는 등의 입장을 취하고 있다.

---

55) 사기방지법이란 영국에서 사기와 위증을 방지하기 위하여 제정된 법률이며, 현재는 보증계약상 토지에 관한 권리의 매매 기타 계약에서만 서면에 의할 것이 요구되고 있다. 필요한 서면은 계약서일 필요는 없고 편지나 계약금 영수증 등이면 족하다. 이러한 서면이 없더라도 계약이 무효가 되는 것은 아니며, 단지 이를 근거로 하여 소를 제기할 수 없을 뿐이다. 미국에서도 대부분의 주가 사기방지법의 법리를 채용하고 있다. 즉, 통일상법전 2-201조는 가격이 500달러 이상의 물품매매계약은 원칙적으로 서면에 의하지 않는 한 소송 또는 항변으로 주장할 수 없는 점, 서면은 양 당사자 간에 매매계약이 체결된 것을 나타내는데 충분하다는 점 등을 규정하며, 동 2-206조는 물품 이외의 동산에서 가격이 5,000달러 이상의 것의 매매에 관하여도 같은 서면을 요한다고 규정한다.

제 4 절 국제거래계약의 효력

01 의 의

국제거래계약의 효력의 문제는 당해 계약의 결과 당사자 간에 어떠한 권리와 의무가 발생하는가의 문제이다. 당해 계약이 유효하게 성립하기 위한 요건으로서 각 국가의 법은 계약의 종류와 구체적인 내용 등에 관하여 규정하고 있다.

02 효력 발생요건

1) 계약의 일반적 효력 발생요건

매도인과 매수인 간의 합의를 통해 성립된 계약이 그 효력을 발생하려면 계약도 법률행위이므로 다음과 같은 법률행위의 일반적 효력요건을 갖추어야 한다.

① 청약과 승낙의 의사표시의 합치 및 약인과 그 외의 요건을 충족해야 한다.
② 당사자에게 계약을 체결할 능력 즉, 권리능력 및 행위능력이 있어야 한다.
③ 계약체결의 방식이 요구되는 경우에는 그 방식에 합치해야 한다.
④ 당사자 간에 사기나 착오에 의하지 않는다는 진정한 합의가 존재해야 한다. 특히 의사표시에 있어서 의사와 표시가 일치하고, 표시한 의사에 하자가 없어야 한다.

⑤ 계약의 내용이 강행규정이나 공서양속에 반하지 않아야 한다.

⑥ 국제계약은 매도인과 매수인 간의 채권계약이므로 계약내용의 확정성과 가능성 및 적법성과 사회적 타당성을 갖추어야 한다.

이 요건 중 어느 하나라도 흠결하면 계약의 효력은 발생하지 않는다.

2) 영미계약법상의 비양심적 계약

위의 요건 중에서 ⑤ 계약내용의 강행규정성과 공서양속 위반성은 당사자에 의한 합의의 내용에 국가가 개입하는 것이라고 할 수 있다.

기업 간의 국제거래계약에서도 계약정의에 반하는 조항은 공서양속이나 신의성실의 원칙의 적용 또는 특정한 입법에 의하여 그 효력이 수정 또는 부정되는 경우가 있다.

미국의 리스테이트먼트(제2차 계약법, Restatement 2nd) 제208조는, 계약 또는 그 조항이 당해 계약의 체결 시점에서 비양심적일 경우에는, 법원은 그 계약의 집행을 거부하거나 결과를 회피하고 그 조항의 적용을 제한할 수 있다고 규정하여 비양심적 계약(Unconscionable Contract)의 효력을 부정한다. 아울러 국내계약에서와 같이 국제계약도 공서양속에 반할 경우에는 그 효력이 부인된다.

3) 정부의 인·허가요건의 충족 여부와 계약의 효력

(1) 계약 중 정부의 인·허가 등을 효력 발생요건으로 하는 경우에는, 정부의 인·허가요건의 충족 여부가 계약의 효력 발생요건이 되는 경우가 있다.

(2) 외자도입법상 정부의 인가를 받아야만 외국인 투자자의 국내주식 취득이 가능하던 당시, 이를 위반한 사례와 관련하여 외자도입법상 정부의 인가가 행정법학상의 인가의 성질을 가지고 있다고 판시함으로써 정부의 인·허가요건의 흠결이 계약의 효력을 무효화시킨 판례가 있다.[56)]

---

56) 대법원 1997.12.12. 선고 95다49646 판결; 외국인 투자가의 내국기업 주식인수에 대한 인

이는 경제의 자립과 그 건전한 발전 및 국제수지의 개선에 기여하는 외자를 효과적으로 유치·보호하고, 이를 적절히 활용·관리하는 것이 외자도입법의 목적이므로 그 엄격한 적용이 필요하다는 것을 근거로 당시 우리나라의 외자도입 정책의 상황을 반영한 대법원의 태도로 보인다.

(3) 본래 자유로이 할 수 있어야 할 대외거래를 국민경제의 발전을 도모하기 위해 과도하게 제한하는 규정이므로 단속법규이고, 따라서 이에 저촉하는 행위라고 해도 그 사법상의 행위의 효력에는 영향이 없다는 외국환거래법에 관한 또 다른 대법원 판례가 있다.

이는 입법취지에 따른 보호대상법익이 다르다는 견지에서 똑같은 정부의 인가요건의 충족 여부가 계약의 효력에 미치는 영향에 관하여 상반된 입장을 보이고 있음을 알 수 있다.

(4) 국제계약을 체결할 때 어떠한 정부의 인·허가 또는 등기·등록이 필요한지 여부를 사전에 반드시 확인할 필요가 있다.

(5) 국제계약은 경우에 따라서는 계약당사자의 내부절차이행을 요구하는 경우가 많다.

예컨대, 차관계약체결 시 차주 측의 동 계약체결에 대한 대내적인 필요절차

가신청 시 외국인 투자가가 인수할 주식의 금액 및 투자 비율 등은 당해 외국인투자기업의 경영권과 관련하여 재무부장관의 인가내용을 구성하는 중요한 사항이라 할 것인데, 외국인 투자가가 당해 외국인투자기업의 내국인 주주로부터 그 소유 주식을 양도받을 경우 외국인 투자가의 소유주식의 수나 주식소유 비율의 변경을 초래하게 되고, 이는 당초의 인가내용이 변경된 경우에 해당하므로 재무부장관의 인가를 받아야 하고 그 인가를 받지 아니할 경우 외국인 투자가가 자신의 명의로 주식을 취득하거나 타인 명의로 주식을 취득하거나 그 효력이 없음을 확인하였다.

반면, 대법원 1978.9.26. 선고 77다2289 판결은, 외국인 투자가가 그 소유주식을 매각하는 경우 매도인과 매수인은 공동으로 경제기획원장관에게 신고하여 그 확인을 받아야 할 것이나 외국인투자인가와 외국인투자기업 등록이 취소된 경우에는 외국인 투자가의 지위를 상실하므로 위 법을 적용할 여지가 없게 되어 신고 및 확인 없이도 주식의 취득은 유효하다고 판시하였다.

로서 이사회 결의 등의 이행 여부나 그 증빙서류의 제출이 요청되는 경우가 그것이다. 이러한 경우, 국제계약체결 시 선행조건의 이행이 계약의 효력에 어떠한 영향을 미치는지 사전에 철저히 대비해야 한다.

4) 선행조건의 성취와 계약의 효력 발생

미국의 제2차 계약법(Restatement 2nd; 계약법에 관한 리스테이트먼트) 제224조는 조건(Condition)에 관하여 "발생할 것이 불확실하지만 그것이 발생하여야만 계약상의 이행기가 도래하는 사건"이라고 규정한다.

이에 대하여 우리 민법 제147조는 "정지조건이 있는 법률행위는 조건이 성취한 때로부터 효력이 생긴다."고 규정하고, 또 "해제조건이 있는 법률행위는 조건이 성취한 때로부터 그 효력을 잃는다."고 규정함으로써, 법률행위의 효력의 발생 또는 소멸을 장래의 불확실한 사실의 성부에 의존하게 하고 있는데 이를 '조건'이라고 한다.

정지조건과 해제조건 중 계약의 효력 발생과 관계되는 것은 정지조건이며, 이는 영미법계의 선행조건과 동일하다.

조건에는 당사자의 합의에 의한 명시적인 조건(Express Condition)과 당사자의 합의 여부와는 관계없이 순전히 법원의 판단에 의하여 성립되는 묵시적인 조건(Implied Condition)이 있다.

선행조건의 성취 여부가 중요시되는 것은 국제차관계약에서 대주는 자금을 제공하기 전에 차주의 원리금 상환 채무불이행 시의 차주에 대한 강제집행을 통한 권리구제의 가능성 여부와, 계약체결 당시 차주의 자산상태와 인출 당시의 자산상태 사이에 대주에게 불리한 변경의 존재 여부 등을 확인하고, 이와 같은 선행조건이 성취되지 못하면 국제차관계약은 효력이 발생하지 않는다.

03 계약의 위반과 효력

1) 계약위반과 채무불이행

일반적으로 계약의 내용에 따른 의무의 이행이 없는 경우에는 원칙적으로 채무자의 책임 있는 사유가 있을 때에만 채무불이행이 되며, 채권자는 그 구제행위로써 손해배상을 청구할 수 있다.[57] 그러나 매매계약의 경우에는 인도된 목적물에 약속한 품질을 흠결한다면 매도인의 귀책사유를 묻지 않고 이를 담보책임의 문제로써 매수인은 매도인에 대하여 손해배상 및 계약의 해제를 청구할 수 있다(민법 제570조 이하).

영미법상 계약책임은 원칙적으로 엄격하여 귀책사유는 요구되지 않는데, 이는 영미법에서는 모든 계약에 관하여 채무자가 원칙적으로 보증한 것으로 보고 만일 보증의 목적이 달성되지 않는다면 계약위반으로서 채권자에 대하여 손해배상을 인정하기 때문이다.

따라서 이행지체나 이행불능 또는 불완전이행의 어떤 경우이든, 또한 채무자는 자신의 귀책사유의 유무를 묻지 않고 계약상의 의무가 이행되지 않는 경우에는 손해배상책임을 부담한다.

예외적으로 채무자는 자신이 보증한 범위 외의 사정으로 인하여 이행을 할 수 없는 경우에는 계약 좌절의 법리 등에 따라서 책임을 면한다.

영미법상 계약의 해제가 인정되는 데에는 상대방에게 계약내용의 중대한 불이행(Material Failure, 또는 Substantial Failure)이라는 개념이 사용된다. 중대한 불이행이란 일반적으로 계약의 일방 당사자가 당해 사정 하에서 상대방이 정당하게 기대하는 정도의 이행을 게을리 한 경우를 말하나, 구체적으로는 법

57) 【민법 제390조】 (채무불이행과 손해배상) 채무자가 채무의 내용에 좇은 이행을 하지 아니한 때에는 채권자는 손해배상을 청구할 수 있다. 그러나 채무자의 고의나 과실 없이 이행할 수 없게 된 때에는 그러하지 아니하다

원에 의해 다양한 요소를 비교하여 결정된다(Restatement 2nd 제241조 참조). 위반자는 계약상의 권리의 청구권(Right of Action)을 상실하고 계약위반으로 야기되는 손해를 배상해야 한다.

영미법에서는 계약의 상대방이 그 발언이나 행위에 의하여 계약의 이행기 전에 그 의무의 이행이 불가능하거나 또는 이행할 의지가 없다는 점을 분명히 한 때에는 당사자는 계약위반이 있었다고 볼 수 있다. 이 경우 곧바로 손해배상을 청구할 수 있으며, 그 위반이 앞에서 말한 중대한 위반에 해당한다고 평가된다면 계약의 해제도 인정된다.

2) 물품의 계약부적합

국제거래의 원형으로서의 무역 즉, 국제매매에서는 계약에서 발생하는 분쟁의 상당수가 인도된 상품이 계약조건에 적합하지 않다는 클레임(Claim)에 관한 것이다. 계약당사자로서는 매매계약에서 다양한 약속을 하여도 그 상품이 기대한대로 기능해야 하는 것은 당연하다고 생각하여, 그 계약조건에의 부적합에 관하여는 규정을 두지 않는 일이 종종 있다.

이 점에 관하여는 인코텀즈(INCOTERMS) 등의 정형거래조건도 규정하고 있지 않고, 최종 결말은 계약의 준거법인 각국의 국내법에 따르게 되나, 매도인의 담보책임에 관한 국내법규범은 많이 산재해 있다.

3) 신의성실의 원칙과 계약위반

국제거래계약에서는 당사자의 국적이나 주소, 언어, 관습이 달라 물품이나 서비스가 국경을 넘어 거래된다는 점과 계약의 목적과 내용 및 이행과정이 복잡하다는 점에서 계약의 목적을 달성하기 위해서는 순순하게 국내거래에서 요구되는 것 이상의 복잡한 거래, 양해 또는 약속이 필요하게 된다. 따라서 국제거래의 당사자에게는 계약의 기본적인 의무를 실현하고 계약의 목적을 달성하기 위한 부수적인 주의의무나 당사자 상호간의 관계나 이익을 파괴하지 않도록 하는 주의의무(보호의무)를 다할 것이 기대되는 경우가 많다.

이에 관하여 미국 통일상법전(UCC) 1-203조는 "이 법률에서 규정하는 어떠한 계약 또는 의무도 그 이행 또는 실현에 있어서의 성실의무를 부과하는 것으로 한다."고 규정한다. 우리 민법도 권리의 행사와 의무의 이행은 신의에 좇아 성실히 하여야 한다고 규정하고 있다(동 제2조 제1항).

미국법에서는 정보개시 및 설명의무는 계약법에서의 부실표시(Misrepresentation)나 사기(Fraud) 또는 불법행위법에서의 사기(Deceit)의 문제로서 처리되는 것이 많다.[58] 또한 계약상의 권리의무의 존부를 다투는 사건에서 일방 당사자가 계약의 성립 그 자체를 다투는 사례는 많다.[59] 이러한 사례에서는 사실인정에서 판단하는 한 종종 계약교섭과정에 분쟁의 실마리가 발견된다.

4) 계약위반에 대한 구제

계약의 내용이 임의로 실현되지 않는 경우, 그 실현의 보장을 위하여 법은 강제이행, 손해배상, 계약의 해제 등의 일정한 수단을 마련하고 있다.

5) 계약이행의무의 중단과 소멸

계약의 성립 이후에 계약체결 당시에 전제로 된 사정이 현저하게 변화한 경우 당사자는 여전히 종래의 계약에 구속될 것인가에 관하여 영국법에는 계약좌절의 법리(Doctrine of Frustration)가 있으며,[60] 미국법에는 실행불능의 법리(Doctrine of Impracticability)가 있다.[61] 우리 민법상으로도 사정변경의 원칙

---

58) 제2차 계약법에 관한 리스테이트먼트(1980) 제161조는 부실표시의 요건의 하나로써 불공시가 성실하고 공정한 거래에 관한 상당한 주의로써 행위해야 하는 것을 게을리 한 것과 같다는 점을 들고 있으며, 또한 제2차 불법행위법 리스테이트먼트 제551조는 불법행위책임의 성립요건의 하나로써 표의자가 상거래에서 상대방에게 당해 사항을 공시할 상당한 주의를 해야 할 의무를 가진다는 점을 들고 있다.

59) 예를 들면, 건조 중 선박의 매매교섭에서 일정한 합의가 성립했으나 유보조항이 있다는 점을 이유로 매매계약이 성립하지 않는다고 한 사례, 자동차의 현지생산을 위한 해외진출에 관한 조사 의뢰를 유상계약의 청약에 해당하지 않는다고 한 사례 등이 있다.

60) 예를 들면, 콘서트를 위해 임대한 홀이 콘서트 전에 화재로 소실된 경우 계약의무는 중단된다.

61) 제2차 계약법 리스테이트먼트 제261조는, 후발적 실행불능에 의한 소멸을 정식화하고 있다.

이 인정되는 경우가 있다.

사정변경의 원칙이란 법률행위에 있어서 그 기초가 된 사정이 계약성립 후에 당사자가 예견하지 못한 또는 예견할 수 없었던 중대한 변화가 발생하여, 당초에 정하여진 계약내용을 그대로 이행하게 하는 것이 당사자 간의 형평을 해치는 등 대단히 부당한 결과가 생기는 경우에는, 당사자는 그러한 행위의 결과를 신의칙에 맞도록 적당히 변경할 것을 상대방에게 청구하거나, 또는 계약을 해제·해지할 수 있다는 원칙이다. 우리 민법상 지상권의 지료증감청구권은 사정변경의 원칙을 입법화한 것이다.

제 5 절 국제거래계약의 준거법

01 개 관

국제거래계약의 성립과 효력의 준거법은 계약의 실질적인 준거법으로 불린다. 여기서 계약의 실질이란 법률행위의 성립과 효력의 문제에서 법률행위의 방식의 문제를 뺀 문제라고 할 수 있다.

실질의 문제란, 가령, 계약은 어떠한 행위(청약과 승낙 등)에 의하여 성립하는지의 문제, 영미법상 계약의 성립에는 약인이 필요한가의 여부에 관한 문제 등을 말한다.

이에 대하여 방식의 문제는 계약에서 서면의 요부, 날인증서의 요부, 공증인의 공정증서 작성의 요부, 서명의 요부, 입회인의 요부 등 의사표시의 외부적 형식에 관한 문제라고 할 수 있다.

국제계약은 국내계약과는 달리 서로 다른 국가영역에 영업소를 둔 당사자 간의 국제상거래로 인한 계약으로서 계약당사자의 국적, 계약체결지, 계약목적물의 소재지, 계약이행지 등과 같은 계약관계를 구성하는 요소가 여러 나라에 걸쳐 있다. 그리하여 국제계약에서 발생하는 분쟁을 어느 국가의 법에 준거하여 해결할 것인가 하는 문제가 자주 발생하게 되는데, 이것이 곧 국제계약의 준거법 문제이다.

일단 국제계약이 체결되면 우선적으로 두 계약당사자 간의 약정이 그 규범력을 발휘하게 된다. 그리고 동일 또는 유사한 내용의 약정이 반복 체결됨으로써 관습이 성립되고 이들 관습을 토대로 하여 조약들이 체결되며, 이들의 규율범위 밖의 사항에 대해서는 준거법원칙에 따라 지정된 각국의 국내법이 규율된다.

준거법은 당사자 간의 합의나 각국의 섭외사법에 따라 결정되는데, 전자의 경우에는 경제적 강자의 지위에 있는 미국·EU 등의 선진국의 법률이 준거법으로 선택되는 경향이 있다.

본래 국제계약의 준거법의 문제는 국제사법의 문제로서 해당 부분에서 다루어야 하지만 국제거래법이나 국제거래계약에서도 가장 기본적인 지식 중의 하나가 되기 때문에 여기서는 국제계약 성립의 준거법과 국제계약 효력의 준거법 및 국제계약 방식의 준거법에 관하여 간단히 살펴본다.[62]

02 국제거래계약의 효력 및 방식의 준거법

계약의 성립과 효력의 준거법 - 제7장 제4절 국제사법에서 설명한다(333면 이하).

62) 대법원 2007.11.15. 선고 2006다72567 판결(준거법의 결정 기준) 구 섭외사법 제9조는 법률행위의 성립 및 효력에 관해 당사자의 의사에 의해 법을 정하되 당사자의 의사가 분명하지 아니한 때에는 행위지법에 의하도록 규정하고 있는 바, 근로계약의 당사자 사이에 준거법 선택에 관한 명시적인 합의가 없는 경우에는 근로계약에 포함된 준거법 이외의 다른 의사표시의 내용이나 소송행위를 통하여 나타난 당사자의 태도 등을 기초로 당사자의 묵시적 의사를 추정해야 하고, 그러한 묵시적 의사를 추정할 수 없는 경우에도 당사자의 국적, 주소 등 생활 본거지, 사용자인 법인의 설립 준거법, 노무 급부지, 직무 내용 등 근로계약에 관한 여러 가지 객관적 사정을 종합해 볼 때 근로계약 당시 당사자가 준거법을 지정했더라면 선택했을 것으로 판단되는 가정적 의사를 추정하여 준거법을 결정할 수 있다(대법원 2004.06.25. 선고 2002다56130, 56147, 2008.02.01. 선고 2006다71724 판결 참조).

PART 3

국제물품매매계약

제1절 국제물품매매계약의 개념

01 국제물품매매계약의 의의

국제물품매매계약이란 매도인(Seller)이 매매대금을 지급받고 매수인(Buyer)에게 물품의 소유권을 이전하거나 이전하기로 합의하는 국제거래계약을 말한다. 그러므로 국제물품매매계약은 국내거래와 그 성격이 다르지 않다. 국제매매계약의 다양한 종류에 대한 개념과 성격에 관하여는 2000년에 국제상업회의소가 최종적으로 개정한 정형거래조건(I.C.C. INCOTERMS, 2000)을 비롯하여, 1932년에 국제법률협회에서 제정한 바르샤바-옥스포드규칙(Warsaw-Oxford Rules for C.I.F. Contract, 1932), 1941년에 미국무역회의에서 제정한 개정미국무역의 정의(Revised American Foreign Definitions, 1941)에 각각 규정되어 있다.

국제물품매매계약이 성립하기 위해서는 가장 기본적이고 핵심적인 목적물의 품질과 수량, 가격 및 목적물의 선적시기와 선적화물에의 보험가입조건 및 대금결제방법 등의 요건이 충족되어야 하며, 이러한 기본 요건 외에도 국제물품매매계약은 거래내용의 특수성에 비추어 여러 가지 조건이 부수하여 하나의 계약조건으로써 청약(Offer)을 하고 이러한 조건에 대하여 상대방이 승낙(Acceptance)함으로써 성립된다.

국제물품매매계약은 매도인이 매수인에 대하여 목적물을 인도함으로써 이행되며, 특약이 없는 한 매도인의 목적물의 인도에 따라서 목적물의 소유권과 위험부담도 매수인에게 귀속되고, 또한 그 효과로서 매수인의 대금지급의무가 발생한다.

국제물품매매계약의 흐름을 구체적으로 표시하면 다음과 같다.

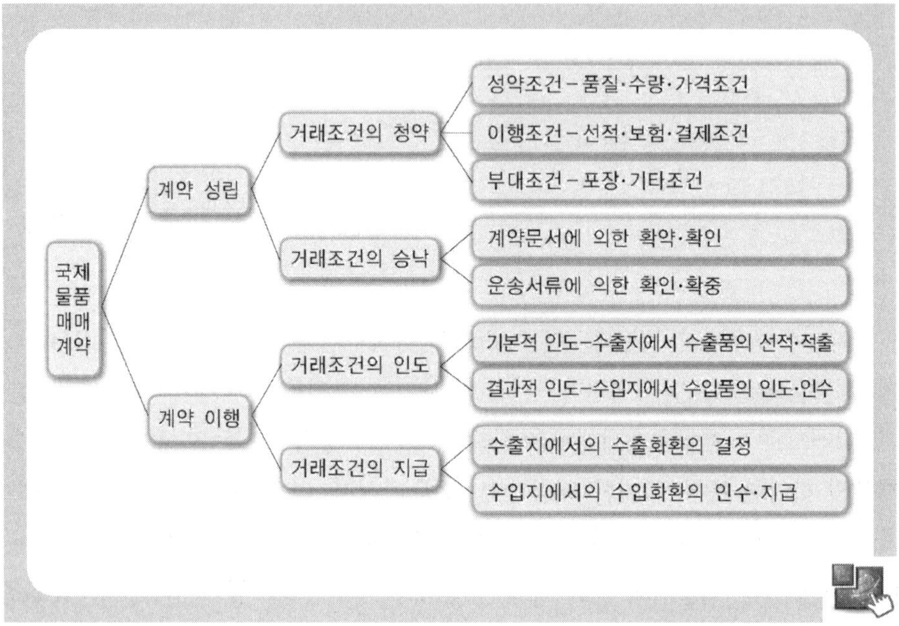

02 국제물품매매계약의 법리

계약은 넓은 의미로는 채권계약, 물권계약, 신분계약 등을 포괄하는 것이고, 좁은 의미로는 이 중에서 채권관계의 발생을 목적으로 하는 채권계약만을 의미한다. 국제물품매매계약은 일정한 채권관계의 발생을 목적으로 하는 복수 당사자 간의 서로 대립하는 의사표시의 합치에 의하여 성립하는 채권계약이다. 여기서 서로 대립하는 의사표시란 국제물품매매계약의 당사자 간에 행하여지는 청약과 승낙의 의사표시를 말한다.

예를 들면, 통상적인 국제물품매매계약에서 매도인은 일정한 물건을 매수인에게 판매하여 그가 원하는 대가를 지급받기를 기대하며, 매수인은 그가 매수하기를 희망하는 물건을 가장 좋은 조건으로 취득하고 그 대가로써 금전을 지급하고자 한다. 이러한 계약당사자 간의 이해관계는 서로 차이가 있으며, 그 이해관계의 차이는 서로 대립되는 의사표시로 나타나게 된다. 당사자 간의 대립되는 의사표시는 상대방과 서로 오고 가는 과정을 거쳐 일정한 시점에서 합치되면 계약이 성립하게 된다.

03 국제물품매매계약의 성질

국내계약과 마찬가지로 국제물품매매계약은 낙성계약(Consensual Contract), 쌍무계약(Bilateral Contract), 유상계약(Contract for Consideration)의 성질을 갖는다.

여기서 낙성계약은 당사자의 의사표시의 합치만으로 성립하는 계약 즉, 매도인의 매도청약에 대하여 매수인의 승낙만으로 성립하는 계약으로서 특별히 계약서의 작성이나 그 교부를 계약의 성립요건으로 하지는 않는다. 이러한 점에서 당사자의 의사표시의 합치 이외에 물건의 인도나 기타 급부를 필요로 하는 요물계약과는 다른 개념이다. 민법상의 전형계약은 현상광고를 제외하고는 모두 낙성계약에 속한다.

쌍무계약이란 계약의 당사자 간에 대가적인 의미의 채무를 부담하는 계약을 말한다. 이에 대하여 각 계약당사자가 채무를 부담하더라도 서로 대가적인 채무를 부담하지 않는 경우는 편무계약이 된다. 즉, 쌍무계약은 계약의 성립과 동시에 당사자 모두가 채무를 부담한다. 예를 들면, 국제물품매매계약에서 매도인은 매수인에게 목적물의 인도의무를 부담하고, 반대로 매수인은 매도인에게 대금지급의무를 부담한다.

유상계약은 당사자 간에 대가적 의미의 출연을 하는 계약으로서, 매도인과 매수인이 서로 대가적 관계에 있는 급부를 할 것을 목적으로 하는 계약을 말한다.

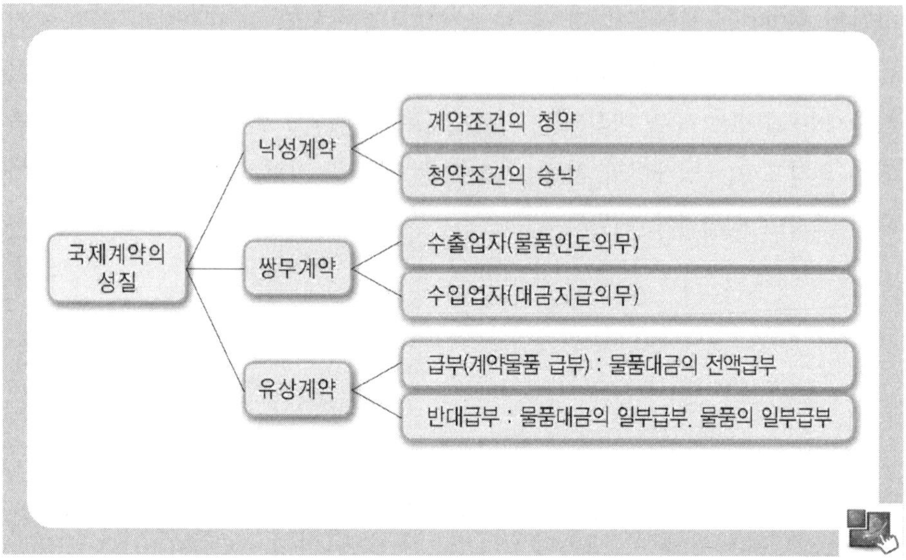

04 국제물품매매계약의 대상

국제물품매매계약의 전형적인 대상은 실질적으로 거래의 대부분을 차지하고 있는 상품이다. 이러한 국제물품매매계약의 대상인 상품은 매매가 가능한 이상 유형재이든 무형재이든 상관없으나, 주로 협의의 상품과 기술이 그 객체가 된다.

예를 들면, 상대방과 기술거래계약을 체결하고 그 제공한 기술의 대가로 일정한 금원을 취득하는 경우는 그 기술이 계약의 대상인 상품이 된다. 보통 기술거래는 특허권이나 디자인권, 실용신안권의 양도 및 Know-How의 제공 등의 형태로 이루어지고 있다. 기술 이외에도 광업권, 어업권 등의 무체재산권도 국제물품매매계약의 대상이 된다.

이러한 무체재산권에 대한 국제거래의 유형으로는 매매거래뿐만 아니라 사용권설정계약도 행하여지고 있다. 최근에는 보험이나 운송과 같은 용역(Service)이나, 플랜트의 수출도 국제물품매매계약의 대상으로서 활발하게 전개되고 있다.

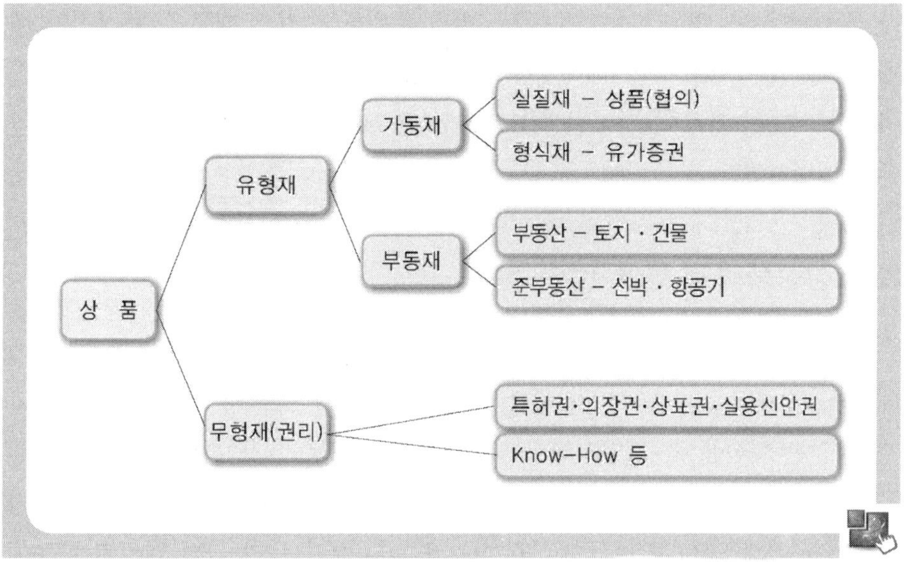

05 국제물품매매계약의 분류

1) 당사자의 입장

국제물품매매계약은 당사자의 입장의 차이에 따라서 매도계약(Sale Agreement)과 매수계약(Purchase Agreement)으로 나눌 수 있다. 이러한 분류는 하나의 매매계약을 매도인의 입장에서 본 매도계약과 매수인의 입장에서 본 매수계약으로 각각 칭하는 것일 뿐, 동일한 매매거래에서 매도계약과 매수계약이 병존하는 것이 아니라 매매계약은 오직 하나만 존재할 뿐이다.

그러나 매도인의 입장에서 본 매도계약과 매수인 입장에서 본 매수계약에서는 매매계약의 내용에 차이가 있다. 즉, 매도인은 매매계약 중에서 자신의 권리의 강화와 의무의 경감을 도모하고자 하며, 반대로 매수인도 자신의 권리의 강화와 의무의 경감을 꾀하고자 한다.

또한 국제물품매매거래를 행하는 많은 기업들은 매도계약서식(Sale Sheet)이나 매수계약서식(Purchase Sheet)을 미리 준비하고 있기 때문에, 통상적인 매매거래에서는 이와 같은 매매계약서 양식을 사용하고자 하는 것이며, 그러한 의욕이 지나칠 경우에 서식전쟁(Battle of Forms)이 치열하다는 점은 이미 앞에서 설명하였다.

2) 대상상품의 종류에 따른 분류

국제물품매매계약은 대상상품의 종류에 따라서 화학품매매계약, 철강제품매매계약, 기계매매계약, 석탄매매계약, 원유매매계약 등으로 분류된다. 그리고 가령, 같은 화학품매매계약이라고 하더라도 대상상품의 차이에 따라서 많은 종류의 매매계약으로 세분된다. 만약, 대상상품이 다를 경우에는 계약금액의 결정방법이나 결제조건, 거래방법, 품질보증 및 검품방법 등이 각각 다르기 때문에 계약내용 또한 크게 다르다. 즉, 매매계약의 종류는 대상상품의 차이에 따라서 무수히 존재하는 것이다.

3) 대상상품의 화물이동에 따른 분류

매매계약은 우리나라를 중심으로 대상상품의 화물이동의 향방에 따라서 수출무역거래계약과 수입무역거래계약 및 중개무역거래계약으로 분류된다. 수출무역거래계약은 매도계약이며, 수입무역거래계약은 매수계약이기 때문에, 각각 매도인 또는 매수인의 입장에서 본 배려가 필요하다.

그리고 우리나라를 중심으로 하는 3국간계약은 매도를 위한 매매계약과 매수를 위한 매매계약의 두 종류의 계약으로 구성된다. 따라서 3국간계약을 체결할 때에는 두 종류의 계약 사이에 어긋남이 없도록 계약서를 신중히 작성하고 이를 철저하게 검토해야 하며, 수출국과 수입국에서의 국제물품매매거래의 관리상황 및 법제도에 관하여도 검토해야 한다.

4) 계약기간에 따른 분류

매매계약은 계약기간의 차이에 따라서 단기매매계약과 장기매매계약으로 분류된다. 여기서 단기(Spot)라는 용어는 본래는 상품상장용어로서 선물에 대한 현물의 의미이지만, 국제매매거래에서는 단 1회에 한정된 매매계약을 통상적으로 칭하는 말이다. 이에 대하여 장기매매계약은 상품의 매매가 장기에 걸쳐 반복적이고 계속적으로 행하여지는 계약을 말하는 것으로서, 장기에 걸쳐서 안정적인 거래처를 확보하기 위하여 체결되는 계약이다. 또한 계약체결 후 그 이행이 종료할 때까지 장기간을 요하는 계약을 장기계약으로 부르는 경우도 있다.

국제물품매매거래에서 단기계약은 극히 전형적인 계약으로서 계약내용은 장기계약에 비하여 간단하다. 즉, 단기계약이나 장기계약에서 규정하는 사항은 거의 같지만, 장기계약에서는 장기간의 경과에 의하여 초래되는 위험을 피하기 위하여 자연스럽게 상세한 내용을 규정하게 된다. 장기계약에서는 일반적으로 계약의 유효기간, 계약가격, 계약수량, 사정변경 내지는 불가항력 사태의 발생과 그 밖의 면에서 그 내용을 유연하게 하며, 장기간의 경과에 의한 변화 및 변동을 감당하도록 연구되어야 한다.

5) 계약의 역할에 따른 분류

매매계약은 계약의 역할에 따라서 매매기본계약과 매매개별계약으로 분류된다. 매매기본계약은 계속적이고 반복적인 물품매매거래에 관하여 개개의 매매기본사항과 공통사항을 결정한 계약을 말한다. 이에 대하여 매매개별계약은 매매기본계약에 기초하여 개별적으로 거래되는 물품의 거래조건만을 정한 계약을 말한다.

매매기본계약과 장기매매계약은 모두 장기계약이라는 점에서는 같으나, 매매기본계약은 개별적인 매매거래를 전제로 하여 개개의 매매거래의 기본사항과 공통사항을 정한 것이라는 점에서 매매계약 그 자체는 아니며, 이에 대하여 장기매매계약은 매매계약 그 자체라는 점에 차이가 있다.

매매기본계약에서는 계약기간, 계약가격의 결정방법, 계약수량, 결제조건, 인도조건, 품질보증, 개별매매계약체결의무, 분쟁의 처리방법, 준거법, 그 외에도 매매에 관한 기본사항과 공통적인 사항이 결정된다. 이에 대하여 개별매매계약에서는 개별적인 계약가격, 계약수량, 인도 및 선적시기 등의 필요한 사항이 간단하게 결정되며, 그 밖의 조건은 매매기본계약에 의하여 정하여진다.

6) 계약서식에 따른 분류

매매계약은 계약의 서식성에 착안하여 정형매매계약과 개별작성매매계약으로 분류된다. 정형매매계약은 일반적으로 앞뒤 1매의 용지에 인쇄된 매매계약서식을 말하며, 매도계약서 또는 매수계약서의 형태로 되어 있다. 정형적인 매매거래에서는 우리나라의 기업에서도 정형매매계약서를 갖추고 있는 경우가 많다.

정형매매계약서는 표면약관인 특별거래협정(Special Terms and Conditions)과 이면약관인 일반거래협정(General Terms and Conditions)으로 되어 있으며, 계약서의 구체적인 작성은 표면약관 중의 공란에 필요사항(계약상품, 계약가격, 계약금액, 지급방법·시기, 인도조건 등)을 간단히 써넣음으로 이루어진다.

개별작성매매계약(Tailored Agreement)은 가령, 재봉사로 하여금 양복을 완성하도록 하는 것처럼 개별적으로 작성한 계약을 말한다. 장기매매계약, 매매기본계약, 그 외에 중요하고 이례적인 매매계약은 보통 개별작성매매계약이다.

7) 계약의 구속성에 따른 분류

일반적으로 계약으로서의 구속력을 가지는 서면을 계약서(A Contract Document)라고 하며, 계약으로서의 구속력을 가지지 못한 서면을 의향서(Letter of Intent)라고 한다. 국제물품매매거래에서도 매매와 관련하여 종종 의향서를 주고 받는다. 의향서에는 장래의 매매계약에서 정하여질 중요한 사항이 간단히 기재된다.

06
국제물품매매계약의 구성

앞에서 살펴 본 바와 같이 국제물품매매계약에는 다양한 종류가 있고 또한 그 내용은 계약의 종류마다 다르지만, 국제물품매매계약 중에서도 가장 전형적인 매매계약 즉, 기계의 집합체를 대상으로 하는 단기의 개별작성수출계약을 염두에 두고 국제물품매매계약의 구성을 보면 <아래 표>와 같다. 그러나 매매계약이라면 각 조항에서 규정하는 내용이 다르기 때문에 그 구성은 크게 변하지 않는다.

1. 대상상품
2. 품질·수량
3. 계약금액
4. 지급조건·선적서류
5. 선적·인도조건
6. 해상운송
7. 해상보험
8. 소유권 및 위험부담의 이전
9. 품질보증·하자담보책임
10. 검품·검량
11. 지식재산권
12. 포장·하인
13. 불가항력
14. 계약위반에 대한 구제
15. 클레임(claim)
16. 계약의 발효
17. 중재
18. 준거법
19. 완전합의·계약의 변경
20. 계약의 양도
21. 조세의 부과
22. 통지
23. 권리포기

제 2 절 국제물품매매계약의 주요 조항과 법률

01 개 관

통상적으로 국제물품매매계약의 당사자는 계약에 관한 법률적 제 문제의 현상을 제대로 파악한 후 기업의 경영방침을 결정하여 상대방과 계약교섭에 임한다. 최종적인 매매계약은 상대방과의 교섭의 결과 타협의 산물로서 성립되는데, 이 계약교섭에는 당연히 당사자의 힘의 관계가 작용하게 된다.

국제물품매매계약은 물품을 계약의 목적으로 하는 국제매매계약이기 때문에 후일에 분쟁이 야기될 소지가 많다. 그러므로 매매의 당사자 간에 이러한 분쟁을 미연에 방지하기 위해서 계약조건을 명백히 할 필요가 있으며, 당사자가 서명한 매매계약서(Contract Sheet)를 상호 교환하여 보관하는 것이 좋다. 여기서는 국제매매계약의 각 조항과 법률과의 접점에 관하여 살펴본다.

02 대상상품

이 조항에서는 매매계약의 대상상품을 특정하기 위하여 필요한 기재를 하지만, 다음과 같은 법률과의 접점이 있다.

1) 외국환거래법

가령, 통상적인 미국 기업이 매수인일 경우 원칙적으로 외국환거래법상의 문제는 없다. 그러나 물품을 수출하는 입장에서는 물품의 수출이 일반적으로 국제평화와 안전의 유지, 국제수지의 균형유지와 통화가치의 안정 및 외국무역과 국민경제의 건전한 발전이라는 관점에서 허가 또는 승인을 필요로 하는 사항일 가능성이 있다(동법 제1조, 제15조, 제17조 등 참조). 따라서 수출입과 관련된 제 법령을 검토할 필요가 있다.

2) 민법

국제물품매매거래에서는 대상상품이 구체적으로 특정되기 때문에, 우선 문제는 없으나 선택채권문제(동법 제380조 이하)가 발생할 수 있다. 여기서 선택채권(Alternative Obligation)이란 채권의 목적이 여러 개의 급부 중에서 선택에 의하여 정해지는 채권을 말하며, 당사자 간에 약정이 없으면 그 선택권은 채무자에게 있다(동법 제380조).[1]

3) 민법 및 상법

매매계약의 기초로서 민법 제563조 이하(매매계약) 및 상법 제67조(매매) 이하의 검토가 필요하다.

---

1) 두 마리의 소 중에서 어느 한 마리의 소를 준다고 하거나, 노트북이라든가 PMP를 준다고 하는 것과 같은 채권이다. 선택에 의하여 어느 하나의 급부로 특정될 때까지 채권의 목적이 확정되지 않고, 이행할 수 없으며 강제집행도 할 수 없다. 여러 개의 급부가 애초부터 개별적으로 예정되어 있는 점에서 종류채권과 다르고, 복수의 급부가 각각 대등한 지위를 갖는 점에서 임의채권과 다르다.

03 품질조항(Quality Clause)

1) 개관

국제거래물품의 품질조건은 국제물품매매거래에 있어서 매우 중요한 계약조건의 하나이다. 특히 품질은 물품 본래의 성능 이외의 매매의 목적물로서의 적부를 결정하기 위하여 필요한 특수한 요소를 포함한 개념이기 때문에 더욱 그러하다.

국제물품매매거래에서는 견본매매(Sales by Sample)방식이 많이 이용되는데 여기서 사용되는 견본은 매매당사자의 합의에 의하여 실제로 거래될 물품의 일부를 채취하여 1회 계약분의 물품 전부를 대표하도록 하는 것을 말하며, 상대방은 견본에 의하여 목적물품의 성질 및 형상을 파악할 수 있게 된다. 견본(Sample) 이외에 도안(Pattern)이나 표본(Specimen)도 견본으로 간주되고 있다. 전자는 직물류나 완구 등과 같이 주로 의장과 도안이 품질의 구성요건으로 되어 있는 경우에 사용되며, 후자는 규격이 균등한 물품을 매매할 때에 몇 개를 채취하여 모든 물품의 표본으로 삼는 것을 말하는데, 견본보다는 다소 약한 개념이다. 국제물품매매거래상의 견본은 엄격한 의미에서는 품질견본(Quality Sample)을 가리키므로 그 의미가 상당히 제한되어 있다.

견본거래(Sample Business)에서는 다음의 몇 가지 점에 주의를 요한다.

① 견본의 작성, 송부 및 보관을 신중히 하여야 한다. 예컨대, 견본을 수령한 때에는 반드시 그 동일품 또는 일부분을 복제견본(Copy Sample)으로써 보존하여야 하며, 특히 종류가 많은 견본의 경우에는 견본번호(Sample Number)를 붙이고, 견본대장(Sample Book)에 송부일자, 상대방의 성명 등을 기재하여 둘 필요가 있다.

② 청약(Offer)이나 계약에 사용하는 'Same as Sample' (견본과 동일)이라는 용어는 엄격한 제조공정을 거쳐 생산되는 물품임을 나타낸다.

한편, 이 조항에서는 대상상품의 품질 및 수량이 정해지는데, 여기서는 다음과 같은 법률과의 접점이 검토되어야 한다.

2) 민법

국제거래에서는 대상상품의 품질이 정확하게 규정되기 때문에 일반적으로는 문제가 되지는 않지만 종류채권의 문제가 있을 수 있다. 여기서 종류채권이란 일정한 종류에 속하는 물건의 일정량에 대한 급부를 목적으로 하는 채권을 말한다. 즉, 이는 일정량의 불특정물의 인도를 목적으로 하는 채권이다. 매도인으로서 당해 종류의 물건 중 어떠한 품질의 물건을 급부할 것인가는 법률행위의 성질 또는 당사자의 의사에 의하나, 결정하지 못한 경우에는 매도인은 중등품질의 물건으로 급부해야 한다(민법 제375조 제1항).

매도인이 급부하는데 필요한 행위를 완료한 때 또는 매수인의 동의를 얻어 급부해야 할 물건을 지정한 때에는 종류채권의 목적은 특정되며(민법 제375조 제2항),[2] 그 후로는 특정물의 인도를 목적으로 하는 채권과 동일한 규정에 따르게 된다. 특정물을 인도할 때 가장 큰 문제는 위험부담[3]이나, 민법 제537조에 의하면 이 위험은 매수인이 부담한다. 그러나 국제매매거래에서는 매도인 및 매수인 간의 거래조건(Trade Terms) 중에서 위험부담에 관한 특약이 이루어진다.

3) 독점규제 및 공정거래에 관한 법률(이하 '공정거래법'이라 함)

국제물품매매계약에서는 계약수량의 결정과 관련하여 소위 전 수요수량공급계약(Total Requirement Agreement) 또는 전 생산량매입계약(Total Output Agreement)이 체결되는 경우가 있다. 여기서 전 수요수량공급계약은 매도인이

---

2) 【제375조】 (종류채권) ① 채권의 목적을 종류로만 지정한 경우에 법률행위의 성질이나 당사자의 의사에 의하여 품질을 정할 수 없는 때에는 채무자는 중등품질의 물건으로 이행하여야 한다. ② 전항의 경우에 채무자가 이행에 필요한 행위를 완료하거나 채권자의 동의를 얻어 이행할 물건을 지정한 때에는 그때로부터 그 물건을 채권의 목적물로 한다.

3) 매도인의 책임이 아닌 사유에 의하여 특정물이 멸실 또는 훼손한 때의 위험부담을 말한다.

매수인이 필요로 하는 물품의 전량을 공급하는 계약이며, 전 생산량매입계약은 매수인이 매도인이 생산하는 물품수량을 매입하는 계약이다.

우리나라의 공정거래법상 이들 계약 내지는 계약조항이 '경쟁의 실질적 제한' (공정거래법 제2조 8의 2호) 또는 '불공정한 거래행위' (공정거래법 제23조 제1항)에 해당하면 위법이 된다. 공정거래법상의 문제는 계약의 상대방 국가에 관하여도 고려해야 한다. 이에 관하여 미국 경쟁법상 전 수요수량공급계약(Total Requirement Agreement)은 배타조건부거래(Exclusive Dealing),[4] 필요량계약(Requirements Contract)으로서, 또는 전 생산량매입계약(Total Output Agreement)은 독점판매대리점(Sole Outlet)의 문제로서 논의되고 있다. 결론적으로 어느 경우에도 시장에서 당해 물품의 취급비율이 높다든가, 금액이 클 때에는 위법이 될 가능성이 있다.

04 계약금액

이 조항에서는 대상물품의 매매의 대가를 정함에 있어 다음과 같은 법률과의 접점을 고려할 수 있다.

1) 공정거래법

계약금액에 관하여는 공정거래법상으로는 특히 가격차별(Price Discrimination)과 재판매가격의 유지(Resale Price Maintenance)가 문제가 된다. 여기서 가격차별이란 부당하게 거래의 상대방에 의하여 차별적인 가격으로 거래하는 것을 말하며, 재판매가격의 유지란 자기가 공급하는 상품의 상대방에게

4) 예를 들면, 어떤 제품의 제조자 甲이 판매업자 乙, 丙, 丁과 판매대리점계약(distributor agreement)을 체결하는 경우 乙, 丙, 丁은 甲이 공급하는 제품과 경합하는 제품을 취급할 수 없다는 조건이 있다면, 이 판매대리점계약은 배타조건부거래이다. 이는 그것이 일정한 거래분야에서 경쟁을 실질적으로 제한할 때에는 Clayton Act 제3조에 위반하게 된다.

당해 상품의 판매가격을 지정하여 이를 유지시키는 것을 말한다.[5] 우리나라의 공정거래법은 특히 재판매가격의 유지행위를 원칙적으로 금지하고 있다. 그러나 미국의 경쟁법보다는 완화되어 있다. 즉, 미국에서는 재판매가격의 유지행위는 이유 여하를 불문하고 당연히 위법(Per Se Illegal)이며, 가격차별은 당연히 위법은 아니지만 항변이 제한된다.

2) 법인세법 및 관세법

해외의 자회사 등 특수한 관계에 있는 외국 법인과 매매거래를 할 경우 그 거래가격이 독립기업 간 가격(Arm`s Length Price)과는 무관하게 우리나라 기업에 의하여 불이익이 되는 가격으로 이루어진다면 세법상으로는 독립기업 간 가격으로 행하여진 것으로 간주하고, 그 차액에 대하여 과세된다. 이 세제는 이전가격(Transfer Pricing) 세제라 한다.[6] 이 과세제도는 미국, 영국, 프랑스, 독일 및 일본에서 시행하는 제도로서 특수한 관계에 있는 외국 법인과의 가격결정에서는 고려해야만 한다.

한편, 상품을 수입할 때에는 관세납부문제가 대두된다. 또한 보조금을 받은 수입화물 또는 부당염매에 의한 수입화물에 대하여는 각각 상계관세(Compensation Duties)[7] 또는 덤핑방지관세(Anti-Dumping Duties)[8]가 부과된다. 또한 긴급관세(Emergency Tariff)[9]가 부과되는 경우도 있다.

---

5) 【공정거래법 제2조 제6호】 '재판매가격유지행위'라 함은 사업자가 상품 또는 용역을 거래함에 있어서 거래상대방인 사업자 또는 그 다음 거래단계별 사업자에 대하여 거래가격을 정하여 그 가격대로 판매 또는 제공할 것을 강제하거나 이를 위하여 규약 기타 구속조건을 붙여 거래하는 행위를 말한다.

6) 기업이 해외 특수관계자와 거래가격을 조작해 소득을 조절하고 이를 통해 세 부담을 줄이려는 시도를 차단하는 제도로서, 특정 기업이 모회사 등 해외의 특수관계자와 거래를 하면서 그 거래가격을 정상가격보다 높거나 낮게 적용해 과세소득이 감소되는 경우 과세당국이 그 거래에 대해 정상가격을 기준으로 과세소득금액을 다시 계산해 조세를 부과하는 것을 말한다. 예를 들면, 중국에 진출한 기업이 본국에서 원·부자재를 구입하면서 가격을 과다하게 책정해 중국 법인의 이윤을 축소시키는 행위가 이전가격세제 적용대상이 된다.

7) 수출국이 수출품에 장려금이나 보조금을 지급하는 경우 수입국이 이에 의한 경쟁력을 상쇄시키기 위하여 부과하는 누진관세(【관세법 제57~62조】 참조).

8) 부당 염매된 상품이 수입되어 국내산업에 손해를 입힐 경우에 수출국의 덤핑효과를 제거하기 위하여 수입국에서 부과하는 관세(【관세법 제51~56조】 참조).

미국에서는 상계관세 및 반덤핑세(Antidumping Duty)는 관세법(Tariff Act of 1930, as amended)에 규정되어 엄격하게 적용되고 있다. 그러나 우리나라에서 수출하는 경우에는 정부에 의한 보조금의 지급은 없기 때문에, 반덤핑세에 대한 배려가 있으면 된다. 미국에 수출할 경우에는 고가로 판매하면 이전가격(Transfer Pricing)으로, 또한 저가로 판매하면 반덤핑세로 책임을 추궁당하기 때문에, 제3자 거래가격(Arm's Length Price)[10)]으로 하는 등 유의해야 한다.

3) 민법

우리나라 민법은 외국통화로 채권액을 지정한 때에는 채무자는 우리나라 통화로 변제할 수 있다는 취지의 규정을 두고 있다(민법 제378조).[11)] 제 외국에서도 같은 규정이 있을 가능성이 있기 때문에 특히 외화와의 교환성이 부족한 통화가 유통되는 국가의 기업을 상대방으로 하여 거래할 때에는 계약금액은 매매기준가격뿐만 아니라 지급통화에 관하여도 구체적으로 정해둘 필요가 있다.

05 지급조건 및 선적서류

이 조항에서는 선적서류를 첨부한 계약대금의 결제를 전제로 하여 계약대금의 지급조건이 정해진다. 이 조항과 법률과의 접점은 다음과 같다.

---

9) 중요 국내산업의 긴급한 보호, 특정 물품 수입의 긴급한 억제 등의 필요가 있을 때 특정 물품의 관세율을 높여서 부과하는 관세(【관세법 제65~67조의 2】 참조).

10) 원래는 판매자와 관련 없는 제3자 판매가격을 말하는데, 주로 미국에서 외국기업이 이전가격체계를 통해 본점과 지점 간 거래를 할 경우 국세청(IRS)이 과세가격 산정기준으로 삼는 가격을 말한다. 미국 국세청의 규정에 의한 구체적인 가격산정기준으로는 비교가능가격(Comparable Uncontrolled Price), 재판매가격(Resale Price), 원가플러스가격(Cost Plus Price) 등이 있다.

11) 채권액이 다른 나라 통화로 지정된 때에는 채무자는 지급할 때에 있어서의 이행지의 환금시가에 의하여 우리나라 통화로 변제할 수 있다.

1) 외국환거래법

외국환거래법에 의하여 인정되는 거래는 기획재정부장관이 인정하는 통화 및 증권에 의하여 행하여진다. 특수한 결제방법으로 계약대금을 지급 또는 수령하고자 하는 경우에는 기획재정부장관에게 신고해야 한다.12) 우리나라의 기업은 화물의 수출입과 관련하여 입찰보증(Bid Bond), 이행보증(Performance Bond), 선불금의 반환보증(Refund Bond) 등을 끼워 넣는 경우가 있는데, 이러한 보증은 자본거래로써 기획재정부장관에게 신고해야 한다.13)

2) 법인세법 및 조세조약

계약대금이 연체되는 경우 통상적으로는 매수인이 매도인에 대하여 이자를 지급한다. 이 이자에 대하여는 원칙적으로 현지국에서 과세되고 원천징수된다. 이 원천징수세는 우리나라와 조세조약을 체결한 국가와의 사이에서는 낮은 세율의 한도세율이 정해져 있다.

---

12) 【외국환거래법 제16조】 (지급 또는 수령의 방법의 신고) 거주자 간, 거주자와 비거주자 간 또는 비거주자 상호간의 거래나 행위에 따른 채권·채무를 결제할 때 거주자가 다음 각 호의 어느 하나에 해당하면(제18조에 따라 신고를 한 자가 그 신고된 방법으로 지급 또는 수령을 하는 경우는 제외한다) 대통령령으로 정하는 바에 따라 그 지급 또는 수령의 방법을 기획재정부장관에게 미리 신고하여야 한다. 다만, 금액이 소액이거나 통상적인 거래로써 대통령령으로 정하는 경우에는 사후에 보고하거나 신고하지 아니할 수 있다.

1. 상계 등의 방법으로 채권·채무를 소멸시키거나 상쇄시키는 방법으로 결제하는 경우
2. 기획재정부장관이 정하는 기간을 넘겨 결제하는 경우
3. 거주자가 해당 거래의 당사자가 아닌 자와 지급 또는 수령을 하거나 해당 거래의 당사자가 아닌 거주자가 그 거래의 당사자인 비거주자와 지급 또는 수령을 하는 경우
4. 외국환업무취급기관을 통하지 아니하고 지급 또는 수령을 하는 경우

13) 【외국환거래법 제3조 제1항 제19호】 '자본거래'란 다음 각 목의 어느 하나에 해당하는 거래 또는 행위를 말한다.

가. 예금계약, 신탁계약, 금전대차계약, 채무보증계약, 대외지급수단·채권 등의 매매계약(다목에 해당하는 경우는 제외한다)에 따른 채권의 발생·변경 또는 소멸에 관한 거래(거주자 간 거래는 외국환과 관련된 경우로 한정한다)

【동법 제18조】 (자본거래의 신고 등) ① 자본거래를 하려는 자는 대통령령으로 정하는 바에 따라 기획재정부장관에게 신고하여야 한다. 다만, 경미하거나 정형화된 자본거래로써 대통령령으로 정하는 자본거래는 사후에 보고하거나 신고하지 아니할 수 있다.

3) 민법

(1) 지급통화

앞에서 말한 바와 같이 우리나라 민법은 외국통화로 채권액을 지정한 때에는 채무자는 우리나라 통화로 변제할 수 있다는 취지의 규정을 두고 있다(민법 제378조). 또한 채권의 목적이 다른 나라의 통화로 지급하기로 한 경우 변제기에 그 통화가 강제통용력을 상실한 때에는 매수인은 다른 통화로 변제해야 한다(민법 제377조 제2항).

(2) 지급시기

매매의 목적물인도와 대금지급은 동시이행의 관계에 있다. 또한 이 경우 대금지급은 매매목적물의 인도장소에서 행하여야 한다(민법 제586조).

(3) 지급담보

화환신용장으로 결제하지 않는 경우에는 드문 일이기는 하지만 매수인으로부터 담보를 설정하기도 한다. 담보에는 일반적으로 인적 담보인 보증과 물적 담보인 질권, 저당권, 양도담보 및 그 외에도 현지에 특유한 담보물권이 있다.

(4) 지급지연

금전을 목적으로 하는 채권의 불이행에 대한 손해배상액은 특약이 없는 한 법정이율에 의한다. 따라서 매도인은 매수인에 대하여 연 6%의 법정이율에 의한 지급을 청구할 수 있다(상법 제54조). 또한 지연이자에 관한 특약은 이자제한법에 따르나 이자제한법은 국가마다 그 내용에 큰 차이가 있다.

4) 신용장통일규칙 및 환어음법

국제물품매매거래에서는 화환신용장에 근거한 결제가 이루어지는 경우가 많기 때문에 신용장통일규칙 및 어음법에 관한 지식이 필요하게 된다.

5) 수출보험법

국제물품매매거래와 관련된 채권의 손실은 수출보험법에 의한 수출보험기금으로부터 보전받을 수 있다. 수출보험의 종류는 한국수출보험공사가 지식경제부장관의 승인을 받아 정하나, 실무적으로는 단기수출보험,14) 중장기수출보험,15) 해외공사보험,16) 수출보증보험,17) 환변동보험,18) 해외투자보험,19) 농수산물수출보험,20) 이자율변동보험,21) 신뢰성보험,22) 해외마케팅보험,23) 지식서비스수출보험,24) 해외사업금융보험,25) 문화수출보험,26) 수출신용보증27) 등이

---

14) 결제기간 2년 이내의 단기수출계약을 체결한 후 수출대금을 받을 수 없게 된 때에 입게 되는 손실을 보상하는 보험(물품 손실은 제외).

15) 수출대금 결제기간이 2년을 초과하는 중장기 수출계약을 체결한 후 수출이 불가능하게 되거나 수출대금을 받을 수 없게 된 때에 입게 되는 손실 또는 수출대금 금융계약을 체결한 후 금융기관이 대출원리금을 받을 수 없어 입게 되는 손실을 보상하는 보험.

16) 해외공사계약체결 후 그 공사에 필요한 물품의 수출이 불가능하게 되거나 그 공사의 대가를 받을 수 없게 된 경우 또는 해외공사에 사용할 목적으로 공여된 장비에 대한 권리가 박탈됨으로써 입게 되는 손실을 보상하는 보험.

17) 금융기관이 해외공사계약 또는 수출계약 등과 관련하여 수출보증을 한 경우에 보증의 상대방(수입자)으로부터 이행청구를 받아 이를 이행함으로써 입게 되는 금융기관의 손실을 보상하는 보험.

18) 수출거래 시나 수출용 원자재의 수입거래 시에 공사가 보장해 주는 환율과 실제 결제시점의 환율을 비교하여 그 차액을 보상 또는 환수하는 보험.

19) 해외투자를 한 후 투자대상국에서의 수용, 전쟁, 송금위험 등으로 인하여 그 해외투자의 원리금, 배당금 등을 회수할 수 없게 되거나 보증채무이행 등으로 입게 되는 손실을 보상하는 보험.

20) 농수산물 수출계약체결 후 수출이 불가능하게 되거나 수출대금을 받지 못하게 된 경우, 또는 농수산물의 국내가격 변동으로 당해 수출계약의 이행에 따라 입게 되는 손실을 보상하는 보험.

21) 금융기관이 고정금리(CIRR)로 대출 후 차주로부터 받은 이자금액과 변동금리(LIBOR) 대출로 받았을 이자금액을 비교하여 그 차액을 보상 또는 환수하는 보험.

22) 부품·소재 전문기업이 제조 및 판매하는 부품소재에 대하여 제조물 결함으로 인하여 발생하는 부품소재 자체 손해 및 회수비용과 동 부품수요기업의 재물손해 및 기업휴지에 따른 손실을 보상하는 보험.

23) 수출기업이 해외시장개척을 위해 해외마케팅비용을 지출하였으나, 마케팅활동의 효과가 미미하여 지출한 비용을 회수하지 못하는 경우 이를 보상하는 보험.

24) 국내 수출업체가 정보통신, 문화컨텐츠, 기술, 엔지니어링 등의 지식서비스를 수출하고 이에 따른 지출비용 또는 확인대가(Running Royalty 포함)를 회수하지 못함으로써 입게 되는 손실을 보상하는 보험.

25) 국내·외 금융기관이 외국인(정부, 공공단체 및 외국 법인, 관련 금융기관 등)에게 수출증진이나 외화획득의 효과가 있을 것으로 예상되는 해외사업에 필요한 자금을 상환기간 2년

있다. 국제물품매매거래에 따르는 채권을 확보하기 위해서는 수출보험법에 관한 지식은 필수적이다.

06 선적 및 인도조건

이 조항에서는 대상물품의 선적 및 인도조건에 관하여 규정하며, 다음과 같은 법률과의 접점이 있다.

1) INCOTERMS

국제물품매매거래에서는 구체적인 인도조건은 INCOTERMS에 의하여 정해지기 때문에 그 거래조건(Trade Terms)의 종류 및 각 거래조건에 의한 매도인과 매수인의 의무, 그 중에서도 대상물품에 대한 해상운송계약 및 해상보험계약의 체결의무, 위험부담의 이전시점 및 비용분담의 범위에 관하여 신중하게 검토할 필요가 있다.

2) 법인세법 및 조세조약

국제물품매매거래의 매수인으로서 상시 대상물품을 INCOTERMS의 E조건으로 인도받거나, 동시에 매도인으로서 D조건으로 인도한다면, 당해 인도가 행하여지는 국가에 고정사업장(Permanent Establishment)[28]이 있다고 간주되어 과세될 우려가 있기 때문에 이러한 점을 검토할 필요가 있다.

초과의 조건으로 공여하는 금융계약을 체결한 후, 대출원리금을 받을 수 없게 됨으로써 입게 되는 손실을 보상하는 보험.

26) 수출계약이 체결된 영화의 제작과 관련한 투자대출거래에서 발생하는 손실을 보상하는 제도.

27) 수출계약과 관련하여 중소기업이 선적 전에 금융기관으로부터 수출이행자금을 대출받거나 또는 선적 후에 환어음이 매입될 경우, 동 자금을 상환하지 못하게 되어 중소기업이 금융기관에 부담하는 금전채무에 대한 연대보증.

28) 고정사업장이란 사업의 전부 또는 일부를 행하는 고정된 장소로서, 외국 법인이나 비거주자는 국내의 고정사업장의 존부에 따라 과세방법에 차이가 있다. 일반적으로 국제간의 조세협약에서는 고정사업장이라고 칭하며 국내법에서는 국내사업장이라고 부른다.

07
해상운송

이 조항에서는 대상물품의 해상운송에 관하여 규정하는데, 여기서는 다음과 같은 법률과의 접점을 생각할 수 있다.

1) INCOTERMS

이 조항에 따라 매매계약에서 구체적으로 정해진 거래조건에 의하면, 매도인 또는 매수인 중 어느 쪽이 대상 상품에 관한 해상운송계약을 체결해야 하는가를 검토할 필요가 있다.

2) 상법 및 해상물품운송법[29)]

해상운송계약에 근거하여 선하증권이 발행되는데, 우리나라의 운송인이 발행하는 선하증권은 우리 상법에 따라 해석된다. 따라서 이 경우에는 우리 상법에 관한 지식이 필요하다. 반대로 상대국의 운송인이 선하증권을 발행하는 경우에는 그 나라의 해상운송법이 적용될 것이기 때문에 해당 법률을 검토해야 한다.

08
해상보험

이 조항에서는 대상물품의 해상보험에 관하여 규정하게 되는데, 이 경우에는 다음과 같은 법률과의 접점을 발견할 수 있다.

---

29) 한국의 상법, 미국 해상물품운송법(USA COGSA; Carriage of Goods by Sea Act, 1936), 일본의 국제해상물품운송법 등.

1) 상법 및 영국의 해상보험법

우리나라의 보험회사가 발행하는 내항화물보험증권은 상법이 준거법이 되지만, 외항화물보험증권에는 모든 전보청구에 대한 책임 및 전보에 관하여 영국의 해상보험법(Marine Insurance Act, 1906) 및 관습에 준거하여 해결되어야 한다는 취지가 규정되어 있다. 따라서 영국의 해상보험법에 관한 검토가 필요하다.

국제물품매매거래에 관하여 발행되는 해상보험증권(Marine Insurance Policy)의 준거법이 영국 해상보험법이 되는 이유는 영국은 오래 전부터 해상보험의 중심시장으로서 해상보험에 관한 법률이나 관습이 축적되어 있어, 다른 선적서류와 함께 외국을 전전 유통하는 보험증권은 영국법에 준거하여 해석하는 것이 좋다는 판단에 의한 것이다.

2) INCOTERMS

이 조항에 의하여 매매계약에서 구체적으로 정해진 거래조건에 의하면, 매도인 또는 매수인 중 어느 쪽이 대상물품에 관한 해상보험계약을 체결해야 하는가에 관하여 검토할 필요가 있다.

09 소유권 및 위험부담의 이전

이 조항에서는 대상 상품의 소유권 및 위험부담의 이전에 관하여 정하여지나, 다음과 같은 점에서 민법 등 관련 법률과의 접점이 발견된다.

1) 민법

(1) 소유권의 이전

\민법상 물건에 대한 소유권의 이전은 매도인과 매수인의 의사표시만으로 그 효력이 발생하지만, 동산양도의 경우에는 그 소유권의 양도를 제3자에게 대항하기 위해서는 당해 동산의 인도가 있어야 한다.

(2) 위험부담의 이전

위험부담이란 쌍무계약에서 당사자 일방의 채무가 채무자에게 책임이 없는 사유에 의하여 이행불능이 되어 소멸한 경우, 이것과 대가관계에 있는 상대방의 채무가 소멸하는가의 여부에 관한 문제이다.

만약 상대방의 채무도 소멸한다면 채무자인 매도인이 손실을 부담하는 것이 되는데, 이를 채무자주의라고 한다. 반대로 상대방의 채무가 존속한다고 한다면 채권자인 매수인이 손실을 부담하는 것이 되기 때문에 이를 채권자주의라고 한다.

우리 민법의 경우 채무자주의를 원칙으로 하면서, 당사자 일방의 채무가 채권자의 책임 있는 사유에 의하여 이행할 수 없게 된 때에는 채권자주의를 취하고 있다.[30)]

2) INCOTERMS

INCOTERMS는 소유권의 이전에 관하여는 당사자가 매매계약에서 자유로이 정하는 것으로 하고, 위험부담의 이전에 관하여만 규정하고 있다. 예를 들면, 국제매매거래의 정형거래조건 중에서 가장 일반적인 FOB (Free On Board, 본선인도가격조건) 조건 또는 CIF (Cost, Insurance and Freight, 운임보험료포함가격조건) 조건의 거래에서 위험부담은 약정물품이 지정선적항에서 본선의 현측난간을 통과한 때에, 매도인으로부터 매수인에게 이전하는 것으로 하고 있

---

30) 【민법 제537조】 (채무자위험부담주의) 쌍무계약의 당사자 일방의 채무가 당사자 쌍방의 책임 없는 사유로 이행할 수 없게 된 때에는 채무자는 상대방의 이행을 청구하지 못한다.
【제538조】 (채권자귀책사유로 인한 이행불능) ① 쌍무계약의 당사자 일방의 채무가 채권자의 책임 있는 사유로 이행할 수 없게 된 때에는 채무자는 상대방의 이행을 청구할 수 있다. 채권자의 수령 지체 중에 당사자 쌍방의 책임 없는 사유로 이행할 수 없게 된 때에도 같다. ② 전항의 경우에 채무자는 자기의 채무를 면함으로써 이익을 얻은 때에는 이를 채권자에게 상환하여야 한다.

다. 즉, 국제매매거래에서 INCOTERMS를 특약으로 채택할 경우에는 위험부담의 이전에 관한 우리 민법의 적용이 배제되는 것이다.

또한 국제매매계약에서는 소유권의 이전에 관하여도 특약을 하는 경우가 많다. 예를 들면, CIF 조건에서는 대상물품의 소유권은 선적서류가 매도인으로부터 매수인에게 인도되는 것을 조건으로 지정선적항에서 본선의 현측난간을 통과한 시점으로 거슬러 올라가 매도인으로부터 매수인에게 이전한다는 취지를 정하는 일이 많다.

10 품질보증 및 하자담보책임

이 조항에서는 매도인에 의한 대상물품의 품질보증 및 품질이 좋지 않을 경우의 하자담보책임에 관하여 규정하고 있으며, 다음과 같은 법률과의 접점을 검토할 필요가 있다.

1) 소비자기본법

국제거래 대상국 중에는 최근 우리나라의 소비자기본법을 더욱 구체화하고 강화한 소비자보호관련법에 따라 물품의 품질, 성능, 규격, 안전기준, 포장 등을 규제하는 나라가 증가하고 있다. 따라서 수출품에 관하여는 이러한 규제 및 안전기준에 합치하는가를 검토해야 한다.

2) 환경정책기본법

특히 공해문제를 발생시키기 쉬운 제품을 제조하는 기계의 수출에 관하여는 현지 국가에서 공해기준 등에 관한 법률 등의 검토가 필요하다.

3) 제조물책임법

제조물책임(Product Liability)은 상품을 제조한 자[31]가 그 제품의 결함에 의하여 발생한 생명·신체 또는 재산상의 손해를 입은 자에 대하여 부담하는 책임을 말한다. 우리나라에서는 종래 이를 불법행위의 하나로써 처리하여 왔으나, 2002년 7월 이후 제조물책임법(제정 2000.1.12. 법률 제6109호)의 시행과 함께 제조자의 소비자에 대한 책임을 강화하고 있다. 이에 따라 물품제조자 및 유통업자는 제조물책임보험(Comprehensive Liability Insurance)의 가입 등으로 대처하고 있으나 현재는 고액의 보험료가 문제가 되고 있는 실정이다.

4) 민법

(1) 하자담보책임

매매거래에서 하자담보책임이란 매매의 목적물에 숨겨진 하자가 있는 경우, 이에 대하여 매도인이 매수인을 위하여 부담하는 담보책임을 말한다. 우리 민법상 매수인이 매매의 목적물에 하자가 있다는 것을 과실 없이 알지 못한 경우에는, 매수인은 매도인에 대하여 손해배상청구를 할 수 있으며, 만일 그 하자로 인하여 매매의 목적을 달성할 수 없을 때에는 계약을 해제할 수 있다(민법 제580조)

상인 간의 매매에서는 이러한 경우 대금 감액도 청구할 수 있으나, 매수인은 목적물을 지체 없이 검사하여 하자가 있는 경우에는 즉시 매도인에게 통지하지 않는 한 매도인의 책임을 물을 수 없다(상법 제69조).

(2) 제척기간

제척기간이란 일정한 권리에 관하여 법률이 정한 존속기간을 말하는데, 민법은 이에 관하여 일반적인 규정을 두고 있지는 않지만 이론상으로는 인정되고 있다. 제척기간은 소멸시효와는 달리 시효의 중단이 인정되지 않으며, 또한 당사자가 원용하지 않더라도 당연히 권리소멸의 효력이 발생한다. 만일 법조문

31) 미국에서는 그 유통과 관련된 자도 포함한다.

중에 "시효에 의하여"라는 문구가 있을 때 이외에는 이를 제척기간이라고 해석하고 있다. 매수인이 매도인에 대하여 하자담보책임을 추궁할 경우에는[32] 매수인이 그 사실을 알았을 때로부터 6월 이내에 행하여야 한다(민법 제582조).

(3) 하자담보책임 면제의 특약

매도인은 매수인과의 특약으로 하자담보책임을 면할 수는 있으나, 만일 매도인이 그 사실을 알고 있었음에도 불구하고 매수인에게 알리지 않은 경우나, 또는 매도인 스스로 제3자를 위하여 권리를 설정하거나 양도한 행위에 관하여는 담보책임을 부담해야 한다(민법 제584조).

5) 미국 통일상법전

미국 통일상법전(Uniform Commercial Code)에서 인정된 거래의 목적물품에 대한 상품성(Merchantability) 및 특정 목적을 위한 적합성(Fitness for Particular Purpose)에 대한 묵시의 보증(Implied Warranty)에 관하여, 이를 특약에 따라 배제하는 경우에는 그것을 특정하여 뚜렷한(Conspicuous) 방법으로 이를 행하여야 하는데, 통상적으로는 모두 대문자로 기재한다(UCC 2-316).

11 검품 및 검량

이 조항에서는 대상물품의 검품과 검량에 관하여 정하여지는데, 다음과 같은 점에서 다른 법률과의 접점이 발견된다.

32) 손해배상청구 또는 계약해제.

1) INCOTERMS

가령, 본선인도가격조건(FOB) 및 운임보험료포함가격조건(CIF)에서는 매도인은 약정물품을 인도하기 위하여 필요한 점검사무(Checking Operation)를 그 비용으로 수행하고, 또한 매수인은 별도의 합의가 없는 한 선적 전 검사(Pre-Shipment Inspection)를 그 비용으로 행한다는 취지의 규정을 두고 있다.

2) 상법

상인 간의 매매에서는 매수인은 매매의 목적물을 수령한 때에는 지체 없이 검사하고, 만약 하자 등이 있을 때에는 즉시 매도인에게 통지해야 한다. 매수인이 이 통지를 게을리 한 때에는 계약의 해제 또는 대금감액 또는 손해배상청구를 하지 못한다. 매매의 목적물에 즉시 발견할 수 없는 하자가 있을 때에는 매수인은 6개월 이내에 이를 발견하여 통지하면 된다(상법 제69조 제1항 후단).

12 지식재산권법

이 조항에서는 대상물품과 관련된 지식재산권문제의 처리에 관하여 정한다. 따라서 이 조항은 지식재산권법과의 관련성이 많다. 우리나라에는 지식재산권에 관하여 관련 법률이 시행되고 있는데, 그 대상물품과 이들 지식재산권과의 관계를 구체적으로 검토할 필요가 있다.

1. 특허법 2. 실용신안법 3. 디자인보호법(구 의장법) 4. 상표법
5. 저작권법 6. 종묘관리법[33] 7. 반도체집적회로의 배치설계에 관한 법률[34]
8. 부정경쟁방지 및 영업비밀보호에 관한 법률[35]

13
포장 및 화인 조건 (Terms of Shipping Mark)[36]

이 조항에서는 대상물품에 관하여 수출에 적합한 포장 및 다른 물품과의 식별을 위한 화인(낙인)에 관하여 정한다. INCOTERMS에 의하면 매도인은 자기의 비용으로 약정물품의 운송 및 인도에 필요한 포장을 하고 적절하게 화인(낙인)을 찍어야 한다. 특수한 물품의 포장에 관하여는 수입국에서 안전적인 측면 등을 고려하여 법령으로 규제하고 있다.

14
불가항력

이 조항에서는 불가항력(Act of God)[37] 사태에 의하여 대상물품을 선적할 수 없게 된 경우의 조치에 관하여 정한다. 이 조항에는 다음과 같은 법률과의 접점이 있다.

33) 이 법은 종묘의 생산 및 판매를 규제함으로써 그 품질의 향상을 도모하고 농업생산의 안정에 기여함을 목적으로 한다.

34) 이 법은 반도체집적회로의 배치설계(배치설계)에 관한 창작자의 권리를 보호하고 배치설계를 공정하게 이용하도록 하여 반도체 관련 산업과 기술을 진흥함으로써 국민경제의 건전한 발전에 이바지함을 목적으로 한다.

35) 이 법은 국내에 널리 알려진 타인의 상표·상호(상호) 등을 부정하게 사용하는 등의 부정경쟁행위와 타인의 영업비밀을 침해하는 행위를 방지하여 건전한 거래질서를 유지함을 목적으로 한다.

36) 화물의 식별과 신속한 처리를 위해 포장에 표시하는 무역계약조건.

37) 법률관계의 외부에서 생겨나는 사변(事變)으로서, 모든 방법을 동원하여도 손해의 발생을 막을 수 없는 일.

1) 민법

불가항력은 본래 무과실책임제도 하에서의 면책사유를 의미한다. 그런데 우리 민법은 원칙적으로 과실책임제도를 취하고 있기 때문에 이러한 법제 하에서는 불가항력이라고 하기보다는 무책사유라고 하는 것이 타당하다고 본다. 즉, 불가항력 조항은 특약으로 매도인의 무책사유를 확대한 것이라고 할 수 있다.

한편 불가항력과 유사한 것으로서 '사정변경의 원칙'이 있다. 사정변경의 원칙이란 계약체결 당시의 사회적 사정이 변경하면 당해 계약은 그 구속력을 잃는다는 원칙을 말한다. 즉, 계약은 신의성실의 원칙에 근거하여 이행되어야 하지만, 사정이 변경된 결과 계약을 문구대로 이행시키는 것이 현저하게 형평성을 잃은 경우에 이 원칙이 적용될 수 있다. 그러나 사정변경의 원칙이 적용되는 요건이 엄격하기 때문에 매도인은 매매계약에서 불가항력 조항을 규정하여 책임의 배제를 꾀하는 것이 현 실정이다.

2) 미국 통일상법전

미국 통일상법전(UCC) 2-615조는 상업적 실행 불가능(Commercial Impracticability)에 관하여 규정한다. '상업적 실행 불가능'이란 발생하지 않을 것이 당해 계약체결의 기본적인 전제였던 우발적 사고(Contingency)가 발생하여 계약의 이행이 실행 불가능하게 되는 것을 말한다. 이러한 상업적 실행 불가능은 우리나라에서의 사정변경의 원칙과 유사하다. 그러나 이 규정의 적용을 위해서는 엄격한 불가항력 조항이 필요하다.[38)]

3) 계약목적 달성 불능(Frustration)의 법리

영미법 특히 영국법은 종래 "계약은 지켜져야 한다."는 원칙이 엄격하게 적용되어 왔기 때문에, 채무자는 불가항력에 의한 면책특약으로 그 책임을 회피하고 있었다. 그러나 특약이 없는 경우 채무자는 계약불이행의 책임을 부담하

---

38) 예를 들면, 가격이 적어도 4~5배가 되어야만 적용된다.

고 이러한 불합리 및 불공정을 교정하기 위하여 19세기 중엽부터 "계약대로의 이행이 물리적으로 가능했다고 하더라도, 계약체결 당시에 당사자가 예상도 하지 못했던 사태가 계약체결 후에 발생함으로써, 만일 계약을 이행한다면 계약당사자가 당초에 가지고 있던 목적을 전혀 달성할 수 없게 되어 버리는 경우에는, 당해 계약은 소멸한다."는 소위 '계약목적 달성 불능의 법리'가 확립되었다. 그러나 이 법리의 적용에도 엄격한 요건이 있다는 점을 검토할 필요가 있다.

15 계약위반에 대한 구제

이 조항에서는 매수인의 계약위반에 대한 매도인의 구제에 관하여 정하며, 다음과 같은 법률과의 접점이 인정된다.

1) 민법

(1) 계약해제권

계약해제권이란 계약당사자 일방의 의사표시에 의하여 기존계약의 효력을 소급적으로 소멸시켜, 계약이 처음부터 없었던 것과 같은 법률효과를 발생시키는 권리를 말한다. 계약해제권에는 약정해제권과 법정해제권이 있다. 법정해제권은 채무불이행 즉, 보통의 이행지체, 이행불능 및 불완전이행[39]에 의하여 발생한다. 법정해제권은 상대방의 채무불이행이 없는 한 발생하지 않고 이행시기를 놓치게 될 가능성이 있다. 그러므로 실무적으로는 계약으로 해제권(약정해제권)에 관하여 정하고, 해제권을 조기에 또한 예방적으로 행사할 수 있도록 하고 있다.

39) 추완을 허락하는 경우는 이행지체에 준하고, 추완을 허락하지 않는 경우는 이행불능에 준한다.

(2) 손해배상청구권

채무자가 채무의 본래 취지에 따라 이를 이행하지 않는 경우에는, 채권자는 손해배상을 청구할 수 있다. 손해배상액은 채무자가 알고 있었던 사실과 가령, 알지 못하였더라도 선량한 관리자의 주의의무를 다한다면 알 수 있었을 사정을 가미하여, 채무불이행과 상당인과관계가 있는 범위에서 정하여진다. 이에 대한 예외적인 것으로는 과실상계, 금전채무 및 손해배상액의 예정이 있다.

(3) 기한의 이익의 상실

파산선고 등 매수인이 그 신용을 상실하는 것과 같은 일정한 사실이 발생한 때에는, 매수인은 기한의 이익을 주장할 수 없고 이를 즉시 변제해야 한다. 그러나 실무적으로는 특약으로 매수인이 기한의 이익을 상실하는 경우를 확대하여, 매도인의 권리의 확보가 이루어진다.

(4) 소멸시효

우리 민법상의 채권은 10년으로 소멸시효가 완성한다(민법 제162조 제2항).

2) 상법

우리 상법상 상사채권은 5년으로 소멸시효가 완성한다.[40]

3) INCOTERMS

INCOTERMS에서는 매수인에게 약정물품을 수령할 의무가 부과되어 있다. 그러므로 실무에서는 매수인의 수령지체는 채무불이행에 해당하는가의 여부에 관한 문제는 발생하지 않는다.

---

40) 【제64조】 (상사시효) 상행위로 인한 채권은 본법에 다른 규정이 없는 때에는 5년간 행사하지 아니하면 소멸시효가 완성한다. 그러나 다른 법령에 이보다 단기 시효의 규정이 있는 때에는 그 규정에 의한다.

16 클레임

이 조항에서는 매수인에 의한 매도인에 대한 클레임(Claim)[41] 즉, 매도인의 계약위반에 대한 매수인의 구제에 관하여 정한다. 이 조항은 다음과 같은 법률과 접점을 이룬다.

1) 민법

이 경우에도 계약위반에 대한 구제방법으로서의 민법상의 계약해제권과 손해배상청구권에 관한 규정이 검토되어야 한다.

또한 매수인은 특약이 없는 한 상계에 적합한 상태에 있을 때에는 매도인에 대한 채권과 채무를 상계할 수 있다.[42] 그러나 실무적으로 매도인은 매수인의 이의제기를 배제할 목적으로 매매계약 중에 상계를 금지하는 규정을 두는 일이 많다. 매수인의 권리행사에 관하여는 제척기간을 정하는 경우가 종종 있다.

2) 상법

상사채권은 5년의 소멸시효에 걸린다.

17 계약의 발효

이 조항에서는 계약이 효력을 발생하는 조건(정지조건)에 관하여 정하며, 다음과 같은 접점이 있다.

41) 무역거래에서 수출상 또는 수입상이 매매계약조항에 대한 위반행위에서 발생하는 불평이나 불만 또는 의견차이 등을 상대방에게 제기하는 것.

42) 【제492조】 (상계의 요건) ① 쌍방이 서로 같은 종류를 목적으로 한 채무를 부담한 경우에 그 쌍방의 채무의 이행기가 도래한 때에 각 채무자는 대등액에 관하여 상계할 수 있다.

1) 외환관리법

우리나라에서 국제물품매매거래는 외환관리법에 따라 규제되고 있기 때문에 대상물품의 수출입거래 및 중개거래는 외환관리법에 기초한 허가 또는 승인을 필요로 할 경우가 있기 때문에 이 점에 관하여 검토할 필요가 있다. 이러한 일은 매매계약의 상대방 국가에서도 일어날 수 있다.

2) 민법

조건에는 정지조건(Condition Precedent)과 해제조건(Condition Subsequent) 등이 있으나, 국제물품매매계약에서는 정지조건이 붙는 경우가 많다. 여기서 정지조건이란 그 조건의 성취 시까지는 계약(법률행위)의 효력 발생이 정지되지만, 조건이 성취된 때로부터 계약의 효력을 발생시키는 조건을 말한다(민법 제147조 제1항). 이에 대하여 해제조건이란 그 조건의 성취 시까지는 계약(법률행위)의 효력이 발생하지만, 조건이 성취된 때로부터 계약의 효력을 소멸시키는 조건을 말한다(민법 제147조 제2항).

18 중 재

이 조항에서는 매매계약과 관련하여 분쟁이 발생한 경우의 강제적인 해결수단에 관하여 정하며, 다음과 같은 법률과의 접점이 있다.

1) 국제중재법

(1) 중재절차

중재법 중에 중재절차에 관한 규정이 있다(중재법 제19~28조).

(2) 중재조약

다음과 같은 각종의 조약이 있기 때문에 그 내용 및 가맹국에 관한 조사가 필요하다.

① 외국중재판단의 승인 및 집행에 관한 조약(뉴욕조약)
② 중재조항에 관한 의정서(제네바의정서)
③ 외국중재판단의 집행에 관한 조약(제네바조약)
④ 국가와 다른 국가의 국민과의 사이의 투자분쟁해결에 관한 조약(투자분쟁해결조약)
⑤ 우호통상항해조약 중의 중재조항

2) 국제민사소송법

(1) 민사소송법

민사소송법을 기초로 하는 소위 국제민사소송법

(2) 민사소송조약 등

① 민사소송절차에 관한 조약(민소조약)
② 민사 또는 상사에 관한 재판상 및 재판 외의 문서의 외국에서의 송달 및 고지에 관한 조약(송달조약)
③ 민사소송절차에 관한 조약 등의 실시에 따른 민사소송절차의 특례 등에 관한 법률
④ 한미영사협약[43)]

---

43) 한미영사협약은 1963.12.19 발효되어 1964.1.7 공포된 대한민국과 미국 간에 체결된 영사에 관한 개별조약이다. 그 주요 내용은 (i) 영사의 임명 및 파견 (ii) 영사관의 직무 (iii) 영사사무소의 불가침 (iv) 치외법권 (v) 보험 (vi) 분쟁의 해결 등 전문 및 18조로 구성되어 있다.

19
준거법

이 조항에서는 준거법에 관하여 정하며, 국제사법 등과의 접점이 인정된다.

1) 국제사법

국제사법에 관하여는 특히 계약의 성립 및 효력의 준거법, 계약 방식의 준거법 및 불법행위(제조물책임을 포함)의 성립 및 효력의 준거법이 중심이 된다.

2) 외국법 일반

외국법에서 공법 및 사법의 강행규정이 적용될 가능성이 있다. 예를 들면 외국환관리법, 독점규제 및 공정거래에 관한 법률, 세법, 통상법, 지적재산권법, 환경법, 소비자기본법, 이자제한법 등의 적용이 고려된다.

20
완전합의 및 계약의 변경

이 조항에서는 계약당사자 간의 계약체결 시까지의 합의사항은 모두 당해 계약의 내용에 포함되며, 그 후의 변경은 서면에 의하여 행하여진다는 취지의 규정을 둔다.

영미법상 구두증거의 원칙(Parol Evidence Rule)[44]이 있으나, 이 조항은 구두증거를 배제하는데 그 목적이 있다. 이와 관련하여 미국 통일상법전의 매매에 관한 조항에는, 당사자 간에 합의한 것을 최종적으로 표현한 것이라는 취지

---

44) 서면에 의한 법률행위의 내용을 구두증거에 의하여 그 서면의 기재와는 다른 취지의 증명을 하는 것은 허용되지 않는다.

의 계약상의 기재가 있더라도, 실제의 거래 상황이나 관행 또는 재판에 의하여 이 기재와 상반되면서 내용적으로 모순되지 않는 추가조건의 존재가 증명된다면, 계약서의 보충이 된다는 취지의 규정이 있다(UCC 2-202조).

21
계약의 양도

이 조항에서는 계약 그 자체의 양도 또는 경우에 따라서는 그에 근거한 채권의 양도에 관하여 정하며, 민법상의 채권양도와의 접점이 있다. 영미법상으로는 계약의 양도는 계약당사자의 변경에 의한 계약변경(Novation)으로써 받아들여지고 있으나, 우리 민법에서는 계약상의 권리·의무의 양도(채권양도·채무인수)로 받아들여진다. 따라서 계약의 양도는 민법상의 채권양도 및 채무인수와의 접점이 있다(민법 제449~459조).

22
조세의 부과

이 조항에서는 매매계약과 관련된 조세의 부담에 관하여 정하며, 다음과 같은 법률과의 접점이 있다.

(1) 관세법 - 관세, 부담덤핑관세 등의 부담 및 지급

(2) INCOTERMS - 관세 등 지급의무

(3) 법인세법 - 사업소득세, 투자소득세 등의 지급, 조세조약

(4) 부가가치세법 - 부가가치세(Value Added Tax.)의 납부 및 환급

(5) 인지세법

23
통 지

이 조항에서는 매매계약과 관련하여 당사자 간의 통지 및 연락방법에 관하여 정한다. 여기서는 다음과 같은 법률과의 접점이 있다.

1) INCOTERMS

매도인이 매수인에게 하는 통지 및 매수인이 매도인에게 하는 통지에 관하여 각각의 거래조건 등을 정한다. 예를 들면, 운임보험료 포함 인도조건(Cost, Insurance and Freight)의 매매에서는 매도인은 매수인에 대하여 약정물품을 본선상에 인도했다는 통지 등을 하며, 또한 매수인은 매도인에 대하여 매매계약에서 매수인이 결정할 권리가 있을 때에는 선적기일 또는 발송항에 관하여 통지해야 한다.

2) 민법

민법상 특약이 없는 한 격지자 간의 의사표시는 통지가 상대방에 도달한 때로부터 그 효력이 발생한다.

24
권리의 포기

이 조항에서는 상대방의 계약위반에 대하여 침묵하는 것이 권리의 포기로 간주되지 않는다고 규정한다. 영미법상 금반언(Estoppel)의 원칙이 있다. 금반언이란 과거의 행동과 모순된 주장을 금하는 영미법상의 페어플레이(Fair Play)의 원칙을 말한다. 이 원칙으로부터 많은 원칙이 파생하고 있으며, 그 하나가 침묵에 의한 금반언(Estoppel by Silence)의 원칙이다.

침묵에 의한 금반언의 원칙이란 발언할 만한 법률상 또는 사회생활상의 의무가 있음에도 불구하고 이를 침묵함으로써 그 신뢰를 깨는 것과 같은 사실의 존재를 주장하여 그 타인에게 불이익을 줄 수 없다는 금반언을 말한다. 이 권리포기 조항을 두는 목적은 이 금반언을 배제하는 데 있다.

제 3 절 국제물품매매거래

01 개 관

국제거래는 물품, 용역·기술 및 자본을 대상을 하는 상거래이나, 국제거래의 중심은 물품을 대상으로 하는 상거래라고 할 수 있다. 국가와 국가 사이에 재화(Goods)와 용역(Service) 즉, 물품을 대상으로 하는 국제거래를 국제물품매매거래 또는 무역거래라고 하며, 이는 수출(무역)거래와 수입(무역)거래 및 중개(무역)거래로 구성된다.45)

02 국제물품매매거래의 흐름

1) 일반물품매매거래와의 차이

통상적으로 국제물품매매거래는 모두 국제매매계약으로 결실을 맺는데, 매매계약은 어느 날 갑자기 체결되는 것이 아니고 일정한 과정을 거쳐서 이루어진다. 그러나 국제물품매매거래의 흐름에는 정해진 과정이 있는 것이 아니라, 어떠한 국제물품매매거래도 그 고유의 과정을 통하여 매매계약을 체결하기 위하여 진행한다.

45) 재화의 거래를 상품무역이라 하고, 용역의 거래를 용역무역 또는 서비스무역이라 한다.

예를 들면, '일반적인 물품거래'와 '물품거래소를 통한 거래'는 당연히 그 거래과정이 서로 다르다. 즉, 단일 기계만의 거래와 대형 플랜트거래도 그 거래과정이 서로 크게 다른 것이다. 또한 우리나라의 기업은 지역에 따라서는 해외의 제3자와 직접거래를 하지 않고 그 해외지점이나 현지법인과 거래하는 경우가 많다. 이러한 경우에도 거래과정은 크게 다르다. 즉, 국제물품매매거래는 우선 물품의 판매활동에서부터 시작하여 매매계약의 이행에 의하여 종료하지만 그 과정은 물품의 성질이나 업계의 관습 등에 따라서 큰 차이가 있다. 그러나 전형적인 국제물품매매거래는 다음과 같은 과정을 통하여 이루어진다.

2) 매매계약체결까지의 과정

(1) 판매활동단계

국제물품매매거래에서 판매활동(Sales Activities)은 그 목적으로 하는 현지시장에서 광고 혹은 선전을 하거나 장래의 유망한 거래처를 찾아내어 물품의 견본품(Sample), 물품목록(Catalog) 등을 송부함으로써 개시된다. 판매활동은 자신이 직접 하지 않고 경우에 따라서는 대리점, 판매점을 기용하여 하는 경우도 있다. 거래처의 신용조사는 신용조사기관을 통하여 늦어도 물품의 견본, 물품목록 등의 송부를 병행하여 행하여진다.

(2) 거래조건의 조회단계

판매활동의 결과 상대방이 견본품이나 물품목록 등에 관심을 가지게 되면 그들은 거래조건의 조회(Inquiry)를 요청해 온다. 거래조건의 조회란 당해 상품의 가격, 수량, 선적시기 등에 관한 상대방으로부터의 문의를 말한다.

(3) 견적산출단계

견적(Eatimation; Quotation of Price)이란 상대방으로부터의 거래조건에 대한 조회에 따라서 행하는 가격, 수량, 선적시기 등에 관하여 거래조건을 개략적으로 보여주는 것을 말한다. 통상적으로 견적은 상대방으로부터의 청약을 유인하는 청약의 유인으로 간주되는 것으로서, 가령, 견적에 대하여 상대방이 승낙하더라도 매매계약은 성립하지 않는다. 그러나 견적을 내는 경우에는 견적이 청약으로 간주되지 않도록 충분한 주의를 필요로 한다. 만일, 이를 철저히 지킨다면 견적서상에 "본 견적은 단순한 견적으로서 계약의 청약은 아니다."는 취지를 명확히 기재하는 것이 좋다. 실제로 이러한 점이 명백하게 되어 있는 견적서도 많다.

(4) 계약교섭단계

상대방이 견적에 대하여 흥미를 보이면 매매계약의 교섭(Negotiation of Agreement)이 있게 되는데, 계약의 교섭은 상대방이 일정한 조건으로 청약을 하도록 요청해 오거나 또는 상대방이 일정한 조건으로 스스로 청약을 해 옴으로써 개시된다.

국제물품매매계약의 교섭은 우편, 텔렉스, 텔레팩스, 전화, 면담 등으로 한다. 계약의 교섭에 필요로 하는 기간은 경우에 따라서 다르나 순간적으로 종료되는 것도 있으며, 수년이 걸리는 것도 있다. 그 사이에 청약, 새로운 청약, 일부 승낙 등이 복잡하게 반복되어, 신중하게 정리하지 않으면 합의내용을 전혀 알 수 없는 경우도 있다.

(5) 의사와 편지의 교환(Exchange of Letter of Intent)

중요하고 복잡한 국제물품매매거래에서는 계약교섭과정에서 당사자의 의사를 편지형태로 정리하여 서로 교환하는 일도 많은데, 이러한 행위는 당사자의 단순한 의사의 표시에 불과하기 때문에 다른 사정이 없는 한 계약으로는 간주되지 않는 것이다. 그러나 이러한 의사표시가 명백하지 않을 경우에는 계약으로 인정되거나 또는 적어도 법적 구속력이 있는 의사표시로 받아들일 가능성도 있다.

이러한 행위가 법적 구속력이 있는지의 여부는 당사자의 의사 내지는 의사의 해석에 의하여 판단되기 때문에 이러한 의사표시 및 교섭과정은 이를 판단하는 데 중요한 요소가 될 수 있다. 이러한 문제를 회피하기 위하여 위 편지문서 중에는 "이 편지문은 단순한 의사의 표시에 불과하고 법적으로는 당사자를 구속하지 않는다."는 취지의 문구를 기재한 것도 있다.

(6) 계약체결 (Execution of Agreement)

계약의 교섭결과 양 당사자 사이에 계약의 내용에 관하여 완전한 합의가 성립되면 매매계약이 체결된다. 계약서는 각자가 구비하고 있는 매도 또는 매수 계약서식에 따라서 작성되는 것(Sale Sheet 또는 Purchase Sheet)이나 당해 계약용으로 개별적으로 작성된 것(Tailored Agreement)이 사용된다.

(7) 매매계약체결 후 그 종료까지

매매계약체결 후 그 종료에 이르기까지의 과정은 거래조건이나 대금결제조건 및 상품인도조건의 차이에 따라서 다르다. 그러므로 여기서는 가장 전형적인 국제물품매매거래조건인 CIF 조건(Cost, Insurance and Freight; 운임보험료 포함 가격조건) 하에서 신용장(Letter of Credit)에 의한 결제조건에 관한 매매계약의 이행과정을 살펴본다.

① 신용장 발행 (Issuance of Letter of Credit)

매수인(수입업자, 신용장 개설 의뢰인)은 매매계약 조건에 따라 자기의 거래은행(신용장 발행은행)에 의뢰하여 화환신용장(Documentary Letter of Credit)을 발행하고, 그 취지를 매도인이 소재하는 지역의 은행(통지은행)을 경유하여 매도인(수출업자, 수익자)에게 통지한다.

② 운송계약체결 (Execution of Affreightment Agreement)

수출업자인 매도인은 매매계약의 조건에 따라 운송회사(선박회사 등)와의 사이에 (해상)물품운송계약을 체결한다.

③ **보험계약체결**(Execution of Insurance Agreement)

매도인은 매매계약의 조건에 따라 보험회사와의 사이에 손해보험계약인 화물(해상)보험계약을 체결한다.

④ **상품선적**(Shipment of Goods)

수출업자인 매도인은 매매계약의 조건에 따라 약정물품을 선적하고 운송회사로부터 선하증권(B/L; Bill of Lading)을 수령하고 동시에 수입업자인 매수인에게 선적했다는 뜻을 통지한다(상업송장 송부).

⑤ **대금회수**(Collection of Money)

(가) 매도인에 의한 회수 :

매도인은 매매계약조건에 따라 선적서류 (Shipping Documents)[46]를 첨부한 화환어음(Documentary Bill of Exchange)을 지정된 은행(Nominated Bank)[47]에 가지고 가서 어 음의 매입을 의뢰하여 매매대금을 회수한다(어음할인).

(나) 매입은행에 의한 회수 :

환어음을 매입한 은행은 환어음의 발행은행에게 화환어음을 제시하여 매도인에게 지급한 매입대금(할인대금)을 회수한나.

(다) 발행은행에 의한 회수 :

환어음의 발행은행은 수입업자인 매수인에게 화환어음을 제시하여 매수인으로부터 화환어음금을 지급받고 매수인에게 선적서류를 인도한다.

⑥ **매수인의 물품인수**

수입업자인 매수인은 운송인에게 선적서류를 제시하고 이와 상환하여 물품을 인수한다. 이로써 국제물품매매거래는 종결된다.[48]

---

46) 상업송장(commercial invoice), 선하증권(bill of lading), 보험증권(marine insurance policy) 등.

47) 지급은행(paying bank)이라고도 한다.

48) 아래 그림 참조

03 국제물품매매거래의 특징

1) 대금결제

국제물품매매거래는 격지자 간에 이루어지는 거래이기 때문에 매도인은 매수인으로부터의 매매대금 지급을 확보하기 위한 방법을 고려해야 한다. 그러므로 국제물품매매거래에서는 화환신용장[49]에 의한 지급제도가 발달하였다.

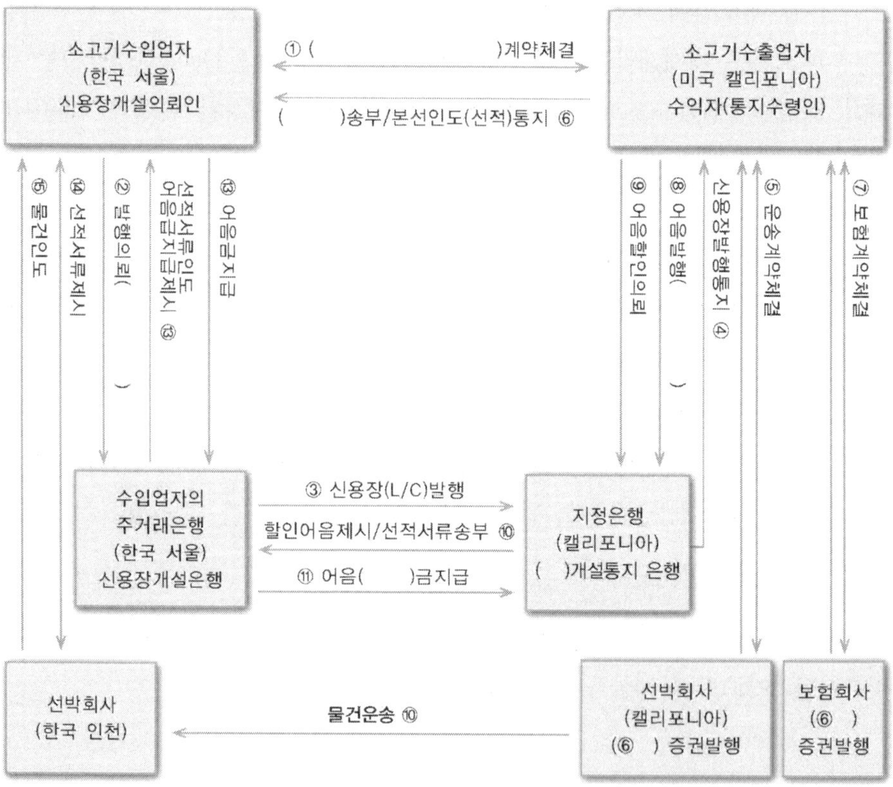

49) 화환신용장(documentary letter of credit)이란 신용장 발행은행이 매수인의 의뢰로, 매도인이 발행한 어음을 목적물의 담보인 선적서류를 첨부하는 조건(화환어음첨부조건)으로 매도인의 매매대금 인수 또는 지급을 확약하는 신용장을 말한다.

신용장거래에 관하여는 국제상업회의소(International Chamber of Commerce)가 작성한 신용장통일규칙(Uniform Customs and Practice for Documentary Credits, 화환신용장에 관한 통일규칙 및 관례)이 있으며, 우리나라의 신용장거래는 이 통일장신용규칙에 기초하여 이루어지고 있다. 국제물품매매거래의 결제는 화환신용장 외에도 다음과 같은 방법으로 행하여지고 있다.

(1) 선적서류를 수반한 결제

국제물품매매거래에 의한 매매대금의 결제는 선적서류를 수반한 결제가 통례이다. 국제물품매매거래에서는 선적서류를 수반한 결제는 위에서 설명한 화환신용장에 의한 결제 외에 신용장을 수반하지 않는 결제로써, 추심어음(Bill for Collection)에 의한 방법이 있다. 즉, 매도인은 선적서류를 첨부한 추심어음을 발행하여 거래은행에 그 추심을 위임한다. 이 경우 거래은행은 매도인에 대한 상환청구권을 유보하여 추심어음의 매입 또는 할인을 하기 때문에, 만약 매수인이 지급하지 않는다면 매도인은 거래은행에 매입금 또는 할인금을 반환해야 한다.

우리나라 기업은 해외지점 또는 현지법인과의 국제물품매매거래에서 이러한 방법으로 매매대금을 회수하는 것이 통례이다.

추심어음에는 다음 두 가지 방법이 있다.

① 지급인도(Documents against Payment)어음

지급인도어음조건 거래에서는 매도인이 발행한 환어음에 대하여 매수인의 지급과 상환으로 추심은행(또는 그 추심위임을 받은 현지은행)이 매수인에게 선적서류를 인도하는 방식으로 한다.

그 외에도 지급인도어음조건과 유사한 지급조건에는 현금지급인도(Cash against Documents)조건이 있다. 현금지급인도조건 지급에서는 환어음은 발행되지 않고 선적서류(Shipping Documents)와의 상환으로 대금이 현금으로 지급된다. 이 거래조건에서는 매도인은 매수인에 의하여 지급인도어음이 지급되지 않을 (또는 현금지급이 되지 않을) 위험은 부담하지만, 물품의 소유권(선적서류)은 확보하고 있는 것이 된다.

② 인수인도(Documents against Acceptance)어음

인수인도어음조건 거래에서는 매도인이 발행한 환어음을 매수인이 인수하는 것과 상환으로 추심은행(또는 그 추심위임을 받은 현지은행)이 매수인에게 선적서류를 인도한다.

이 거래조건에서는 환어음의 인수가 있는 것만으로 매수인에게 선적서류가 인도되어 버리기 때문에 매도인의 대금회수 위험은 커진다.

(2) 선적서류를 수반하지 않는 결제

국제물품매매거래에서 선적서류를 수반하지 않는 결제는 예외적인 결제방법으로서 두 가지 방법이 있으며, 그 송금방법에는 전신송금(Telegraphic Transfer)과 우편송금(Mail Transfer) 및 송금수표(Demand Draft)가 있다.

① 선불(Advance Payment)

선불의 경우 매수인은 매도인이 물품을 선적하기 전에 대금을 지급해야 하기 때문에 매수인 입장에서는 위험성이 크다고 할 수 있다.

② 후불(Deferred Payment)

후불의 경우 매도인은 상품을 인도한 후에나 대금을 지급받을 수 있기 때문에 대금회수에 큰 위험이 따른다고 할 수 있다.

제 4 절 국제물품매매계약에 관한 국제연합협약 (1980)

01 개 관

서로 다른 국가에 속하는 당사자들 간에 이루어지는 국제물품매매에서는 분쟁이 발생하기 쉬우며, 또한 일단 발생한 분쟁을 해결하기 위해서 많은 시간과 노력 및 비용이 들어간다. 이에 당사자는 분쟁이 발생하지 않도록 노력하고 있지만 이 노력을 무색하게 하는 요인들이 많다. 그동안 이러한 분쟁의 요인을 제거하고자 하는 다양한 시도가 있었는데, 그중 하나가 국제물품매매계약에 관한 국제연합협약(The United Nations Convention on International Contracts for the Sale of Goods : Vienna Convention; CISG; 이하 "비엔나협약"이라 한다)이다.

비엔나협약은 국제상거래에서 각국의 법률이 다르다 보니 그 해석상의 문제로 인한 분쟁이 빈번하고 분쟁 또한 끊임없이 발생하게 되자, UN상거래위원회가 국제물품매매에 관한 통일법의 제정을 위하여 1980년 3월 10일부터 4월 11일까지 오스트리아의 수도 비엔나에서 62개국이 참가 한가운데 개최된 국제대회에서 참가국의 만장일치로 채택되어, 국제연합이 동등하게 인증한 아랍어, 중국어, 영어, 불어, 러시아어 및 스페인어로 작성된 국제협약이다.

이 협약에는 국제물품매매거래계약의 청약과 승낙, 물품의 인도시기, 국제물품매매계약서에서의 당사자의 의무와 구제에 관한 사항 등을 담고 있으며, 이는 1988년 1월 1일에 발효하여 국제물품매매거래의 통일규칙으로서 당사자 간의 해석지침 역할을 하고 있다.50)

02 특 징

이 협약은 국제물품매매에 관한 대륙법과 영미법체계를 적절히 조화·균형을 도모하고 있으며, 거래의 당사자인 매도인과 매수인 사이의 이해관계를 균형 있게 반영하고 그 절충을 꾀한다. 특히 이 협약의 강행적인 적용을 규정하지 아니하고 계약자유의 원칙에 따라서 당사자의 자율적인 의사에 좇아서 이 협약의 내용을 배제할 수 있도록 융통성을 보장하고 있다.

03 적용 범위

이 협약은 각국의 이해가 공통되는 물품의 매매에 관한 국제거래계약에 한하여 적용되고, 순수한 국내거래에 관하여는 적용을 배제함으로써 기존의 국내법 체계에는 영향을 미치지 아니하며, 적용대상이 되는 물품매매계약의 '국제성'에 관하여 '당사자의 영업소의 소재지'에 의하여 판단한다.

즉, 이 협약은 서로 다른 국가에 영업소를 둔 당사자 간의 물품매매계약에

50) 이 협약은 UN국제거래법위원회(UNCITRAL)에서 성안한 협약으로서 전문과 총 4편의 101개 조로 구성된다. 동 전문에서는, 당사국 간의 신국제경제질서의 확립에 관한 결의의 목적을 위하여, 평등과 상호 이익을 기초로 한 국제무역의 발전이 국가 간의 우호관계를 증진시키는 데 중요한 요소임을 고려하여, 국제물품매매계약을 규율하고, 상이한 사회적, 경제적 및 법률적 제도를 아우르는 통일규칙의 채택이 국제무역에서의 법률적인 장벽을 제거하는 데 공헌하고 국제무역의 발전을 증진시킨다는 인식하에 협약에 합의하였다고 천명한다. 우리나라는 2004.2.17. 가입서를 UN사무총장에게 제출하여 2005.3.1. 발효하였으며, 2013년 5월 현재 79개국이 가입되었다.

적용되는데, 이때 당해 국가는 모두 체약국(contracting state, 협약의 발효여부에 관계없이 협약의 구속을 받기로 동의한 국가)이거나 또는 국제사법의 원칙의 적용에 의하여 체약국의 법률이 준거법이 되는 경우에 적용되어야 한다(동 협약 제1조 1항 a호). 가령, 체약국인 대한민국에 영업소가 소재하는 당사자와, 체약국인 미국에 영업소가 있는 당사자 간의 물품매매계약에 관하여는 이 협약이 적용된다.

이 협약이 적용되는 경우에는 이 협약이 직접 적용된다. 즉, 매매계약의 당사자의 영업소가 서로 다른 체약국에 존재하는 매매계약에 관하여 우리 법원에 제소된 경우에는, 우리 국제사법이 적용되지 아니하고 이 협약이 직접적으로 적용된다. 이 협약은 서로 다른 체약국의 당사자 간의 계약에 적용되기 때문에 대한민국에 영업소를 둔 당사자 간의 계약은 그것이 제3국으로 이동하는 물품의 매매계약이라도 적용되지 아니한다.

또 법정지의 국제사법을 적용한 결과 체약국의 법률이 준거법이 된 경우에는 이 협약이 적용된다. 즉, 체약국인 대한민국에 영업소가 있는 당사자와 비체약국인 태국에 영업소를 가지는 당사자 간에 체결된 물품매매계약에 관한 분쟁이 우리 법원에 제소된 경우, 우리 법원은 우선 우리 국제사법을 적용하고, 그 결과 우리 법이 준거법이 되는 경우에는 이 협약이 적용된다. 국제사법을 적용한 결과 우리 법이 준거법이 되는 경우에는 당사자가 준거법을 합의함으로써 체약국의 법이 지정되는 경우를 포함한다. 이 경우에는 체약국의 의무로서 이 협약이 본국법으로서 직접 적용되는 것이며, 준거법으로서의 외국법의 일부로서 이 협약이 적용되는 것은 아니다.

다른 국가의 대부분의 판례는 단순히 체약국의 법을 준거법으로 지정한 것만으로는 이 협약의 적용을 배제할 수 없다고 한다. 따라서 대한민국 기업의 이면약관 등의 일반계약 약관에서 우리 법을 준거법으로 지정하는 경우에는 이 협약에서 언급하고 있지 아니하더라도 이 협약의 적용을 명시적으로 배제하지 아니하는 한 이 협약이 적용된다.

이 협약 제95조는 가맹국이 제1조 1항 b호를 적용하지 아니할 것을 유보할 수 있음을 분명히 한다. 미국을 비롯하여 중국, 체코, 싱가포르 등은 이 유보를 선언하고 있다. 이와 같은 유보를 행한 취지는 이 협약을 적용하는 것보다 본국법을 적용할 기회를 확대하고자 하는 것이라고 할 수 있다.

가령, 위와 같은 유보를 행한 체약국 Y국의 법원에 비체약국 X에 영업소를 둔 당사자와 Y국에 영업소를 가지는 당사자 간의 분쟁에 관한 소송이 제기되어, Y국의 국제사법의 적용 결과 Y국법이 준거법이 된 경우에도 Y국의 법원은 이 협약을 적용할 의무를 지지 아니한다.[51)]

비체약국 X에 영업소를 둔 당사자와 유보체약국 Y에 영업소를 가진 당사자 간의 소송이 비유보체약국 Z의 법원에 제기되어 Y국법이 준거법으로 된 경우, 비유보체약국 Z의 법원은 이 협약을 적용할 것인가의 여부가 분명하지 않다.[52)]

비체약국 X에 영업소를 가진 당사자와 체약국 Y에 영업소를 둔 당사자 간의 소송이 비체약국 Z의 법원에 제기되어 Y국법이 준거법으로 된 경우, 비체약국 Z의 법원은 이 협약에 구속되지 아니하나, 국제매매에 관한 Y국의 국내법은 이 협약이라고 인정하여 이 협약이 적용될 가능성이 있다.

이 협약에는 영업소를 정의하고 있지는 않으나, 당사자가 2 이상의 영업소를 가진 경우에는 계약의 이행에 가장 밀접한 관련이 있는 영업소를 당사자로 한다(제10조).

당사자가 서로 다른 체약국에 영업소를 둔 경우에도 그러한 사실이 계약상 인정되지 않는 경우, 혹은 계약체결 이전의 거래관계로부터도 불분명한 경우, 또는 계약체결 이전에 당사자에 의하여 분명하게 표시되지 않은 경우에는, 당사자가 서로 다른 체약국에 영업소를 가진다고 볼 수 없다(제1조 2항). 즉, 서로 다른 체약국에 영업소를 두고 있는지 여부가 명확하지 않은 경우에는 제1조

---

51) 미국 뉴욕 주 법원에 영국에 영업소를 둔 당사자와, 뉴욕 주에 영업소가 있는 당사자 간의 분쟁에 관한 소가 제기된 경우, 뉴욕 주 국제사법의 적용 결과 뉴욕 주 법이 준거법이 된다면, 뉴욕법원은 이 협약을 적용하지 아니하고 뉴욕 통일상법전(U.C.C)를 적용하게 된다.

52) 뉴욕 주에 영업소를 둔 당사자와 영국에 영업소를 가진 당사자 간의 분쟁의 소가 대한민국 법원에 제기되어, 우리 법원에서 뉴욕 주 법이 준거법으로 지정된 경우에는, 우리 법원이 미국의 유보를 존중하여 뉴욕 주 법을 적용할 것인지 아니면 대한민국은 미국의 유보에 구속되지 아니한다는 점에서 이 협약을 적용할 것인가는 분명하지 않다. 독일의 경우 전자의 입장을 취하여 준거법국의 유보를 존중한다.

2항은 적용되지 않으며, 당사자의 국적이나 당사자가 상인인지의 여부, 또는 그 거래가 상사거래 또는 상행위인지의 여부(거래계약의 민·상사상의 성격)는 이 협약의 적용을 결정함에 있어서는 고려되지 아니한다(제1조 3항).

이상의 협약적용 요건이 충족되는 국제물품매매거래라고 하더라도 당사자는 계약으로 협약의 적용을 일부 또는 전부 배제할 수 있다(동 협약 제12조). 계약으로 체약국 이외의 법을 준거법으로 지정한 경우에도 이 협약의 적용은 배제된다(제6조).

04
적용 제외

한편, 비엔나협약은 소비자거래에는 적용되지 않는다. 즉, 개인용, 가족용 또는 가정용의 목적으로 구입되는 물품의 매매계약(제2조 a호)을 소비자거래라고 하는데,[53] 여기서 문제는 매수인의 의도이며, 실제로 그 물품의 사용방법은 문제가 되지는 않기 때문에 이 협약은 실질적으로는 상사매매에만 적용된다. 개인이 업무상 사용할 목적으로 물품을 구입하는 경우에는 소위 개인용이나 가족용 또는 가정용이라고는 말할 수 없기 때문에 이 협약이 적용된다. 여기서 소비자거래가 제외되는 것은 소비자보호의 관점에서 각국에서 특별한 법규제가 있다는 점을 고려한 것이다.

경매(auction)에 의한 매매에는 이 협약이 적용되지 않는다(동조 b호). 여기서 경매는 협약에서는 정의하고 있지 않으나, 학설상 '공개매수 또는 매각(public sale)로서, 사전에 널리 일반에게 통지되고 상품은 최고가를 써 낸 자에게 낙찰매각되는 매매라고 한다.

강제집행 또는 기타 법령상의 권한에 의한 매매에는 이 협약이 적용되지 않는데(동조 c호), 이러한 매매는 특별법의 규정에 근거한 것이 많기 때문이다.

53) 이와 같은 소비자거래라도 매도인이 계약 체결 전 또는 체결 시에 그 물품이 그러한 용도로 구입된 사실을 알지 못하였거나 또는 알았어야 할 것도 아닌 경우에는 제외된다.

주식, 지분, 사채 등의 투자증권과 어음이나 수표 등의 유통증권 또는 통화의 매매에는 이 협약이 적용되지 않는다(동조 d호). 즉, 이는 유가증권의 매매를 말하는 바 선하증권도 포함되는가가 문제이나, 선하증권은 유통증권(negotiable instrument)은 아니므로 포함되지 않는다고 본다. 통화의 매매도 적용 제외되므로 통화스와프계약도 이 협약의 대상이 아니다.

선박, 부선, 수상익선(水上翼船), 또는 항공기 등은 등기 또는 등록되는 경우가 대부분이기기 때문에 이들의 매매는 적용되지 아니한다(동조 e호). 물론 이러한 물건들이 등기 여부가 이 협약의 적용 여부를 결정하는 기준은 아니다.

전기의 매매에도 이 협약은 적용되지 아니한다 (동조 f호).

비엔나협약에서 물품을 생산하여 공급하는 계약은 이를 매매로 보지만, 매수인이 그 물품의 제조 또는 생산에 필요한 재료의 실질적(substantial) 부분을 공급하기로 약정한 경우에는 이 협약의 적용이 없다(제3조 1항). 여기서 '실질적 부분'의 판단기준은 물품의 제조에 사용되는 재료의 경제적 가치라고 본다. 이 협약은 매매와 플랜트 건설도급과 같은 도급계약과의 구별에 관하여 규정한다(제3조 2항). 즉, 계약의 중요한 부분이 노동 또는 기타 서비스의 공급으로 구성되어 있는 거래계약에는 이 협약이 적용되지 아니한다.

이 협약은 물품매매에 관한 모든 문제를 망라하여 규율하지 않는다. 즉, 법의 흠결은 처음부터 예정되어 있었다. 물품매매에 관하여 이 협약에서 규정하지 아니하는 문제는 법정지의 국제사법의 적용 결과 지정되는 준거법에 의하게 된다. 이 협약은 계약의 성립 및 계약당사자의 권리의무만을 다룬다. 그러므로 계약 자체의 유효성, 계약 중의 개별 조항의 유효성, 관습의 유효성 및 매매목적물의 소유권의 효과에 관하여는 이 협약이 적용되지 아니한다(제4조).[54)]

강행법규위반이나 공서양속위반으로 계약 전체 또는 일부 조항이 무효인 경

54) 그러나 각국 법률에서 유효성의 문제로서 다루어지는 문제를 이 협약에서는 그것이 유효하다는 전제 하에 취급되는 경우가 있다. 가령, 우리 법에서는 계약이 원시적 불능인 경우에는 무효가 되나, 이 협약에서는 계약이 원시적 불능이라도, 매도인이 계약체결 시에 물품이 멸실되거나 (손상된 것)을 알았거나 또는 알았어야 했던 경우, 이러한 점을 매수인에게 분명히 하지 않았을 때에는 그 멸실 또는 손상은 매도인의 담보로 한다고 규정하는데(제68조), 이는 계약이 원시적 불능인 경우라도 계약이 유효인 것을 전제로 당사자의 권리의무관계를 처리하고자 한 점에서 이를 계약의 무효문제로 다루지 않는다.

우도 이 규정에 의해 이 협약의 적용이 배제된다.[55)]

비엔나협약은 물품에 의하여 야기된 모든 사람의 사망 또는 신체에 대한 상해에 관한 매도인의 책임에 관하여는 적용되지 않으며(제5조),[56)] 당사자는 이 협약의 적용을 배제하거나 또는 제12조에 따라 이 협약의 어느 규정에 관해서는 그 효력을 감퇴 시키거나 변경시킬 수 있다(제6조). 즉, 이 협약은 임의법규로서 매매계약의 당사자 자치를 최대한 존중하고 있다.

05 협약의 해석 및 보충의 원칙

비엔나협약을 해석하거나 보충할 때에는, 그 국제성의 배려나 조문적용상의 통일성을 증진하기 위한 필요성과 국제거래상의 신의성실의 준수를 고려해야 하며(제7조 1항), 이 협약에서 규율되는 사항으로서 협약에서 명시적으로 해결되지 아니한 문제는 이 협약이 기초하고 있는 일반원칙에 따라서 해결되어야 하고, 그러한 원칙이 없는 경우에는 국제사법이 지정하는 준거법에 따라서 해결되어야 한다(동조 2항). 이는 민법상의 신의칙에 해당하며 대상의 국제적 성격과 조문의 적용에 있어서의 통일성을 고려한 해석·보충을 규정한 것이다.

비엔나협약을 적용하는 경우, 당사자의 진술 또는 기타 행위는 상대방이 그 의도를 알았거나 또는 알 수 있었던 때에는 당사자의 의도에 따라 해석되어야 하고(제8조 1항), 그렇게 해석할 수 없는 때에는 당사자의 진술 또는 기타 행위는 상대방과 같은 종류의 합리적인 자가 동일한 사정 하에서 가질 수 있는 이해력에 따라 해석되어야 한다(동조 2항). 이때 당사자의 의도 또는 합리적인 자가 가질 수 있는 이해력을 결정할 때에는, 당사자 간의 교섭, 당사자 간에 확립되어 있는 관습과 관행 및 당사자의 이어지는 일정한 행위를 포함하여 일체의 관련된 사정에 대하여 고려해야 한다(동조 3항).

55) 가령, 외환관리법을 위반한 계약의 효력문제도 이 협약은 침묵하고 있다.
56) 물품의 소유권 이전문제나 제조물책임으로 인한 손해문제도 적용을 배제한다.

06 관습과 관행의 구속력

비엔나협약에서 계약의 당사자는 그들이 합의한 모든 관습(usage)과 당사자 간에 확립되어 있는 모든 관행(practice)에 구속된다(제9조 1항). 또한 별도의 합의가 없는 한, 당사자가 알았거나 또는 당연히 알았어야 하는 관습으로서, 국제거래에서 관계하는 특정한 거래분야에 있어서 동종을 계약을 하는 자에게 널리 알려져 있고 통상적으로 준수되고 있는 것이 당사자 간의 계약 또는 계약의 성립에 묵시적으로 적용한 것으로 본다(동조 2항).

계약당사자 간에 확립된 관행으로서 구속력을 가지기 위해서는 장기간에 걸쳐 거래관계가 존재하고 동종의 매매계약을 반복하여 체결해 온 것이 필요하다.[57]

07 계약의 형식과 영업소

비엔나협약에서 매매계약은 서면이나 어떤 형식에 따라 체결 또는 입증되어야 할 필요가 없고, 증인을 포함하여 여하한 수단에 의해서도 입증될 수 있는데(제11조),[58] 여기서 서면은 전보와 텔렉스를 포함한다(제13조). 이 조항의 서면에는 읽고 이해할 수 있는 형태로 적성가능한 모든 전자적 통신도 포함한다고 해석된다.

매매계약 또는 합의에 의한 계약의 변경이나 해제 또는 모든 청약과 승낙,

57) 가령, 종래 거래에서 통지기간의 도과가 반복하여 묵인되어 온 경우 등이 이에 해당한다.

58) 계약의 방식의 자유를 규정한 조항이다. 구두계약도 유효하다. 가령, 영미법상의 사기방지법(statute of frauds))과 같이 각국의 절차법이나 증거법이 서면을 요구하는 경우라도 제96조에 따른 유보선언을 하지 않는 한 이 조항이 우선적으로 적용된다. 이 조항에 따라 모든 구두상의 추가합의가 유효하므로 서면성이나 약인, 구두증거배제원칙(parol evidence rule; 통일상법전 2-202조)에 의한 제한은 일체 받아들여지지 않는다. 단, 외환규제위반에 따른 형사법의 적용 등 계약 자체에 직접 관계되지 아니한 것은 이 협약과는 무관하다.

기타의 의사표시를 서면 이외의 형식으로 행하는 것을 허용하고 있는 제11조, 제29조 또는 제2부의 모든 규정은 일방 당사자가 제96조에 따라 선언한 체약국에 그 영업소를 가지고 있는 경우에는 적용되지 않으며, 당사자는 이 규정의 효력을 감퇴시키거나 또는 변경할 수 없다(제12조). 이 조항은 이 협약이 적용되는 계약에서는 유일하게 당사자 간의 합의에 의하여 개별적으로 적용 배제할 수 없는 조문이다. 가령, 이 협약이 계약에 적용된 경우에도 계약의 일방 당사자의 영업소 소재국이 제96조의 유보선언을 한 경우에는, 그 유보범위에서 이 협약은 적용되지 않으며, 국제사법의 원칙에 따른 국내법에 준거하게 된다. 그 국내법이 서면성을 요구한다면 서면이 요구되는 것이 되고, 서면을 요구하지 않는 경우에는 제96조의 유보선언이 있더라도 서면은 요구되지 않는다.

비엔나협약을 적용할 경우 일방 당사자가 둘 이상의 영업소를 가지고 있는 때의 영업소는 계약체결 이전에 당사자 쌍방이 이를 알거나 또는 예기되었던 사정을 고려하여 계약 및 그 이행과 가장 밀접한 관계가 있는 영업소를 말하며(제10조 a호), 당사자가 영업소를 가지고 있지 아니한 때에는 당사자의 일상적인 거주지(상거소)를 영업소로 보아야 한다(동조 b호). 여기서 말하는 영업소는 항구성 또는 계속성 및 독립성을 그 요소로 하나 독립한 법인격을 요하지는 않는다고 해석된다. 가령, 주재원 사무소가 해외의 본사로부터의 지시를 전달하는 역할을 하는데 불과한 경우에는 독립성을 결한 것으로서 영업소라고 할 수 없다.

08 계약의 성립

1) 개관

국제거래에서 당사자 간에 계약 위반으로 인한 분쟁이 발생한 경우 우선 법적으로 구속력이 있는 계약이 성립되었는가의 여부가 다투어지는 경우가 많다. 따라서 실무적으로는 계약 성립 규정은 무엇보다도 중요하다.

이 협약의 체약국은 서명 시에 제92조에 따라 이 협약 제2부(계약의 성립)와 제3부(물품의 매매)에 구속되지 아니한다는 취지의 선언을 할 수 있다. 현재 덴마크, 핀란드, 노르웨이, 스웨덴이 제2부를 적용하지 않는다고 선언한 바 있다. 이 국가들은 제2부에 관하여는 이 협약 체약국으로 간주되지 않는다. 그러나 이들 국가에 영업소를 둔 회사와 계약이 성립했는가의 여부를 다투는 경우, 곧바로 제2부가 적용되지 않는 것은 아니고 법정지의 국제사법의 준칙에 따라 선언국가의 법이 준거법이 되는 경우에는 그 국가의 국내법이 적용되며, 그 이외의 체약국법이 준거법이 되는 경우에는 이 협약이 적용된다는 점에 유의해야 한다.

이 협약에서는 청약과 승낙의 의사표시의 합치에 의하여 계약이 성립한다는 원칙을 취하고 있다. 청약과 승낙에 의한 계약의 성립은 우리 법도 동일한 원칙을 취하고 있다. 그러나 이 협약이 우리 법과 중요한 부분에서 다른 것은, 청약의 의사표시가 도달한 후에도 승낙의 의사표시를 발송하기 전에는 청약을 철회할 수 있다는 점(제16조 1항, 민법 제527조 비교), 계약의 성립시기는 승낙의 의사표시가 도달할 때라는 점(제18조 2항 1문, 민법 제531조 비교), 청약에 변경을 더한 승낙도 그 변경이 실질적이지 아닌 때에는 유효한 승낙이 된다는 점(제19조 2항, 민법 제534조 비교)이다.

실제 거래에서는 무엇이 청약이고 무엇이 승낙인지가 명확하지 않은 경우가 많다. 이 협약에서는 청약과 승낙 이외의 방법에 의한 계약의 성립을 부정하는 것은 아니다. 또한 국제거래에서는 통상적으로 계약서가 작성되며, 회사의 계약서에 관한 사내 규칙에서도 서면에 의한 계약서 작성을 요구하고 있다. 그러므로 국제계약의 경우 청약과 승낙이 있더라도 계약서가 없다면 구속력이 없다고 오해하는 일도 있다. 이 협약에서는 체약국이 이 협약을 유보하지 않는 한 구두에 의한 계약도 유효하게 성립한다(제11조).

이 협약은 도달의 시기에 관하여 규정한다(제24조). 청약이나 승낙 또는 그 외의 의사표시는, 구두(전화나 무선통신 포함)의 경우에는 상대방에게 전달된 때, 그 외의 경우에는 상대방 본인이나 영업소 및 우편배송주소지에 배달된 때, 영업소나 우편배송주소지가 없는 경우에는 상거소에 배달된 때에 도달한 것으로 본다. 이 협약 제24조는 계약체결 시 또는 그 전의 통신에 대하여만 적용되며, 그 후의 통신으로 불수령이나 지연도달 또는 배송오류가 발생한 경우의 부담은 수령자가 진다(제27조).

2) 청약

국제거래계약은 매도인과 매수인 간의 다양한 활동과 교섭과정을 거쳐 일방의 청약에 대한 상대방의 승낙이 이 협약의 규정에 따라 효력을 발생한 때에 성립한다(제23조). 즉, 승낙의 통지가 청약자에게 승낙은 유효하게 되고 그 시점에서 계약이 성립한다. 그러나 청약 또는 당사자 간의 확립된 관행이나 관습에 따라서 일정한 행위에 의한 승낙이 인정되는 경우에는 그 행위 시에 계약이 성립한다(제18조 3항). 따라서 청약과 승낙에 의하지 아니하는 계약의 성립, 계약서의 서명에 의한 경우, 어떤 행위가 승낙행위인지가 특정되지 아니한 경우에는 계약의 성립시기가 다를 수 있다.

이때 청약은 1인 이상의 특정한 자에세 통지된 계약체결의 제안 중에서 그것이 충분히 확정적이고 또한 승낙이 있을 경우에 구속된다고 하는 청약자의 의사의 표시이다(제14조 1항).[59] 이때 어떠한 제의가 물품을 표시하고 또한 그 수량과 대금을 명시적 또는 묵시적으로 지정하거나 또는 이를 결정하는 규정을 두고 있는 경우, 이 제의는 충분히 확정적인 것이어야 한다.[60] 여기서 구속된다는 청약자의 의사의 유무는 의사표시의 의미를 동일한 입장에 있는 합리적인 자를 기준으로 객관적으로 판단되며, 교섭 중의 언동이나 계약 후의 행동 등 모든 관련 상황이 고려될 수 있다.[61] 1인 이상의 특정한 자에게 통지된 것 이

---

59) 변경을 가한 승낙이 반대청약이 되는 경우도 그것이 성립하려면 이러한 요건이 충족되어야 한다.

60) 가령, 물품의 수량 및 가격이 표시되어 있다면 충분히 확정적이라고 할 수 있으나, 그 외에 인도장소나 운송수단 등이 표지되지 않더라도 이 협약으로 보충할 수 있다면 확정적이다. 특히 수량이나 가격의 표시는 명시적이든 묵시적이든 무관하며, 구체적으로 정하지 않더라도 그 결정방법이 정해졌다면 충분하다. 가령, 일방 당사자나 제3자가 수량이나 가격을 결정하더라도 무관하다.

61) 가령, '주문한다'든가 '즉시 인도를 요구한다' 등의 의사표시는 객관적으로 보아 구속된다는 의사가 있다고 판단될 것이다.

외의 제의는 그 제의를 행한 자가 반대의 의사를 명확히 표시하지 않는 한 이는 청약의 유인(invitation)으로 본다(동조 2항).[62]

청약은 그 의사표기가 피청약자에게 도달한 때 효력이 발생하며(제15조 1항),[63] 그것이 철회(revocation) 불가능한 것이라도 그 중지의 통지가 청약의 도달 이전 또는 도달과 동시에 피청약자에게 도달하는 경우에는 이를 중지(withdrawal)할 수 있다(동조 2항).

또한 청약은 계약이 체결될 때까지는 청약자는 피청약자의 승낙통지발송 전이라면 철회할 수 있지만 철회의 통지는 피청약자가 승낙을 발송하기 전에 피청약자에게 도달하여야 한다(제16조 1항). 그러나 청약이 승낙기간을 명시하거나 또는 기타의 방법으로 그것이 철회 불능임을 표시하고 있는 경우, 또는 피청약자가 청약을 철회 불능이라고 신뢰하는 것이 합리적이고 피청약자가 그 청약을 신뢰하여 행동한 경우에는 이를 철회할 수 없다(제16조 2항). 이는 우리 민법이 청약의 구속력을 인정하여 그 철회를 할 수 없도록 한 점과 다르다(민법 제527조). 또한 청약은 취소 불가능한 것이라도 거절의 통지가 청약자에게 도달한 때에는 그 효력이 상실된다(제17조). 이때 거절은 묵시적인 경우에도 효력이 있으며 실질적인 변경을 포함한 승낙도 거절에 해당한다.

3) 승낙

비엔나협약에서는 청약에 대한 상대방의 승낙은 동의의 의사표시가 청약자에게 도달한 때에 그 효력이 발생하지만, 구두(대화자 간)에 의한 청약은 별도의 사정이 없는 한 즉시 승낙하지 않는 한 효력을 상실한다(제18조 2항).

승낙의 의사표시는 승낙기간을 정한 경우에는 그 지정한 기간 내에, 승낙기

---

62) 불특정한 자에 대한 청약은 가령, 신문광고, 인터넷상의 선전은 원칙적으로 청약이 아니라 청약의 유인이다. 단, 청약을 행한 자가 별도의 의사를 명확하게 나타낸 경우 불특정의 자에 대한 청약이라도 청약이 될 수 있다.

63) 이 협약의 적용에서 청약, 승낙 또는 기타 모든 의사표시는 상대방에게 구두로 통지되거나 또는 모든 수단에 의하여 상대방 본인에게, 상대방의 영업소 또는 우편송부처에, 또는 영업소나 우편송부처가 없는 경우에는 그 일상적인 거주지에 전달되었을 때에 도달한 것으로 본다(제24조).

간을 지정하지 아니한 경우에는 청약자가 사용한 통신수단의 신속성을 포함하여 거래의 사정을 충분히 고려한 상당한 기간 내에, 청약자에게 도달하지 아니한 경우에는 그 효력이 발생하지 아니한다.[64] 청약에 대하여 동의를 표시하는 피청약자의 진술이나 기타 행위는 이를 승낙으로 보지만, 침묵이나 부작위 그 자체는 승낙으로 인정하지 아니한다(제18조 1항).

그러나 청약의 규정에 의하거나 또는 당사자 간에 확립된 관습 또는 관행의 결과에 따라 피청약자가 청약자에게 아무런 통지 없이 물품의 발송이나 대금의 지급에 관한 행위를 이행함으로써 동의의 의사표시를 할 수 있는 경우, 승낙은 그 행위가 이행되어진 때에 그 효력이 발생한다(제18조 3항).

승낙의 통지를 발송한 후라도 그 효력이 발생하기 이전이나 그 효력 발생과 동시에 그 중지의 통지가 청약자에게 도달한 경우에는 중지할 수 있다(제22조).

청약에 대하여 그 내용에 추가, 제한 또는 기타의 변경을 더한 승낙은 청약의 거절이면서 동시에 이는 반대청약이 된다. 그러나 청약의 조건을 실질적으로 변경하지 아니하는 추가적 또는 상이한 조건을 포함하고 있는 회신은 승낙의 효력이 있으나,[65] 이 경우 청약자는 그 상위에 대하여 지체 없이 구두로 반대하거나 또는 그러한 취지의 통지를 발송하지 않아야 한다. 청약자가 그러한 반대를 하지 아니하는 경우에는 승낙에 포함된 변경사항을 추가한 청약의 조건이 계약의 조건으로 된다(제19조).

그럼에도 불구하고 지연된 승낙은 청약자가 지체 없이 구두로 피청약자에게 유효하다는 취지를 통지하거나 또는 그러한 취지의 통지를 발송한 경우, 이는

64) 전보 또는 서신에서 청약자가 지정한 승낙기간은 전보가 발신을 위하여 교부된 때부터, 또는 서신에 표시된 일자로부터, 또는 그러한 일자가 표시되지 않은 경우에는 봉투에 표시된 일자로부터 기산된다. 전화, 텔렉스 또는 기타의 동시적 통신수단에 의하여 청약자가 지정한 승낙기간은 청약이 피청약자에게 도달한 때부터 기산된다. 승낙의 기간 중에 들어 있는 공휴일 또는 비영업일은 그 기간의 계산에 산입되지만, 기간의 말일이 청약자의 영업소에서의 공휴일 또는 비영업일에 해당하는 이유로 승낙의 통지가 기간의 말일에 청약자의 주소에 전달될 수 없는 경우에는, 승낙의 기간은 이에 이어지는 최초의 영업일까지 연장된다(동 협약 제20조).

65) 특히 대금지급, 물품의 품질 및 수량, 인도장소 및 시기, 상대방에 대한 당사자 일방의 책임범위 또는 분쟁해결에 관한 추가적 또는 상이한 조건은 청약조건을 실질적으로 변경하는 것으로 본다.

승낙으로서의 효력을 갖는다.

지연된 승낙이 포함되어 있는 서신 또는 서면이 통상적으로 전달된 경우라면 적시에 청약자에게 도달할 수 있었던 사정에서 발송되었다는 사실을 나타내고 있는 경우에는 그 지연된 승낙은 효력이 있다. 그러나 이때 청약자는 피청약자에게 청약이 효력을 상실한 것으로 본다는 취지의 의사를 지체 없이 구두로 통지하거나 또는 그러한 취지의 통지를 발송하지 아니하여야 한다(제21조).

09 계약위반과 해제 및 종료

비엔나협약에서 당사자 일방의 계약위반이 상대방에 대하여 당해 계약 하에서 기대할 권리를 실질적으로 박탈할 정도의 손해를 그에게 주는 경우에는, 이를 본질적 위반으로 한다(제25조).[66] 그러므로 계약의 기본부분에 관한 의무위반이 있더라도 상대방의 기대를 실질적으로 파괴하지 않는 한 중대한 계약위반이 되지는 않는다고 본다. 그러나 경미한 위반으로 보이더라도 특정한 이행일이 중요한 경우(가령, 계절물 등)에는 중대한 계약위반이 될 수 있을 것이다.

채무자가 그러한 결과를 예견하지 못하고 또한 같은 상황 하에 있는 합리적인 사람도 예견할 수 없었던 경우에는 중대한 계약위반은 되지 않는다(동 제25조 단서). 여기서 예견 가능성의 기준 시점에 관하여는 규정이 없으나, 계약체결 이후의 사정까지 고려할 만한 예외적인 경우[67]를 제외한다면 일반적으로 제73조 3항 등의 유추에 의하여 계약체결 시로 해석된다. 또 입증책임에 관하여는 불이행이 계약에 따라 상대방이 기대할 수 있었던 것을 실질적으로 박탈하는 경우에는 그 상대방이 부담하고, 예견 가능성이 없었던 경우에는 불이행한 당사자가 부담한다.

---

66) 다만, 위반한 당사자가 그러한 결과를 예견하지 못하였고, 또한 동일한 종류의 합리적인 자도 동일한 사정 하에서 그러한 결과를 예견할 수 없었을 경우에는 그러하지 아니하다.

67) 가령, 계약체결 후 특정한 라벨의 첩부가 매수인의 소재국에서는 불가결하다는 점을 매도인이 알고 있었음에도 불구하고 그에 따르지 않은 경우를 들 수 있다.

이 규정에 의해 중대한 계약위반이 되지 않는다면 손해배상이나 대금감액 등의 통상적인 구제방법이 있을 수 있으나, 중대한 계약위반이 된다면 보다 강력한 구제방법인 해제 등이 적용된다. 그러나 중대한 계약위반의 개별적이고 구체적인 판단은 반드시 용이하지는 않다. 가령, 제49조 1항 a호에 의한 매수인의 계약해제권에 관한 중대한 계약위반의 존부에 대한 판단에는 계약내용을 고려해야 하는데, 계약으로 분명하지 않은 경우에는 특히 당해 물품이 구입된 목적을 고려하지만 계약해제로 인하여 발생하는 추가적인 비용이나 불편은 계약위반 존부의 판단에 영향이 없다고 해석되고 있으며, 지체 없이 부적합을 추완할 수 있는 경우에는 중대한 계약위반은 존재하지 않지만 상장상품거래에 있어서는 일반적으로 계약에 적합한 서류가 적시에 인도되지 않는다면 중대한 계약위반이 존재한다고 해석된다.

한편 당사자의 계약위반 등을 원인으로 하여 계약해제를 선언하는 경우에는, 상대방에 대하여 통지한 경우에만 그 효력이 있다(제26조). 즉, 계약의 해제는 법률상 당연히 그 효과가 발생하는 것이 아니고 상대방에게 계약의 상황을 알리기 위하여, 상대방에 대한 계약해제의 통지를 발송할 필요가 있다. 그러나 계약의 해제의사가 명확한 경우에는 명시적인 통지가 없더라도 묵시의 통지를 인정할 수 있을 것이다. 가령, 매수인이 대체품을 구입한 경우나 매수인이 도산한 경우 등이 이에 해당한다. 다만, 계약해제의 통지는 일반적으로는 명시적이 아니면 당사자 사이에 계약의 존부에 관한 인식이 다르기 때문에 법적 안정성을 현저하게 해칠 수 있어, 거의 대부분의 경우 명시적인 통지가 필요하다고 본다.

국제거래에서는 매매계약이 체결된 후에도 계약의 이행과정에서 다양한 통지 기타 통신이 행하여진다.[68] 이 협약은 이와 같은 통신을 전달하는 과정에 발생한 위험의 배분을 규정하는데, 상황에 따라서는 적절한 방법을 취한 경우에는 발신주의를 원칙으로 한다고 규정한다(제27조). 즉, 이러한 경우에는 이 협약 제3부(물품의 매매)에 다른 규정이 없는 한 그 전달상의 분실(불도달)이나 이행지체 및 잘못전달로 인하여 발생한 경우의 위험부담은 발신주의에 의하여 통

68) 가령, 매수인에 의한 부적합의 통지(제39조 1항) 등이 있다.

지의 상대방이 진다. 이와 대조적인 것이 매매계약체결단계의 청약(제15조 1항)과 승낙(제18조 2항)의 통지로써, 이들 통지는 도달주의의 원칙을 채용하여 통지의 발신자가 위험을 부담한다.

계약은 당사자의 합의만으로 변경하거나 종료할 수 있다(제29조 1항). 당사자의 합의로 계약을 변경 또는 종료하는 경우에 서면을 필요로 하는 계약은, 그 외의 다른 방법에 의한다는 합의에 의하여 계약을 변경 또는 종료시킬 수 없다. 다만, 당사자 일방은 상대방이 자기의 행동을 신뢰한 한도에서 그 조항을 주장할 수 없다(동조 2항).[69] 이 조항은 서면에 의하지 않더라도 구두상으로도 계약이 성립하는 계약방식의 자유의 원칙이 미치는 영역은 계약의 성립(제11조)뿐만 아니라 계약의 변경이나 종료에도 미친다는 점을 분명히 함과 동시에, 계약의 변경이나 종료에 관하여 영미법의 약인(consideration) 이론의 배제를 함의하는 외에, 서면에 의할 것을 합의한 경우에는 서면방식으로 하지 않는 변경이나 종료는 할 수 없다는 취지를 규정한다.

10 매도인의 의무

1) 개관

비엔나협약 제30조부터 제44조까지는 매도인의 의무를 규정하고 있으며, 동 제45조부터 제52조까지는 매도인의 의무위반에 대하여 매수인이 취할 수 있는

69) 어떤 물품을 장기간 계속하여 공급한다는 취지의 서면계약에서, 계약내용의 변경은 서면으로만 할 수 있다는 조항이 있는 경우, 첫 번째 물품인도 시에는 매수인이 매도인에게 구두로 디자인의 변경을 요청했고 매도인은 서면으로 확인하지 않고 이러한 요구를 수용하고, 이후로는 변경한 디자인으로 물품을 공급했다고 하자. 그 후 두 번째 물품인도 시에 매도인이 신디자인의 물품을 공급했더니 매수인이 수령을 거절한 경우, 어느 당사자라도 성실하게 행동하고 있다면 이 조항에 의해 매수인의 주장이 인정될 가능성은 높고, 매도인은 서면으로 확인하지 않음으로 인하여 큰 위험을 부담하게 될 것이다. 한편, 매수인이 두 번째 이후로도 이의 없이 수령을 계속한 후에, 그 후의 인도 시에 처음으로 수령을 거절한 경우에는 이 조항 단서에 의하여 매수인의 주장은 인정할 수 없게 되어 매도인의 위험은 경감될 것이다.

구제수단을 규정하고 있다. 또한 제74조부터 제77조까지는 양 당사자의 의무위반에 공통적인 문제를 규정한다.

우선 매도인은 당해 계약과 이 협약에 의하여 요구된 바에 따라 물품을 인도하고, 이와 관련된 모든 서류를 교부하며, 물품에 대한 소유권을 이전하여야 할 의무를 부담한다(제30조). 물품의 소유권이전의무는 매도인의 중요한 의무이지만, 소유권을 유효하게 이전하기 위해서는 별도의 국내법에 따라야 한다. 즉, 물품의 소유권에 관한 이 협약의 규율 밖에 있기 때문에(제4조 b호), 소유권 이전의 요건 등은 법정지의 국제사법이 지정하는 물권준거법에 따라서 판단된다.[70] 한편, 물품대금을 분할수령하기 위해서 소유권의 유보를 행한 경우 소유권 유보의 유효성은 법정지의 국제사법이 지정하는 물권준거법에 따라서 규율되는 외에 소유권을 유보한 물품의 회수국면에서는 매수인의 도산절차가 준거하는 법의 영향을 받는다. 제81조 2항은 계약의 해제에 따른 공급물의 반환청구권을 규정하고 있으나 이것도 이 협약에 물권규정이 없기 때문에 국내법에 그 해결을 맡길 수밖에 없다. 그러나 담보물권 등에 관하여는 이 협약의 법 목적에 따라서 국제적인 통일법을 도모한다고 하더라도 한계가 있다. 매도인이 물품을 전혀 인도하지 않은 경우나 정당한 권리 없이 이행기 또는 그 이전에 매도인이 이행을 거부한 경우에는 중대한 계약위반이 된다. 다만, 계약가격 등의 수정요구는 협박이나 이행거부를 수반하지 않는 한 그 행위 자체로는 중대한 계약위반에 해당하지 않는다. 다른 장소로 물품을 송부한 경우에도 반드시 이에 해당하는 것은 아니다.

매도인이 모든 물품을 인도하지 아니한 경우(불완전이행) 기일대로 완전히 이행시키는 것이 중요한 경우에는 불이행을 정당화할 이유가 없는 경우에는 중대한 계약위반이 되는 경우가 있다.[71]

---

70) 여기서 물권준거법은 일반적으로는 목적물 소재지법 등을 말한다.

71) 가령, 매도인이 계약체결 후 1주간 이내에 물품을 송부할 의무를 부담하고 있었으나, 계약체결 후 2개월이 경과하여도 인도수량이 주문량의 3분의 1에 지나지 아니한 경우에는 중대한 계약위반을 인정할 수 있을 것이다.

2) 물품인도의무 및 관련서류교부의무

비엔나협약에서 매도인이 물품을 다른 특정한 장소에서 인도할 의무를 부담하지 않는 경우에는, 매도인은 (a) 매매계약이 물품의 운송을 포함하는 경우(송부매매)에는 매수인에게 전달하기 위하여 물품을 최초의 운송인에게 인도해야 하고,[72] (b) 위 송부매매에 해당되지 아니하는 경우로써 계약이 특정물이나 특정한 재고품 중에서 선정, 제조 또는 생산되어야 하는 불특정물과 관련되어 있으며, 또한 당사자 쌍방이 계약체결 시에 물품이 특정한 장소에 존재하거나 또는 그 장소에서 제조·생산된다는 것을 알고 있었을 경우(특정물매매)에는, 그 물품이 위치한 장소에서 물품을 매수인의 임의처분 하에 두어야 하며, (c) 기타의 경우에는 매도인이 계약체결 시에 영업소를 둔 경우, 동 영업소에서 물품을 매수인의 임의처분 하에 두어야 한다(제31조).[73]

제31조는 매도인의 인도의무의 내용과 물품의 인도시기를 규정하고 있다. 물론 당사자 사이에 특정한 장소에서 인도할 것을 합의한 경우에는 이 조항이 적용될 여지가 없다.

우리 민법은 특정물매매의 경우 채권의 성립 당시에 물건이 있던 장소에서(제467조 제1항), 불특정물의 경우에는 매수인의 현 주소(영업소)에서 인도하도록 하고 있다(동조 제2항).

이 협약은 매매계약이 물품의 운송을 수반하는 경우의 매도인의 추가적인 의무를 규정한다. 매도인이 계약 또는 이 협약에 따라 물품을 운송인에게 인도하는 경우, 물품이 하인(荷印)이나 선적서류 또는 기타의 방법에 의하여 그 계약의 목적물로서 명확히 특정되지 아니한 경우에는, 매도인은 물품을 특정하는 탁송통지서를 매수인에게 송부하여야 한다(제32조 1항). 통지에 관하여는 이메일이라도 무관하나 상대방이 명시적 또는 묵시적으로 당해 종류의 전자적 메시

---

72) 이때 물품의 인도장소는 그 물품의 교부장소가 된다. 가령, 해상운송의 경우에도 물품을 항구까지 트럭으로 반출한다면 트럭운송업자에게 물품을 교부함으로써 인도하게 된다. 이 경우 가령, 물품에 관한 서류를 매수인에게 교부하지 않는 경우 계약위반이 되나, 인도 자체는 있었던 것이 된다. 당사자 간에 합의가 없이 물품운송을 필요로 하지 않는 경우에는 b호나 c호에 따른다.

73) 이는 계약체결 시에 양 당사자가 그 장소를 몰랐을 경우에 적용된다.

지를 그 주소에서 수령할 것을 동의할 필요가 있다고 본다. 또한 통지시기는 인도의무의 완료 후의 합리적인 기간 내로 해석된다. 그리고 물품운송인에게 교부되더라도 그 물품이 명확하게 특정될 때까지는 물품의 멸실이나 훼손에 관한 위험은 매수인에게 이전하지 않는다(제67조 2항). INCOTERMS에서도 매도인과 매수인의 통지의무에 관한 규정이 있다.

매도인이 물품운송을 수배하여야 할 의무가 있는 경우에는, 매도인은 사정에 따라 적절한 운송수단에 의하여 운송의 통상적인 조건으로 지정된 장소까지 운송에 필요한 계약을 체결하여야 한다(동조 2항). INCOTERMS도 CFR 조건이나 CIF 조건 등에서는 물품운송계약을 체결할 필요가 있을 뿐 아니라 그러한 의무가 없는 FOB 조건 등에서도 매수인이 운송의 수배를 매도인에게 맡기는 경우가 있다.

매도인이 물품의 운송과 관련된 보험에 가입하여야 할 의무가 없는 경우에는 매도인은 매수인의 요구에 따라 매수인이 그러한 보험을 부보하는 데 필요한 모든 수집 가능한 정보를 매수인에게 제공하여야 한다(동조 3항). CIF 조건이나 CIP 조건에서는 매도인에게 보험부보의무가 있으나, 의무가 없는 경우에는 이 조항에 의하여 매도인은 정보를 제공할 의무를 부담한다.

매도인은 일정 기일이 계약에 의하여 지정되어 있거나 또는 결정될 수 있는 경우에는 그 기일, 만일 일정 기간이 계약에 의하여 지정되어 있거나 또는 결정될 수 있는 경우에는 매수인이 기일을 선택하여야 하는 사정이 명시되어 있지 않는 한 그 기간 내의 일정한 시기, 그 밖의 모든 경우에는 계약체결 후의 합리적인 기간 내에 물품을 인도하여야 한다(제33조). 여기서 합리적인 기간은 개별적인 사례의 구체적인 사정이나 통례, 혹은 당사자 간의 형평에 따라서 정해진다고 본다. 즉, 이것이 특정되지 않는다면 인도시기가 확정될 수 없으며, 제47조 1항의 '이행을 위한 부가기간'과의 구별이 어렵게 된다. 따라서 사전에 예측할 수 있는 범위의 것은 가능한 한 계약서에 써 넣는 것이 필요하다.

또한 이러한 인도기일을 도과한다면 계약위반이 된다. 만일, 기일 이전에 인도된 경우에는 매수인은 제52조 1항에 따라서 이를 수령도 가능하고, 거절도 가능하다고 본다.

이 경우 매도인이 인도시기를 늦추어 인도한 경우(이행지체) 통상적으로는 중대한 계약위반이 되지는 않으나, 인도시기가 중요한 경우에는 이에 해당한다고 본다.[74)]

매도인은 물품과 관련된 서류를 교부할 의무가 있는 경우에는 계약에서 요구되는 시기와 장소와 방법에 따라 서류를 교부하여야 하며, 만일 당해 시기 이전에 이미 서류를 교부한 경우에는 그 시기까지는 서류상의 모든 결함을 보완할 수 있다. 이때 권리의 행사가 매수인에게 불편이나 비용을 발생하게 한 경우에는, 매수인은 이 협약에서 규정하는 모든 손해배상청구권을 가진다(제34조).[75)] 계약에 다른 규정이 없는 경우에는 매도인의 서류교부의무와 매수인의 대금지급의무는 동시이행의 관계에 있게 된다(제58조).

3) 물품의 일치성 및 제3자의 청구권

비엔나협약에서 매도인은 계약에서 요구하는 수량, 품질 및 상품 명세와 일치하고, 또한 계약에서 요구하는 방법으로 용기에 담거나 또는 포장된 물품을 인도하여야 한다(제35조 1항). 이는 계약의 적합성의 판단기준을 규정한 조문이다. 적합성의 판단기준 시점은 제36조에 의한다. 계약내용은 청약과 승낙의 해석에 의하여 확정된다. 수량에 관하여도 부족한 경우만이 아니라 초과된 경우에도 계약 중의 과부족허용 조항의 범위 내에 들어 있을 때를 제외하고는 부적합이 된다. 수량초과의 경우 매수인은 초과부분의 인도의 수령을 거절할 수 있으나 거절하지 않고 수령한 때에는 초과부분에 관하여도 계약가격에 따라서 대금의 지급의무를 부담한다는 점에 주의해야 할 것이다. 계약에 적합한 물품을 인도하는 매도인의 의무를 규정한 것이다. 매도인이 이 의무에 위반한 경우 즉, 부적합한 물품을 인도한 경우에는 매도인의 고의 또는 과실을 불문하고 원칙적으로 제45조에 기초한 구제가 매수인에게 주어진다.

이 협약은 물품 자체에 관한 문제를 계약적합성이라는 통일적 개념을 가져와

---

74) 가령, 계절물로서 인도기일이 특정일로 지정된 경우나 매수인이 매도인에게 전매처로 인도할 기일을 통보한 경우에는 중대한 계약위반이 된다.

75) 이는 제30조가 규정하는 매도인의 서류교부의무의 상세를 정한 규정이다.

서 일원적으로 처리한다. 이 개념은 각국의 국내법과는 독립한 이 협약상의 개념으로서 그 해석에 있어서는 이 협약 적용의 통일성에의 배려가 특히 중시된다(제7조 1항 참조). 또한 이 협약은 물품 자체의 불충분성에 관한 일체의 문제를 모두 계약적합성의 문제로서 일원적으로 처리한다. 따라서 채무불이행(민법 제390조)과 하자담보책임(민법 제580조)을 구별하는 우리 민법과는 다른 방식을 채용한다.

당사자가 별도로 합의하지 않은 경우, 즉, 물품의 품질이나 기능, 수납 및 포장 등의 상세가 계약내용으로 정해지지 않은 경우에는, 물품은 그 동일한 명세의 물품이 통상적인 사용목적에 적합하고,[76] 계약체결 시에 명시적 또는 묵시적으로 매도인에게 알려져 있는 특정한 목적에 적합하며,[77] 매도인이 매수인에게 견본 또는 모형으로서 제시한 물품의 품질을 보유하고(동질성),[78] 그러한 물품에 통상적인 방법으로 또는 그러한 방법이 없는 경우에는 그 물품을 보존·보호하는 데 적절한 방법으로 용기에 담거나 또는 포장되어야 한다(동조 2항). 이 경우에도 당사자 간에 별도의 합의가 있으면 그 합의가 우선한다. 이 요건

---

76) 이 요건이 표준적인 품질(average)까지 요구하는지, 아니면 재판매 가능한 품질(marketable)로 족한지에 관하여 의견이 대립된다. 또한 국가마다 문화와 전통 및 공법상의 규제가 다르기 때문에, 사회통념상의 통상 사용목적도 다를 수 있다. 그러므로 이 요건은 어느 국가를 기준으로 판단할 것인가에 관하여 다툼이 있다. 다수설에 의하면 매도인은 특단의 사정이 없는 한 매수인의 영업소가 있는 국가나 물품이 사용 또는 전매되는 국가의 공법상의 규제 등에 적합한 물품을 인도할 의무를 부담하지 않는다고 해석된다. 특별한 공법상의 규제 등을 알고 있을 것을 매도인에게 기대할 수 없기 때문이다. 가령, 매도인이 있는 국가에서 물품을 인도하기로 되어 있고, 거기에서 물품이 전매된다고 매도인이 추인할 수 있었더라도, 이것만으로는 이 요건에 기초하여 그 국가의 기준 등에의 적합을 요구하는 것은 불충분하다고 해석된다.

77) 다만, 사정으로 보아 매수인이 매도인의 기량과 판단을 신뢰하지 않았거나 또는 신뢰하는 것이 불합리한 경우에는 제외한다. 여기서 특정목적은 계약체결 시에 매수인이 매도인에 대하여 명시적 또는 묵시적으로 알려야 한다. 매도인이 특정목적을 현실적으로 인식하고 있을 것까지는 요구하지 않고, 합리적인 매도인이라면 인식할 수 있었다는 것으로 충분하다. 이 요건이 적용되기 위해서는 매수인이 매도인의 전문적인 기능과 판단에 의존하고, 또한 그 의존이 합리적이었다는 점도 필요하다. 가령, 매수인이 수입국의 공법상의 제한을 매도인에게 지적한 경우를 제외하고 그 제한에 관한 지식을 매도인에게 요구하는 것은 합리적이지 않으므로 이 요건에 의하여 부적합이 되지는 않는다고 해석된다.

78) 이 요건은 매도인이 매수인에 대하여 견본 또는 모형을 제시한 경우에 한하여 요구된다. 매도인이 아니라 매수인이 주문 견본을 제시한 경우에는 위 제1항의 문제이며, 통상적으로는 그 주문 견본이 계약내용이 된 것으로 해석된다.

에는 물품이 포장된 상태에서만 운송에 적합한 경우, 매도인에 의한 물품의 포장의무도 포함되며, 또한 운송상의 적절한 취급에 필요한 라벨 등의 첨부도 포함된다.

또한 대형 기계 등의 물품으로서 수납이나 포장되지 않는 것이 통상적인 경우에는, 수납이나 포장 자체가 요구되지 않는다. 가령, 인도된 치즈가 매수인의 영업소가 있는 국가에서 전매될 것을 알고 있음에도 불구하고 매도인이 매수인이 있는 국가의 식품표시규칙에 위반하는 포장의 치즈를 인도한 경우에는 이 요건을 충족하지 못하고 부적합이 된다고 본다.

실무에서는 계약상 물품의 품질을 일반적으로 정한 것만으로는 이 규정의 적용을 배제하지 못하며, 부적합에 관한 매도인의 면책을 규정한 계약조항은 이 협약의 대상이 아니라고 해석되고 있다.

매수인이 계약체결 시에 물품의 불일치를 알고 있었거나 또는 알지 못하였을 리가 없는 경우에는, 매도인은 물품의 불일치에 대하여 앞의 책임을 지지 않는다(동조 3항). 이는 부적합을 이유로 매수인이 매도인의 책임을 추궁하는 경우 매도인의 면책이 인정되는 요건을 규정한 것이다. 이러한 경우 매수인의 기대를 보호할 필요는 없기 때문이다. 가령, 중고 불도저의 매매에서 매수인이 계약체결 전에 검사와 시승 후에 부적당한 부품의 교체를 요구하고, 매도인이 이에 응하여 그 부품을 교체하여 인도한 경우, 매수인은 부적합을 알지 못했을 리가 없기 때문에 매도인은 면책된다고 본다. 또한 매수인이 부적합을 발견하였거나 또는 발견할 만한 때로부터 합리적인 기간 내(또는 매수인이 물품의 현실적으로 교부받은 때로부터 2년 이내)에 매도인에 대하여 부적합의 통지를 하지 않은 경우에도 매도인은 면책된다(제39조).

매도인은 위험이 매수인에게 이전하는 때에 존재하고 있었던 일정한 부적합(불일치)에 대하여 계약 및 이 협약에 따른 책임을 부담하며, 이는 그 부적합이 위험의 이전 후에 분명해진 경우에도 책임을 진다(제36조 1항). 이는 계약적합성의 판단기준을 정한 것으로서, 제35조를 보완하는 규정이다. 여기서 위험이 매수인에게 이전한 때는 당사자 간의 합의가 있다면 그에 따른다. 가령, 당사자가 매매계약에서 INCOTERMS를 원용한 경우에는 INCOTERMS가 정하는 위험의 이전 시점이 적합성의 판단기준 시점이 된다. 당사자 간의 합의가 없는 경우에는 이 협약 제3부와 제4부(제66조부터 제70조)가 정하는 위험의 이전 시에 의한다. 위험의 이전 후에 부적합이 판명된 경우에도 중요한 것은 위험의 이전 시에 부적합이 존재하고 있었는지의 여부이다. 가령, 냉동장치가 인도 후 15일 이내에 고장난 경우에 위험의 이전 시에 부적합이 존재하고 있었다고 본다. 위험이전 시의 부적합의 존재에 대한 입증책임에 관하여는, 국제사법이 정하는 준거법에 따라 판단한다는 입장과, 부적합을 주장하는 당사자(매수인)가 부담한다는 이 협약의 기초를 이루는 일반원칙의 존재를 주장하는 입장이 있다.

매도인은 어떠한 부적합이 위험이 이전된 이후에 발생한 것으로서, 그것이 자신의 어떠한 의무위반에 의하여 발생한 것에 한하여 책임을 부담한다(동조 2항). 이때 의무위반은 물품이 일정기간 동안 통상의 목적 혹은 특정 목적에 해당하거나 또는 특정한 품질 혹은 특성을 유지할 것이라는 보증에 대한 위반을 포함한다. 예를 들면, 기계의 매도인이 인도 후 5년간의 무고장을 보증하는 경우에는, 가령, 위험의 이전 후의 원인에 의하여 기계가 고장났다고 하더라도 그 고장이 난 것이 인도 후 5년 이내인 한 매도인은 부적합에 관한 책임을 진다.

이는 위험의 이전 후에 발생한 부적합에 관한 매도인의 의무를 정한 것으로서 위 제1항의 예외규정이다. 가령, 과일통조림의 FOB 조건 판매에서 부적절한 포장이 원인이 되어 운송 중에 품질이 나빠진 경우 이 규정을 적용한다면 매도인의 책임을 인정할 수 있을 것이다.

매도인이 인도기일 이전에 물품을 인도한 때에는 매수인에게 불편이나 또는 비용을 발생시키지 아니하는 한, 매도인은 그 기일까지는 인도된 물품의 모든 부족분을 인도 또는 수량의 결함을 보충하고 인도된 모든 부적합한 물품에 갈음하는 물품을 인도하거나 또는 인도된 물품의 모든 부적합을 보완할 수 있다. 그러나 이 경우에도 매수인은 이 협약에서 규정된 모든 손해배상청구권을 가진다(제37조). 이 조항은 인도기일 전의 매도인의 추완권을 정한 것으로서 부적합에 관한 제35조와 제36조를 전제로 하는 규정이다. 또한 기일 전에 교부한 서류의 추완권에 관하여는 제34조, 인도기일 후의 매도인의 추완권은 제48조가 규정한다.[79] 이 조항이 적용되는 것은 우선 매수인이 기일 전의 인도를 수령하는 경우에 한한다. 매도인이 기일 전에 물품을 인도하고자 한 경우 매수인은 수령을 거절할 수 있다(제52조 1항 참조). 또한 매도인의 추완권은 인도기일까지 행사되어야 한다. 인도기일은 계약에 의한다(제33조). 계약으로 일정한 범위가 있는 인도기간이 정해진 경우(제33조 b호)나 계약체결 후의 합리적인 기간 내에 인도가 이루어져야 하는 경우(제33조 c호)에는 그 기간 내에 허용되는 가장 늦은 시기로 해석하는 것이 다수견해이다. 그리고 추가인도나 대체품 인도 및 수리 등 어떠한 추완방법을 선택할 것인가의 결정은 매도인이 할 수 있다. 추완에 필요한 비용은 매도인이 부담한다.

이 조항은 매수인에게 불합리한 불편이나 비용을 초래하는 경우에 관하여 매도인의 추완권을 인정하지 않는다. 불합리한 불편이나 비용의 초래에 대한 판단은 사회통념상 개별적인 사정을 고려하여 이루어진다. 가령, 매수인이 기계를 이미 생산라인에 설치·고정한 경우에 그 기계의 수리에 장기간을 필요로 할 때에는 불합리한 불편을 초래한다고 판단될 수 있을 것이다. 이 경우 대체품의 인도라면 불합리한 불편을 초래하지 않는다고 판단될 수도 있을 것이다.

인도기일 전의 매도인의 추완권이 인정되는 경우, 원칙적으로 매수인은 인도기일 전에는 제45조의 권리를 주장할 수 없다. 중대한 계약위반에 해당하는 부적합이더라도 마찬가지이다. 다만, 기일 전에 추완할 수 없는 것이 명백하고 그 부적합이 중대한 계약위반에 해당하는 경우에는, 매수인은 기일 전이라도 제72조에 따라 계약을 해제할 수 있다. 또한 기일 전에 매도인이 추완한 경우에도 물품반송비용이나 수리기간의 대체품이용비용 등, 매수인에게 손해가 잔존하는 경우에는, 매수인은 손해배상을 청구할 수 있다(제37조 단서). 매도인의 추완신청을 매수인이 부당하게 거절한 경우에는 매도인에게 추완의 기회를 다시 주지 않는 한 제80조의 적용 내지는 준용에 따라서 매수인은 부적합을 이유로 주장할 수 있는 권리를 상실한다는 견해가 유력하다.

매수인이 인도기일 전에 물품인도를 수령한 경우 매수인은 제38조에 따라서 곧바로 검사를 하고, 또한 제39조에 따라서 합리적인 기간 내에 부적합의 통지

79) 중대한 계약위반을 이유로 매수인이 즉시 해제권을 행사한 경우에는 매도인은 추완권을 행사할 수 없다(제48조).

를 이행할 의무를 부담하는가, 아니면 인도기일까지는 검사 및 통지를 이행할 의무가 발생하지 않는가? 이에 관하여는 협약상으로는 분명하지 않으며, 학설상으로도 다툼이 있다. 학설에 따르면 인도기일 전의 매도인의 추완권이 인정되는 사안은 매도인이 스스로 부적합을 깨달은 예외적인 경우에 한정된다. 이 협약은 물품이 제3자의 권리·청구의 대상이 되는 경우(제41조 및 제42조 참조)의 인도기일 전의 매도인의 추완권에 관하여는 규정하지 않는다. 다수설은 서류교부나 계약부적합의 경우와 다른 취급을 할 이유가 없다는 점에서, 이 경우에도 마찬가지로 추완권을 긍정해야 한다고 주장한다.

매수인은 검사가 가능한 때로부터 가능한 한 빠른 시기에 물품을 검사하고(제38조 1항), 계약 부적합이 발견된 경우에 매도인에게 그 통지를 하지 아니하면 이행청구, 계약해제, 감액청구, 손해배상 등 계약 부적합의 책임을 물을 수 없다. 여기서 검사가 가능한 때로부터 가능한 한 빠른 시기의 판단에는 매수인의 속성과 규모, 검사대상인 물품의 속성, 수량, 종류, 포장, 복잡성, 부패가능성, 계절상품성, 검사에 소요되는 노력, 검사지의 사정 등을 포함하여 개개의 사안의 상황이 고려되어야 할 것이다. 또한 빠른 시기의 기산점은 원칙적으로 매수인에의 물품의 교부시점이다. 많은 경우 물품의 수취 직후부터 검사의 실행이 가능하며 변하기 쉬운 물품에 관하여는 특히 신속한 검사가 요구된다.

계약이 물품의 운송을 포함하는 경우에는 검사는 물품이 목적지에 도착한 이후까지 연기할 수 있다(동조 2항). 이는 매도인으로부터 최초의 운송인에게 물품이 교부될 때에 매수인이 검사하는 것이 실제로 곤란하고, 실제 거래관행에서도 연기가 인정된다는 점을 고려한 규정이다. 물품이 매수인에 의한 검사의 기회도 없이 매수인에 의하여 운송 중에 목적지가 변경되거나 또는 물품이 전송된 경우, 계약체결 시에 매도인이 그러한 변경이나 전송 가능성을 알았거나 또는 알았어야 하는 경우에 한하여, 검사는 물품이 새로운 목적지에 도착한 이후까지 연기될 수 있다(동조 3항).

이 조항은 매수인의 물품검사의무와 검사시기를 정한 것으로서 매수인의 통지의무를 정하는 제39조의 기초가 되고 그 전제가 되는 규정이다. 즉, 이 조항의 목적은 신속하게 매수인에게 검사시켜서 매도인을 위하여 부적합의 여부를 빠른 시일 내에 명확하게 하는 데 있다. 이 조항이 정하는 매수인의 검사의무는 엄밀한 의미의 법적 의무는 아니다. 매수인이 이 조항의 검사의무에 위반했다고 하더라도 제61조에서 정한 매수인의 의무위반에 기한 구제(손해배상청구권 등)가 매도인에게 당연히 주어지는 것은 아니다. 매수인이 검사를 태만히 하거나, 검사를 했다면 명백해졌을 부적합이 물품에 있는 경우에는, 제39조의 통지기간은 매도인이 그 부적합을 발견했어야 했던 때로부터 진행한다. 매수인이 검사를 하지 않고 부적합을 발견할 수 없었던 경우에는 통상적으로 제39조에 따른 통지도 할 수 없다. 그러므로 매수인은 부적합을 원용할 권리를 잃는 결과가 된다. 또한 제49조 2항 b호 i 의 '매수인이 그 위반을 알거나 또는 알았어야 했던 때로'도 통상적으로 이 조항의 검사를 해야 할 때로부터 진행한다. 그러므로 매수인이 검사를 하지 않은 경우에는 나중에 계약을 해제하는 것이 곤란하게 된다. 매수인의 물품검사 자체에 관하여는 반드시 매수인 자신이 검사할 필요가 없고 제3자에게 검사시킬 수도 있다고 본다. 검사의 구체적인 방법에 관하여는 규정이 없으나, 우선 당사자 간의 합의에 따르고, 합의가 없을 때에는 거래 관행이나 관습 등이 기준이 된다. 이러한 것이 없는 경우에는 물품의 종류, 수량, 포장 등을 고려하여 개별 상황에 따라서 적절한 방법으로 검사해야 할 것이다.[80]

검사비용에 관하여는 당사자 간에 합의나 거래 관행 및 관습이 없는 경우에는 원칙적으로 매수인이 부담한다고 해석된다. 다만, 매도인의 계약위반의 결과로서 계약이 해제되는 경우에는 그 비용의 배상을 매도인에게 손해배상으로서 청구할 수 있다. 또 대체품 거래나 수리를 청구한 경우, 매수인에게 2회째의 검사비용이 발생한 경우에는, 2회째의 검사비용도 청구할 수 있다.

매수인이 물품의 부적합을 발견하였거나 또는 발견하였어야 했던 때[81]로부터 합리적인 기간 내에 매도인에게 부적합의 성질을 기재한 통지를 하지 않은

80) 가령, 대량의 물품은 그 작동 여부, 생선 등은 부패하기 쉬운 상품에 대하여는 신속성의 관점에서 관찰이나 냄새 등의 단순한 검사로도 충분할 것이다.

81) 제38조상의 물품의 검사기간의 만료 시 또는 검사를 하지 않더라도 분명한 부적합에 관하여는 인도 시가 된다.

경우에는, 매수인은 물품의 부적합을 원용할 권리를 상실한다(제39조 1항).[82]

이 조항은 계약부적합을 주장하는 매수인에게 부적합의 통지를 매도인의 영업소로 실행할 의무를 부과하고 있다. 여기서 합리적인 기간은 사안마다 목적물의 성질, 부적합의 성질, 당사자가 처한 상황, 관습 등을 고려하여 판단한다. 이때 통지기간의 기산점은 매수인이 부적합을 발견한 때 또는 발견했어야 했던 때로부터 진행한다. 검사가 실제로 이루어졌는가의 여부와 무관하게, 검사가 이루어지지 아니한 경우에는, 필요하다고 생각되는 검사시기로부터 합리적인 기간은 기산된다. 그러나 적절한 검사를 해도 알 수 없었던 부적합에 관하여는 매수인이 실제로 발견한 때에, 통지해야 할 합리적인 기간이 기산된다. 매수인이 부적합을 이미 발견한 경우에는 검사시기와 무관하게 발견한 때로부터 합리적인 기간이 기산한다. 통지내용은 매수인이 알 수 있는 정보를 포함하여야 하는데, 이러한 정보는 매수인이 부적합을 상세하게 특정할 필요가 있는 경우도 있는 반면, 부적합이 있다는 것을 지적밖에 할 수 없는 경우도 있을 것이다.

그리고 매수인은 검사결과 발견할 수 없었던 숨은 하자를 포함하여 계약상의 보증기간이 일치하지 않는 경우를 제외하고, 어떠한 경우라도, 물품이 매수인에게 현실적으로 교부된 날로부터 늦어도 2년 이내에 매도인에게 부적합의 통지를 하지 아니한 때에는,[83] 물품의 부적합을 원용할 권리를 상실한다(동조 2항). 그러나 물품의 부적합을 매도인이 알거나 또는 이를 모를 리 없었던 사실로서 매도인이 매수인에 대하여 분명히 하지 않았던 것에 관한 것인 경우에는, 매수인은 부적합을 원용할 권리를 상실하지 않는다(제40조). 여기서 매도인이 부적합을 모를 리 없었는지 여부는 거래통념에 따라, 개별사안마다 판단된다. 그때 매도인의 속성이나 물품의 종류 및 부적합의 종류 등이 고려된다. 가령, 매도인이 물품의 제조자인 경우에는, 단순한 검사로 알 수 있는 부적합 등은

82) 매수인이 부적합의 통지의무를 위반한 경우에는 인도된 물품이 부적합이라고 하더라도 제45조의 구제를 받을 권리를 주장할 수 없고 약정된 대금을 기급해야 한다. 또한 명백한 부적합이 있는데도 불구하고 매수인이 부적합 통지를 하지 않고 물품수령 또는 대금지급의무를 적극적으로 인정하는 행위를 한 경우, 매수인은 물품의 부적합을 원용할 권리를 포기한 것으로 간주될 수 있다.

83) 여기서 2년은 제척기간이다.

모를 리 없었다고 할 수 있을 것이다. 또한 매수인이 필요한 통지를 이행하지 않은 것에 관하여 합리적인 이유가 있는 경우에는, 매수인은 대금감액 또는 손해배상(일실이익은 제외)청구는 가능하다. 그리고 매도인이 통지기간에 관한 항변을 포기하는 경우, 가령, 매수인이 통지기간 경과 후에 통지했음에도 불구하고, 매도인이 이의를 제기하지 않거나 또는 이의를 제기하지 않으면 매수인에게 신뢰를 줄 수 있는 행위를 한 경우, 당사자 간에 통지의무를 완전히 배제하고 있는 경우[84]에도 매수인의 부적합원용권리는 상실되지 않는다.

매도인은, 매수인이 제3자의 권리 또는 청구의 대상이 되는 물품의 수령에 동의한 경우를 제외하고, 그러한 권리 또는 청구의 대상이 되지 않는 물품을 인도하여야 한다(제41조). 이 조항은 제3자의 권리 또는 청구의 대상이 되지 않는 물품을 인도할 의무를 매도인에게 부과함으로써 실질적으로 물품의 완전한 소유권의 이전을 실현하고자 한다. 매수인의 목적은 사용이나 처분이 완전하게 가능한 물품을 취득하는 것이기 때문에, 매도인에게는 물품의 소유권을 이전할 의무가 있다. 다만, 매각된 물품의 소유권에 관하여 계약이 가질 수 있는 효과에 관하여는, 이 협약의 대상 외로 한다. 제3자의 권리의 존부나 매수인과 제3자와의 관계는 이 협약 밖의 문제이나, 제3자의 권리 또는 청구의 존부에 관하여 매도인이 알고 있었는지 또는 모를 리 없었다는 요건은 부과되지 않았다. 매도인이 제3자의 권리나 청구를 전혀 몰랐다고 하더라도 매도인은 책임을 진다.

여기서 제3자의 권리는 매수인의 사용·처분을 제한할 수 있는지의 여부가 중요한데, 이는 물권만이 아니라 채권 기타의 권리라도 그와 같은 기준에 해당한다면 제3자의 권리이며, 이는 사법상의 권리로서, 공법상의 규제나 부담에 의해 물품의 사용제한이나 몰수가 있는 경우에는 이 조항의 문제가 아니고 계약적합성의 문제가 된다. 또한 제3자의 청구는 매수인에게 주장할 수 있는 권리(제3자의 권리)에 근거한 것에 한정되지 않고 법적인 근거가 없는 청구를 포함한다.

84) 이는 물품의 검사의무와 통지의무에 관하여 당사자 간에 약정이 있는 경우이다. 즉, 매도인이 모를 리 없는 사실에 관한 부적합에 관하여는 약정한 의무위반이 있더라도 매수인은 구제된다. 또한 이들 조항 자체를 당사자 간에 약정으로 배제할 수도 있으나, 이 약정은 이 협약의 대상 밖이다.

제3자로부터 청구를 받은 경우 그 청구에 법적 근거가 있는지의 여부는 준거법을 적용해 보지 않으면 판단할 수 없고, 이와 같은 불명확성의 위험을 부담지우는 것은 매수인의 정당한 기대에 반하기 때문이다. 여기서 제3자의 권리 또는 청구는 물품의 인도 시에 존재하고 있는 경우에는 매도인의 의무위반이 된다. 역으로 계약체결 시에 제3자의 권리가 존재하고 있더라도 인도 시까지 제거한다면 매도인은 의무위반이 되지 않는다.

한편, 물품의 인도 시에 제3자의 권리나 청구가 현실적으로 존재하고 있지 않더라도 실제로 물품의 인도 후에 제3자의 권리나 청구의 대상이 되는 경우가 많다는 것을 고려하여 일정한 경우에 매도인의 책임을 인정해야 한다는 주장이 있다. 가령, 매도인이 최초의 운송인에게 물품을 교부한 후 매도인의 채권자가 매도인의 소유물로서 운송 중의 물품을 압류하거나 하는 경우는 물품이 인도된 후이지만 매도인에게 책임을 인정해야 할 것이다. 또한 실제로 다툼이 되는 것은, 매수인에게 물품을 인도한 후에 제3자의 청구가 있는 경우가 많을 것이다. 이와 같은 매수인의 위험과 불안정한 입장에 처한 매도인의 위험을 고려하여, 제3자의 권리취득의 기초로 하거나 또는 청구의 근거로 하는 법률관계가 인노 시에 이미 존재하고 있던 경우에는, 그 제3자의 권리나 청구에 관하여 매도인은 책임을 진다는 주장이 있다.

그리고 그러한 제3자의 권리 또는 청구가 산업재산권 또는 기타 지식재산권에 근거를 둔 경우에는, 매도인의 의무는 이 권리가 원칙적으로 그것이 등록되어 있는 국가에서만 효력을 가진다고 하는 특수성이 있기 때문에 통상적인 권리의 하자와는 다르게 다루어진다(제42조). 이 조항에 의해 매도인은 지식재산권에 근거한 제3자의 권리나 청구의 대상이 되지 않는 물품을 인도할 의무를 부담한다. 또한 매수인이 계약체결 시에 제3자의 권리나 청구를 알았거나, 모를리 없었던 경우나, 매수인의 설계 등의 지정에 매도인이 따라줌으로써 제3자의 권리나 청구가 발생한 경우에는 매도인은 책임을 지지 않는다.

11
매도인의 계약위반에 대한 매수인의 구제수단

매도인이 비엔나협약과 계약에서 정한 의무를 이행하지 않은 경우 매수인에게 주어지는 구제수단으로는 이행청구, 계약해제, 대금감액, 손해배상청구가 있으며, 이 중에서 손해배상청구에 관하여만 불가항력 등을 이유로 하는 면책이 인정된다(제79조). 매수인이 계약위반에 대한 구제를 청구할 때에는, 법원 또는 중재판정부는 매도인에게 어떠한 유예기간도 줄 수 없다(제45조 3항).[85]

우선 매수인은 매도인에 대하여 그 의무의 이행을 청구할 수 있는데, 이 청구는 매수인이 이러한 청구와 모순되는 구제를 청구하지 않은 경우에만 할 수 있다(제46조 1항). 물품의 인도가 지체되고 있는 경우에는 그 인도를 청구하고, 물품이 계약과 일치하지 아니한 경우, 매수인은 대체품의 인도를 청구할 수 있다. 다만, 이러한 청구는 불일치가 중대한 계약위반을 구성하고 있어야 한다. 원칙적으로 매수인은 당초의 계약대로 이행을 청구하지 않고 손해배상청구나 계약해제를 할 수 없다. 또한 계약이행청구권이나 대체품인도청구권 및 수선청구권은 각각 독립한 권리가 아니고 계약이행청구건의 한 형태로서 청구되는 것이 대체품인도청구권과 수선청구권이다. 여기서 모순되는 구제청구는, 가령, 매도인에게 대체품인도청구를 하면서 동시에 계약해제나 대금감액을 청구하는 것으로서 이는 인정되지 않는다. 그리고 특정물매매에서 목적물이 멸실된 경우와 같이 이행불능인 것을 요구할 수 없다. 수량부족에 관하여는 이 조항을 적용할 수도 있으나, 매도인이 일부를 인도한 것이므로 제51조 1항을 적용하는 것이 적당할 것이다.

---

85) 매수인이 이러한 구제를 청구하는 요건은 매도인이 계약이나 이 협약상의 의무를 불이행한 사실뿐이며, 매도인의 고의 또는 과실은 청구요건이 아니다. 한편, 매도인은 계약을 이행할 의무가 있기 때문에 위험의 이전 시점에서 계약에 적합한 물품을 인도했음을 입증할 책임을 진다. 만일, 물품을 수령한 매수인이 사후적으로 위험이전의 시점에서 이미 부적합이었음을 주장하는 경우에는 매수인이 그 입증책임을 진다.

이상의 요건을 충족하더라도 법정지법이 특정 이행의 강제를 인정하지 않는 경우에 이행청구는 인정되지 않는다(제28조).[86)]

매도인의 의무위반을 이유로 하는 해제에는 그 의무위반이 중대한 계약위반이 되는 것을 요건으로 하는 최고기간이 없는 해제와, 일정한 최고기간을 정하여 그 기간 내에 이행이 없을 것을 요건으로 하는 해제가 있다. 최고기간이 없는 해제는 중대한 계약위반의 존재 여부가 나중에 다툼이 있을 가능성이 있고 불확실한 측면이 있으나, 부가기간(최고기간)을 정하지 않고 곧바로 해제할 수 있다는 이점이 있다.

중대한 계약위반에 의한 최고기간이 없는 해제는 어떠한 종류의 의무위반에 관하여도 인정되는데 반하여, 부가기간이 도과해야만 하는 해제는 물품의 인도가 없는 경우에 한한다. 중심적이지 않은 의무까지 부가기간의 도과를 이유로 간단하게 해제할 수 있는 것은 부당하기 때문이다. 여기서 물품의 인도가 없는 경우의 의미는, 물적인 하자가 있는 등 계약에 적합하지 않은 물품의 교부는 인도라고 할 수 없다는 입장을 취한다면, 이 경우에 부가기간의 도과에 의한 해제를 인정하는 것이 되나 이는 타당하지 않다. 하자 있는 물품의 급부, 목석물의 수량부족 등의 경우에도 의무위반의 정도에는 차이가 있기 때문에, 중대한 계약위반에 의한 해제가 인정되는 데 불과하다고 해석되어야 하므로 부가기간의 도과에 의한 해제가 가능하다.

해제의 요건이 충족되더라도 합리적인 기간 내에 해제권을 행사하지 않는다면 해제할 수 없는 경우가 있으나, 물품인도의무의 불이행을 이유로 발생한 해제권은 물품이 인도되지 않은 상태가 계속되는 동안은 원칙적으로 소멸하지 않

86) 이 협약 제28조는 대륙법과 영미법의 조화를 꾀한 규정이다. 즉, 당사자 일방이 이 협약에 따라 상대방의 의무이행을 청구할 수 있는 경우라도, 법원은 이 협약이 규율하지 않는 유사한 매매계약에 관하여 자국법에 따라 같은 재판을 하는 경우를 제외하고, 현실의 이행을 명하는 재판을 행할 의무를 부담하지 않는다. 대륙법은 계약위반에 대하여 채무를 약속된 형태 그대로 이행할 것을 강제하는 구제방법(특정 이행)이 일반적으로 인정되는데 대하여 영미법에서는 전통적으로 금전배상이 원칙으로서 특정 이행은 계약의 목적물이 토지 또는 대체 불가능한 물건인 경우 등 금전배상으로는 불충분한 경우에만 인정되는 것이다. 그러므로 영미법 제국에 있어서 법원의 재량을 확보함으로써 이들 제국이 이 협약을 비준하기 용이하게 한 것이다.

는다(제49조).

대금감액은 물품이 계약과 일치하지 아니하는 경우에 인도된 부적합물품을 매수인이 유지하는 것을 전제로 하는 구제수단으로써 대금의 지급 여부와 무관하게 인정되며,[87] 매수인은 실제로 인도된 물품의 인도 당시 가액이 계약과 일치하는 물품이 그 당시에 가지고 있었을 가액에 대한 동일한 비율로 대금감액을 청구할 수 있다. 그러나 매도인이 제37조 또는 제48조에 따른 의무의 불이행을 보완하거나 또는 매수인이 그러한 조항에 따른 매도인의 이행의 승낙을 거절하는 경우에는, 매수인은 대금을 감액할 수 없다(제50조).

이와 관련하여 매도인이 인도한 물품에 결함이나 품질부적합이 있는 경우에는 제48조에서 매도인의 추완권이 인정되는 경우에는 중대한 계약위반이 되지는 않는다. 또한 품질의 부적합에 관하여는 합리적인 노력으로 매수인이 스스로 사용 또는 전매가능한 경우에는 중대한 계약위반이 되지 않는다.[88]

한편 목적물에 대하여 제3자가 권리주장을 하고 있는 경우에 대금감액이 인정될 것인가의 여부가 조문상으로는 불명확하나, 이를 인정하는 견해가 유력하다.

12 손해배상

비엔나협약상 매도인이 어떠한 의무를 이행하지 않은 경우 매수인은 손해배상을 청구할 수 있다(제45조). 이때는 중대한 계약위반에 대한 증명은 없어도 된다. 단, 이 협약 제79조가 규정하는 면책사유에 해당하는 경우에는 매도인은 손해배상의무를 면한다.

배상의 대상이 되는 것은 계약위반에 의하여 매수인이 입은 손실이며, 획득해야 할 이익의 상실도 포함된다(제74조). 그러나 목적물의 결함에 의하여 매

87) 계약과 일치하지 않는 경우로는 목적물의 수량부족이나 품질상의 하자를 들 수 있다.
88) 가령, 구입한 냉동육이 지방분이나 수분과다에 의해 계약조건보다도 25.5% 가격이 하락한 경우, 매수인은 처리 또는 전매가능하기 때문에 중대한 계약위반이 되지 않고 단순히 대금을 25.5% 감액하는 조치 등이 가능할 것이다.

수인에게 발생한 인적 손해의 배상은 이 협약 제5조에 따라 그 대상에서 제외한다. 매수인의 종업원에게 발생한 인적 손해를 배상한 매수인이 그 배상액을 매도인에게 구상하는 경우에도 이 협약의 대상이 아니다. 손해배상의 범위로서는 위 손해 중에서 계약을 위반한 당사자가 계약체결 시에 예견하였거나 또는 예견하였어야 했던 손실로 한정된다. 계약이 해제된 경우의 손해계산방법에 관하여는 이 협약 제75조와 제76조에서 규정한다.

상대방의 계약위반에 대한 책임을 추궁하는 당사자는 상당한 조치를 취함으로써 자기의 손실을 경감할 의무를 부담한다(제77조). 이 의무를 해태한 경우에는 손해배상의무자는 발생한 손해로부터 경감할 수 있었던 만큼의 감액을 청구할 수 있다. 이 조항은 손해배상청구에 대해서만 적용되고, 대금청구, 대금감액청구 등의 경우에는 적용되지 않으나, 유추적용을 주장하는 견해도 유력하다.

13 매수인의 의무

1) 개관

매수인은 계약 및 비엔나협약에 의하여 요구된 바에 따라 목적물의 대금을 지급하고 목적물을 수령하여야 한다(제53조). 이 협약은 제53조부터 제65조까지 매수인의 의무에 관하여 규정하고,[89] 그 의무위반에 의하여 발생하는 책임에 관하여는 동 제61조부터 제65조까지 규정한다.[90]

2) 대금지급의무

비엔나협약상 매수인의 대금지급의무는 지급을 가능하게 하기 위한 계약 또는 일정한 법률 및 규정에 따라 요구되는 조치를 취하고 또 그러한 절차를 준

89) 대금지급의무 및 목적물수령의무 등을 규정한다.

90) 이행청구, 이행을 위한 부가기간의 부여, 계약해제, 손해배상청구 등을 규정한다.

수해야 한다(제54조).

통상적으로 매매대금은 계약으로 정하기 때문에 문제의 소지는 극히 미미하다. 그러나 간혹 가격을 미리 정하지 않고 계약을 체결하는 경우는 문제가 있을 수 있다. 이에 관하여 이 협약은 유효한 청약이 되기 위해서는 적어도 대금결정방법을 정해야 한다고 규정하기 때문에(제14조), 대금에 관하여 아무런 규정이 없는 경우에는 유효한 청약이라고 볼 수 없으며, 계약도 성립할 수 없다고 본다. 그러나 이 협약은 대금결정방법을 계약에서 정하지 않더라도 해당 물품에 관하여 통상적으로 청구될 금액을 그 계약의 대금으로 하는 것으로 본다(제55조).

대금지급은 지참채무의 원칙에 따라서 매도인의 현 영업소에서 지급하고, 물품이나 서류의 인도와 대금지급이 동시이행으로 행하여지는 경우에는 그 인도장소에서 지급하며, 그 지급은 지급통화나 신용장개설 등의 당사자가 합의한 방법으로 할 수 있다(제54조).

계약이 유효하게 성립되었으나, 대금을 명시적 또는 묵시적으로 지정하지 아니하거나 또는 이를 결정하기 위한 조항을 두지 아니한 경우, 당사자는 다른 의사표시가 없는 한 계약체결 시의 관련거래와 유사한 사정 하에서 매각되는 동종의 물품에 대하여 일반적으로 청구되는 대금을 묵시적으로 적용한 것으로 본다(제55조). 이는 계약이 유효하게 체결된 경우 대금을 확정하지 않은 때의 대금확정의 기준을 규정한 것이다. 그러므로 당사자가 가격을 정하였거나 후일 합의로 가격을 정하기로 한 경우에는 이 규정은 적용이 없다.

대금이 물품의 중량에 따라 지정되는 경우 이에 의혹이 있을 때에는, 그 대금은 순 중량에 의하여 결정되어야 한다(제56조). 즉, 대금이 물품의 중량에 의하는 경우로서 당사자 간의 합의의 취지가 명확하지 않은 때에는, 포장을 포함한 총 중량이 아니라 총 중량에서 포장의 중량을 뺀 순수한 중량에 따라서 가격을 정한다는 의미이다. 특히 원재료의 매매 등에 있어서는 중량으로 가격이 결정되는 경우도 있기 때문에 주의를 요한다.

매수인이 특정한 장소에서 대금을 지급하여야 할 의무가 없는 경우에는, 매도인의 영업소에서 대금지급이 이루어지는 것이 일반적이다. 그러나 이 경우에도 매도인의 대금지급이 물품 또는 서류의 교부와 상환으로 이루어져야 하는 경우에는 그 교부가 행하여지는 장소에서 지급하여야 하며(제57조 1항), 매도인은 계약체결 후에 그 영업소를 변경함으로 인하여 야기된 지급의 부수적인 비용의 모든 증가액을 부담하여야 한다(동조 2항).[91]

매수인이 특정한 대금을 지급하여야 할 의무가 없는 경우에는 매도인이 계약 및 이 협약에 따라 물품 또는 그 처분을 지배하는 서류 중의 하나를 매수인의 임의처분 하에 인도한 때에 대금을 지급하여야 하며, 매도인은 그러한 지급을 물품 또는 서류의 교부를 위한 조건으로 정할 수 있다.

계약이 물품의 운송을 포함하는 경우에는 매도인은 대금의 지급과 상환하지 아니하면 물품 또는 그 처분을 지배하는 서류를 매수인에게 교부하지 아니한다는 조건으로 물품을 발송할 수 있다. 매수인은 물품을 검사할 기회를 가질 때까지는 대금을 지급하여야 할 의무가 없으나, 다만 당사자 간에 합의된 인도 또는 지급의 절차가 매수인이 그러한 기회를 가지는 것과 모순되는 경우에는 그러하지 아니하다(제58조). 대금지급시기는 제78조상의 이자의 기산점으로서도 중요하다. 당사자 간의 합의로 시기를 정하는 것이 가장 이상적이지만, 합의가 없는 경우에는 적용될 관행이나 관습의 유무도 문제가 된다(제9조). 즉, 당사자 간에 대금지급시기의 합의가 없을 뿐만 아니라 적용될 관행이나 관습도 없는 경우 상환급부를 조건으로 할 수 있으나, 그러한 조건이 없는 경우에는 매도인이 계약 및 이 협약에 따라 물품 또는 그 처분을 지배하는 서류를 매수인의 처분 하에 맡겨진 때가 지급시기가 된다. 매도인은 물품 또는 서류를 매수인의 처분 하에 맡기더라도 매수인이 대금지급을 하지 않는 경우에는 물품이나 서류인도를 하지 않을 것이므로, 특약이 없는 한 기본적으로는 동시이행의 관계가 된다.

매수인은 매도인 측의 요구나 그에 따른 절차를 준수할 필요 없이 계약 및 이 협약에 의하여 지정되었거나 또는 이로부터 결정될 수 있는 기일에 대금을

---

91) 국제거래에서는 국가에 따라서 외환관리에 관한 법규가 다르기 때문에 물품대금지급장소는 극히 중요하다. 매도인으로서는 매수인의 국가에서 대금을 수령하더라도 외환관리로 인하여 송금이 곤란한 경우가 있을 수도 있으며, 당사자 간에 별도의 합의 없이 매도인의 영업소를 지급장소로 규정한 것에는 나름 의미가 있다고 본다.

지급하여야 한다(제59조). 즉, 물품매매대금은 지체의 효과를 위한 청구나 최고를 필요로 하지 않고 지급기일에 지급해야 함을 규정한다.

3) 물품수령의무

비엔나협약상 매수인은, 매도인에 의한 물품의 인도를 가능하게 하기 위하여 매수인에게 합리적으로 기대될 수 있는 모든 행위를 해야 함은 물론, 매도인이 물품을 인도할 때에는 이를 수령해야 한다(제60조). 여기서 매수인에게 합리적으로 기대될 수 있는 모든 행위는 물품을 수령하기 위한 준비행위를 말한다.

수령의무는 계약에 적합한 물품에 관하여만 발생하는 것으로서, 계약에 적합하지 못한 물품에 관하여 매수인은 수령을 거절할 수 있다. 다만, 매수인에게는 일정한 경우에 물품의 보관의무가 있기 때문에 운송인으로부터 물품을 수령해야 하는 경우가 있다. 매수인이 물품수령에 따라 대금을 지급해야 하는 경우에는 보관의무는 발생하지 않는다(제86조).

14 매수인의 계약위반에 대한 매도인의 구제수단

1) 개관

비엔나협약은 거래당사자의 채무불이행책임과 담보책임을 계약위반(breach of contract)로 일원적으로 처리하고, 채무불이행을 이행지체나 이행불능 및 불완전이행으로 구분하지 않는다. 이에 대하여 우리 민법은 채무불이행책임과 담보책임을 이원적으로 규정하고, 채무불이행책임도 이행지체와 이행불능 및 불완전이행으로 구분하며 그 구제수단도 다르게 규정한다.[92] 즉, 매수인이 이 협

92) 채무불이행의 구제수단으로는 강제이행(【민법 제387조】)과 손해배상청구(【동 제390조】) 및 계약해제(【동 제543조】 이하), 담보책임에 대한 구제수단으로는 계약해제와 손해배상청구 및 대체물인도청구를 규정한다(【동 제570조】 이하).

약 또는 매매계약상 일정한 의무를 이행하지 아니하는 경우,[93] 매도인은 매수인에 대하여 손해배상청구와 이행청구 또는 계약해제를 선언할 수 있으며, 이때 매도인의 손해배상청구권은 그 외의 구제를 구하는 권리의 행사로 인하여 박탈당하지 아니한다. 매도인이 계약위반에 대한 구제를 구할 때에는 매수인에게 어떠한 유예기간도 허용되지 않는다(제61조).

2) 매도인의 이행청구권

비엔나협약상 매도인은 매수인에 대하여 대금지급, 물품수령 또는 기타 의무의 이행을 청구할 수 있으나, 만일 매도인이 이러한 청구와 모순되는 구제를 청구한 경우에는 그러하지 아니하다(제62조). 이 협약에서는 요건을 충족하더라도 자동적으로 계약이 해제되지 않고, 의시표시의 통지에 의하여 이를 인정한다(제26조, 제64조). 또한 손해경감의무(제77조)에 의하여 이행청구권의 행사가 제한되는 일도 없다. 매도인이 계약을 해제하면 매수인의 이행청구권은 소멸한다. 제63조에 의한 부가기간 중에도 이행청구권은 행사할 수 없다.

매도인은 매수인에 대하여 의무이행을 위한 상당한 부가기간을 지정할 수 있다(제63조 1항). 즉, 매수인이 기일에 의무이행을 하지 않는 경우 매도인은 매수인을 위한 부가기간을 설정할 수 있다. 이 규정은 매수인의 의무위반이 대금지급의무 또는 물품수령의무에 관한 것으로서 제25조의 중대한 계약위반에 해당하는가의 여부가 불분명할 경우에는 특히 유용하며, 이 경우에는 설정한 부가기간 내에 이행이 없으면 매도인은 계약을 해제할 수 있다(제64조 1항 b호). 매도인은 매수인으로부터 이 부가기간 내에 이행하지 않겠다는 취지의 통지를 받은 경우를 제외하고는, 그 부가기간 내에는 계약위반에 관한 어떠한 구제도 청구할 수 없다. 다만, 매도인은 이에 의하여 이행지체에 관하여 손해배상청구권을 박탈당하지 않는다.

---

93) 이 협약에서 채무불이행에는 고의나 과실 등의 귀책사유의 존재를 불문하는 무과실책임주의를 취하고 있다. 이 점은 우리 민법이 담보책임의 경우에는 채무자의 귀책사유를 불문하나, 채무불이행책임의 경우에는 과실책임주의를 취하고 있는 것과 다르다.

3) 매도인의 계약해제권

비엔나협약에서 매도인은 계약 또는 이 협약에 따른 매수인의 의무의 불이행이 계약의 본질적인 위반에 상당하는 경우, 또는 매수인의 의무이행을 위한 추가기간 내에 대금지급 또는 물품수령의무를 이행하지 아니하거나, 또는 매수인이 그 지정된 기간 내에 이를 이행하지 아니하겠다는 뜻을 선언한 경우에는 계약의 해제를 선언할 수 있다(제64조). 이는 격지자 간에 행하여지는 국제물품매매거래의 특성상 사소한 기술적 사유로 인하여 계약이 파기되는 것을 피하기 위한 규정으로 풀이된다.

4) 이자 및 손해배상

비엔나협약상 대금지급 지체가 있는 경우에는 매도인은 지연이자를 청구할 수 있는데(제78조), 이를 손해배상으로 볼 것인가 하는 이론이 있다. 그러나 이것은 손해배상과는 달리 매도인은 손해의 증명을 하지 않고 지연이자를 청구할 수 있으며, 이 경우에는 면책에 관한 규정도 적용되지 않는다.

이자 이외의 손해가 발생한 경우에는 그것이 증명된다면 증명된 손해에 대해서는 배상을 청구할 수 있다.

물품인도의무 등 기타의 의무위반에 의한 손해배상에 관하여는 매도인의 손해배상의무의 경우와 같다.

15 위험의 이전

1) 위험부담의 일반원칙

비엔나협약은 위험이 매수인에게 이전한 후의 문제만을 취급하고 있다. 여기서는 물품이 멸실 또는 손상될 위험이 언제 매도인으로부터 매수인에게 이전하는가에 관하여, 운송을 수반하는 매매계약의 경우(제67조), 운송 중의 물품의 매매계약의 경우(제68조) 및 그 외의 경우(제69조)로 분류하여 규정함과 동시에, 그러한 위험이 매수인에게 이전한 후에는 그 멸실 또는 손상이 매도인의 작위 또는 부작위에 의한 경우를 제외하고, 매수인은 물품이 멸실 또는 손상되었더라도 대금지급의무를 면하지 않는다고 규정하면서(제66조),[94] 매도인이 중대한 계약위반을 한 경우에는 위험이 매수인에게 이전한 후라도 매수인이 그 계약위반에 근거한 구제를 청구할 수 있다고 규정한다(제70조). 즉, 위험의 이전에 관하여는 물품이 매수인에게 인도됨과 동시에 그에 따른 위험도 함께 이전되는 인도주의를 취하고 있으며 그 이전시기도 명확하게 규정한다.[95]

이 협약에서는 계약체결의 전후를 불문하고 위험이 매수인에게 이전하기 전에 목적물이 멸실한 경우라도 매도인의 물품인도의무에는 영향을 미치지 않고, 위험이 매수인에게 이전한 후에 목적물이 멸실한 경우라도 매수인은 대금지급의무를 면하지 못한다. 위험이 매수인에게 이전하기 전에는 목적물이 멸실하더라도 매도인은 목적물을 다른 사람으로부터 조달하여 매수인에게 급부하는 부담이 있기 때문에, 급부위험이라고 불리우는 일이 있으며, 매수인은 위험이전 전부터 대금지급의무를 부담하고 있기 때문에 위험이전 후에는 목적물이 멸실하더라도 대금지급의무를 진다는 점에서 위험의 이전으로써 대가위험을 부담한다고 하기도 한다. 위험의 이진시기와 물품의 소유권의 이전이나 물품에 관한 지배의 이전시기는 반드시 일치하지 않는다.

실제로는 운송 중의 멸실 또는 훼손이 문제가 된다. 물품의 멸실 또는 훼손의 위험에 대하여는 현실적으로는 보험에 가입되어 있기 때문에, 동 위험에 의한 손실을 보충할 수 있다. 그러나 위험을 부담하는 당사자가 보험금청구절차를 밟아야 하며, 보험금 지급이 거절된 경우에 보험회사에 대하여 소를 제기해야 한다. 이러한 부담을 지는 자를 정하는 기준으로서 위험부담은 중요하다.

---

94) 예를 들면, 매도인에 의한 포장이 허술하여 해상운송 도중에 물품이 멸실되거나 훼손된 경우. 이와 같은 작위 및 부작위가 매도인의 계약상의 의무위반이 될 때에는 손해배상의 문제가 발생한다.

95) 이에 대하여 우리 민법은 채무자위험부담원칙을 취하면서, 채권자의 귀책사유로 이행불능 상태를 야기한 때에는 채권자위험부담주의를 취하고 있으며, 위험의 이전시기는 명시적인 규정이 없다.

2) 위험의 이전시기

비엔나협약상 매매계약이 물품의 운송을 포함하고 있는 경우에 매도인이 특정한 장소에서 이를 인도하여야 할 의무가 없는 때에는, 위험은 목적물품이 매매계약에 따라 매수인에게 송부되도록 최초의 운송인에게 인도된 때에 매수인에게 이전한다(제67조 1항). 이 조문의 규정은 FOB나 CIF 조건과 다소 차이가 있다. 매도인의 영업소나 창고에서 육상운송으로 선적항까지 운반하는 경우에는 FOB나 CIF 조건에서는 선적항에서 본선의 현측난간통과 시에 위험이 이전하지만, 이 협약에서는 육상운송인에게 인도된 때에 위험이 이전한다. 이것이 원칙이 된 것은 컨테이너 등을 사용하는 현대의 운송에서는 육상이나 해상 및 항공운송과 다른 운송수단이 이용되는 경우에도, 전체로서의 운송으로 보는 것이 적합하여 최초로 운송인에게 인도한 때로부터 매수인에게 위험이 이전하는 것이 합리적이라고 생각했기 때문이다.

계약에서 매도인이 특정한 장소에서 물품을 운송인에게 인도하여야 할 의무가 있는 경우에는, 위험은 목적물품이 그 장소에서 운송인에게 인도되기까지는 매수인에게 이전하지 아니한다(제67조 2항). FOB나 CIF 조건은 결국 이 경우에 해당한다.

매도인이 물품의 처분을 지배하는 서류를 보유하는 권한이 있다는 사실은 위험의 이전에 영향을 미치지 아니한다. 그럼에도 불구하고, 위험은 물품이 하인, 선적서류, 매수인에 대한 통지 또는 기타의 방법에 의하여 계약에 명확히 특정되기까지는 매수인에게 이전하지 아니한다(동조 3항 및 4항).

운송 중에 매각된 물품에 관한 위험은 계약체결 시로부터 매수인에게 이전한다. 그러나 사정에 따라서는 위험은 운송계약을 구현하고 있는 서류를 발행한 운송인에게 물품이 인도된 때로부터 매수인이 부담한다. 그럼에도 불구하고, 매도인이 매매계약의 체결 시에 물품이 이미 멸실 또는 손상되었다는 사실을 알았거나 또는 알았어야 하는 경우에 이를 매수인에게 밝히지 아니한 때에는, 그 멸실 또는 훼손은 매도인의 위험부담에 속한다(제68조).[96]

---

96) 가령, X와 Y 사이의 매매계약에 따라 물품이 운송되고 있는 사이에, 매수인 Y가 또다시

제67조 및 제68조에 해당되지 아니하는 경우에는, 원칙적으로, 위험은 매수인이 물품을 인수한 때, 또는 매수인이 적시에 이를 인수하지 아니한 경우에는 물품이 매수인의 임의처분 하에 적치되고 매수인이 이를 수령하지 아니하여 계약위반을 범하게 된 때에 매수인에게 이전한다. 그러나 매수인이 매도인의 영업소 이외의 장소에서 물품을 인수하여야 하는 경우에는, 위험은 인도기일이 도래하고 또 물품이 그 장소에서 매수인의 임의처분 하에 적치된 사실을 매수인이 안 때에 이전한다. 계약이 아직 특정되지 아니한 물품에 관한 것인 경우에는, 물품은 계약의 목적물로서 명확히 특정될 때까지는 매수인의 임의처분 하에 적치되지 아니한 것으로 본다(제69조).

매도인이 중대한 계약위반을 한 경우에는 제67조, 제68조 및 제69조의 규정은 그 중대한 계약위반을 이유로 매수인이 원용할 수 있는 구제를 침해하지 아니한다(제70조).

3) 중대한 계약위반과 위험부담의 관계

비엔나협약상 위험부담규정은 매도인에게 중대한 계약위반이 있는 경우에 매수인에게 주어지는 대물청구나 대금감액청구, 계약해제 및 손해배상청구 등의 구제수단의 행사를 방해하지 않는다.

여기서 문제가 되는 것은 우선, 매도인에 의하여 물품이 운송인에게 인도되어 운송 중에 전쟁에 휘말려 적하가 피해를 입었으나 목적지에 도달한 후 매수인이 검사한 바, 목적물에는 본래의 하자가 있어서 중대한 계약위반이 성립하는 경우이다. 여기서 목적물의 멸실 및 훼손의 원인 그 자체는 전쟁이고 매도인에게는 책임이 없다. 위험부담의 원칙에 의하면 위험은 매수인에게 당연히 이전하지만, 중대한 계약위반이 있기 때문에, 매수인은 계약을 해제할 수 있다.

이를 Z에게 전매한 경우에는 Y와 Z 사이의 매매계약이 체결된 때에 위험이 Y에서 Z로 이전한다. 그러나 이 원칙을 따른다면, 물품운송 중에 태풍으로 배가 침몰한 경우에 계약체결과 멸실 및 훼손의 시간적 전후가 확정되기 어렵고, 분쟁을 야기할 가능성이 있다. 제반 상황으로부터 물품이 X에 의하여 운송인에게 인도된 시점에서부터 매수인 Z가 위험을 인수했다고 생각되는 경우에는, Y와 Z 사이의 매매계약체결 전에 멸실 또는 훼손하고 있던 경우에도 Z가 위험을 부담하는 것으로 했다(동 협약 제68조).

이때 계약을 해제하면 매수인은 대금채무를 면하고, 매도인은 훼손된 목적물을 되찾을 뿐이므로, 결국 매도인이 위험을 부담하는 것과 실질적으로 같게 된다.

다음으로, 목적물의 멸실 및 훼손 그 자체가 매도인의 행위에 기인하는 것이면서 계약위반이 되는 경우에는, 통상적인 계약위반의 문제로서 위험부담의 문제는 아니다.

16 매도인과 매수인의 의무에 공통되는 규정

1) 개관

여기서는 매도인과 매수인의 의무에 공통되는 내용을 이행기 전의 위반 및 분할이행계약(제1절), 손해배상과 손해경감의무(제2절), 이자(제3절), 면책(제4절), 계약해제의 효과(제5절), 물품의 보존(제6절)로 구분하여 규정한다. 특히 이행기 도래 전이라도 상대방의 계약위반이 예상되는 경우에는 타방 당사자 측에 대하여 예방적인 구제조치로서 계약이행의 정지와 이행기 전의 계약해제권을 인정하는 제1절과, 제4절의 면책에 관한 규정은 실무적으로 유의해야 할 부분이다.

2) 이행기 전의 계약위반과 분할이행계약

비엔나협약에서 당사자 일방은 계약체결 후에 상대방이 자기의 이행능력 또는 그 신뢰성의 중대한 결함, 상대방의 계약이행의 준비 또는 계약이행 행위의 결과로 그 의무의 실질적인 부분을 이행하지 아니할 것이 명백하게 된 경우에는, 자기의 의무이행을 정지할 수 있다. 매도인이 앞의 사유가 명백하게 되기 전에 이미 물품을 발송한 경우에는, 비록 매수인이 물품을 취득할 권한을 주는 서류를 소지하고 있더라도, 매도인은 물품이 매수인에게 인도되는 것을 중지시킬 수 있다. 이 규정은 매도인과 매수인 사이에서의 물품에 대한 권리에만 적용한다. 이행을 정지한 당사자는 물품의 발송 전후에 관계없이 상대방에게 그 정지의 통지를 즉시 발송하여야 하고, 또 상대방이 그 이행에 관하여 적절한 확약을 제공하는 경우에는 이행을 계속하여야 한다(제71조).

계약의 이행기일 이전에 당사자 일방이 중대한 계약위반을 할 것이 명백한 경우에는, 상대방은 계약해제의 의사표시를 할 수 있다(제72조 1항). 시간이 허용하는 경우, 계약의 해제의 의사표시를 할 의도를 가진 당사자는 상대방이 그 이행에 관하여 적절한 보증을 제공할 수 있도록 하기 위하여 상대방에게 합리적인 통지를 발송하여야 한다(동조 2항).

물품의 분할인도를 위한 계약의 경우에 있어서, 어느 분할부분에 관한 당사자 일방의 의무불이행이 그 분할부분에 관하여 중대한 계약위반을 구성하는 경우에는, 상대방은 그 분할부분에 관하여 계약해제를 선언할 수 있다. 어느 분할부분에 관한 당사자 일방의 어떠한 의무불이행이 상대방으로 하여금 장래의 분할부분에 관하여 계약의 본질적인 위반이 발생할 것이라는 결론을 내리게 하는 충분한 근거가 되는 경우, 상대방은 장래의 분할부분에 관하여 계약의 해제를 선언할 수 있다. 다만, 상대방은 상당한 기간 내에 이를 행하여야 한다. 어느 인도부분에 관하여 계약의 해제를 선언하는 매수인은 이미 행하여진 인도 또는 장래의 인도에 관해서도 동시에 계약해제를 선언할 수 있다. 다만, 그러한 인도부분들이 상호 의존관계로 인하여 계약체결 시에 당사자 쌍방이 의도한 목적으로 사용될 수 없을 경우에 한한다(제73조).

3) 면책

비엔나협약에서 당사자 일방은 그 의무불이행이 자신의 통제를 벗어난 장해에 기인하였다는 점과 계약체결 시에 그 장해를 고려하거나 또는 장해의 결과를 회피하거나 극복하는 것이 합리적으로 기대될 수 없었다는 점을 입증하는 경우에는 자신의 의무불이행에 대하여 책임을 지지 아니한다. 당사자의 불이행이 계약의 전부 또는 일부를 이행하기 위하여 고용된 제3자의 불이행에 기인한 경우에는, 그 당사자는 당사자가 위와 같이 면책되고, 또한 당사자가 고용한 제

3자가 위 면책이 그에게 적용된다면 역시 면책되는 경우에 한하여 그 책임이 면제된다. 이상의 면책은 장해가 존재하는 기간에만 그 효력을 갖는다.

의무불이행의 당사자는 장해와 그것이 자신의 이행능력에 미치는 영향에 관하여 상대방에게 통지하여야 한다. 이때 의무불이행의 당사자가 장해를 알았거나 또는 알았어야 하는 때로부터 상당한 기간 내에 그 통지가 상대방에게 도달하지 아니한 경우, 당사자는 그 불착으로 인하여 발생하는 손해배상액에 대하여 책임진다(제79조).

4) 해제의 효과

비엔나협약상 계약의 해제는 이미 발생한 모든 손해배상의무를 제외하고 양 당사자의 계약상의 의무를 면하게 하며, 분쟁해결을 위한 계약조항이나 계약의 해제에 따라 발생하는 당사자의 권리와 의무를 규율하는 기타 모든 계약조항에 영향을 미치지 아니한다. 계약의 전부 또는 일부를 이행한 당사자 일방은 상대방에 대하여 그 계약 하에서 자신이 이미 공급하였거나 또는 지급한 것에 대한 반환을 청구할 수 있다. 당사자 쌍방이 반환하여야 할 의무가 있는 경우, 양 당사자는 이를 동시에 이행하여야 한다(제81조).

매수인이 물품을 수령한 상태와 실질적으로 동등한 물품을 반환하는 것이 불가능한 경우, 매수인은 계약의 해제를 선언하거나 또는 매도인에게 대체품의 인도를 요구하는 권리를 상실한다. 다만, (a) 물품을 반환하거나 또는 매수인이 물품을 수령한 상태와 실질적으로 동등한 물품을 반환하는 것이 불가능한 사유가 매수인의 작위 또는 부작위에 기인하지 아니한 경우, (b) 제38조에 규정된 검사의 결과로 물품의 전부 또는 일부가 이미 멸실되었거나 또는 변질된 경우, (c) 매수인이 불일치를 발견하였거나 또는 발견하였어야 하는 시점 이전에 물품의 전부 또는 일부가 이미 매수인에 의하여 정상적인 영업과정에서 매각되었거나 또는 정상적인 사용과정에서 소비되었거나 또는 변형된 경우에는 이를 적용하지 아니한다.

5) 물품의 보존

비엔나협약상 매수인이 물품수령을 지체한 경우 또는 대금지급과 물품인도가 동시에 이행되어야 하는 때에 매수인이 그 대금을 지급하지 아니하고 매도인이 물품을 점유하고 있거나 또는 기타의 방법으로 그 처분을 지배할 수 있는 경우에는, 매도인은 물품을 보존하기 위하여 그 사정에 합리적인 조치를 취하여야 한다. 매도인은 자신의 합리적인 비용을 매수인으로부터 보상받을 때까지 물품을 유치할 권리가 있다(제85조).

매수인이 물품을 수령한 경우 그 물품을 거절하기 위하여 계약 또는 이 협약에 따른 권리를 행사하고자 할 때에는, 매수인은 물품을 보존하기 위하여 그 사정에 합리적인 조치를 취하여야 한다. 매수인은 자신의 합리적인 비용을 매도인으로부터 보상받을 때까지 물품을 유치할 권리가 있다. 매수인 앞으로 발송된 물품이 목적지에서 매수인의 임의처분 하에 적치된 경우, 매수인이 물품을 거절하는 권리를 행사할 때에는 매수인은 매도인을 위하여 물품을 점유하여야 한다. 다만, 이것은 대금지급이 없이 그리고 불편이나 불합리한 비용이 없이 행하여질 수 있는 경우에 한한다(제86조).

물품을 보존하기 위한 조치를 취하여야 할 의무가 있는 당사자는 그 발생한 비용이 불합리한 것이 아닌 한, 상대방의 비용으로 물품을 제3자의 창고에 기탁할 수 있다(제87조). 제85조 또는 제86조에 따라 물품을 보존하여야 할 의무가 있는 당사자는 상대방이 물품의 점유 또는 반송 그리고 대금이나 보존비용의 지급에 있어서 불합리하게 지연한 경우에는, 적절한 방법으로 물품을 매각할 수 있다. 다만, 상대방에 대하여 그 매각의 의도에 관한 합리적인 통지가 있어야 한다.

물품이 급속히 변질되기 쉬운 것이거나 또는 그 보존에 불합리한 비용이 요구되는 경우에는, 제85조 또는 제86조에 따라 물품을 보존하여야 할 의무가 있는 당사자는 이를 매각하기 위한 합리적인 조치를 취하여야 한다.

보존의 의무가 있는 당사자는 가능한 한, 상대방에게 매각의 의도에 관하여 통지를 하여야 한다. 물품을 매각하는 당사자는 매각의 대금으로부터 물품의 보존과 그 매각에 소요된 합리적인 비용과 동등한 금액을 유보할 권리를 갖는다. 그러나 그 당사자는 상대방에게 그 잔액을 반환하여야 한다(제88조).

17 최종 규정

최종 규정은 이 협약의 국제공법상의 구조를 규정한다. 국제연합의 사무총장은 비엔나협약의 수탁자(depositary)이며(제89조), 이 협약은 이미 발효되었거나 또는 앞으로 발효되는 국제적인 협정이 이 협약에 의하여 규율되는 사항에 관한 규정을 포함하고 있는 경우에는 이에 우선하지 아니한다. 다만, 당사자 쌍방이 그러한 협정의 체약국에 영업소를 갖고 있는 경우에 한한다(제90조).

비엔나협약이 규율하는 사항에 관하여 이와 동일하거나 또는 밀접한 관계가 있는 법령을 두고 있는 둘 이상의 체약국은, 당사자 쌍방이 이들 체약국에 영업소를 갖고 있는 경우의 매매계약 및 그 성립에 관하여 이 협약을 적용하지 아니한다는 것을 언제라도 선언할 수 있다. 그러한 선언은 당사국이 공동으로 또는 호혜주의를 조건으로 하여 일방적으로 행할 수 있다. 이 협약이 규율하는 사항에 관하여 하나 이상의 비체약국과 동일하거나 또는 밀접한 관계가 있는 법령을 두고 있는 체약국은, 당사자 쌍방이 이들 해당 국가에 영업소를 갖고 있는 경우의 매매계약 및 그 성립에 대하여 이 조약을 적용하지 아니한다는 것을 언제라도 선언할 수 있다. 이와 같은 선언의 대상이 된 국가가 그 후 체약국이 된 경우, 그 선언은 이 협약이 그 새로운 체약국에 대하여 효력을 발생한 날로부터 앞의 선언으로서의 효력을 갖는다. 다만, 새로운 체약국이 그러한 선언에 참가하거나 또는 호혜주의를 조건으로 하는 일방적인 선언을 행하는 경우에 한한다(제94조).

또한 어떤 국가라도 이 협약의 비준서, 승낙서, 승인서 또는 가입서를 기탁할 당시에 이 협약의 제1조 1항 b호의 규정에 구속되지 아니한다는 것을 선언할 수 있다(제95조).

체약국의 법률상 매매계약을 서면으로 체결하거나 또는 입증하도록 요구하고 있는 국가는 제12조의 규정에 따라, 매매계약이나 그 변경 또는 합의에 의한 해지 또는 모든 청약, 승낙 또는 기타의 의사표시를 서면 이외의 방법으로 행하는 것을 인정하고 있는 이 협약의 제11조, 제29조 또는 제2부의 어떠한 규정도 당사자 일방이 그 체약국에 영업소를 갖고 있는 경우에는 이를 적용하지 아니한다는 것을 선언할 수 있다(제96조).

18 협약의 선언과 폐기

비엔나협약은 본조 6항의 규정에 따라 제92조에 의한 선언에 기재되어 있는 문서를 포함하여 열 번째의 비준서, 승낙서, 승인서 또는 가입서가 기탁된 날로부터 12개월을 경과한 후에 이어지는 달(月)의 초일에 그 효력을 발생한다. 어느 국가가 열 번째의 비준서, 승낙서, 승인서 또는 가입시를 기탁한 후에 이 협약을 비준, 승낙, 승인 또는 가입하는 경우, 이 협약은 그 적용이 배제되는 부을 제외하고 본조 제6항의 규정에 따라 그 국가의 비준서, 승낙서, 승인서 또는 가입서가 기탁된 날로부터 12개월을 경과한 후 이어지는 월의 초일에 그 국가에 대하여 효력을 발생한다.

비엔나협약을 비준, 승낙, 승인 또는 가입하는 국가가 1964년 7월 1일 헤이그에서 작성된 국제물품매매계약의 성립에 관한 통일법에 관한 협약(1964년 헤이그 매매계약성립협약) 및 1964년 7월 1일 헤이그에서 작성된 국제물품매매에 관한 통일법에 관한 협약(1964년 헤이그 매매협약)의 일방 또는 쌍방의 체약국인 경우는, 그 국가는 이와 동시에 네덜란드 정부에 폐기의 취지를 통고함으로써 경우에 따라서는 1964년 헤이그 매매계약성립협약과 1964년 헤이그 매매협약의 일방 또는 쌍방을 폐기하여야 한다.

1964년 헤이그 매매계약성립협약의 당사국으로서 비엔나협약을 비준, 승낙, 승인 또는 가입하는 국가가 제92조에 따라 이 협약의 제2부에 구속되지 아니한다는 것을 선언하거나 또는 선언한 경우, 그 국가는 이 협약의 비준, 승낙, 승인 또는 가입 시에 네덜란드 정부에 폐기의 취지를 통고함으로써 1964년 헤이그 매매협약을 폐기하여야 한다.

본조의 적용에 있어서, 1964년 헤이그 매매계약성립협약 또는 1964년 헤이그 매매협약의 당사국에 의한 이 협약의 비준, 승낙, 승인 또는 가입은 체약국 측의 이 두 가지 협약에 대한 폐기의 통고가 스스로 효력을 발생하기까지는 그 효력을 발생하지 아니한다. 이 협약의 수탁자는 이러한 점에 대해 필요한 상호 조정을 확실히 하기 위하여 1964년 협약의 수탁자인 네덜란드 정부와 협의하여야 한다(제99조).

제 5 절 정형거래조건

01 거래조건(Trade Terms)

국제거래에서는 상품의 거래조건, 위험의 이전, 비용분담 등의 거래조건을 정하기 위하여 본선인도가격조건(FOB; Free On Board), 운임보험료 포함 가격조건(CIF; Cost, Insurance and Freight) 등의 조건이 이용되고 있다.

국제거래조건의 기준에는 1932년의 바르샤바-옥스퍼드 규칙(Warsaw-Oxford Rules, 1932)과 C.I.F.국제통일규칙(Rules for C.I.F. Contracts, 1932), 1941년의 개정미국무역정의(Revised American Foreign Trade Definitions, 1941) 등이 있으나 우리나라에서는 국제상업회의소(ICC)가 작성한 1980년의 INCOTERMS (International Commercial Terms 또는 International Rules for the Interpretation of Trade Terms, 국제거래조건의 해석에 관한 국제규칙)가 관례적으로 이용되고 있다.[97]

이러한 국제거래조건의 기준은 자동적으로 적용되는 것은 아니고, 당사자가 매매계약 중에서 특약에 의하여 원용 또는 채택할 필요가 있다. INCOTERMS는 국제거래에 있어서 정형의 거래조건으로써 다음의 네 가지 유형에 11가지 종류의 거래조건으로 구성되는데, 우리나라의 국제거래의 경우 수출거래에서는 CIF 조건이 주로 이용되며, 수입거래에서는 FOB 조건이 주로 이용되고 있다.

97) 국제거래 당사자 간의 책임, 의무 및 거래조건 등을 정형화한 '정형거래조건의 해석에 관한 통일규칙(1934년 제정)'. 시대별 국제거래환경을 고려하여 10년 주기로 개정한다. 2010년 제7차 개정.

02 정형거래조건

1) E조건(출발지의 작업장 인도조건)

INCOTERMS에서 E조건은 적출지(Departure)에서의 인도조건으로써, 이는 매도인이 운임의 부담을 지지 아니하고 그의 공장이나 작업장 등의 시설 내에서 매수인에게 목적물품을 제공하기로 하는 조건이다. E조건 중에서 공장인도조건은 전신약호로서 EXW (Ex-Works)를 사용하는데, 이는 지정장소로서 공장이나 작업장에서의 인도조건의 약자이다.

E조건에서는 매도인은 지정장소인 작업장 구내에서 매수인이 임의처분할 수 있도록 약정물품을 인도할 때까지의 모든 비용을 부담하며, 수출통관은 매수인이 부담한다. 이 중에서 EXW 조건은 매도인이 자신의 건물 또는 여타 지정장소인 작업장이나 공장 또는 창고 등에서 수출통관을 하지 않거나 운송수단에 적재되지 않은 채 물품을 매수인의 처분 하에 놓일 때에 인도하는 거래조건을 의미한다.

따라서 이러한 조건에서는 매도인은 최소한의 의무만을 부담하며, 매수인은 매도인의 건물에서부터 물품을 인수하는 데 수반되는 모든 비용과 위험을 부담한다. 그러나 만약 양 당사자들이 매도인으로 하여금 출발할 때에 물품적재에 관한 모든 책임을 부담지우기를 원한다면, 매매계약서상에 그러한 취지를 명시하여야 한다. 이 조건은 매수인이 직접 또는 간접적으로 수출통관절차를 이행할 수 없는 경우에는 사용할 수 없으며, 그러한 경우에는 매도인이 자신의 비용 및 위험으로 적재할 것을 합의하는 FCA 조건이 사용되어야 한다.

2) F조건(운임불지급인도조건)

INCOTERMS에서 F조건은 매도인이 운임을 부담하지 않고 선적지에서 목적물을 인도하는 조건으로써(Main Carriage Unpaid), 매도인은 매수인이 지정한 운송인에게 목적물품을 인도함으로써 그 위험 및 비용을 면한다. 매수인이 운임지급의무를 부담하므로 매도인이 운송인에게 매매목적물을 인도하면 이때부터 위험은 매수인에게 이전된다고 할 수 있다.

F조건 중에서 FCA (Free Carrier; 운송인인도조건) 조건은 수출국에 소재하는 지정장소에서 운송인에게 인도하는 조건으로써, 매도인이 지정장소에서 매수인이 지정한 운송인에게 수출통관된 물품을 인도하며, 수출통관은 매도인이 한다. 즉, FCA 조건(운송인인도가격조건)은 매도인이 수출통관된 상태로 물품을 지정된 장소에서 매수인이 지정한 운송인에게 인도하는 조건이다. 선택되는 인도장소는 물품의 적재 및 하역 의무에 대한 영향을 미친다. 만약, 인도가 매도인의 건물에서 이루어진다면 매도인은 적재에 대한 책임이 있으며, 인도가 여타 장소에서 이루어진다면 매도인은 하역에 대한 책임이 없다. 이 조건은 복합운송을 포함하여 운송방법에 관계없이 사용될 수 있다. 운송인은 운송계약상에 철로, 도로, 항공, 해상, 내륙수로 또는 이들 운송형태의 복합운송을 수행하거나 또는 알선하는 사람을 의미한다. 만약, 매수인이 물품을 수령할 사람을 운송인 이외의 사람으로 지정하면 매도인은 물품이 그 사람에게 인도될 때 물품을 인도해야 할 매도인의 의무를 이행하는 것으로 간주된다.

F조건 중에서 FAS (Free Alongside Ship; 선측인도가격조건) 조건은 물품이 지정선적항의 부두나 또는 부선으로 선측에 인도되는 조건으로써 매도인이 수출통관한다. 즉, FAS 조건은 물품이 지정선적항의 부두나 선측에 인도될 때에 매수인에게 인도되는 조건이다. 이는 매수인이 그 순간 이후 물품에 대한 모든 비용 및 멸실 또는 손상의 위험을 부담해야 한다는 것을 의미한다. 이 조건은 매도인이 물품을 통관한다. 이것이 매수인에게 수출통관을 수배하도록 요구한 개정 전의 INCOTERMS와 다르다. 그러나 만약 양 당사자들이 매수인이 수출통관하도록 원한다면 그 취지를 매매계약서에서 분명히 하여야 한다. 이 조건은 해상 또는 내륙수로운송에서만 사용할 수 있다.

F조건 중에서 FOB (Free On Board; 본선인도가격조건) 조건은 목적물품이 지정선적항에서 본선에 적재될 때에 인도되는 조건으로써 매도인이 수출통관한다. 즉, FOB 조건은 목적물품이 지정선적항에서 본선에 적재 시에 매도인이

매수인에게 인도하며, 이때부터는 매수인이 목적물품에 대한 모든 비용 및 멸실 또는 손상의 위험을 부담해야 한다. 이 조건은 해상 또는 내륙수로의 운송에만 사용될 수 있다. 만약, 양 계약당사자들이 목적물품이 본선에 적재한 때 인도하기를 의도하지 않는다면 FCA 조건이 사용되어야 할 것이다.

3) C조건(운임지급인도조건)

INCOTERMS에서 C조건은 매도인이 선적지에서 목적물품을 인도하고 지정 목적항 또는 목적지까지의 목적물품의 운임지급(Main Carriage Paid) 또는 보험료를 부담하며, 그 후부터는 위험을 부담하지 않는 조건이다.

C조건 중에서 CFR(Cost and Freight; 운임포함가격인도조건) 조건은 매도인이 적재 시까지의 모든 비용은 물론, 지정목적항까지의 운임과 정기선의 경우에는 양하비까지 부담하는 조건이며, 매도인이 수출통관한다. 즉, CFR 조건은 물품이 선적항에서 본선에 적재 시에 매수인에게 인도되는 조건이며, 매도인은 물품을 지정도착항(수입국의 양륙항)까지 운송하는 데 필요한 비용 및 운임을 지급하여야 한다. 그러나 인도시점 이후부터는 그 발생하는 사건에 기인된 물품에 대한 멸실 또는 손상의 위험뿐만 아니라 추가비용까지도 매도인으로부터 매수인에게 이전된다. 이 조건은 해상 또는 내륙수로 운송에만 사용될 수 있다. 만약, 양 계약당사자들이 물품이 본선 적재 시에 인도하기를 의도하지 않는다면 CPT 조건이 사용되어야 한다.

C조건 중에서 CIF(Cost, Insurance and Freight; 운임보험료포함가격인도조건) 조건은 매도인이 적재 시까지의 모든 비용은 물론 지정목적항(수입국의 양륙항)까지의 운임과 보험료, 그리고 정기선의 경우에는 양하비도 부담하는 조건이며 수출통관은 매도인이 한다. 즉, CIF 조건은 목적물품이 선적항에서 본선에 적재 시에 매수인에게 인도되는 조건이며, 매도인은 목적물품을 지정도착항까지 운송하는 데 필요한 비용과 운임을 지급하여야 한다. 그러나 인도시점 이후 발생하는 사건에 기인된 물품에 대한 멸실 또는 손상의 위험뿐만 아니라 추가비용은 매도인으로부터 매수인에게 이전된다. 그러나 CIF 조건에서 매도인

은 운송 중 목적물품에 대한 멸실 또는 훼손에 대한 매수인의 위험에 대하여 해상보험을 부보하여야 한다. 따라서 매도인이 당해 보험계약을 체결하고 보험료를 지급한다. CIF 조건 하에서 매도인이 단지 최소담보조건으로써 보험을 부보하는 것이 요구된다는 사실을 매수인은 주지하여야 한다. 매수인이 확장담보를 원한다면 매도인과 명시적으로 합의를 하거나 매수인 자신이 추가로 보험을 수배하여야 한다. 이 조건은 해상 또는 내륙수로 운송에만 사용될 수 있으며, 만약, 양 당사자들이 목적물품이 본선난간을 통과할 때 인도하기를 의도하지 않는다면 CIP 조건이 사용되어야 한다.

C조건 중에서 CPT (Carriage Paid To; 운임지급가격인도조건) 조건은 지정목적지(수입국의 특정 지점)까지의 운임을 포함하는 인도조건으로써 목적물품이 지정목적지까지 운송할 운송인의 보관 하에 또는 복합운송의 경우에는 최초의 운송인에게 인도된다. 즉, 매도인은 물품이 인도될 때까지의 모든 비용과 수출통관비용은 물론, 지정된 목적지까지의 운임을 부담한다. CPT 조건은 매도인이 그가 지정한 운송인에게 물품을 인도하면 되지만 매도인이 지정한 도착지까지 목적물품을 운송하는 데 필요한 운송비용을 추가로 지급해야 한다. 이는 물품이 인도된 후에 발생되는 모든 위험 및 여타비용을 매수인이 부담한다는 것을 의미한다. 이때 운송인은 운송계약상에 철로, 도로, 항공, 해상, 내륙수로 또는 이들 운송형태의 복합운송을 수행하거나 또는 알선하는 사람을 의미한다. 만약, 합의된 도착지까지 운송하는데 후속 운송인이 이용되면, 목적물품이 최초로 운송인에게 인도된 때에 위험이 이전된다. 이 조건은 복합운송을 포함하여 운송방법에 관계없이 사용될 수 있다.

C조건 중에서 CIP (Carriage and Insurance Paid To; 운임보험료지급가격인도조건) 조건은 매도인이 목적물품이 인도될 때까지 모든 비용과 지정된 목적지(수입국의 특정 지점)까지의 운임과 보험료를 부담하며 매도인이 수출통관하는 조건이다. 즉, CIP 조건은 매도인이 그가 지정한 운송인에게 목적물품을 인도하면 되지만 매도인이 지정도착지까지 목적물품을 운송하는 데 필요한 운임을 추가로 지급해야 한다. 이는 목적물품이 인도된 후 발생되는 모든 위험 및 모든 추가비용을 매수인이 부담한다는 것을 의미한다. 그러나 CIP 조건에서 매

도인은 운송 중에 발생하는 목적물품의 멸실 또는 훼손에 대한 매수인의 위험에 대하여 해상보험을 부보하여야 한다. 이 조건에서 매도인은 단지 최소담보조건으로 보험을 부보하는 것이 요구된다는 사실을 매수인은 주지하여야 한다. 만약, 매수인이 확장담보를 원하면 매도인과 명시적으로 합의를 하거나 매수인 자신이 추가로 보험수배를 하여야 한다. 여기서 운송인은 운송계약상에 철로, 도로, 항공, 해상, 내륙수로 또는 이들 운송형태의 복합운송을 수행하거나 또는 알선하는 사람을 의미한다.

그러나 이 조건에서 매도인은 운송 중에 발생하는 물품의 멸실이나 훼손 등 매수인의 위험에 대하여 보험을 부보해야 한다. 만약, 합의된 도착지까지 운송하는데 후속 운송인이 이용되면, 물품이 최초로 운송인에게 인도될 때 위험이 이전된다. 이 조건은 복합운송을 포함하여 운송방법에 관계없이 사용될 수 있다.

4) D조건

INCOTERMS에서 D조건은 양륙지(Arrival) 인도조건으로써, 매도인이 지정목적항 또는 목적지까지의 목적물품의 모든 비용 및 위험을 부담하는 조건이다.

D조건 중에서 DAT(Delivered At Terminal; 터미널인도조건) 조건은 목적물품이 지정된 터미널에서 하역된 상태로 매수인에게 인도되는 조건으로써, 종전의 DEQ 조건[98)]을 변경한 인도조건이다. DAT 조건은 지정목적항 또는 지정목적지에 있는 지정터미널에서 도착한 운송수단으로부터 양하한 물품을 수입통관하지 않고 매수인의 임의처분 상태로 인도하는 조건이다. 이 조건에서 터미

---

98) 종전의 DEQ(Delivered Ex Quay; 부두인도가격조건) 조건은 목적물품이 지정목적항의 부두에서 수입통관되지 않은 상태에서 매수인의 임의처분 하에 인도되는 조건으로써, 매도인은 물품이 인도될 때까지 모든 비용을 부담하고, 관세를 포함한 수입통관비는 매수인이 부담한다. 즉, DEQ 조건은 물품이 지정도착항 부두에서 수입통관되지 않은 상태에서 매수인의 처분 하에 놓일 때에 매수인에게 인도되는 조건이다. 매도인은 지정목적항까지 목적물품을 운송하고 부두에서 그 물품을 하역하는 데 소요되는 비용과 위험을 부담한다. 이 조건은 매수인으로 하여금 물품을 수입통관하고 그리고 수입에 대한 모든 절차, 관세, 세금 및 기타 비용을 부담할 것을 요구한다. 만약, 양 당사자가 매도인의 의무에 목적물품의 수입에 대하여 지급해야 하는 모든 비용을 포함하기를 원한다면, 이를 계약서상에 명시적으로 적시하여야 한다. 이 조건은 목적물품이 해상이나 내륙수로 또는 복합운송되어 물품이 본선에서부터 도착항 부두에 인도될 때에만 사용될 수 있다.

널은 지붕의 유무를 불문하는 개념으로서 부두, 창고, CY (container yard), 도로, 철도, 항공화물터미널을 포함한다. 매도인은 목적지 또는 목적항까지의 목적물품의 운송계약을 체결함은 물론, 지정목적항 또는 지정목적지의 터미널까지의 운송과 양하에 따른 위험을 부담한다. 만일, 터미널에서 여타의 장소로 목적물품을 운송하고 처리하는 비용과 위험을 매도인이 부담할 경우에는 DAP 조건이나 DDP 조건을 이용하여야 한다.

D조건 중에서 DAP (Delivered At Place; 목적지인도조건) 조건은 목적물품이 수입국의 지정된 장소에서 적재된 상태로 매수인에게 인도되는 조건으로써 종전의 DAF 조건[99]과 DES 조건[100] 및 DDU 조건[101]을 통합한 인도조건이라고 할 수 있다. 이 조건은 매도인이 목적물품을 지정목적지에서 수입통관하

---

99) 종전의 DAF (Delivered At Frontier; 국경인도가격조건) 조건은 목적물품이 국경선의 지정장소에서 수입통관하지 않고 운송수단에 적재한 채 매수인의 임의처분 하에 인도되는 조건으로써, 매도인은 목적물품이 인도될 때까지 소요되는 모든 비용을 부담하고, 수출통관은 매도인이 부담하며, 하역과 수입통관은 매수인이 부담한다. 즉, DAF 조건은 물품이 지정된 국경의 일정한 장소에서, 그러나 인접국가의 국경세관 통관 이전에 도착한 운송수단상에서 하역되지 않고 수입통관이 되지 않은 상태에서 매수인의 처분 하에 놓일 때에 매수인에게 인도되는 조건이다. 여기서 국경은 수출국의 국경을 포함하여 여타 국가의 국경도 해당된다. 이 조건에서는 항상 장소를 지정하여 당해 국경이 정확히 정의되어야 한다. 만약, 양 당사자가 매도인으로 하여금 도착한 운송수단으로부터 물품의 하역에 대한 책임을 지우고 하역에 대한 위험과 비용을 부담하기를 원한다면, 그 취지를 계약서상에 명백하게 기재하여야 한다. 이 조건은 물품이 육상 국경선에서 인도될 때에 운송의 형태에 관계없이 사용될 수 있다.

100) 종전의 DES (Delivered Ex Ship; 착선인도가격조건) 조건은 목적물품이 지정목적항의 본선선상에서 수입통관되지 않은 상태에서 매수인의 임의처분 하에 인도되는 조건이다. 즉, DES 조건은 목적물품이 지정도착항의 본선선상에서 수입통관 되지 않은 채 매수인의 처분 하에 놓일 때 매수인에게 인도되는 조건이다. 매도인은 목적물품을 하역하기 전에 지정목적항까지 운송하는 데 소요되는 모든 비용과 위험을 부담해야 한다. 이 조건은 물품이 해상, 내륙수로 또는 복합운송에 의하여 도착항 본선선상에서 인도될 때에만 사용할 수 있다.

101) 종전의 DDU (Delivered Duty Unpaid; 관세미지급인도가격조건) 조건은 목적물품이 수입통관되지 않은 상태에서 국내의 지정목적지에서 양하하지 않고 매수인의 임의처분 하에 인도되는 조건으로써 수입통관비와 양하비는 매수인이 부담한다. 즉, DDU 조건은 매도인이 물품을 수입통관되지 않은 상태로, 그리고 지정목적지에서 운송수단으로부터 하역되지 않은 채, 매수인에게 인도하는 조건이다. 매도인은 목적지까지 목적물품을 운송하는 데 소요되는 비용과 도착지에서의 수입관세를 제외한 비용 및 위험을 부담해야 한다. 매수인이 물품을 제때에 수입통관하지 못함으로써 발생되는 여하한 비용 및 위험은 매수인이 부담한다. 만약, 양 당사자가 매도인으로 하여금 물품의 수입에 대한 통관절차를 이행하고 그로부터 발생되는 비용 및 위험을 부담하게 하고, 목적물품의 수입통관에 필요한 제반비용도 부담하게 하려면, 이를 매매계약서상에 분명하게 기재하여야 한다.

지 아니하고(수입통관은 매수인이 한다.) 도착한 운송수단에 적재된 상태로 매수인의 임의처분 하에 두는 인도조건으로써 매도인은 지정목적지 또는 지정목적지 이외의 당사자 간에 합의된 지점까지의 운송계약을 체결하고, 지정목적지까지의 모든 위험을 부담한다. 만일, 매도인이 운송계약의 내용에 따라 목적지에서의 양하비용을 부담한 경우에도 당사자 간에 별도의 합의가 없는 한 이 비용을 매수인에게 청구하지 못한다. 수입통관을 매도인이 이행하도록 할 경우에는 DDP 조건을 이용해야 한다.

D조건 중에서 DDP(Delivered Duty Paid; 관세지급인도가격조건) 조건은 목적물품이 수입통관되어 수입국 내의 지정목적지에서 양하하지 않고 매수인의 임의처분 하에 인도되는 조건으로써, 매도인은 물품이 인도될 때까지 모든 비용과 관세, 조세, 부과금 등의 수출통관비용과 수입통관비용을 부담한다. 즉, DDP 조건은 매도인이 목적물품을 지정도착지(수입국 내의 특정 지점)에서 수입통관되고, 도착운송수단으로부터 하역되지 않은 상태로 매수인에게 인도되는 조건이다. 그러나 매도인은 그곳까지 물품을 운송하는 데 소요되는 비용 및 도착지에서의 수입관세를 포함한 모든 비용과 위험을 부담한다.[102)]

EXW 조건이 매도인에 대하여 최소한의 의무를 부담지우는 반면, DDP는 최대한의 의무를 부담지운다고 할 수 있다. 이 조건은 매도인이 직접 또는 간접적으로 수입허가를 받을 수 없는 경우에는 사용되지 않아야 한다. 그러나 만약 양 당사자가 매도인의 의무에서 목적물품의 수입에 부과되는 부가가치세 등의 제반비용을 제외하려면, 이를 계약서상에 분명히 기재하여야 한다.

---

102) 여기서 관세는 통관절차 이행에 대한 책임과 위험 그리고 절차상의 지급금, 세금 및 기타 비용을 포함한다.

제 6 절 국제물품매매계약에 관한 일반거래협정

01 개 관

일반적으로 국제거래계약의 각 당사자는 거래의 상대방에 대한 신용조사(Credit Inquiry)가 완료된 후에 견본(Sample)이나 가격표(Price List) 등을 송부함으로써 거래를 개시하는 경우가 많다. 즉, 국제거래계약의 당사자는 신용조회처(Credit Reference)로부터 거래상대방에 대한 호의적인 회신을 받게 되면 즉시 거래를 개시할 수 있다.

국제거래의 원활한 이행을 위해서는 견본이나 목록(Catalogue) 등을 발송하고 견적서를 제출하는 것도 중요하지만, 그 전에 적어도 그것과 병행하여 일반거래조건(General Terms and Conditions of Business)에 관한 의향서(Memorandum) 또는 협정서(Agreement)를 체결하여 교환해 둘 필요가 있다. 왜냐하면 국제거래환경의 급속한 변화에 따라 국제거래계약 위반의 발생 가능성이 많은 입장에서, 일반거래협정서는 장래의 양 당사자 사이에 발생할지도 모르는 모든 거래에 대한 구속력을 가지는 거래의 기준을 설정하기 때문이다.

일반거래조건에 대한 협정은 국내거래 특히 점두매매(店頭賣買)의 경우에는 전혀 필요하지 않다. 즉, 국내거래에서 점두매매는 상관습이 동일하고 또한 상품이 특정화되어 있으며, 언제라도 인도 가능한 상태에 있기 때문에 매매의 합의와 이행이 동시에 완료될 수 있다. 하지만 국제거래에서는 그렇게 간단하지 않다. 즉, 국제거래의 경우, 수출업자와 수입업자는 각기 관습적·제도적으로 서로 상이한 국가에 거주하고 있으며, 상품도 계약 시에 특정되어 있는 경우는 드물고, 대부분이 수주 후에 새로 생산하는 주문생산물이다. 따라서 국제거래에서는 거래의 준비단계로서 양 당사자의 상관습상의 상위를 조정해 둘 필요가 있으며, 거래의 원활화를 위하여 필수적이며 기초적인 제 조건을 체결해 둘 필요가 있다.

일반적으로 일반거래협정서는 국제거래계약의 당사자들이 거래에 필요하다고 인정되는 주요 항목을 망라해서 각서 또는 협정서 형식으로 체결한다. 때로는 계약의 성립 후에 체결하는 매매계약서에 이러한 일반적 거래조건을 함께 인쇄해 두는 경우도 있는데, 일반거래조건은 어디까지나 매매조건과는 달리 앞으로 일체의 거래에 적용될 추상적이며 기본적인 것이기 때문에, 국제거래계약의 당사자들은 거래의 개시에 즈음해서 우선 이를 송부하여 교환함으로써, 기본적인 제 조건에 관하여 상호 의견의 일치를 확보해 두는 것이 필요하다.

02 일반거래협정의 주요 내용

1) 개관

이와 같은 국제물품매매계약에서 고려되는 조건으로는 품질조건(Terms of Quantity)을 비롯하여, 수량조건(Terms of Quantity), 가격조건(Terms of Price), 선적조건(Terms of Shipment), 결제조건(Terms of Payment), 보험조건(Terms of Insurance), 클레임조건(Terms of Claim), 중재조건(Terms of Arbitration) 등이 있다. 이 가운데 전반부의 다섯 가지 조건이 소위 국제물품매매계약의 기본조건이며, 나머지 조건은 국제거래의 특수성에 비추어 부가되는 조건이라고 할 수 있다.

이러한 여러 가지 조건을 내용으로 하는 국제거래계약은 모든 사항을 구체적으로 빠짐없이 거래할 때마다 이를 체결할 필요는 없으며, 실제로는 일반적으로 거래에 관한 협정을 맺어놓고 그때그때 해당 거래에서 요구되는 사항만을 체결하게 된다. 이러한 일반거래조건을 'General Terms and Condition'이라고 하며, 이것을 내용으로 하는 계약서를 'Agreement'라고 부른다. 일반거래조건의 구체적인 내용에 대해서는 각 거래회사의 판매정책이나 취급하는 상품 그리고 상대방의 사정에 따라서 다르겠지만, 일반적으로 이용되고 있는 일반거래협정서의 각 조항별 주요 내용을 보면 다음과 같다.

일반거래협정서는 원칙적으로 국제거래계약의 본질에 관한 조건을 비롯하여 계약상품에 관한 제반조건과 계약의 성립에 관한 조건 및 계약상의 분쟁해결에 관한 조건으로 구성된다. 실제로 일반거래조건의 구체적 내용에 대해서는 거래상품의 종류와 상대시장 등에 따라 다소의 차이가 있을 수 있지만, 공통되는 주요 항목은 비교적 다음과 같다.

2) 거래형태(Business) 조항

이는 거래를 어떠한 형태로 할 것인가에 관한 문제로서, 구체적으로는 계약의 당사자를 누구(본인 또는 대리인)로 할 것인가에 관한 문제이다. 거래형태에 따라 실제 거래에서 그 채산성과 절차상에 상당한 차이가 생기기 때문이다. 즉, 대리인 간의 거래에서는 중개수수료(Agent Commission)가 발생하게 되는데 그 부담은 누가 하고, 신용장개설 의뢰인은 누가 되며, 선하증권의 수하인(Consignee) 또는 환어음의 지급인은 누구로 할 것인가 등의 문제가 발생한다.

본인 간의 거래에서는 모두 매도인과 매수인 자신의 계산과 위험으로 이루어지지만, 대리인 간의 거래에 있어서는 타인의 계산과 위험으로 거래가 이루어지기 때문이다.

3) 견본품과 품질(Sample and Quality) 조항

여기서는 목적물품의 품질의 결정을 매도인이 송부하는 견본품(Seller's Sample)으로 할 것과 견본품의 송부를 구체적으로 어떤 방법으로 할 것인가를 규정하고 있다. 견본품을 기초로 하는 매매(Sales by Sample)에서는 선적물품은 품질 및 상태가 견본품과 일치하는 것을 원칙으로 한다.

4) 가격(Price) 조항

여기서는 가격을 표시할 통화의 종류 즉, 표시통화의 문제 및 가격의 기초(Basis of Price)에 관한 문제를 주요 내용으로 정한다.

5) 확정청약(Firm Offer) 조항

여기서는 확정청약을 하는 경우, 그 청약의 유효기간 또는 회신기간의 결정에 관한 문제를 정한다.

6) 주문(Order) 조항

여기서 주문은 계약의 성립조건에 대한 일반적인 합의에 관한 것으로서, 확정청약을 유효기간 내에 매수인이 승낙한 경우를 제외하고는, 매도인이 최종적으로 확정하지 않는 한 주문으로 보지 않는다고 정한다.

7) 수량(Quantity) 조항

여기서는 선적서류에 나타난 선적시의 수량에 관하여 인도시의 수량을 증명하는 최종적인 것으로 정한다.

8) 선적(Shipment) 조항

여기서는 선적기간에 관한 원칙, 불가항력(Force Majeure), 면책 그리고 선하증권의 일자가 선적일에 대한 마지막 증거임을 확인하고 있으며, 선적항의 지정 등을 주요 내용으로 한다.

9) 결제(Payment) 조항

결제는 거래조건 중에서도 특히 중요한 조건의 하나로써, 이 조건 여하에 따라서 거래의 성립 여부가 결정되는 경우가 많다.

10) 해상보험(Marine Insurance) 조항

보험조건을 비롯하여 예상이익(Expected Profit) 및 보험금액 그리고 보험사고가 발생한 경우의 보험금 지급방법 등에 관하여 정한다.

11) 손해배상청구(Claim) 조항

여기서는 손해배상청구권이 발생했을 경우의 구체적인 절차를 정한다.

12) 정형거래조건(Trade Terms) 조항

여기서는 FOB 조건이나 CIF 조건과 같은 정형거래조건에서 계약당사사의 의무는 최근에 개정된 INCOTERMS의 해석에 따른다는 것을 정한다.[103]

03 일반거래협정서의 작성

1) 표준조항

실제로 국제거래업계에서 일반적으로 사용되는 일반거래협정서(Agreement on General Terms and Conditions of Business)는 대체로 다음과 같이 정형화된 표준조항을 두고 있다.

103) Unless specially stated, the trade terms under this agreement and any contract shall be governed and interpreted by the latest INCOTERMS.

(1) 거래형태(Business) : 계약의 당사자는 모두 본인으로 하며, 대리인은 당사자가 될 수 없다.104)

(2) 확정청약(Firm Offers) : Firm Offer는 E-mail 또는 팩시밀리로 하고 이는 3일간 유효하다.105)

(3) 승낙(Acceptance) : 승낙은 E-mail 또는 팩시밀리로 한다.

(4) 주문(Orders) : 주문은 E-mail 또는 팩시밀리로 확인하고 계약서를 교환하며, 이를 일방적으로 취소하지 못한다.106)

(5) 가격(Prices) 조건 : CIF New York, 미국 달러로 정한다.107)

(6) 품질(Quality) : 품질은 견본품과 일치하여야 한다.108)

(7) 중량 및 수량(Quantity) : 중량 및 수량은 운송서류의 기재에 의한다.109)

(8) 상표(Marking) : Mark는 HANNAM으로 한다.

(9) 신용장(L/C) : 계약의 성립과 동시에 신용장을 개설한다.

(10) 결제(Payment) : 환어음은 신용장에 따라 일람출급으로 하고, 선적서류를 첨부하며, 송장금액 총액으로 발행한다.110)

(11) 선적(Shipment) : 선적은 계약기간에 해야 하나, 불가항력의 경우에는 20일간 이를 연장할 수 있다. 선하증권(B/L) 발행일을 선적일로 본다.111)

---

104) Business is to be transacted as between principal, on their own account and responsibility.

105) All firm offers are to remain effective for three days after the time of dispatch, excluding Sunday and National Holidays.

106) Except in cases where firm offers are accepted, all orders are to be subject to seller's final confirmation.

107) Unless otherwise specified, prices are to be quoted in US Dollars on the basis of CIF New York.

108) Sellers are to supply buyers with samples free of charge, and sellers shall guarantee all shipments to be conformable to samples in regard to quality and condition.

109) Weight and Quantity determined by the sellers, as set forth in shipping document, shall be final.

110) Draft is to be drawn at sight under irrevocable letter of credit which should be open in favour of sellers immediately upon contract, for the corresponding value of an order, with full set of shipping documents, viz Bill of Lading, Insurance Policy, Commercial Invoices and other documents which each contract requires.

(12) 목적항(Destination) : New York 양륙항은 Buyer에게 맡긴다.

(13) 보험(Insurance) : 보험금액은 송장금액의 110%이고 분손담보조건을 부보한다.112)

(14) 손해배상청구권(Claim) : 화물도착 후 2주간 이내에 E-mail 또는 팩시밀리로 제의한다.113)

(15) 중재(Arbitration) : 쌍방이 동의하는 중재기관의 재정에 따른다.

2) 기본 형식

(1) 전문(Commencement)

이 조항은 Premises라고도 하나, 계약당사자의 법적 지위를 확정하고 계약이 체결된 일자를 명시함으로써 후일 계약의 성립을 둘러싼 분쟁발생 시 체결일자 및 계약당사자에 관한 해석의 기준이 된다. 계약서 본문에 대비하여 그 이전에 표기된 서론적인 내용인 Commencement, Whereas 및 Consideration clause 모두를 계약서의 전문이라고 한다. 법인이나 그 밖의 소송에서 당사자 능력이 있는 개인을 상대방으로 해야 하며 계약당사자의 명칭을 정확히 기재하되 약칭은 사용하지 말아야 한다. 계약당사자가 법인인 경우에는 그 법인의 등록명칭과 법인설립의 준거법 및 주된 영업소의 소재지를 표기해야 한다. 법인설립의 준거법을 표기하는 경우 통상 국가를 기준으로 하지만 주법이 다른 경우에는 국가명과 해당 주명을 동시에 표기한다.

---

111) Shipment is to be made with in the time stipulated in each contract, except circumstances beyond seller's control. The date of Bill of Lading shall be taken as conclusive proof of the date of shipment. Unless expressly agreed upon, the port of shipment shall be at seller's option.

112) All shipments are to be covered on ICC (B) Clauses for the invoice amount plus 10% and the insurance policy is to be made out in US Dollars and claims payable in New York.

113) Claim, if any, shall be submitted by cable within 14 days after arrival of goods at destination. Certificates by recognized surveyors shall be sent by mail without delay. Any claim beyond the amicable adjustment between sellers and buyers is to be finally settled by arbitration in Seoul, Korea in accordance with Commercial Arbitration Rules of the Korea Commercial Arbitration Board and the Law of Korea.

또한 이 조항에는 계약당사자의 본점 소재지를 표기하되 국명부터 번지까지 정확히 기재해야 한다. 계약당사자의 명칭, 설립의 준거법과 본점의 소재지를 표기한 후 계약서에서 계속 사용할 당사자의 약칭을 정의해야 하고 이후 일관성 있게 계속 사용해야 한다. 계약당사자가 개인인 경우에는 개인의 법적 지위를 확정지을 수 있도록 성명과 주소, 국적, 여권번호 등을 기재한다. 계약체결일자의 표시는 “this 15th day of March”와 같이 표기하는 것이 보통이다. 계약체결장소가 소송 당시의 관할법원을 결정하는 연결점이 될 수 있으므로 계약체결장소를 잘 선택해야 한다.

설립 중인 회사의 명의로 계약을 체결할 때에는 발기인 등이 연대하여 책임을 부담할 수 있으므로 유의해야 한다. 특히 유전개발이나 탄광 및 정유사업 등 대형 프로젝트에 참여할 때에는 상대방의 실체 파악에 유의해야 한다.[114)]

(2) 설명조항(Whereas Clause)

이 조항은 당사자의 영업내용과 계약체결의 취지 및 목적을 설명하고 있으며, 이는 엄밀한 의미에서는 양 당사자 간의 합의사항이라고 할 수 없으므로 법적 구속력은 없다.

당사자의 의도나 목적을 기재한 조항이므로 분쟁발생 시 합의내용을 해석하는 중요한 자료가 될 수 있다. 상대방이 이 설명조항에 표기된 계약체결의 동기를 신뢰한 경우에는 표시에 의한 금반언(Estoppel by Representation)에 해당하므로, 소송에서 그 표시된 동기에 반하는 주장을 할 수 없게 된다.

‘WITNESSETH THAT’은 Recital이 시작됨을 알리는 고어체의 현학적 표현으로 아무런 의미가 없다는 것이 중론이지만, 종래 대부분의 계약서는 이를 답습하고 있다. 다만, ‘WITNESSETH’ 또는 ‘WITNESSETH THAT’의 말미에 콜론(‘ : ’)을 붙여야 한다.

당사자가 종사하고 있는 영업내용 및 계약체결의 취지나 목적을 기재하는데,

---

114) 예를 들면, ‘Repsol Algerie’는 Algerie에 있는 Repsol의 자회사가 아니라 Spain의 Repsol에 본사가 있는 Repsol의 자회사이다.

여기에는 계약목적인 일에 상대방이 경험과 능력이 있어서 이 계약을 체결하게 된 것이라 기재하면 좋다. 계약을 체결하게 된 원인이 된 중요한 사실은 가급적이면 계약서 본문에 반영하여 당사자 일방의 상대방에 대한 계약상의 담보내용(Warranty)으로 하든지, 아니면 계약의 조건(Condition)으로 해야 한다.

(3) 약인조항(Consideration Clause)

이 조항은 약인 또는 대가가 없는 예약은 강제집행을 구할 수 없다는 영미법상의 독특한 이론을 반영한 것이다. 양 당사자가 이행관계에 민감한 사안인 경우가 대부분인 국제간의 계약에서 어떤 채무가 아무런 반대급부 없이 호의로 성립하였다고는 생각할 수 없기 때문에 오늘날 전통적 의의를 가짐에 불과하다.

보통 계약서 전문의 말미에 위 내용과 같은 문구를 기재함으로써 강제집행을 구할 수 없는 증여로부터 특정 거래를 구별하기 위한 약인이론은 해결된 것으로 본다.[115)]

(4) 정의(Definition)

이 조항은 반복하여 사용되는 용어를 다시 기술해야 하는 번거로움으로부터 탈피하기 위하여 둔 것이다. 사전에 정의함으로써 본문에서 길게 정의함에서 비롯될 수 있는 해석의 어려움으로부터 벗어나기 위한 것이다.

특정 거래에 통용되는 기술적인 용어가 의미하는 바가 무엇인지를 확정하는 경우 이 조항을 이용한다. 정의되지 않는 일반 단어들과 구별하기 위해 반드시 대문자로 시작해야 한다. 계약서에서 자주 반복 사용되는 경우에만 정의한다. 한 번 정의한 용어들은 반드시 정의된 대로 계속 사용해야 한다. 정의한 내용이 계약서 해당부분에서도 정의한 대로 해석되어도 무방한지 검토를 요한다.

특정 용어를 정의함에 있어서 직접 정의하지 않고 특정 조항에서 규정한 바에 따른다고 함은 무방하지만, 이런 경우 정의가 미루어진 특정 조항을 반드시 검토하여 반사논리가 되지 않도록 해야 한다.

---

115) NOW, THEREFORE, in consideration of the foregoing and of mutual promises hereinafter set forth, the parties hereto agree as follows:

(5) 체선(초과정박; Demurrage)

국제적인 물동량의 증가로 인하여 선적항 또는 양륙항에서 불가항력으로 인한 체선료가 발생될 위험이 증대하고 있으므로 이를 상대방에게서 전가시키기 위한 것이다.

운송의무를 부담하지 않는 당사자의 입장에서는, 선적항 또는 양륙항에서 불가피하게 발생될지도 모를 체선료에 대한 위험을 반드시 상대방에게 명시적으로 전가시켜야 할 것이다. 이 경우에도 여전히 선박회사로부터 체선료를 청구당할 위험은 있으므로 상대방과 선박회사 간의 운송계약상의 체선료 약정을 입수하여 사전 재검토하는 것이 좋다.

운송의무를 부담하는 당사자의 입장에서는 이 조항을 수용하는 경우 당연히 체선료를 부담해야 하는 결과가 발생하므로 이 조항을 언급하지 말아야 체선료의 발생 시 준거법 등에 따라 상대방에게 이를 전가시킬 수 있는 희망을 갖게 될 것이다.

선박회사와 운송계약을 체결할 경우 항구의 특성상 적체가 심한 지역인 경우에는 적체로 인한 대기기간은 체선료 산정기간에서 제외시키고, 체선기간 산정에 관한 특별약정인 WIPON (whether in port or not) 조항을 삭제시키도록 하는 것이 좋다.[116)]

(6) 기밀유지(Confidentiality)

본 계약과 관련하여 제공되는 정보는 기밀을 유지해야 하는 것이므로 정보의 수령자는 그 기밀의 유지에 최선을 다해야 한다는 조항이다. 조항의 성격상 산업재산권의 전수가 포함되는 계약에 반드시 들어가는 조항이지만, 기밀유지 대상이 영업상의 노하우(Know-How)뿐만 아니라 계약당사자의 재무상태 등을 포함한다고 하는 측면에서 거의 모든 계약에 명시되어야 할 조항이다.

---

116) The purchaser shall be responsible for all demurrage incurred by the Seller at the port of discharge. Any demurrage payable hereunder may be invoiced and payable separately from the payment terms under Article ( ) hereof.

기밀제공자의 입장에서는 기밀유지의무를 상대방뿐만 아니라 상대방의 종업원 등에게도 부과해야 한다. 특히 기밀제공자에 의해 교육을 받게 될 상대방의 종업원에게도 별도의 기밀유지계약을 체결하는 것이 좋다. 기밀을 제공받는 자의 입장에선 이 조항을 양자 공히 적용되는 것으로 하는 노력이 필요할 뿐만 아니라, 기밀유지의무기간을 되도록 단기간으로 하는 동시에 기밀유지의무대상에서 제외되는 기밀들을 반드시 명시해야 할 것이다.[117)]

(7) 손해배상(Liquidated Damages)

계약의 이행이 지연될 때에 실제로 입은 손해를 입증할 필요 없이 약정된 지연손해금을 배상받을 수 있다.

가) 급부의무를 부담하는 계약당사자 입장에서는, 지연손해금의 산정기준을 전체 계약금액이 아니라 지연된 급부 자체의 가격으로 하며, 지연손해율은 지연이자의 개념에서 검토하여 연리 25% 미만의 범위 내에서 지연된 주당 또는 1일에 (　　)%로 해야 한다. 관행 마진 등을 고려하여 지연손해금의 상한을 지연된 급부 자체 가격의 5% 또는 10% 등으로 명시해야 한다. 하도급업체나 local 거래선 등을 통하여 급부의무를 부담하는 경우에는 지연손해금 조항에 관한 위험이 그대로 전가될 수 있도록 동 조항을 하도급 또는 local 계약서에 반영해야 한다. 특히 지연손해금 산정기준을 하도급이나 local 계약금 기준이 아닌 원계약 금액기준으로 해야 한다.

나) 급부를 받아야 하는 계약당사자 입장에서는, 지연손해금 산정기준을 전체 계약금액으로 해야 하고, 지연손해비율을 지연이자보다 높게 설정해야 하며, 지연손해금의 상한을 명시하지 않아야 한다. 지연일이 (　　)을 초과하는 경우 계약을 해지할 권리를 유보해야 한다.

---

117) 따라서 Provided, however, that the provisions of this clause shall not apply to such information if they (1) were already known to other party; (2) have come into the public domain without breach of confidence by the other party or any other person: (3) were received by the other party from a third party without restrictions on their use; or (4) are required to be disclosed pursuant to any statutory or regulatory provision or court order라는 단서를 부기해야 한다.

(8) 책임의 한계(Limitation of Liabilities)

계약위반 시 제공된 급부에 하자가 발생함으로써 입은 손해를 어느 정도까지 배상할 것인지를 규정하는 조항이다. 배상액 제한 방식에는 특별손해는 배상하지 않을 뿐만 아니라 그 한도액을 얼마라고 규정하는 방식과, 모든 간접손해까지 배상하라는 방식이 있다. 전자는 급부 제공자의 입장이고, 후자는 급부를 제공받는 자의 입장에서 요구하는 조항이다.

거의 모든 국가의 법들이 예측 불가능한 특별손해는 배상하지 않아도 되는 것으로 규정하는 입법취지를 감안할 때, 위의 두 경우에 있어서 법상 허용되는 손해배상 범위 내에서 이를 보다 제한하는 방식인 특별손해불배상 조항 등은 유효라고 판단됨에 반하여 법률상 허용된 손해배상의 범위를 일탈하는 특별손해배상 조항은 무효라 판단된다는 점에 주의를 요한다.

급부의무를 이행해야 할 당사자의 입장에서는, 계약체결 시 알 수 없었던 상대방의 구매목적에 적합할 것이라는 보증, 즉, 특정 목적에의 상품 적합성 등 어떠한 묵시적 하자보증도 없음을 명시해야 한다. 급부를 받는 당사자의 입장에서는 단서를 두고 특별손해까지 배상요구하고 그 한도액도 최대한 증액시키는 노력이 필요하다.

(9) 조세, 부과금, 관세 등(Taxes, Dues, Customs Duties, ETC.)

계약과 관련하여 상대방 국가에서 부과되는 세금을 모두 원가에 반영하기란 불가능하다. 즉, 세목과 세액이 각국 각색이기 대문에 상대방 국가의 세제를 알지 못하거나 제대로 이해하지 못하는 데서 오는 위험을 방지하기 위해서 이 조항을 두게 된 것이다.

급부의무를 제공해야 하는 계약당사자는 계약이행과 관련하여 상대방의 국가에서 부과될 관세, 거래세, 인지세, 소득세 등 각종 세목과 세액에 대한 사전검토를 필히 하여 원가에 반영해야 할 것이다. 물품공급계약과 같이 어느 일방의 계약의무이행행위가 타방의 국가로까지 연장되는 경우가 아니라면 본 예문과 같이 해당 당사자는 자국에서 부과되는 모든 세금을 부담해야 하고 나아가 상대방을 면책시켜야 한다고 규정하면 된다.

(10) 클레임(Claims)

계약이 불완전하게 이행된 경우, 이와 관련한 상대방의 클레임제기권은 준거법에 따라 해석되어져 불측의 손해를 초래할 우려가 있고 나아가 상대방의 클레임제기권을 무한정 허용할 수 없다는 측면을 고려한 조항이다.

이때 클레임제기에 관한 시한을 명시해야 한다. 이행자의 입장에서는 되도록 짧게 하고 이행수령자의 입장에서는 장기간이 되도록 하는 것이 좋다. 다만, 즉시 알 수 없는 하자(Latent Defects)에 대하여는 하자가 즉시 발생한 경우 보다 장기간을 허용하는 방법도 있다. 다만, 국내법상으로는 즉시 발견할 수 없는 하자인 경우 수령 후 6개월 이내에 통지를 요구하고 있다(상법 제69조).

물품의 하자통지기한과 클레임제기기한은 별도의 개념이므로 클레임제기기한을 규정하는 경우에도 하자통지규정을 두어야 한다. 보험계약 또는 운송계약의 경우에도 정식 클레임 제기기한과 별도로 사고통지 조항이 규정되는 것이 보통이므로 가급적이면 동 기한을 충분히 규정해야 한다.

(11) 기간, 효력(Duration, Validity)

계약기간을 명시하고 별도의 해지통보가 없는 경우 순차적으로 1년씩 연장된다는 조항이다. 계속적 공급계약, 판매상, 대리상계약 등 일정 기간 동안 계약을 이행해야 하는 경우에만 계약기간을 명시해야 하지만 특정 급부의 제공으로 계약이 종료되는 경우라면 계약의 종기는 무의미하다.

순차적인 연장 문구를 삽입하는 경우에는 약정된 기간 내에 통보가 없으면 계약이 자동으로 갱신되므로 사후 계약관리의 측면에서 계약의 갱신을 원하지 않는다면 반드시 약정기간 이내에 갱신하지 않는다는 의사를 통지해야 한다. 갱신하지 않겠다는 의사의 표시에 필요한 기간을 명시하려면, '만료일의 몇 달 전'과 같이 장기간으로 표시해야만 준거법에 따라 무효가 될 위험을 방지할 수 있다.

(12) 계약의 취소(Cancellation)

계약을 지속하기 어려운 사유가 발생한 때 계약을 해제하거나 중도에 종료시키도록 하는 조항이다. 계약의 취소는 계약이 없었던 것과 같은 효력은 처음부터 없던 것으로 한다는 의미를 가지고 있다.

(13) 계약의 종료(Termination)

불가항력적 사태로 인한 계약위반이 일정 기간 지속되거나 또는 중대하고 실질적인 계약위반이 일정 기간 계속되는 경우, 신용감소의 사태가 발생되거나 영업 중단 등을 하는 경우에 타방 당사자는 사전통보 후 본 계약을 즉시 중도 종료시킬 수 있다는 내용이다.

상대방의 계약위반 또는 신용상태의 악화 시 계약의 중도 종료권은 최소한 양 당사자 모두에게 공평하게 있다는 점을 명시해야 한다.

(14) 권리의 양도(Assignment)

이 조항에서는 당사자의 계약 또는 계약상 지위의 양도를 금지한다. 이는 준거법에 따라 또는 계약의 성격에 따라 계약 또는 계약상 지위의 양도가 가능한 것으로 판단될 위험을 방지하기 위한 것이다.

상대방의 능력 또는 신용을 기본으로 하여 체결되는 국제거래의 속성상 계약 또는 계약상 지위의 양도는 바람직하지 못하다. 상대방의 영업능력, 제조능력 등을 신뢰하여 계약하는 대리점(Agency)계약이나, 독점판매권(Distributorship)계약에서는 이 조항의 삽입은 필수적이다. 어떤 경우에는 계약 또는 계약상 지위의 양도금지 뿐만 아니라 상대방에게 상대방 회사의 양도까지 금하는 경우가 있는데, 이는 인수합병(Mergers and Acquisition)이 필요할 때 이를 방해하는 조항이 될 수 있으므로 거부해야 한다.

(15) 불가항력(Force Majeure)

계약상 불가항력에 관한 규정으로서, 이는 양 당사자의 귀책이 아닌 사유로 인하여 계약이 지체되거나 또는 이행 자체가 불가능하게 되는 사유를 말한다. 특히 불가항력적 사유가 후발적 불능을 발생하게 하는 경우 채무자 위험부담주의, 채권자 위험부담주의, 소유자 위험부담주의 등 준거법의 해당 규정에 따라 그 결과가 달라질 수 있으므로 이를 반드시 명시해야 할 것이다.

이 조항의 혜택을 보는 입장인 급부의무이행자의 입장에서는, 상대방의 대가 지급의무와 관련해서는 불가항력 조항이 적용되지 않는다는 점을 명시해야 하며, 제공될 급부를 상대방이 수령할 수 없는 상태가 어떤 경우에 발생할 것인지와 관련하여 상대방 국가의 재해 빈발 정도, 정치경제사정, 노사분규, 항로의 동결 여부뿐만 아니라 주변국의 지정학적 상황까지 모두 고려하여 발생 가능성이 높은 것은 모두 불가항력의 예시적 사유로써 명시하는 것이 좋다. 자신의 이행행위와 관련하여서는 원부자재값의 폭등, 자재품귀, 전력공급의 중단, 선복수배의 불능, 하도급업체를 포함한 자신의 노사분규, 운송사고, 공장의 징발 등즉, 불가항력 사유 중 특히 논쟁의 여지가 많은 사유들을 모두 불가항력의 예시적 사유가 된다고 명시하는 방식을 취해야 한다.

이 조항으로 인하여 혜택을 보지 못할 급부를 제공받는 당사자의 입장에서는, 불가항력 발생 시 상공회의소 등 해당 불가항력의 발생을 인정할 수 있는 공인기관의 확인서를 요구해야 하고, 비록 불가항력 기간 중이라 하더라도 상업적으로 가능한 범위 내에서 이행을 계속하거나 손실을 축소할 의무를 상대방에게 부과해야 한다.

불가항력이 일정 기간 이상 지속될 경우에는 계약해지권을 명시해야 하며, 불가항력의 발생 시에는 자신의 이행제공도 연기할 수 있음을 명시해야 한다. 불가항력 사유 중 논쟁의 여지가 많은 사유는 모두 명시적으로 불가항력으로 간주되지 않는다고 규정해야 한다.

(16) 통지(Notice)

계속적인 의사전달이 필요한 경우에는, 의사전달의 수단 및 효력 발생시기 등을 사전에 규정함으로써 의사전달의 존부 및 효력을 둘러싼 상대방의 부당한 주장을 방지해야 한다.

격지자 간의 의사표시에 관한 효력 발생시기가 준거법에 따라 발송 시 또는 도달 시 등으로 달라질 위험이 있다. 발송한 날로부터 ( )일이 지나면 도달된 것으로 간주한다는 발신주의 형식을 취하는 것이 일반적이다.

통신기술의 발달에 따른 간편하고 편리한 통신수단을 의사전달의 수단으로 채택하는 것은 무방하지만, 이를 반드시 등기우편으로 재송달해야 한다고 명시하는 것이 후일 분쟁발생 시에는 증거서류로서의 효력을 보존하는 방법이 될 것이다.

(17) 언어(Language)

예를 들면, 이 계약서는 영어로 2부 작성되었으며 다른 언어로 작성된 것은 없다는 내용의 조항이다. 영어권이 아닌 상대방과 계약 시 반드시 필요한 조항이며, 만약 계약서를 영어, 러시아어, 한국어 3부로 작성하는 경우에 제3국어인 영어가 우선한다는 조항이 필요하다.[118]

(18) 거래조건(Trade Terms)

이 계약서에 사용되는 모든 무역조건은 본 계약에서 달리 명시된 바가 없는 한 ICC의 최신 INCOTERMS에 의거하여 해석한다. FOB, CFR, CIF 등 흔히 사용되는 인도조건 등의 거래조건은 일반적인 관행이라 할 수 있는 INCORTERMS에 의하여 해석되어야 하고 또한 당연히 그렇게 해석될 것이라 믿고 있는 경우가 많은데, 이 조항을 명시하지 않는 경우에는 준거법에 따라

---

118) This Agreement has been executed in two (2) copies with equal force and effect in English language. No translation into other language shall be taken into consideration in the interpretation of this Agreement.

해석될 것이다. 만약, 준거법이 동 거래조건에 관한 당사자 간의 의무분담 또는 물품의 멸실, 훼손에 관한 위험과 소유권의 이전시기를 달리 규정하고 있는 경우에 있을지도 모르는 불측의 위험을 방지하기 위한 것이다.[119)]

물건의 급부가 목적인 계약에서는 이 조항을 반드시 명시해야 한다. INCOTERMS와 다르게 규정된 내용이 있는 경우에는 규정된 내용에 따라 해석되는 것이 당사자의 의사에 합치될 것이기 때문이다. 대개의 경우 물건 수령자의 입장에서는, 해상위험이 늦게 이전되는 것이 안전하므로 해상에서 발생된 위험을 반드시 부보하든지 아니면 위험 및 소유권의 이전시기를 달리 규정하는 조항을 계약서에 반드시 명시해야 할 것이며, 물품 공급자의 입장에서는, 상관행인 이 조항을 물품 수령자가 거부하는 경우 다른 인도조건으로 바꾸고 이에 상응하는 물품대금의 인상을 요구해야 할 것이다.

(19) 준거법(Governing Law)

준거법의 적용은 계약에서 다르게 규정된 바가 없거나 아니면 계약의 내용이 명확하지 않은 경우에는 해석기준이 된다. 예기치 못한 분쟁의 발생 시 그 승패를 좌우하는 것이 준거법이다. 준거법규정이 없는 경우 법정지의 섭외사법(conflict of law)에 의해 준거법이 지정되므로,[120)] 상대방이 특정 준거법을 반대하는 경우에는 이를 참고해야 한다. 따라서 준거법을 자국법으로 하는 노력이 중요하며, 만약 상대방이 이를 거부하는 경우에도 제3국법을 준거법으로 채택해야만 매수인(Purchaser)이 자국법을 잘 알고 있는 데서 비롯되는 당사자의 불이익을 방지할 수 있다.[121)] 정부계약에서는 반드시 자국법을 준거법으로 강제하는 국가도 있다.[122)]

---

119) The trade terms under this Agreement shall be governed and interpreted by the provision of the latest International Commercial Terms (INCOTERMS).

120) 대개 계약체결지, 계약이행지 등 소위 center of gravity 법으로 지정된다.

121) The validity, performance, construction, and effect of the Agreement shall be governed by the laws of the Republic of Korea.

122) 예를 들면, 베네주엘라, 콜롬비아, 사우디아라비아 등이 있다.

(20) 분쟁의 해결(Resolution OF Disputes)

중재는 소송보다 시간과 비용적인 측면에서 경제적일 뿐만 아니라 합리적인 중재결정을 기대할 수 있기 때문에 많이 이용되고 있다. 여기서는 중재를 제기당하는 당사자(피고)의 국가에서 ICC 중재규칙에 의한 중재로 모든 분쟁을 해결한다는 정함을 할 수 있다(즉, 피고지주의).

(21) 계약변경(Changes)

매수인은 매도인에게 이 계약의 범위 내에서 부가적인 업무나 이 계약상의 업무 변경을 요구할 수 있다. 급부의무이행자의 입장에서는 가능하면 이 조항을 삭제하는 것이 바람직하다. 대가를 지급할 상대방에게 계약변경권 등을 부여하는 데 있어 그 전제요건은 이에 따른 계약금액과 납기의 조정을 받아야 한다는 것이다.

(22) 승낙(Compliance With Laws)

어느 일방이 계약의 이행과정에서 법규를 위반하여 제재를 받는 경우 상대방은 이 조항을 들어 그 위반행위에 가담하지 않았다는 증거로 삼을 수 있다. 형법, 수출입법, 행정법 등 법규위반의 소지가 있는 대리점(Agency), 독점판매권(Distributorship), 관리(Supervision), 플랜트수출(Plant Exportation)계약 등에서 계약상 지위가 강한 본인(Principal 또는 Contract Owner)들이 요구하는 조항이다.

계약상대방의 능력에 의심은 가지만 어쩔 수 없는 사정으로 인하여 계약을 체결해야 하는 경우 또는 계약상대방의 지역의 상관행이 뇌물공여 등 파행적 행위에 의해 이루어질 가능성이 많은 경우, 본 조항을 필히 반영해야 한다. 강행법규에 의하여 정부승인을 득해야만 유효한 계약인 경우에는 정부승인을 득하기 전에 계약금 교부 또는 계약이행 착수 등을 하지 않도록 유의해야 한다.

(23) 주권면제의 포기(Waiver of Sovereign Immunity)

계약상대방인 외국정부 또는 공공기관이 계약을 위반하는 경우 동 위반행위에 대하여 승소판결을 받았다 하더라도 이를 위해 동 정부 또는 공공기관의 재산을 환가조치해야 손해를 배상받을 수 있다는 점을 감안할 때, 정부 또는 공공기관에 대한 제소 및 그 재산에 대한 압류 및 경매가 그 국가의 주권을 침해하는 것으로 간주되어질 위험을 방지하기 위한 것이다.

매수인이 국영기업 또는 국가기관인 경우에는 다음과 같은 주권면제특약을 계약서에 반드시 삽입하여 매수인이 주권침해를 들어 본 계약상 의무이행의 거부 또는 판결집행의 거부 등을 하지 못한다고 명시해야 할 것이다.

(24) 권리포기의 금지(No Waiver)

어느 일방이 계약을 위반하는 경우 상대방이 이에 대해 이의를 제기하지 않았다는 것이 곧 이의제기를 포기하는 것 등으로 해석되어서는 안 된다는 조항이다.

분쟁발생 시 상대방의 계약위반 사실에 대한 당사자의 권리포기를 상대방이 주장하는 것을 봉쇄하자면 이 조항은 필수적으로 계약서에 삽입되어야 한다.[123)]

(25) 분리성(Severability)

특정 조항이 무효이더라도 다른 조항에는 영향에 미치지 않는다는 규정이다. 이는 준거법에 따라 중요한 조항이 무효인 경우 그 전체가 무효가 되는 것을 방지하기 위한 것이다. 준거법을 상대방의 국가법으로 하거나 제3국법으로 하는 경우 계약서의 모든 조항의 내용이 동 준거법에서 유효한지의 여부는 현지 법률 전문가의 자문을 득하기 전에는 사실상 불가능하므로 이 조항을 두게 된 것이다.

---

123) The failure of either party to enforce at any time any provision of this Agreement shall not constitute a waiver thereof, or of the right to thereafter enforce such provision, or to claim damages or to terminate the Agreement for any subsequent or continuing default of such or any other provision

(26) 조문표제(Article Captions)

이 조항은 각 조항의 제목은 그 조항의 해석과는 무관하다는 규정이다. 'heading'으로 표기하기도 한다. 계약서 작성 시 모든 조항마다 최적의 제목을 만들기란 불가능하기 때문에 조항의 제목과 내용이 상이하게 되거나 제목과 내용이 합쳐져야만 해석이 가능한 경우도 있다.[124)]

---

124) All article caption contained herein are inserted for convenience of reference only and shall not affect in any way construction or interpretation of the provisions to which they refer.

제 7 절 국제거래계약서 작성

01 국제거래계약서 작성의 필요성과 작성

1) 개관

계약서는 당사자가 계약의 존재 및 내용을 확인하기 위하여 작성하는 것으로서, 일반적으로 계약은 구두에 의하든 서면에 의하든 유효하게 성립한다. 그러나 국제거래계약에서는 분쟁의 방지를 위하여 서면으로 작성할 필요가 있다.

2) 임의규정의 배제

세계 각국의 법률규정에는 강행규정과 임의규정이 있으나 일반적으로 상거래에 관련된 법률에는 임의규정이 많은데, 이러한 임의규정은 특약으로 변경할 수 있기 때문에 필요에 따라서 임의규정을 변경하여 그 내용을 서면으로 명확히 한다.

3) 분쟁의 회피

국제거래에서는 상대방과는 인종, 민족, 피부색, 종교, 풍속, 관습, 언어, 문화, 법률, 사고 등이 달라 국내거래보다 오해나 분쟁이 발생하기 쉽다. 이러한 경우 계약서가 존재한다면 오해나 분쟁을 미연에 방지할 수 있을지도 모른다.

가령, 분쟁이 발생한 경우에도 계약서가 계약의 성립 및 계약내용의 증거로서 커다란 의미를 가지고 있다.

4) 계약서 작성 의무

국가에 따라서는 특정한 계약을 서면, 공정증서, 날인증서 등에 의하여 작성할 것을 법률상 의무화하고 있는 경우가 있다. 예를 들면, 영국에서는 사기와 위증을 방지하기 위하여 1677년에 사기방지법(Statute of Frauds)이 제정되어 일정한 계약은 서면으로 작성되어 있지 않으면 계약으로서 법적 강제력이 인정되지 않았다(unenforceable). 사기방지법은 1954년에 개정되었으나 보증계약 및 토지에 관한 계약은 지금도 서면으로 하지 않으면 안 된다.

또한 미국에서도 루이지애나 주 이외의 각 주에 사기방지법이 존재하며, 특히 통일상법전(Uniform Commercial Code)에서는 500달러를 초과하는 동산의 매매계약에 관하여 계약의 성립을 입증하는 일정한 서면이 없으면 그 계약에 관하여 소송으로 다툴 수 없다(UCC 2-201조 1항).

5) 계약서 작성 언어

계약서는 1개 국어만으로 작성되는 것이 원칙이다. 그러나 예외적으로 2개 국어로 작성되는 것도 있다. 이러한 경우에는 만일, 양 계약서의 해석에 상이한 점이 발견될 경우에는 어느 용어로 작성된 계약서가 우선적으로 적용될 것인가에 관하여 명확히 정해둘 필요가 있다. 국제계약서를 작성하는 용어는 우리나라에서는 일반적으로 영어이지만, 스페인어(중남미국가), 프랑스어(아프리카지역) 등으로 작성되는 것도 있다. 계약서를 공정증서로 작성하거나 등기할 경우에는 현지국의 공용어에 의할 수밖에 없다.

02 국제거래계약서 작성과 사전 검토

1) 법률의 종합적·횡단적 조망

계약서를 작성하는 경우 각 계약조항과 그와 관련된 법률, 예를 들면 외환관리법, 공정거래법, 세법 등을 종합적이고 횡단적으로 검토하여, 그에 알맞게 처리해야 한다.

2) 계약당사자로서의 입장 고려

계약당사자로서의 입장을 고려하여 그 입장에서 적극적으로 권리의 확대 또는 의무의 경감을 위하여 노력한다. 계약에 관하여는 계약자유의 원칙이 있고 법률에는 임의규정이 많기 때문에, 특약으로 임의규정을 자유로이 변경할 수 있다는 점을 잊지 말아야 한다. 다만, 계약에는 반드시 상대방이 있기 때문에 모든 것이 뜻대로 되지는 않는다.

3) 주요 조건의 망라

계약서에는 당해 거래의 주요한 조건을 망라할 필요가 있다. 이를 위해서는 표준계약, 선례 등을 검토하고 당해 거래에 특유한 거래조건을 추가하면 좋다.

또한 이 점에 관하여는 영미법상 '구두증거의 법칙' (Parol Evidence Rule)이 있기 때문에 주의를 요한다. 이것은 당사자에 따라서 모든 합의사항을 계약서에 포함시켜 작성한 이후에는, 계약성립 시 또는 그 이전에 계약서의 기재내용과 다른 합의가 있었다는 반론이 허용되지 않는다는 영미법상의 입장이다. 따라서 합의가 성립된 사항에 관하여는 계약서에 모든 것을 빠짐없이 규정할 필요가 있다.

4) 애매한 표현의 회피 및 적절한 용어의 선택

구체적인 규정을 할 때에는 권리의무의 주체를 명확히 하고 애매한 표현은 피해야 한다. 또한 계약서에 사용하는 용어는 법률상의 개념을 정확히 전달할 필요가 있으며 용어의 선택에는 주의를 기울여야 한다.

5) 상세한 규정

계약에서 규정의 정도는 당해 사항의 구체적인 계약에서의 중요도에 비추어 전체와의 균형을 고려하여 결정된다. 그러나 국제거래계약에서는 국내거래계약과 비교할 때 일반적으로 상세하게 규정되는 경향이 있다.

장래 발생할지 모르는 분쟁을 미연에 방지하기 위하여 또한 지식이 부족한 준거법인 외국법의 임의규정의 적용을 배제하기 위하여 이를 상세히 할 필요성이 있다.

6) 준거법의 배려

통일사법이 지극히 한정된 분야에만 존재하기 때문에 국제거래계약은 최종적으로는 각국의 국내법에 따라 규율할 수밖에 없다. 이러한 국제거래계약에 적용되는 법률을 준거법이라 한다.

일반적으로 계약의 준거법은 계약의 해석에 관한 당사자 간의 분쟁을 미연에 방지하기 위하여 미리 계약에서 정할 수 있으나 정함이 없는 경우에는 법정지의 국제사법에 따라서 지정된다.

계약의 준거법을 결정함에 있어서는 우리 한국인의 입장에서는, 한국법이 가장 바람직하다. 그러나 상대방도 통상 준거법으로서 자국법을 주장하는 일이 많고, 타협의 산물로서 제3국의 법률이 준거법으로서 선택되는 일도 있다. 이 경우 준거법으로서 선진국의 법률을 선택할 만하다. 즉, 선진국의 법률은 개발도상국의 법률과 비교하면 그 적용의 결과가 어느 정도 예측가능하며 또한 대체로 타당하다.

세계 각국의 법률을 대별하면 대륙법과 영미법으로 분류할 수 있다. 대륙법은 성문법으로서 계약서는 비교적 간단하게 작성한다. 영미법은 기본적으로는 판례법이 중심으로서 계약서에는 당사자의 권리의무가 상세히 규정되는 경향이 있다. 또한 개발도상국의 법률은 일반적으로 과거 주종관계에 있던 국가의 법률을 계수하고 있으나 예측가능성이 부족하다.

이러한 사항을 염두에 두고 국제거래계약서를 작성할 경우에는 우선 계약서를 어느 법에 기초하여 작성할 것인가를 고려한다. 외국법에 준거하여 작성할 경우 당해 외국법에 관한 지식이 없으면 우선 우리 법을 기본으로 하여 작성하고, 나중에 그 법률전문가의 의견을 청취하면 된다.

7) 미결사항(open terms)의 확인

미결사항이란 계약을 체결하는 데 있어서 그 일부에 관하여 '미결' (to be agreed later)로서 남겨둔 사항을 말한다. 국제거래에서 자주 행하여지는 것이기는 하지만, 장래 당사자 간에 협의를 하더라도 합의에 이르지 못할 때에는 계약은 어떻게 취급할 것인가를 고려해 볼 필요가 있다.

예를 들면, 우리 법에서는 계약의 해석이 비교적 폭넓게 인정되어 있어 미결사항은 합리적인 내용으로서 유효하다고 보는 경향이 있다. 이에 반하여 영미법에서는 일반적으로 'Agreement to agree is not an agreement'라는 사고가 있어 장래 합의해야 할 사항에 관하여 합의가 성립되지 않은 경우에는 미결사항에 관하여 일체의 정함이 없었던 것이 된다.

그러므로 가령, 미결사항이 계약의 본질적인 요소에 연관될 때에는 그 계약은 불명확성(Indefiniteness) 때문에 성립되지 않은 것이 된다. 또한 미결사항이 본질적이지는 않은 부수적인 사항에 관련된 때에는 그 계약은 그 부수조건 없이 성립한다고 본다.

8) 상사분쟁에의 배려

국제거래계약에는 당사자의 다양성 때문에 국내거래계약보다 상사분쟁이 발생할 가능성이 크다. 또한 일단 상사분쟁이 발생하면 논의를 거쳐 해결하는 것은 쉽지 않다. 그러므로 계약서를 작성하는 단계에서부터 상사분쟁을 배려하고 당해 국제거래에 관하여는 어떠한 문제가 발생할 가능성이 있는가를 예측하여, 계약서에는 그러한 면에서의 조치를 해두는 것이 필요하다.

국제거래에 따른 상사분쟁을 강제적으로 해결하는 법적 수단에는 소송과 중재가 있다.

03 국제계약서의 기본형식[125)]

1) 국제계약서의 전문

(1) 표제

보통 계약서에는 계약내용을 바로 이해할 수 있게 하기 위하여 표제를 붙이는데, 표제 자체는 독립된 법적 효과를 가지지 못할 뿐만 아니라 표제(Title)에 따라 계약내용이 영향을 받는 것도 아니다. 그러므로 이 조항에는 흔히 계약의 의미를 가지는 Contract나 Agreement와 같은 단어를 사용한다.[126)]

---

125) 국제계약의 구성(Table of Contents) a. 계약의 범위(Scope of Agreement) b. 정의(Definitions) c. 주문과 배송[Ordering & Shipment (Quantity & Packing)] d. 가격과 대금결제 조건(Price & Payment) e. 경제적인 오퍼(Competitive Offers) f. 물품반환(하자제품)[Product Returns-Non conforming Product] g. engineering Process or design Changes h. 품질(Quality) i. 안정성(Safety) j. 보증(Warranty) k. 지원(Support: other service) l. 생산의 중단(Discontinuance of Product) m. 통제 불능(Lose Control) n. Marketing & Licensing o. 지적재산권(intellectual Property Protection) p. 무역과 물류 요구사항(Trade & Logistics Requirements) q. 정부의 승낙(Governmental Compliance) r. 불가항력(Force Majeure Events) s. 불이행 상황과 구제법(Events of Default & Remedies) t. 확정된 정보(Confident information) u. 보험과 보장(Insurance & Indemnity) v. 책임의 한계(Limitation of Liability) w. 종료(Termination) x. 증거(Exhibit a~z)

126) 예를 들면, 기술원조계약(technical assistance agreement), 합작투자계약(joint venture agreement), 독점적 판매계약(exclusive distributorship agreement)과 같이 한 번 보아도 바로 이해할 수 있게 작성한다.

(2) 당사자와 일자

국제거래계약서 전문에는 당사자의 명칭과 주소를 정확하게 기재해야 하며, 법인격을 표시하는 표현이 각 국가에 따라서 다른 경우가 있기 때문에 계약체결 능력이라는 관점에서 이를 미리 조사해 둘 필요가 있다. 그리고 설립의 준거법이 주법인 경우도 있기 때문에 반드시 준거법을 기재하여야 한다.127)

그리고 계약서에는 계약일자가 표시되며 특별한 경우가 아닌 경우, 그 계약체결일로부터 계약의 효력이 발생한다. 계약기간을 계약서상의 일자나 또는 계약체결일로부터 수년간이라고 정하여진 경우에는 그 일자가 계약기간의 시기(始期)가 되므로 이를 분명히 할 필요가 있다.128)

(3) 설명조항(Whereas Clause)

일반적으로 국제거래계약서의 전문에는 설명조항이 있는데,129) 여기에는 계약체결의 이유와 경과, 계약의 목적 및 의사 또는 당사자의 간단한 사업설명 등이 기재된다. 이것은 엄밀히 말하면 법적인 효력을 갖지 못하므로 최근에는 점차 간단한 표현으로 변하고 있으며 경우에 따라서는 생략된 경우도 있다. 하지만 각 조항을 해석할 때에 당사자의 진정한 의사를 발견할 수 있고 계약체결의 정신을 살리기 위해서도 전문의 일부에 계약의 중요한 원칙을 명시하는 것이 좋다.

또한 이 조항에는 "in consideration of"라는 문구가 기재되는 경우가 많은데, 이때 'consideration'은 영미법상의 약인에 해당하는 것으로서, 이는 계약의 성립요건이다. 이 문구는 오늘날에는 그다지 커다란 의미가 없지만 문제의 복잡성을

---

127) 주법인 때에는 'Under the laws of the State of California'와 같이 기재해야 한다.

128) This Agreement made this ___ day of ___, 2010, by and between HANNAM Co., Ltd., a corporation duly organized and existing under the laws of Korea, with its principal place of business at ___ Seoul, Korea (hereinafter called HANNAM and ABC Co., Ltd., a corporation duly organized and existing under the laws of the State of Delaware, with its principal place of business at ___ New York, United States of America (hereinafter called ABC) : WITNESSETH

129) Whereas Clause 조항이라고도 한다.

피하기 위하여 'consideration'에 관하여 간단히 설명해 두는 것이 보통이다.130)

2) 국제계약서 본문

(1) 계약의 존속기간(Duration)

일반적으로 모든 계약에는 시기와 종기가 있는데, 국제계약의 경우에는 계약서를 작성한 당사자의 서명일, 또는 그 일자가 명확치 않을 때에는 전문 중에 기재된 계약서 작성일이 계약의 시기가 된다. 그러나 기술원조계약이나 합작투자계약과 같이 정부기관의 허가를 득해야 하는 경우에는 그 허가일 또는 그 후 지정된 날로부터 효력이 생긴다. 그러므로 계약의 효력 발생에 대하여 일정한 조건이 필요한 경우나 또는 일정한 조건을 붙일 경우에는 그 취지를 계약에 명시하는 것이 필요하다.

계약기간을 원만하게 종료한 경우의 종기를 만료일(Date of Expiration)이라고 하고, 어떠한 사정으로 그 기간의 중간에 계약이 종료하는 때의 종기를 종료일(Date of Termination)이라고 하는데, 보통 이를 구별하지 아니하고 종료일이라고 한다.

보통 계약에는 계약기간을 정하는데 계약체결일로부터 1년 또는 2년 등으로 정해두는 확정기간, 당사자 중 일방이 상대방에게 해약통지를 할 때까지 존속하는 것으로 정하는 불확정기간이 있다. 통지기간이나 계약기간 종료의 효력 발생에 관하여 법률적 또는 실무적으로 많은 문제가 발생하므로 이러한 점을 분명히 하는 것이 좋다.

기간연장방법에는 정해진 것은 아니지만 계약기간을 갱신하고자 할 때에 당사자가 협의하여 새로이 계약하는 방법과,131) 계약기간의 만료 전 일정 기간까

130) WHEREAS, Seller is desirous of exporting the products stipulated in Article 4 hereof to the territory stipulated in Article 3 hereof ; and WHEREAS, Agent is desirous of soliciting orders for the said products from customers in the said territory ; Now, THEREFORE, in consideration of the premises and the mutual conventions to be faithfully performed herein contained IT IS HEREBY AGREED AND UNDERSTOOD AS FOLLOWS:

131) This Agreement shall be valid and in force on the day of their signature by the both parties and shall remain in force for a period of three (3) years. At least six (6) months

지 당사자의 일방이 상대방에게 계약종료의 의사표시를 하지 않는 한 자동적으로 계약이 갱신되도록 하는 자동갱신방법[132]이 있다.

(2) 계약의 종료(Termination)

일반적으로 국제거래계약은, 당사자의 위반행위에 따른 해제권의 행사 또는 위반행위는 없었지만 계약을 계속하기 어려운 조건의 발생에 따른 해제권의 행사 그리고 이행 및 기간의 만료에 의하여 종료한다. 먼저 위반행위는 계약해제의 원인이 되는데, 당사자 일방의 위반행위에 의하여 해제권이 발생하는 것은 그 위반이 중대한 경우에 한한다. 이와 관련하여 영미법에서는 계약 중의 중요한 약속을 조건이라 하고 이를 위반하면 중대한 계약위반이 된다. 반면, 부수적인 약속을 담보(Warranty)라고 하는데, 이를 위반한 때에는 손해배상청구권만 인정된다고 본다.

중대한 계약위반이 되는 조건의 구체적인 내용과 범위 및 정도에 대한 판정의 곤란성을 고려하여 사전에 계약해제권이 발생하는 경우를 정해 둘 필요가 있다. 또한 계약위반은 아니지만 계약을 계속하기 곤란한 파산이나 지급불능 및 청산 등의 조건이 발생하는 경우에는 이를 즉시 종료시킬 수 있다는 규정을 둘 수 있다.[133]

---

before the expiration of the both parties shall consult with each other for renewal of this Agreement. If the renewal is agreed upon, this Agreement shall be renewed for another three (3) years' period under the terms and conditions herein set forth on with amendments. Unless agreed, this Agreement shall terminate on expiry of the original three (3) years term herein.

132) This Agreement shall be valid and in force for a period of three (3) years commencing from the date hereof first above written and unless either party gives to the other party at least six (6) months before the termination of this Agreement a written notice of intention to terminate, this Agreement shall be extended for a further period of three (3) years subject to the validation of the Governments of the parties concerned.

133) In case of bankruptcy or insolvency or liquidation or death and/or reorganization by the third party of the other party, either party may terminate this Agreement without any notice to the other party forthwith.

(3) 이행보증과 손해배상액의 예정

계약위반에 대비하여 이행보증조항(Performance Guarantees)이나 손해배상액의 예정(Liquidated Damages) 또는 위약금(Penalty)에 관한 규정을 두는 경우가 많다.

이행보증조항은 국제거래계약의 원활한 이행을 확보하기 위하여 금융기관 등에 의한 계약이행의 보증(Guarantee)을 하도록 하는 것으로, 그 구체적인 방법에는 보증서(Letter of Guarantee), 보증신용장(Stand-by Letter of Credit), 계약이행보증(Performance Bond) 등이 있다.

한편, 손해배상의 예정이란 당사자가 미리 계약불이행에 의하여 손해가 발생할 것을 예상하여 계약으로 배상액을 정하는 것으로서, 이러한 특약에 의하여 채권자는 계약불이행의 사실만 증명하면 손해의 발생 또는 그 액을 증명할 필요 없이 예정액을 청구하게 된다.

영미법에서 계약위반 시 손해배상으로서 일정한 금액을 지급하기로 하는 합의가 미리 이루어진 경우, 당해 합의가 손해배상액의 예정이나 또는 위약금으로 해석되는가에 따라 계약불이행에 대한 구제 면에서 중대한 차이를 가져온다. 즉, 손해배상액의 예정이란 당사자가 계약을 위반한 경우에 발생하게 되는 손해액을 미리 예측하여 합의한 것으로서 법원에 의하여 그 효력이 인정되고 있는 반면, 위약금이란 실제로 계약위반이 있는 경우 예상되는 손해와는 균형을 잃은 금액의 지급을 약속한 것으로 제재(制裁)적인 성격이 강하므로 당사자에게는 이를 강제할 수 없다고 하여 그 효력은 인정되지 않는다.[134)]

(4) 계약의 양도(Assignment)

보통 국제거래계약에서는 계약의 전부 또는 일부의 양도를 규정하는 경우가 많다. 계약 전부의 양도는 당사자의 변경 즉, 당사자로서의 지위를 포괄적으로

---

134) 이에 관하여 현행 민법은 계약의 당사자는 채무불이행에 관한 손해배상액의 예정을 할 수 있고, 손해배상의 예정액이 부당하게 과다한 경우에는 법원이 이를 적당히 감액할 수 있으며, 위약금의 약정은 손해배상액의 예정으로 추정한다고 규정한다.

이전하는 것을 말하고, 일부의 양도는 당사자의 권리·의무에 관한 내용의 일부 변경을 뜻한다.

계약관계는 당사자들이 상호 신뢰의 기초 하에 계약관계를 설정하고, 일방 당사자가 계약상의 지위나 영업을 양도하는 것은 상대방에게 매우 중요한 문제이기 때문에, 양도는 인정하지 않는 것이 당사자 모두에게 바람직하다. 그러나 실제로 양도에 관하여 규정할 때에는, 상대방의 동의가 없으면 일체 인정되지 않는다고 규정하거나 또는 자기의 자회사와 같이 특정한 경우에 한하여 상대방의 동의 없이 양도할 수 있다고 규정하거나, 어떠한 경우에도 양도가 자유라고 규정한다.[135)]

(5) 불가항력 조항(Force Majeure Clause; Act of God)

국제거래계약이 체결된 후 사회통념상의 주의나 예방방법으로는 방지할 수 없을 뿐만 아니라, 또한 사람의 힘으로는 도저히 통제할 수도 없는 일이 발생하여 계약당사자가 계약상의 의무를 이행할 수 없는 경우가 있다. 불가항력이란 계약상의 의무를 이행하는 것이 계약당사자의 책임 없는 사유에 의하여 지연되거나 또는 불가능하게 된 때에는 원칙적으로 당사자는 그에 대한 책임을 지지 않는 사정을 말한다.

불가항력의 요건은 발생한 개별 사정에 따라 다르기 때문에 국제거래계약 중에 이에 대한 요건은 물론 책임의 범위나 한계 및 계약의 해제 등에 관하여 당사자 간의 합의로 이를 분명하게 기재하여 분쟁에 미리 대비할 필요가 있다.

(6) 권리의 포기(Waiver)

당사자 중 일방이 당해 계약기간 중에 계약상의 권리를 행사하지 않는 경우에 관하여, 당해 권리를 행사하지 아니한 것이 장래의 동일한 권리를 포기하는 것이 아님을 분명히 해둘 필요가 있다.[136)]

---

135) Neither party shall assign and/or transfer this agreement in whole or in part to any individual, firm or corporation without the prior written consent of the other party.

(7) 비밀유지(Secrecy)

국제거래계약에서는 계약에 관한 중요한 사항이나 영업상의 비밀에 관하여 비밀을 유지할 것을 계약상에 삽입하는 경우가 있다. 이 경우에도 그 범위와 한계를 분명히 할 필요가 있다.137)

(8) 통지(Notice)

국제거래계약의 당사자는 당해 계약기간 중에 서로 의사표시나 통지 등을 해야 하기 때문에, 통지 등과 관련하여 그 장소, 방법, 효과 및 효력(효력발생시기 등) 등을 미리 합의하여 둘 필요가 있다.138)

(9) 거래의 조건과 준거법(Trade Terms & Governing Law)

국제거래계약에서는 법률은 물론 상관습이나 관행에 따라 이루어지는 경우가 많으며, 동 계약에 자주 사용되는 거래조건의 해석에 관하여도 몇몇 규칙들 간에 차이가 있다.139) 그러므로 계약당사자 간에 이들 규칙 중 하나를 선택해 두는 것이 좋다.140)

---

136) Any failure of either party to enforce, at any time or for any period of time, any of the provisions under this Agreement shall not be constructed as a waiver of such provisions or of the right of the party thereafter to enforce each and every provision under this Agreement.

137) The parties concerned shall keep in strict confidence from any third party (s) any and all important matters as to the business affairs and transactions covered by this Agreement.

138) All notices which may or shall be given under this Agreement shall be made by registered airmail or cable to the address mentioned below or to such addresses as are notified in writing by the parties hereto. If either party has changed its address, a written notice thereof shall be given on the day when deposited in post.

HANNAM Co., Ltd. at ______________________________ DAEJEON, KOREA.

PQR Co., Ltd. at ______________________________ PENNSYLVANIA, U.S.A.

139) 거래조건에 관하여는 국제거래조건의 해석에 관한 통일규칙(INCOTERMS; International Rules for the Interpretation of trade terms)과 CIF에 관한 바르샤바-옥스포드 규칙(Rules for CIF Contracts Warsaw-Oxford Rules), 개정미국무역정의(Revised American Foreign Trade Definition) 등이 있다.

140) The trade terms under this Agreement shall be governed and interpreted under the

또한 국제거래계약에서는 당사자가 서로 다른 국가에 주소나 영업소를 두고 있기 때문에, 계약의 성립과 효력 및 해석 그리고 그로부터 발생하는 문제를 어느 국가의 법률에 따라 해결할 것인가를 정해야 하는데, 이것이 준거법의 문제이다.

계약의 성립과 효력에 관한 준거법에 관하여 각국의 법률과 판례 및 학설을 보면 계약당사자의 의사를 기준으로 정하는 당사자 자치의 원칙을 채택하는 당사자 자치주의, 계약체결지의 법률을 채택하는 체결지법주의 및 이행지법주의 등이 있다.141) 특히 연방제 국가의 경우에는 특정한 주의 법률을 채택할 때에는 이를 기재할 필요가 있다.142)

(10) 재판관할(Jurisdiction)

국제거래계약에는 준거법의 지정 외에도 계약으로부터 야기되는 분쟁의 해결수단에 관하여도 당사자 자치의 원칙이 적용되는데, 계약에서 분쟁의 해결수단에 관하여 정하지 않은 경우에는 당사자가 새롭게 중재에 의할 것을 합의하지 않는 한 당해 계약을 둘러싼 분쟁은 결국 재판에 의하여 해결하게 된다. 이때 계약 중에 소송을 제기할 법원을 미리 정하는데, 이를 재판관할조항이라고 한다 만일 계약 중에 중재조항이나 재판관할조항을 정하지 아니한 경우, 당사자는 제소할 수 있는 법원에 소송을 제기할 수 있다.

보통 당사자가 국적을 달리하는 소송에서도 원고는 피고의 관할법원에 제소해야 한다는 원칙에 따라 피고의 주소지나 영업소의 소재지 법원에 소송을 제기한다. 이 경우 원고가 득한 판결은 당해 법원소재지의 국가에서 집행할 수 있다. 경우에 따라서는 채무의 이행지나 또는 채무가 발생한 장소의 법원도 관할권을 행사할 수 있다.

---

provisions for latest INCOTERMS.

141) This Agreement shall be governed as to all matters including validity, construction and performance under and by the laws of KOREA.

142) The validity, performance and construction of the Agreement shall be governed by the laws of the States of PENNSYLVANIA, United States of America.

재판관할에 관한 합의는 당사자가 자유롭게 할 수 있으나 수소법원은 법정지법에 비추어 보아 관할의 유무를 판단하기 때문에, 당사자의 합의에 의한 관할이 그대로 받아들여지지 아니할 수도 있다. 만일 당사자의 일방이 재판관할조항과 다른 법원에 제소한 경우, 수소법원은 이에 관하여 스스로 판단하여 결정한다.

그리고 원고가 승소판결을 득한 경우에도 재판지에서 집행이 불가능한 때에는 상대방 국가의 법원에 외국 판결의 승인 내지 집행을 청구하는 소송을 제기해야 하는데, 이러한 소송을 접수한 법원은 당해 국가의 민사소송법상의 요건을 적용하여 판단한다.143)

(11) 중재(Arbitration)

일반적으로 국제거래계약에서 야기되는 분쟁을 해결하는 방법에는 당사자 간의 협의에 의하는 방법, 소송에 의한 방법 및 중재에 의한 방법이 있다. 당사자 간의 협의에 의하는 방법은 분쟁을 원만히 해결하기 위하여 당사자가 직접 절충하여 해결하고자 하는 가장 일반적이고 바람직한 방법으로서 실제로 분쟁의 대부분은 이를 통하여 해결된다.

소송을 통한 해결방법은 보통 원고가 피고를 상대로 피고의 거주지 법원에 법정지법에 근거한 법원의 판결을 구한다. 통상 국제거래계약으로 인하여 발생하는 분쟁을 원인으로 하는 소송의 경우, 상대방이 다른 나라에 거주하다보니 법률은 물론 관습이나 문화 및 언어 등이 서로 달라 당사자의 주장을 충분히 입증하기 어렵고 또한 많은 비용과 시간이 소요된다는 점에서 이를 가능한 한 회피하는 경향이 있다.

국제소송의 경우 상대방의 동의 없이 당사자의 일방이 제소할 수 있으며, 3심제, 공권력에 의한 해결, 공개의 원칙이 특징이다. 특히 국제소송이 한 국가

---

143) This Agreement shall be construed and governed by and under the laws of Japan. The courts of Japan shall have jurisdiction over all disputes which may arise between the parties with respect to the execution, interpretation and performance of this Agreement and the parties shall waive any other forum to which might be entitled by virtue of domicile or otherwise.

의 공권력에 의하여 해결되다보니 한 국가에서 내려진 판결을 다른 나라의 법원의 집행판결로서 그대로 인정하는 일은 극히 드물다.144) 그리하여 분쟁은 통상 중재로 해결하는 경우가 많다.

국제거래분쟁을 중재로 해결하기 위해서는 당사자가 제3자를 선임하여 그에게 분쟁해결을 위임하고 그의 판단(중재판정)에 따라 이를 해결하도록 해야 한다.145)

(12) 완전조항(Entire Agreement)

통상적으로 국제거래계약을 체결할 때까지 당사자 사이에 구두로나 또는 문서로써 교섭을 하게 되는데, 이러한 과정에서 계약과 교섭과정에서의 구두상 또는 문서상의 내용이 서로 다른 경우가 있을 수 있다.

이러한 경우를 고려하여, 당사자 간의 권리·의무관계를 분명히 하고 불필요한 분쟁을 방지하기 위하여 계약의 완결조항으로써 당해 계약을 체결함에 있어서 그 시점까지 당사자 사이에 합의된 약속이나 결정 및 각서 등의 모든 것에 대하여 당해 계약이 우선하고, 교섭과정상의 모든 것은 이 계약에 흡수되어 소멸한다는 취지의 합의조항을 둘 필요가 있다.146)

---

144) 현행법상 외국의 판결에서 승소한 당사자가 우리나라에서 집행하기 위해서는 우리 법원에서 집행판결을 득해야 한다.

145) 중재판정은 최종적으로 당사자를 구속하는 법적 구속력을 가진다는 점에서 조정과는 다르다.

All disputes, controversies, or differences which may arise between the parties, out of in relation to or in connection with this contract of for the breach thereof, shall be finally settled by arbitration in Seoul, Korea in accordance with the Commercial Arbitration Rules of The Korean Commercial Arbitration Board and under the laws of Korea. The award rendered by the arbitrator(s) shall e final and binding upon both parties concerned.

146) This Agreement constitutes the entire and only agreement between the parties hereto and supersedes all previous negotiations, agreements, and commitments relating to the sale of products and shall not be released, discharged, changed or modified in and manner, except by instruments signed by duly authorized officer or representative of each of the parties hereto.

(13) 말미문언(末尾文言)

국제거래계약서의 말미에는 당사자의 대표자가 서명하며, 이 경우 서명일자 또는 계약체결일자를 써 넣음으로써 쌍방의 정당한 대표자에 의하여 서명되어 효력이 발생하였다는 것을 선언한다.147)

계약서의 언어가 2개 국어 이상의 언어로 작성되는 경우 양자 간에 차이가 있을 때에는, 계약이 최종적으로 해결되어야 하는 언어를 결정해 두어야 한다.148)

---

147) IN WITNESS WHEREOF, the parties hereto have caused this Agreement, in English and in duplicate originals to be executed by their respective duly authorized officer or representative as of the first above written.

	HANNAM Co., Ltd.
ATTEST :	BY : (signed)
	President
BY : (signed)	Date :
ATTEST :	PQR Co., Ltd.
BY : (signed)	BY : (signed)
	President.
	Date :

148) This Agreement shall be executed both in English and in Korea but in the event of any difference or inconsistence between the version of this Agreement, the English version shall prevail in all respects.

제 8 절 플랜트수출계약

01 개 관

1) 플랜트수출의 의의

플랜트수출이란 우리나라 기업이 기계설비나 서비스, 기술 등의 여러 요소로 구성되는 산업시설을 해외에 설치하기 위한 모든 활동에 관여하는 거래를 말한다. 오늘날 세계화(Globalization)와 국제거래환경의 변화에 따라 해외조달이 촉진되면서, 수출은 단순히 한 국가에서 타 국가로의 재화의 이동이라는 전통적인 거래형태에 그치지 아니하고 점점 진화하고 있다. 플랜트수출도 우리나라에서 선적되는 물품을 대상으로 할 뿐만 아니라 동시에 제3국으로부터의 조달물품을 포함하는 거래라고 할 수 있다.

플랜트수출은 그 목적의 중심을 기계설비의 공급이 차지하고 있는 점에서 매매 또는 이와 유사한 계약인 경우가 많다. 그러나 이러한 것을 하나의 프로젝트의 단위로서 이해한다면 매매계약을 중심으로 하는 도급계약을 비롯하여, 위임계약, 고용계약, 조합계약, 임대차계약, 운송계약, 보험계약 등의 전형계약과 제조물공급계약이나 특허실시계약 등의 무명계약이 혼합된 계약으로서 이해하는 것이 오히려 실제에 근접한다고 할 수 있다.

개발도상국의 경우 산업화의 요청에 따라 대부분은 그 기업인이 발주자가 되고, 선진국의 기업이 수주자가 되는 경우가 많다. 복잡한 국제거래 형태인 점을 고려한다면 특정 국가의 법률체계의 범위 안에서 모든 것을 해석하고자 하는 데는 무리가 따른다.[149] 계약의 해석에서도 정치, 문화, 종교, 언어, 고용, 환경 등에 따라서 좌우된다.

그러므로 이와 같은 새로운 거래형태에 대하여 일정한 기준을 부여한다면 많은 국제기관에 의하여 표준계약조건이나 가이드라인 등이 만들어지고, 이들이 경우에 따라서는 계약의 일반법보다도 강력한 영향력을 가지게 된다.

2) 플랜트수출계약의 법원

플랜트수출계약의 법원은 준거법 국가의 계약법이 그 기본이 되는데, 이 거래는 사람과 물건, 금융 및 기술이라는 자원에 대한 대규모의 국제간의 이동을 수반하고, 상대국에 대하여 큰 영향을 미치는 공공의 이익에 깊이 관련되기 때문에 계약자유의 원칙에 제약이 따른다.

계약의 성립은 수의계약(Negotiated Contract)에 의하기도 하지만, 대부분이 공적 기관을 중심으로 한 경쟁입찰(Competitive Bidding)에 의한다. 당사자는 외국환거래법, 민사집행법, 세법, 공정거래법, 노동법, 지적재산권법, 기술이전법, 공해방지법 등 각종 법률의 준수를 국내법 또는 조약상의 의무로서 요구하게 된다.

플랜트수출 프로젝트를 실현하기 위해서는 그 대상이 되는 프로젝트에 의하여 각종 계약이 종횡으로 편성된다. 이와 관련된 계약관계를 보면, 수출자[150]와 수입자[151] 사이에 체결되는 주된 계약,[152] 수출자인 주된 계약자와 하도급인[153]과의 사이에서 체결되는 하도급계약,[154] 프로젝트의 수주 및 수행을 목적으로 형성되는 합작회사계약[155] 및 컨소시엄계약,[156] 프로젝트의 자금조달을

---

149) 즉, 이슬람제국에서 그 법원을 찾는다면 회교율법(shari'ah)과 회교경전(Koran)을 해석하게 된다.

150) 매도인, 계약자(수주자), 도급인, 위임인, 허락자 등에 해당한다.

151) 매수인, 계약자(발주자), 주문자, 수임자, 실시권자 등에 해당한다.

152) 원도급(prime contract).

153) 기기나 자재 공급자, 공사시공업자 등의 하도급업자(subcontractor).

154) 이 두 계약은 수직적 계약관계에 해당하는 계약이다.

목적으로 하는 파이낸스계약,[157] 기술이전을 목적으로 하는 기술원조계약[158] 등 각종 부수계약이 있다. 본 계약인 플랜트수출계약은 이러한 계약들과는 깊이 연관되어 있다.

플랜트수출계약을 좁은 의미로 파악해 보면, 다른 국제거래계약처럼 두 개 이상의 의사표시의 합치에 의하여 성립하는 채권채무관계이다. 대상이 되는 프로젝트는 계약체결 시에는 대상물이 아직 존재하지 않고 있다가 계약의 이행과정에서 점차 특정되고, 완성될 때까지는 장기간을 필요로 하기 때문에 리스크 등 제 사정의 변화가 당사자의 입장에 영향을 미친다. 또한 많은 사람이나 물건 및 자금 등의 자원이 함께 편성되기 때문에 계약관계가 뒤섞이고, 국가나 공공기관이 발주자가 되는 경우가 많아 정치적 및 행정적 개입을 초래하기 쉬우며, 계약자가 일을 완성하는 데는 발주자 측의 협력의무[159]가 불가결하다는 특징을 가진다.

02 계약의 유형과 표준계약조건

1) 계약유형

플랜트수출계약은 분류기준에 따라 여러 유형이 있으며, 가장 전형적인 분류는 계약자의 업무범위와 계약가격의 지급방식에 의한 분류이다.

---

155) Joint Venture Agreement. 공동시공방식, 각 상대방은 프로젝트 전체의 손익에 관하여 미리 정한 일정 비율에 따라 책임을 진다.

156) 이러한 계약은 수평적 계약관계라고 한다. Consortium Agreement. 분담시공방식, 각 상대방은 각자의 분담범위의 손익에 관하여만 책임진다.

157) Project Finance (Credit) Agreement.

158) 지원적 계약관계. License (Technical) Assistance Agreement.

159) 시공지의 확보, 지급품이나 서비스의 제공, 인허가의 취득 등.

(1) 계약자의 업무범위에 의한 분류

FOB형의 경우 기기를 설치할 국가로 운반하기 위하여 제작지에서 선적하는 것을 주된 채무로 하는 계약으로서 보통은 설치에 대한 감독(Erection Supervision)을 포함한다. 공급물이 대체품인 경우는 매매, 특주품인 경우는 제작물공급에 유사한 계약이다. 또한 감독부분은 단순한 조언에 그치는 경우에는 위임, 결과책임까지 부담하는 경우에는 도급과 유사하다.

턴키(Turnkey)형[160]의 경우 플랜트의 설계, 기기의 조달(Procurement), 설치 및 건설(Construction), 시운전(Start-Up)에 이르는 모든 업무를 수주하며, 플랜트의 완성 후 발주자가 키(Key)를 돌리는 것만으로 플랜트를 가동할 수 있을 때까지의 의무를 계약자가 부담하기 때문에 도급과 유사하다.

세미턴키(Semi-Turnkey)형의 경우 앞의 FOB형과 턴키형의 중간형으로서 설치건설의 업무는 제3자가 행하고, 계약자는 그 감독과 지도만 인수한다. 이와 같이 계약자가 플랜트의 완성과 성능에 책임을 지는 정도에 따라 계약의 성질이 다르다.

앞의 세 가지 유형 중의 하나가 기기의 공급을 공통항으로 가지고 있는 점에서 플랜트수출계약은 매매와 유사하게 보일 여지가 크다고 할 수 있다. 플랜트수출계약에 따라 요구되는 업무의 범위는 계약당사자가 속하는 국가의 기술과 자금 사정 및 산업화의 정도에 따라서 다르다.[161]

---

160) 플랜트수출계약에서 완성품 인도방식을 말한다.

161) 예를 들면, 선진국이나 신흥공업경제지역군(NIES; Newly Industrializing Economies)의 국가에서는 업무범위가 축소되는 경향이 있으며, 저개발국(LDC; Less Developed Country)에서는 자국의 상품과 서비스장려정책이 있지만 품종, 품질, 가격경쟁력, 납기 등에 한계가 있기 때문에 업무범위는 오히려 확대 경향이 있다. 특히 신속한 산업화를 필요로 하는 국가에서는 기술력의 부족을 보충하기 위하여, 건설종료 후에 플랜트의 보수나 운전요원을 일정 기간 동안 현장연수(on-the-job-training)를 시켜 소정규격의 제품을 계속적으로 생산할 수 있었던 시점에서 검수하는 계약방식인 'product in hand 방식'의 요청이 강하며, 이른바 민간활동을 추진하기 위하여, 플랜트수입국가에 설립한 합작회사(출자자는 현지국의 공공기관, 계약자, 원도급인, 설계 및 시공업자, 주요기기공급자, 융자기관, 원료공급자, 제품구매자 등 프로젝트에 관여하는 자로 구성된다.)가 출자 및 융자에 의하여 모은 자금을 사용하여 플랜트를 건설·소유·조업하며, 기업경영이 궤도에 오른 후에 플랜트를 현지 측에 매도하는 계약방식인 BOT 방식의 요청도 있다. BOT의 경우에는 협의의 플랜트수출계약 외에 출자자 간의 합작계약, 프로젝트시공업자 간의 컨소시엄 내지는 조인트벤처계약, 기

(2) 계약가격의 지급방식에 의한 분류

총액일괄지급 방식(Lump-Sum Contract)[162]은 계약가격을 고정된 금액으로 정하며, 여기에 에스컬레이션조항(Escalation Clause)[163]이 부가되는 것도 있다.

코스트플러스피계약(Cost-Plus-Fee Contract) 방식[164]은 기존의 확정금액계약 방식과는 달리 업무의 이행에 실제로 투입되는 공사비나 원가에 일정한 보수(fee)를 가산한 대가를 정하는 실비청산(Cost Reimbursable)계약 방식으로써 보수에 해당하는 부분은 정액(Fixed) 또는 정률(Percentage)에 의한다. 또한 최고 보증액(Guaranteed Maximum Price)이나 목표가격(Target Price)을 두는 등 인센티브 조항을 두는 것도 있다.[165]

단가계약(Unit Price Contract) 방식은 공사수량이 정확하게 정해지지 않는 경우, 공사항목이나 재료마다 미리 산정한 단가와 잠정적인 공사수량을 수량표(Bill of Quantity)에 기재해 두고, 실제 수량에 단가를 곱하여 대가를 정한다. 단가 자체는 일정한 요건을 충족한 경우만 조정된다.

계약대가의 지급방식에 의한 분류는 이상의 세 가지로 분류된다. 각각 업무마다 혼합된 계약, 예를 들면 설계는 럼프 섬, 조달은 코스트플러스피, 건설은 단가인 경우도 있다. 이러한 경우에는 각 업무 간의 인터페스와 그 책임이 혼재한다.

또한 계약가격이 큰 금액이 되기 때문에 공적 또는 사적인 제3자 기관으로부

술원조계약, 파이낸스계약, 융자자 간의 신디케이트계약, 제품거래보증계약, 매매대금담보계약 등 많은 계약이 구축된다.

162) 일본의 경우 대부분이 럼프 섬(lump sum)계약 방식인데, 이는 프로젝트에 필요한 일체의 비용을 총액으로 정하여 지불하는 방식이기 때문에 인플레이션에 따른 기자재 가격인상 리스크가 크다.

163) 외환시세나 물가변동에 따라 수출입계약이나 도급공사금액 및 임금 등 변경할 사항을 계약상 미리 정하여 두는 조항이다. 이는 비교적 공사기간이 길고 대규모 공사가 많은 해외공사의 도급계약 시에 조건으로 조문에 삽입되는 것이 보통이다.

164) 플랜트 발주자가 플랜트설비대금과 인건비 등 모든 비용을 지급하고, 동시에 엔지니어링회사에 대해서는 수수료를 별도로 지급하는 계약방식으로써, 실비·보수가산식계약이며, 엔지니어링회사에게는 인플레이션 리스크가 작다. 미국의 대형 엔지니어링회사들은 이 계약방식을 원칙으로 한다.

165) 예를 들면, 목표치를 상회한 부분(overrun)은 6 대 4로 하고, 밑돈 부분(underrun)은 4 대 6으로 분배한다.

터의 융자(계약자에 대한 Supplier's Credit,[166] 발주자 측에 대한 Buyer's Credit[167] 내지는 Bank-Loan) 또는 대응거래(Counter Trade)[168]가 거래의 결정적인 방법이 되는 경우가 적지 않다.

2) 표준계약조건

특히 개발도상국에서는 플랜트수출계약분야의 법률이나 판례가 정비되어 있지 않은 경우가 많다. 제2차 세계대전 후 공사의 국제기구, 각국의 관공서 및 민간단체 등에 의하여 일반계약조건, 표준계약서식(Model Form), 가이드라인 등이 간행되어 있다.

UN기구인 국제연합산업개발기구(UNIDO; United Nations Industrial Development Organization)가 발행한 비료플랜트건설용 완성품인도(Turn-Key)형 총액지급(Lump-Sum)계약의 표준계약서식 초안(1984년), 비료플랜트건설용 반제품(Semi-Turnkey)형 계약의 표준계약서식 초안(1985년), 국제연합구주경제위원회(ECE; Economic Commission for Europe)가 발행한 일반조항(1953~1963년), 국제연합상거래법위원회(UNCITRAL)가 발행한 산업시설건설을 위한 국제계약 작성의 Legal Guide(1987년), 세계은행이 발행한 IBRD대부, IDA융자에 의한 조달 Unideline(1984, 1986년) 등이 있다.

공적국제기구로서는 구 동유럽경제상호원조회의(CMEA)가 발행한 경제상호원조회의(COMECON; Council for Mutual Economic Assistance, 경제상호원조회의) 가맹국 간의 물품거래용 일반조항(1968년)이 있다.

민간국제기구로서는 국제컨설턴트협회(FIDIC)가 발행한 토목공사약관(1957, 1987년), 전기·기계공사약관(1963, 1987년), 고객과 엔지니어링컨설턴트 사이의 국제계약 일반조항이 잘 알려져 있다.

---

166) 수출업자 자신이 수입업자에게 연불신용을 공여하는 거래형태를 말한다.

167) 수입업자 자신이 수출업자에게 신용을 공여하는 거래형태를 말한다.

168) 계약가격을 플랜트의 생산물로 지급하는 교환매매(product buy-back), 다른 생산품의 인수를 담보로 하는 구상거래(compensation deal), 개별적인 계약으로 제품이나 서비스를 매입하는 대응구매(counter purchase) 등.

03 계약상의 중요한 사항

1) 수주자의 주된 의무

턴키형 계약에서 계약자인 수주자는 개개의 기기인도에 그치지 않고 플랜트 전체를 완성할 의무가 있으며, 그 사이에 발생하는 모든 리스크를 부담한다는 점에서 도급인의 완성의무와 유사하다. 계약자는 완성목적물을 인도해야 하고, 발주자에게는 이를 수령할 의무가 있다. 이 계약은 완성물의 인도를 목적으로 하는 업무계약인데, 계약의 목적을 플랜트의 완성까지 필요로 하는 용역을 제공하는 서비스계약을 구성할 수도 있다. 또한 발주자는 장기에 걸친 계약이행기간 중의 사정변경에 대비하여 업무 중단권(Suspension Right)을 가지지만, 이를 행사하는 경우에는 계약자에게 추가비용, 납기연장 등을 인정하는 것이 보통이다.

수주자의 완성 및 인도의무는 이행기간 내에 일을 완성하는 의무이며, 이는 합리적이며 최선의 노력의무나 또는 이행지체에 의한 손해배상의무 중의 하나를 그 내용으로 한다. 손해배상의무의 경우에는 약정배상금(Liquidated Damage)이나 또는 실손해액(Actual Damage)을 결정해야 하는데, 이 중에서 손해액의 입증이 난해한 점에서 약정배상금을 선택하는 경우가 많다. 이 경우 배상책임한도액(Limit of Liability)이 정해지는데, 간접손해(Consequential Damages)는 면책되는 것이 보통이며, 불가항력 사유에 의한 이행지체는 당연히 면책이 되지만, 턴키형 계약에서 추가비용은 특별한 규정이 없는 한 지급할 필요가 없다.

수주자는 플랜트 자체 및 그 구성기기상에 시방서나 도면에 부적합하거나 성능보증에 미치지 못하는 결함이 있는 경우에는 이에 대한 하자보수의무를 부담한다. 계약자는 플랜트의 검수 이전에 발주자 측의 검사와 테스트(Inspect and Test)를 받고, 거절(Approve) 또는 승인(Reject)의 수순을 밟으면서 업무를 수행한다. 여기서 승인은 업무를 계속 진행하여도 좋다는 허가로서 책임을 면제한다는 의사표시는 아니다. 플랜트의 인도 및 검수 후 하자담보기간이 일정 기간 계속된다. 토지공작물 등의 법정담보기간은 계약에 따라 단축되는 것이 보통이나, 프랑스법계의 일부 국가에서는 붕괴 등에 관하여 10년간으로 하는 강행법규도 있다.

2) 위험부담

위험부담문제는 업무수행과정에서 플랜트나 그 구성기기에 물리적인 손해나 손실이 발생한 경우 이러한 위험을 부담할 자를 결정하는 문제로서, 이는 이행불능에 의한 손실에 대한 위험부담을 규정한 민법규정(제537조)보다 폭 넓은 개념이라고 할 수 있다.

매매계약에서는 통상 선적항에서 본선에 약정된 물품을 선적함으로써 위험은 매수인에게 이전한다. 플랜트수출계약에서는 선적으로 위험부담이 반드시 이전하는 것은 아니다. 계약자의 관리책임(Care of Work)은 플랜트의 인도와 검수에 이르는 어느 시점까지 연장된다.

럼프섬형 턴키계약에서는 특정한 예외적인 리스크(Excepted Risk)를 제외하고 플랜트 전체의 인도 및 검수에 이르기까지 계약자가 모든 위험을 부담하는데, 이는 정액의 대가에는 위험비, 보험료 등 모든 비용을 포함하기 때문이다. 여기서 제외위험(Excepted Risk)은 보험가입이 곤란하기 때문에 발주자의 부담이 된다. 코스트플러스계약의 경우에는 계약의 대가에 위험비가 포함되어 있지 않기 때문에 턴키형 계약이라고 하더라도 발주자가 위험을 부담한다.

3) 이행보증

계약에 대한 대가의 지급은 신용장(a Letter of Credit)이나 보증장(a Letter of Guarantee) 등의 수단에 의하여 보증되며, 이로써 계약자는 채무의 충실한 이행을 담보한다. 이 계약의 보증으로서 은행보증장(Bank Guarantee)이나 보증회사나 보험회사에 의한 보증장(Surety Bond)이 있다.

그동안 이행보증의 형식에 청구불보증, 스탠드바이신용장, 독립보증장을 사용하는 등 독립추상성의 강화 요청이 수익자인 발주자와 보증인인 은행으로부터 제기되면서, 국제상업회의소(ICC)가 청구불보증통일규칙을 제정하였으며, 국제법조협회(IBA)는 이행보증장의 예시서식을 내놓았다.

4) 업무의 변경

플랜트수출은 일의 착수에서 그 완성에 이르는 동안 경제, 기술, 자금, 환경 등의 사정이 변화함에 따라서 계약내용을 변경할 필요가 있다. 변경은 계약의 가격과 납기 및 품질보증 등에 영향을 미치기 때문에 이에 대처하기 위하여 계약서에 실질상의 면과 절차상의 면에서 상세한 규정을 둔다. 법령의 변경, 업무중단에 따른 조치 등도 이 규정에 준하여 처리되는 경우가 많다.

계약의 일반적인 목적의 범위 내에서의 변경이라면, 발주자는 자유재량의 변경권을 가지는 것이 보통이다. 다만, 수주자는 계약내용의 변경에 의하여 영향을 받는 비용이나 납기 등의 사항에 관하여 클레임(Claim) 절차에 따라서 계약조건의 변경을 청구할 수 있다. 클레임 자체는 분쟁은 아니지만 당사자 사이에서 해결되지 않으면 일반적인 분쟁처리절차에 들어가게 된다. 또한 이러한 변경은 납기와 가격 면에서 항상 플러스가 된다고는 볼 수 없다.

5) 분쟁의 해결

플랜트수출은 관계자가 많을 뿐만 아니라 계약형태가 복잡하고 기술이전성도 높으며 장기간을 필요로 하는 특징을 가지고 있다보니 분쟁이 발생할 확률도 낮지 않다.

당사자 사이에서는 물론, 원도급과 하도급 사이에서, 그리고 컨소시엄과 조인트벤처의 상대방과의 사이에서, 근린주민 등 제3자와의 관계에서도 분쟁이 일어난다. 그리고 분쟁처리 중이라고 하더라도 계약자는 일을 계속해야 한다는 관행이 뿌리 깊다. 계약의 준거법은 턴키형의 경우에는 시공지법이 많으며, FOB형의 경우에는 제3국법이 되는 경우도 있다.

분쟁에는 소송, 중재, 조정이라는 해결수단이 있으나 최근 신설된 국제중재규칙 및 중재기관이 보급되고 있다. 플랜트수출거래도 앞에서 언급한 성질로 볼 때 중재 내지는 중재와 유사한 분쟁해결절차에 익숙하기 때문에 중재판정의 강제력을 제한하는 일부 국가를 제외하면 중재에 의한 분쟁해결이 국제적으로 가장 많이 이용되고 있다.

업무수행 중에 신속한 해결을 필요로 하고 기술적인 판단을 해야 하는 분쟁에 관하여 한꺼번에 중재절차에 들어가는 것은 너무 번잡한 점도 있다. 그래서 발주자가 지명한 엔지니어[169]에 대하여 중재에 앞서서 일단 판단을 하여 업무수행상의 지장을 방지하는 일이 적지 않다. 이 판정자를 양자가 합의하는 전문가인 제3자로 하는 경우도 있으나, 합의에 시간을 필요로 하는 일도 있다.

이러한 종류의 간이분쟁처리절차(ADR; Alternate Dispute Rresolution)는 ICC가 1990년 1월부터 발족한 중재 전 심판관제도(Pre-Arbitral Refree System) 등이 급속하게 보급되고 있다.

---

169) 여기서 엔지니어는 발주자를 대리하여 계약의 감리업무를 수행하며, 위임 내지는 고용관계에 있으나 독립한 윤리규정에 따른다.

제 9 절 제조물책임과 무역보험

01 제조물책임법제

1) 미국의 제조물책임법제

(1) 개관

미국에서는 제조물책임이 커다란 사회문제가 되고 있다. 제조물책임을 위하여 미국 사회가 소송사회가 되었다는 비판도 강하며, 미국 전역에서는 매년 수십만 건으로 추정되는 제조물책임소송이 제기되어 1970년대와 1980년대의 경우 두 번에 걸쳐 사회가 혼란에 빠진 위기를 경험한 적이 있다.

미국에서의 제조물책임소송 제기건수의 증가는, 민사소송의 대부분을 차지하는 주법원의 통계는 존재하지 않으나, 연방법원에 관하여는 1974년에 1,579건에 불과했던 것이 14년만인 1988년에는 17,140건으로 약 11배나 급증했다.[170)]

이에 관한 미국의 법률은 통일적인 연방법을 두는 대신 주법에 의하여 규제되고 있다보니 그 상세한 내용은 각 주마다 약간의 차이가 있다. 제조물책임의 법적 근거 즉, 제조물책임소송의 원인으로써는 과실책임(Negligence), 보증책임(Warranty), 엄격책임(Strict Liability)이 있다.

과실책임에서는 과거에는 계약당사자 관계의 존재요건이 문제가 되었지만 미

170) 이 시기의 제조물책임소송은 석면이나 특정 의약품에 관한 것이 대부분을 차지하고 있다.

국의 판례는 19세기 후반부터 본래적으로 위험한 경우에 관하여 예외를 인정하여, 1916년의 뉴욕주대법원의 맥퍼슨 사건[171]은 예외적인 경우를 확장하여 실질적으로 계약당사자 관계의 존재요건을 철폐하고, 그 후로는 미국의 다른 주에서도 모두 이 요건을 철폐하기에 이르렀다. 과실책임에서는 당연히 과실의 입증이 문제가 되지만 미국에서는 과실추정법칙(Res Ipsa Loquitur)[172]이 일정한 경우에 입증의 곤란성을 구제한다.

보증책임은 계약책임이나 매도인이 목적물의 품질에 관하여 보증하고 있다는 사고에 근거하며, 여기에는 명시적 보증(Express Warranty)과 묵시적 보증(Implied Warranty)이 있다.

명시적 보증은 매도인의 명시적인 약속이나 의사표시 및 태도에 기초한 것이지만 현재는 광고나 라벨[173]로 명시적인 의사표시나 태도를 나타낸다면 계약관계가 없는 소비자도 이 명시적 보증에 근거한 책임추궁이 인정된다. 묵시적 보증은 물품매매에서는 명시적인 의사표시나 태도가 매도인에 의하여 행하여지지 않더라도 물품이 통상적 또는 특정한 목적에 적합할 것을 매도인이 묵시적으로 보증하고 있다는 사고에 기초한 것이다.

전통적으로 요구되고 있던 계약당사자 관계의 존재요건이 필요 없다고 한 대표적인 판례는, 1960년의 뉴저지주대법원의 헤닝센사건[174]이다. 이 사건에서는 소비자의 계약관계에 없던 자동차제조회사에 대한 묵시적 보증에 의한 제조물책임소송을 인정한 것뿐만이 아니라, 면책약관도 그 사안에서는 일방적인 것으로서 무효라고 판시한다.

보증책임은 계약당사자 관계의 존재를 요건으로 하지 않는 무과실책임이지만, 계약책임이기 때문에 합리적인 기간 내의 통지요건이나 면책약관에 의한

---

171) MacPherson vs Buick Moter Co., 217N.Y.382, 111N.E.1050 (1916).

172) 피고의 지배 및 관리 하에 있는 것이 원인으로 발생한 위법행위나 사고는 피고의 과실에 의한 것으로 본다는 원칙. 1944년 캘리포니아대법원의 에스콜라사건[Escola vs Coca Cola Bottling Co.of Fresno. 24Cal.2d453,150P.2D 436 (1944)]은 청량음료수병이 돌연 폭발하여 여종업원이 부상을 입은 사건으로서 제조자의 과실을 추정하였다.

173) 상표나 상품명 및 제조회사명 등을 표시하기 위하여 상품에 붙이는 종이나 천 조각.

174) Henningsen vs Bloomfield Motors, Inc., 32N.J.358.161 A. 2D 69 (1960).

책임제한의 가능성 등 소비자의 책임추궁의 장해가 남아있다.

엄격책임은 물품에 결함이 있으면 제조자의 과실 유무에 불구하고 책임을 인정하는 무과실책임이지만, 불법행위의 엄격책임과 부실표시(Misrepresentation)에 의한 엄격책임으로 나누어진다. 특히 현재 미국에서 중요한 것은 불법행위상의 엄격책임이다. 불법행위상의 엄격책임은 앞의 에스콜라사건의 담당판사가 처음으로 보충의견을 주장하여 현재는 유력한 학설로서 지지를 받고 있다. 이 이론은 그 후 캘리포니아대법원의 그린만사건[175]에서 채택된 바 있으며, 그 후 1965년에는 제2차 리스테이트먼트(Restatement Second of Torts) 제402 A조에서 채택되었다.

부실표시에 의한 엄격책임은 광고나 라벨로 제품의 성능과 품질에 관하여 부실표시한 경우에는 표시를 신뢰한 소비자에 대하여 무과실책임을 부담한다는 것으로, 제2차 불법행위 리스테이트먼트 제402 B조에서도 이를 채택하고 있다.

그런데 엄격책임이 소비자에게 유리한 것처럼 보이지만, 과실책임이 인정된다면 배심의 손해배상액의 인정이 실제상 증가한다든지, 보증책임은 제소기간이 길고 경제적 손실에 관하여도 청구할 수 있나는 점에서 유리하기 때문에 실무에서는 이상의 세 가지 책임이 병용되고 있다.

(2) 면책사유

제조 시의 과학적 및 기술적인 수준에 의한다면 위험의 인식이나 사고방지의 목적이 달성될 수 있었는가에 관한 문제에서, 과실책임에 관하여 이는 항변이 된다. 즉, 이 경우에 제조 시의 기술수준으로는 그 이상 달성할 수 없다면, 과실은 없는 것이 된다. 엄격책임에서 기술수준의 항변을 인정할 것인가에 관하여는 긍정과 부정의 양 입장이 가능하다.[176]

---

175) Greenman vs Yuba Power Products, Inc., 59Cal.2d 57, 377P. 2d 897(1963). 이 사건에서는 원고가 목수의 도구를 사용하던 중 튕겨져 나온 나뭇조각이 머리에 맞아 부상을 입었으나, 보증책임에 필요한 합리적인 기간 내에 통지되지 않았다는 이유로 엄격책임을 인정할 필요가 있었다. 이에 이 판결은 결함 있는 제품을 시장에서 유통되도록 방치한 결과 피해가 발생한 경우, 제조자는 책임을 져야 한다고 했다.

176) Beshada vs Johns Manville Products Corp., 90N.J.191, 447 A 2D 539(1982). 이 사건은

영미법상 전통적인 보통법상의 사고에 의하면 피해자의 행위도 손해발생의 원인이 되는 경우에는 기여과실(Contributory Negligence)로서 항변이 되며, 피해자의 손해배상청구는 인정되지 않는다. 그러나 기여과실의 항변이 인정되면 피해자의 모든 손해배상청구가 부정되기 때문에 피해자에게 지극히 가혹한 결과가 될 수 있어 오늘날에는 제정법에 의해 비교과실(Comparative Negligence)을 채택하는 주가 많다.

비교과실은 원고와 피고 사이의 과실비율에 따라 손해배상액을 감액하는 것으로, 우리 민법상의 과실상계[177]와 유사하다. 비교과실에는 순수하게 과실비율에 따라 배상액을 조정하는 것과 원고의 과실비율이 피고의 과실과 동등 또는 밑도는 경우에만 배상액을 조정하고 그 이상의 경우에는 손해배상청구 자체를 부정하는 것이 있다.

피해자가 스스로의 의사로 제품의 위험성을 알고 있으면서 위험을 인수한 경우에는 손해가 발생하더라도 배상청구할 수 없다는 법리이다. 제2차 불법행위 리스테이트먼트 제402 A조 코멘트는 피해자 측의 과실에 의한 엄격책임의 면책을 부정하면서도 위험인수에 의한 엄격책임의 면책을 긍정한다. 위험인수는 엄격책임에서도 면책사유가 되고 있으나 전면적 면책으로 해버린다면 기여과실의 경우와 비슷하게 피해자에게 지나치게 가혹하다는 점에서 비교과실과 같이 부분적 면책으로 하는 경향이 나타나고 있다.

한편, 제조자가 예기치 않은 방법으로 소비자가 사용함으로써 손해가 야기된 것을 오용이라 하며, 제조자의 손을 떠난 후에 소비자에 의하여 예기할 수 없는 제품의 변경이 가해짐으로써 손해가 야기된 것을 개조라고 한다.

여기서 문제가 되는 것은 오용이나 개조가 되는 범위로서, 제조자가 의도한 사용인가의 여부를 기준으로 하는 견해가 있으나, 제조자가 의도한 사용이 아

엄격책임으로는 제품의 위험성을 문제로 하기 때문에 제조자 측의 주관적 요소는 고려되지 않기 때문에 항변이 되지 않는다고 하였으나, 동 법원의 2년 후에 내린 판결인 Feldman vs Lederle Laboratories, 97N.J.429, 479 A. 2D 374 (1984)에서는 의약품에 관하여 기술수준의 항변의 적용을 인정하였다.

177) 【제396조】 (과실상계) 채무불이행에 관하여 채권자에게 과실이 있는 때에 법원은 손해배상의 책임 및 그 금액을 정함에 이를 참작하여야 한다. 이 규정은 불법행위로 인한 손해배상에 준용한다(【제763조】).

니라고 하더라도 그러한 오용이나 개조가 합리적으로 예견할 수 있는 한 제조자는 안전장치나 경고에 의하여 대응할 의무가 있다는 점에서 제조자의 합리적 예견가능 여부를 기준으로 하고자 하는 견해가 유력하게 제기되고 있다.

(3) 제조물책임소송의 증가원인과 제조물책임 위험 및 개혁

최근 미국에서 제조물책임소송이나 판결액이 급증하고 있고 이는 사회문제화되고 있는데, 이는 1970년대 중반과 1980년대 중반의 두 번에 걸쳐서 발생한 제조물책임보험의 인수거절이나 보험료의 폭등에 의한 제조물책임위기에 기인한다. 보험이 없이는 사회활동이나 생산활동을 할 수 없게 된 미국에서는, 보험회사에 의한 제조물책임보험의 인수거절이나 보험료의 폭등은 사회활동에 큰 영향을 미칠 뿐만 아니라, 생산활동을 저해하는 요인이 되었다.

1970년대 중반의 제1차 제조물책임위기 이후 미국에서는 연방 차원에서 제조물책임법제를 개혁하고자 하는 개혁법안이 제안되었다. 1979년에 미국 상무성이 발표한 통일제조물책임모델법(Model Uniform Product Liability Act)은 법적 구속력을 가지는 연방법으로서가 아닌, 그때까지 제조물책임이 각 주법이 규제하는 주법관할영역으로 되어 온 점을 고려하여 주법의 모델법으로서 작성되었나. 그러나 이는 일부 주에서 부분적으로 채택되는데 그쳐 실패로 끝났기 때문에, 그 후로는 법적 구속력을 가지는 연방법에 의한 개혁법안이 매년 연방의회에 제안되고 있으나 최종적인 입법으로서는 성립되지 않았다. 각 주에서도 제조물책임을 포함한 불법행위 개혁이 행하여지면서, 거의 대부분의 주에서 일정한 형태로 제조물책임소송을 종래보다 제한하는 입법이 성립되고 있다.

2) 우리나라의 제조물책임법제

우리나라의 경우 제조물의 결함으로 인한 생명, 신체 또는 재산상의 손해에 대하여 제조업자 등이 무과실책임의 원칙에 따라 손해배상책임을 지도록 하는 제조물책임제도를 도입한 것은 불과 10년 남짓하다. 즉, 우리나라는 지난 2000년 1월 12일 제조물책임법(법률 제6109호)을 제정함으로써 피해자의 권리구제를 도모하고 국민생활의 안전향상과 국민경제의 건전한 발전에 기여하며 제품의 안전에 대한 의식을 제고하여 우리 기업들의 경쟁력 향상을 도모하고 있다(제1조).[178]

현행 제조물책임법은 그 적용대상인 제조물을 다른 동산이나 부동산의 일부를 구성하는 경우를 포함한 제조 또는 가공된 동산으로 하고 있으며(제2조 제1호), 손해배상의 책임주체는 제조물을 업으로써 제조·가공 또는 수입한 자와 자신을 제조업자로 표시하거나 제조업자[179]로 오인시킬 수 있는 표시를 한 자가 되고, 제조업자를 알 수 없는 경우에는 공급업자도 손해배상의 책임주체가 되도록 하고 있다(제2조 제3호 및 제3조 제2항). 제조업자는 제조물의 결함[180]으로 인한 생명, 신체 또는 재산상의 손해를 입은 자에게 손해배상책임을 지도록 하고 있다(제3조 제1항).

제조업자 또는 공급업자가 당해 제조물을 공급하지 아니하였거나, 당해 제조물을 공급한 때의 과학기술 수준으로는 결함의 존재를 알 수 없었던 경우 및 제조물의 결함이 제조업자가 당해 제조물을 공급할 당시의 법령이 정하는 기준을 준수함으로써 발생한 경우와 원재료 또는 부품의 경우에는 당해 원재료 또는 부품을 사용한 제조물 제조업자의 설계 또는 제작에 관한 지시로 인하여 결함이 발생한 경우 등 일정한 사실을 입증한 때에는 손해배상책임을 면할 수 있

---

178) 이 법은 2002년 7월 1일부터 시행되고 있으며, 이 법 시행 후 제조업자가 최초로 공급한 제조물부터 적용하고 있다. 동법은 2013년 5월 22일 법적 간결성·함축성과 조화를 이루는 범위에서 법 문장의 표기를 한글화하고, 어려운 용어를 쉬운 우리말로 풀어쓰며 복잡한 문장은 체계를 정리하여 간결하게 다듬음으로써 쉽게 읽고 잘 이해할 수 있도록 개정하였다.

179) 제조업자란 제조물의 제조·가공 또는 수입을 업으로 하는 자, 제조물에 성명·상호·상표·기타 식별 가능한 기호 등을 사용하여 자신을 가목의 자로 표시한 자 또는 가목의 자로 오인시킬 수 있는 표시를 한 자이다.

180) '결함'이란 당해 제조물에 제조·설계 또는 표시상의 결함이나 기타 통상적으로 기대할 수 있는 안전성이 결여되어 있는 것을 말한다(동법 제2조 제2호). '제조상의 결함'이란 제조업자의 제조물에 대한 제조·가공상의 주의의무의 이행 여부에 불구하고 제조물이 원래 의도한 설계와 다르게 제조·가공됨으로써 안전하지 못하게 된 경우를 말하며, '설계상의 결함'이란 제조업자가 합리적인 대체설계를 채용하였더라면 피해나 위험을 줄이거나 피할 수 있었음에도 대체설계를 채용하지 아니하여 당해 제조물이 안전하지 못하게 된 경우를 말하고, '표시상의 결함'이란 제조업자가 합리적인 설명·지시·경고·기타의 표시를 하였더라면 당해 제조물에 의하여 발생될 수 있는 피해나 위험을 줄이거나 피할 수 있었음에도 이를 하지 아니한 경우를 말한다.

도록 하고 있으며(동법 제4조), 동일한 손해에 대하여 배상할 책임이 있는 자가 2인 이상인 경우에는 민법상의 불법행위책임과 같이 연대책임을 부담하도록 하였다(제5조).

이 법에 의한 제조업자의 배상책임을 배제하거나 제한하는 특약은 무효로 하고(제6조), 손해배상청구권의 소멸시효는 손해 및 제조업자를 안 때로부터 3년으로 하며, 이 법에 의한 손해배상청구권은 제조업자가 손해를 발생시킨 제조물을 공급한 날로부터 10년 이내에 이를 행사하여야 한다(제7조).[181] 제조물의 결함에 의한 손해배상책임에 관하여 이 법에 규정된 것을 제외하고는 민법의 규정에 의한다(제8조).

02 무역보험

1) 개관

국제거래는 국내거래와 비교할 때, 우선 매수인이 원격지인 외국에 있기 때문에 상품을 통상 해상운송이나 항공운송을 포함한 장거리 운송을 이용하여 매수인에 대한 인도가 이루어진다는 특징을 가진다.

그러므로 국제거래에서는, 특히 상품의 장거리 운송상의 위험, 외국에서의 신용조사의 곤란에 의한 매수인의 지급능력상 신용에 관한 위험, 지급통화를 외화로 한 경우의 환율변동의 위험, 외화불 지급방법을 정한 경우의 매수인의 국가의 환율제한에 의한 위험, 매수인의 국가에서 발생한 전쟁이나 내란 및 수입제한 등 정부 또는 정치적 문제에 의하여 대금지급이 받아들여지지 않거나 또는 수출 자체가 불가능해지는 위험, 상대국의 문화나 풍습 및 물건에 대한 사고와 법률 및 사법제도가 우리나라의 법률 및 사법제도와 다름으로써 생각지도

181) 신체에 누적되어 사람의 건강을 해치는 물질에 의하여 발생한 손해 또는 일정한 잠복기간이 경과한 후에 증상이 나타나는 손해에 대하여는 그 손해가 발생한 날부터 기산한다.

못한 분쟁이 발생하여 부득이하게 다액의 손해배상을 지급하거나 혹은 매매대금의 회수가 불가능해질 위험 등이 문제가 된다.

이들 위험 중 대금회수에 관한 위험은 신용장을 이용함으로써 상당부분 회피할 수 있다. 상대국가의 법률 및 사법제도의 상위에 의한 위험에 관하여는 상대국가의 법률이나 사법제도를 연구하는 외에 유효한 대책은 없다.

2) 무역보험의 종류

매수인의 대금지급의무의 불이행에 관한 위험은 신용장을 이용함으로써 어느 정도 막을 수 있다. 그러나 신용장을 개설하려면 비용이 든다는 점에서 채산성 등의 이유로 신용장이 이용될 수 없는 경우 또는 신용장이 개설되었더라도 전쟁이나 환율제한이나 상품의 수입제한 등의 불가항력으로 수출대금이 회수될 수 없는 경우의 위험을 담보함으로써 국제거래를 추진한다는 제도가 각국에서 생겨났다.

우리나라는 1968년 12월 31일 수출보험법이 법률 제2063호로 제정되어 익일부터 바로 시행에 들어갔으며, 그 후 순차적으로 무역보험의 종류가 확충되면서 2010년 4월 5일에는 법률 제10288호로 수출보험법이 무역보험법으로 명칭을 바꾸어 재탄생하게 되었으며, 2013년 4월 5일 개정법(법률 제11745호, 시행 2013.10.6)은 공사의 업무 수행을 위한 자료제공 요청 대상기관의 범위에 국민연금공단 등을 추가하고, 공사의 자료제공 요청권의 확대에 따라 공사 임직원의 비밀누설금지 의무를 신설하며, 공공기관의 운영에 관한 기본법인 「공공기관의 운영에 관한 법률」의 공기업·준정부기관에 대한 감독규정에 맞추어 공사에 대한 산업통상자원부장관의 감독내용을 명확히 하고 있다. 무역보험에는 무역일반보험, 환율변동보험, 수출어음보험, 수출보증보험, 선불수입보험, 해외투자보험, 해외사업자금융자보험 등이 있다.

제 10 절 국제물품운송

01 국제물품운송의 의의

국제물품운송에는 육상운송, 해상운송 및 항공운송이 있으나 우리나라에서는 그 외의 지리적 조건 때문에 해상운송이 중심이 된다. 그러나 최근 항공운송도 점차 증가하고 있으며, 또한 수송의 컨테이너화가 진전되면서 해상운송과 철도운송 등 서로 다른 수송수단을 조합한 복합운송도 증가하고 있다.

02 국제해상물품운송

국제해상물품운송은 해상물품운송계약을 통하여 행하여진다. 해상물품운송계약에는 개품운송계약(Agreement of Affreightment)[182]과 용선계약(Charter Party)[183]이 있다. 용선계약은 다시 나용선계약(Demise Charter; Bareboat Charter),[184] 정기용선계약(Time Charter)[185] 및 항해용선계약(Voyage

182) 운송인이 송하인으로부터 개개의 물품운송을 인수하는 계약으로서, 정기선(Liner)에 선적할 때에는 이 계약이 체결된다.

183) 선복의 일부 또는 전부를 빌려서, 거기에 선적된 물품운송을 인수하는 계약으로서, 부정기선(Tramper)에 선적할 때에는 이 계약이 체결된다.

184) 선박을 임대하면서, 선장과 선원·장비 및 소모품에 대하여 일체 책임을 부담하는 용선계

Charter)[186]이 있다.

해상물품운송이 행하여지는 경우, 운송인으로부터 송하인에게 선하증권(Bill of Lading)이 발행된다(상법 제852조 제1항).

03 국제항공화물운송

화물의 국제적인 항공운송에 관하여는[187] 1929년에 국제항공운송에 관한 규칙의 통일에 관한 바르샤바조약(Convention for the Unification of Certain Rules relating to International Carriage by Air, Warsaw, 1929)이 성립되었고, 이 조약은 그 후 1955년에는 헤이그의정서(Hague Protocol; Protocol to Amend the Convention for the Unification of Certain Rules Relating to International Carriage by Air Signed at Warsaw on 12 October 1929. Sept. 28. 1955)에 의하여 개정되었는데, 우리나라는 1967년 1월 28일 헤이그의정서에 대한 국회비준에 의하여 1967년 10월 11일부터 효력이 발생하였다.

약이다. 일정 기간을 정하여 용선하는 기간용선계약(time charter)의 일종으로서 선박임대차계약(demise charter)이라고도 한다. 거래당사자가 특수한 관계이거나 선주가 용선자의 관리능력을 신뢰할 수 있을 때 체결되는 계약이다. 선박의 점유와 통제권이 용선자에게 부여되므로 용선자는 일시적으로 선주 역할을 하며, 선장은 법적으로 용선자의 대리인이 된다. 외화 획득을 위하여 운송업자가 외국선박을 나용선해서 우리나라 선원과 장비를 갖추어 다른 나라에 재용선(sub-charter)하는 경우도 있다.

185) 일정 기간을 단위로 한 용선계약을 말한다.

186) 특정한 항해를 단위로 하는 용선계약을 말한다.

187) 항공운송인의 손해배상책임(부산고등법원 2007.10.10. 선고 2007나6550호 판결) 헤이그의정서에 가입한 국가들인 중국을 출발지, 우리나라를 도착지 국가로 하는 이 사건 국제항공운송에 대해서는 민법에 대한 특별법으로 헤이그의정서가 적용되고, 바르샤바협약 제17조에 의하여 항공운송인은 운송 도중 발생한 승객의 사망 또는 부상에 의한 손해에 대해 손해배상책임을 부담한다. 그런데 이 사건 운송인은 사고의 발생을 방지하기 위해 필요한 모든 조치를 취했다는 사실 등에 관해 아무런 주장·입증을 하지 못했다. 한편, 로이드보험회사의 손해배상액 산정방식이 국제적으로 통용되고 있다고 하여, 그러한 사정만으로는 이 사건 항공기사고의 손해배상액의 산정방식에 관하여 국제사회에서 일반적으로 승인돼 우리나라에서 재판의 규준이 될 정도의 국제관행이라고 볼 수는 없다(현재 대법원에서 2007다77149호로 재판이 진행 중에 있다).

개정 바르샤바조약은 화물 등의 국제항공운송에 적용된다. 여기서 국제항공운송이란, 당사자 간에 약정한 출발지 및 도착지가 두 개의 체약국 영역에 있는 운송 또는 출발지 및 도착지가 단일한 체약국 영역에 있고 또한 예정기항지가 다른 국가의 영역에 있는 운송을 말한다(바르샤바조약 제1조 2항).

국제거래에서 국제항공화물운송계약에 근거하여 화물을 인도할 때에는 항공운송장(Air Waybill)이 작성된다(바르샤바조약 제6조). 이 항공운송장은 운송계약의 존재 및 효력에 영향을 미치지 않으나(동 조약 제5조 2항), 항공운송장(운송증권)을 작성하지 않거나 또는 책임제한에 관한 주의서가 기재되지 않은 경우에는 운송인은 책임제한에 관한 규정을 원용할 수 없다(동 조약 제9조). 항공운송장은 운송계약의 증거서류이면서 동시에 화물의 수취를 증명하는 서류이다(동 조약 제11조 1항). 그러나 항공운송장은 선하증권과는 달리 원칙적으로 양도성과 유통성이 없다(동 조약 제15조 3항).

04 국제복합운송

국제복합운송이란 예를 들면 선박과 철도와 같이 종류가 다른 둘 이상의 운송수단을 이용한 국제간의 일관화물운송방법을 말한다. 즉, 국제복합운송에서는 화물을 일정 국가로부터 다른 국가의 인도예정지까지 복합운송계약에 근거하여 항공, 철도, 도로, 해상 및 내륙수운 등 여러 방식 중에서 두 종류 이상의 운송수단을 이용하여 운송한다.

복합운송은 화물운송에서 오늘날 컨테이너화의 진전에 따라서 급속하게 보급되었다. 시베리아대륙횡단철도망(SLB; Siberian Land Bridge) 또는 시베리아통과철도(TSR; Trans Siberian Railway),[188] 미대륙횡단철도망(ALB;

188) 블라디보스토크에서 시베리아를 거쳐 모스크바로 연결되는 시베리아철도를 동유럽의 주요 도시와 서유럽의 주요 항만인 로테르담과 함부르크 등을 연계한 해상과 철도 연계복합운송시스템이다.

America Land Bridge)[189]가 대표적인 국제복합운송이다.

지금까지도 해상운송인이 연계 선하증권을 발행하여,[190] 해상과 육상을 연계하는 운송을 인수하고 있다. 그러나 해상운송인이 인수하는 책임은 자신이 행하는 운송구간으로 한정되어 있다.

한편 국제복합운송에서는 선박, 항공기, 철도 등의 운송수단이 유기적으로 연결되어 수출국의 화물수치지점으로부터 수입국의 화물최종인도지까지 일관된 운송이 이루어져, 복합운송을 인수하는 자(복합운송인)가 전 운송구간을 자신이 운송하는가의 여부에 불구하고, 전 구간의 운송에 관하여 책임을 지는 경우가 많다.

국제복합운송을 하는 경우 각 운송수단에 의한 법체계 및 운송인의 책임원칙이 다르다. 또한 이들은 국가에 따라서도 다르기 때문에 복잡한 문제를 초래하고 있다. 국제적인 통일규칙의 작성 시도가 있으나, 아직 확립되어 있지 않다. 1980년에 국제연합 국제화물복합운송조약이 성립하였다.

복합운송인은 복합운송계약에 근거하여 복합운송증권(Combined Transport Bill of Lading)을 발행한다. 그러나 이 증권을 규율하는 법률이 존재하지 않기 때문에 그 성질 및 효력은 업계의 표준약관인 복합운송약관에 따르고 있다.

---

189) 미국 서부 거점항만인 로스엔젤레스항과 롱비치항에서 동부 거점항만인 뉴욕 및 뉴저지항까지 연결하는 대륙의 횡단철도를 이용하여 극동과 유럽을 연결하는 운송으로서, 태평양과 대서양을 통과한다.

190) 운송인과 보세창고업자의 법률관계(대법원 2007.06.28. 선고 2005다22404 판결) 해상운송화물이 통관을 위해 보세창고에 입고된 경우에는 운송인과 보세창고업자 사이에 해상운송화물에 관하여 묵시적 임치계약이 성립한다고 볼 것이고, 따라서 보세창고업자는 운송인과의 임치계약에 따라 운송인 또는 그가 지정하는 자에게 화물을 인도할 의무가 있다. 한편, 운송인은 선하증권상의 수하인이나 그가 지정하는 자에게 화물을 인도할 의무가 있으므로, 보세창고업자로서는 운송인의 이행보조자로서 해상운송의 정당한 수령인인 수하인 또는 수하인이 지정하는 자에게 화물을 인도할 의무를 부담하게 되는바, 보세창고업자가 화물을 인도함에 있어서 운송인의 지시 없이 수하인이 아닌 사람에게 인도함으로써 수하인의 화물인도청구권을 침해한 경우에는 그로 인한 손해를 배상할 책임이 있다(대법원 2004.01.27. 선고 2000다63639 판결 등 참조).

05
국제화물보험

1) 개관

국제물건운송에는 운송 중에 다양한 위험이 따른다. 국제화물보험은 그러한 위험으로 발생하는 손해를 전보하기 위하여 발달하였으며, 육상보험, 해상보험 및 항공 보험이 있다. 그러나 우리나라에서는 그 지리적 조건 때문에 해상보험이 중심이 된다. 이 해상보험은 선박보험(Hull Insurance)과 화물보험(Cargo Insurance)으로 나뉘고, 화물보험은 내항화물보험과 외항화물보험으로 세분된다. 그 중 물건을 대상으로 하는 국제거래에서는 외항화물보험만이 검토 대상이 된다.

국제물건운송에는 당연히 육상운송도 포함되며, 육상보험은 외항화물보험 속에서 처리되고 있다. 또한 국제물건운송은 항공운송 및 복합운송으로도 이루어지고 있으나, 그 보험은 외항화물보험약관을 사용하여 행하여지고 있다. 국제해상물건운송에 따르는 위험을 전보하기 위하여 국제화물해상보험계약이 체결된다. 이 계약에서는 보험의 목적, 보험금액, 보험기간, 담보위험, 손해의 전보범위, 보험료 등이 정해진다.

국제화물해상보험계약이 체결되면 보험회사로부터 계약관계를 증명하는 증거로서 해상보험증권(Marine Insurance Policy)이 발행된다. 현재 우리나라에서 사용되고 있는 해상보험증권은 한국손해보험협회가 제정한 표준서식에 의한 영문 화물보험증권이다. 이 증권은 영국 로이즈 SG증권(Lloyd`s S.G. Policy)을 기초로 런던보험협회(Institute of London Underwriters)가 작성한 폼을 모델로 작성되었다. 우리나라의 내항화물보험증권이 상법에 근거하여 해석되는데 대하여 영문 화물보험증권에서는 영국의 해상보험법(Marine Insurance Act, 1906)이 준거법으로 되어 있다.

현행 영문 화물보험증권은 본문약관, 난외약관[191] 및 이면약관으로 구성되며,

난외약관 및 이면약관에서 본문약관의 내용을 제한하거나 확대하고 있다. 개별 거래에서 이들 약관으로도 불충분할 경우에는 특별약관으로 보완하게 된다. 즉, 본문약관의 담보위험 조항에는 고유의 위험, 군함, 화재 등 많은 담보위험이 한정적으로 열거되어 있다. 이들 위험 중 전쟁위험 및 동맹파업(Strike) 등의 위험은 난외약관에 의하여 면책사항으로 되어 있다.

또한 이면약관에는 소위 협회화물약관(Institute Cargo Clauses), 협회전쟁위험담보약관(Institute War Clauses), 협회동맹파업폭동소란담보약관(Institute Strikes Riots and Civil Commotions Clauses) 등이 기재되어 있기 때문에 필요에 따라 난외약관으로 면책이 된 위험을 포함하여 이들 위험을 담보할 수 있다.

보험자가 위 담보위험에 따라서 발생한 화물의 손해를 전보하는 범위는 국제화물해상보험계약에서 정해진 손해전보조건에 따르지만 그 전제로서의 보험사고에 의한 손해는 다음과 같이 구분된다.

2) 전손(Total Loss)

전손이란 보험사고에 의하여 피보험이익 즉, 피보험자가 보험사고의 발생에 따라 보험의 목적에 관하여 손해를 입을 염려가 있는 경제적 이익이 전부 상실된 것으로, 보험의 목적물의 멸실에 의하여 발생한다.

3) 분손(Partial Loss)

분손이란 보험의 목적에 대한 전손 이외의 손해를 말하며, 보험 목적물의 훼손에 의하여 발생한다. 분손에는 단독해손 및 공동해손 외에 비용손해를 포함한다. 단독해손이란 피해를 입은 자만이 단독으로 부담하는 손해를 말하며, 공

191) 난외약관(欄外約款, marginal clauses)은 해상보험증권 본문의 난외에 인쇄되어 있는 약관 즉, 보험증권의 여백에 인쇄되어 있는 약관을 말한다. 종전 양식에 있던 이탤릭서체 약관과 대치된 것으로서, 클레임이 발생하였을 때 피보험자가 취해야 할 각종 조치사항과 절차 등을 일괄적으로 규정하는 약관이다. 1779년 로이즈총회에서 보험증권이 제정될 때부터 있었던 본문약관(body clause)에 상대되는 개념으로 중요사항약관(important clause) 또는 여백약관이라고도 한다.

동해손이란 선박 및 적하에 대한 공동의 위험을 회피하기 위하여 발생한 손해이기 때문에 직접 피해를 입은 자뿐만 아니라 피해를 입지 않은 자도 공동으로 부담하는 손해를 말한다. 또한 비용손해란 손해방지비용, 특별비용, 구조료 및 부대비용 등을 말한다.

이상의 손해를 어떤 범위에서 부보하는가에 관하여는 매도인 또는 매수인은 화물의 성질, 보험료 등에 따라서 개별적으로 판단하고, 전보범위를 보험회사와의 화물보험계약에서 정한다. 그러나 구체적인 결정을 하는 데는 보험회사나 그 상품의 전문가 등과의 협의가 필요하지만 대략적으로 말하자면 원재료는 분손부담보조건, 중간제품은 분손담보조건 또는 제품은 전 위험담보조건으로 부보하는 것이 일반적이다. 이 점에 관하여 영문 화물보험증권의 본문약관 중에는 화물별 전보범위에 관한 규정(Memorandum Clause)이 있다.

그러나 여기에 규정된 손해의 전보범위는 좁기 때문에 실무적으로는 다음과 같은 손해전보조건에 관한 특약으로 확장되어 있다.

① 전손만 담보(TLO; Total Lass Only) :

전손의 경우의 손해만을 담보하는 조건이지만 실제로는 거의 사용되고 있지 않다.

② 분손부담보(FPA; Free From Particular Average) :

이 조건의 보험에서는 전손, 공동해손, 비용손해 및 협회화물약관에서 특정된 사고에 한하여 단독해손이 전보된다.

③ 분손담보(WA; With Average) :

이 조건의 보험에서는 전손, 공동해손, 비용손해 및 단독해손 모두가 전보된다. 다만, 이 조건에서도 본문약관의 Memorandum Clause에 규정된 일정한 면책비율이 적용되기 때문에 소액의 손해는 전보되지 않는다.

④ 전 위험담보(AR; All Risks) :

이 조건의 보험에서는 보험 목적물의 멸실 훼손으로 인한 모든 위험이 전보된다. 다만, 이 조건에서도 수송의 지연 또는 화물 고유의 결함 혹은 성질에 기인하여 발생하는 멸실 훼손 또는 비용, 그 외의 고의·중과실, 화물포장의 불완전 등과 관련하여 발생하는 손해는 전보되지 않는다.

이상의 어떤 조건의 보험이라도 손해발생원인은 보험증권에 기재된 위험이어야 한다. 예를 들면, 전쟁위험 및 동맹파업 등의 위험은 난외약관에서 면책사항으로 되어 있기 때문에 필요에 따라서 특약으로 전보되는 위험(추가위험)을 추가해야 한다. 추가위험으로서는 다음과 같은 것이 있다.

① 전쟁위험 : 협회전쟁위험담보약관(Institute War Clause)으로 부보한다.

② 동맹파업 등 위험 : 협회동맹파업폭동소란담보약관(Institute Strike Riots and Civil Commotions Clause)으로 부보한다.

③ 도난, 수송 중인 화물에서 알맹이를 빼내거나 또는 불착손해(TPND; Theft, Pilferage and Non-Delivery)

④ 부족손해(Shortage)·누출손해(Leakage)

⑤ 원인을 묻지 않는 부족손해(Shortage Howsoever Cause)

⑥ 그 외 각종 손해를 전보하는 것이 있다.

Bill of Lading (선하증권)

① Shipper/Exporter
xyz TRADING CO. LTD.
1.JUNG-DONG, JUNG-KU, SEOUL, KOREA

⑪ B/L No. ; But 2014

② Consignee
TO ORDER OF abc BANK

③ Notify Party
xyz IMPORT CORP.
P.O.BOX 1, BOSTON, USA

Pre-Carrage by

⑥ Place of Receipt
INCHEON, KOREA

④ Ocean Vessel
WONIS JIN

⑦ Voyage No.
1234E

⑫ Flag

⑤ Port of Loading ⑧ Port of Discharge ⑨ Place of Delivery
⑩ Final Destination (For the Merchant Ref.)
INCHEON, KOREA BOSTON, USA BOSTON, USA BOSTON, USA

⑬ Container No. ⑭ Seal No. Marks & No.	⑮ No. & Kinds of Containers or Packages	⑯ Description of Goods	⑰ Gross Weight	Measurement
ISCU1104	1 CNTR	LIGHT BULBS (64,000 PCS)	4,631 KGS	58,000 CBM
Total No. of Containers or Packages (in words)				

⑱ Freight and Charges	⑲ Revenue tons	⑳ Rate	㉑ Per	㉒ Prepaid	㉓ Collect

㉓ Freight prepaid at

㉔ Freight payable at

㉖ Place and Date of Issue
June 20, 2014, Seoul
Signature

Total prepaid in

㉕ No. of original B/L

㉗ Laden on board vessel
Date Signature
June 20, 2014

㉘ xyz Shipping Co. Ltd.
as agent for a carrier, zzz Liner Ltd.

PART 4

국제용역·기술거래계약

제1절 기술거래

제2절 기술원조계약

제3절 기술원조계약조항과 법률

제 1 절 기술거래

01 거래대상기술

국제거래의 대상이 되는 기술은 특허발명이나 노하우(Know-How)와 같은 산업상 이용가능한 기술적 지식이다. 이러한 기술은 산업재산권, 공업소유권, 무체재산권 또는 지식재산권 등으로 불리는데, 구체적으로는 특허권, 실용신안권, 디자인권, 상표권, 저작권 등이 있다.

오늘날의 기술혁신은 그 발전 속도가 너무나 빨라 기존의 개념으로는 폭넓은 분야의 기술을 포착할 수 없어, 새로이 지식재산권(Intellectual Property Rights)이라는 용어가 탄생하였다. 지식재산권은 무체재산권에 컴퓨터프로그램 저작권, 반도체집적회로배치권 및 영업비밀 등을 포함하는 극히 광범위한 기술 등에 관한 권리 및 노하우를 총칭한다. 우리나라는 지식재산권에 관하여 특허법을 비롯한 다수의 법률을 가지고 있다.

기술은 다양한 형태로 존재한다. 즉, 기술은 전형적으로는 특허권, 실용신안권과 같이 법률에 의하여 보호되는 권리로서 존재하나, 권리로서 확립되어 있지 않은 기술 이외의 이른바 기술적 노하우로서 존재하는 것도 많다.

노하우는 일반적으로 특허에 비하여 기술적인 수준이 떨어지는 것이지만, 기술의 공개를 피하기 위하여 노하우의 상태로 되어 있는 기술도 있다. 노하우에는 설계도, 계획서, 견본, 매뉴얼 등과 같은 유형의 것과 실지지도, 구두에 의한 전달 등과 같은 무형의 것이 있다. 이들 노하우는 법률에 의하여 보호받는 권리와 달리 기업 스스로가 비밀을 계속 유지함으로써 지켜야 한다.

그러나 노하우를 법적으로 보호하고자 하는 움직임도 있으며, 우리나라에서도 1991년 12월 31일에 부정경쟁방지법이 개정되어 노하우를 비롯한 영업비밀이 보호될 수 있게 되었다(부정경쟁방지 및 영업비밀보호에 관한 법률 제10~14조).

02 기술의 보호

1) 개관

근대국가에서는 법률에 의하여 특정 기술이 보호되고 있다. 예를 들면, 특허로 등록된 권리의 소유권자에게는 특허권자로서 특허발명을 일정 기간 독점적으로 실시하는 권리가 인정된다.

법률이 특허권자 등의 권리자를 보호하는 이유는, 법률에 의하여 권리를 인정하는 대신 기술의 내용을 개시시켜, 기술수준의 향상을 도모하는 데 있다. 가령, 특허권자는 영업으로 특허발명과 관련된 물건의 생산, 사용, 임대, 수입 등을 일정 기간 독점적으로 할 수 있게 되며, 이를 침해하는 자에 대하여는 침해행위의 정지를 청구할 수 있다.

특허법은 이와 같은 특허발명의 보호 대신 특허출원 내용의 출원공고 또는 출원공개를 하는 것은 물론, 특허발명을 시험 또는 연구를 위하여 실시할 수 있다. 이 제도를 통하여 특허출원 내용은 일반적으로 널리 알려지고, 시험 또는 연구를 위하여 사용되어 기술향상에 기여한다.

법률에 의한 권리자의 보호는 기술의 국제적인 이전을 촉진하고 그 결과 기술이전을 받은 국가에서 기술향상에 기여하게 된다. 기술은 우리나라에서는 지식재산권에 관한 다음과 같이 많은 법률에 의하여 보호되고 있다.

2) 특허법(Patent Law)

자연법칙을 이용한 기술적 사상의 창작물 중에서 고도의 것 즉, 발명을 보호하는 법률이다.

3) 실용신안법(Utility Model Law)

자연법칙을 이용한 기술적 사상의 창작물 중에서 발명보다는 수준이 낮은 것 즉, 고안을 보호하는 법률이다.

4) 디자인보호법(Design Law)

물품의 형상, 모양 혹은 색채 또는 이들의 결합으로써 시각을 통하여 미감을 일으키게 하는 것 즉, 디자인을 보호하는 법률이다.

5) 상표법(Trade Mark Law)

상품에 관하여 사용되는 상표 및 서비스에 관하여 사용되는 서비스표(Service Mark)를 보호하는 법률이다.

6) 저작권법(Copyright Law)

문예, 학술, 미술 또는 음악의 범위에 속하는 것의 사상 또는 감정을 창작적으로 표현한 것 즉, 저작물[1])을 보호하는 법률이다.

7) 반도체집적회로의 배치설계에 관한 법률

반도체칩의 회로배치를 보호하기 위한 법률이다.

---

1) 국제거래에서는 특히 컴퓨터프로그램저작권, 데이터베이스저작권, 레코드저작권 등이 중요하다.

8) 종묘법

생명공학(Biotechnology)에 의하여 만들어진 식물 신품종 등을 보호하는 법률이다.

9) 부정경쟁방지 및 영업비밀 보호에 관한 법률

영업비밀(Trade Secrets) 등을 보호하는 법률이다. 한편 기술의 보호는 국제적인 협력 하에 이루어질 필요가 있으며, 지식재산권 관련 조약으로는 다음과 같은 것이 있다.

10) 지식재산권 관련 조약

(1) 문학, 예술 저작물의 보호를 위한 베른협약(1986년) : 베른조약에는 조약상 보호되는 저작물의 기준[2] 및 저작물의 범위, 무방식주의,[3] 저작권의 보호기간,[4] 내국민 대우 및 동맹국인 대우,[5] 보호국법의 원칙[6] 등이 정해진다.

(2) 세계지식재산소유권기구 설립협약(1967년 스톡홀름) : 이 조약에 따라 세계지식재산소유권기구(WIPO; World Intellectual Property Organization)가 설립되었다. WIPO는 지식재산권에 관한 많은 조약의 국제사무국으로서의 업무를 행하는 외에, 국내법의 통일화 지원, 지식재산권의 국제적인 보호에 필요한 정보수집, 홍보활동 등을 하고 있다.

(3) 세계저작권협약(1952년 제네바) : 이 조약에는 조약상 보호되는 저작물의 기준 및 저작물의 범위, 방식주의와 무방식주의의 타협,[7] 저작권의 보호기

---

2) 저작자의 국적, 저작물의 최초 발행지가 기준이 된다.
3) 저작권은 저작물의 작성과 동시에 발생하며, 등록, 저작권표시 등의 방식을 요하지 않는다.
4) 저작자 사후 최저기한 50년.
5) 저작자는 저작물에 대해 본국 이외의 동맹국에서도 자국민과 동일한 보호 및 대우를 받으며, 또한 조약이 특별히 제공하는 권리를 최저한 보증한다. 단, 일부 예외가 있다.
6) 저작자의 구제는 원칙적으로 침해행위가 이루어진 국가의 법률에 따른다.
7) 저작물 보호에 관하여 등록, 납입 등의 방식을 취하는 체약국에서도 무방식주의의 원칙을 취하는 체약국 저작물의 복제물에 저작권 표시가 있으면 보호한다.

간,[8] 내국민대우 및 동맹국인대우, 베른조약과의 관계[9] 등이 정해진다.

(4) 1971년 7월 24일 파리에서 개정된 세계저작권협약(1971년)

(5) 실연자, 음반제작자 및 방송사업자의 보호를 위한 국제협약(1961년 로마) : 실연자, 음반제작자 및 방송사업자 등에게 저작인접권[10]을 인정하는 조약이다.

(6) 음반의 무단복제로부터 음반제작자를 보호하기 위한 협약(1971년 제네바) : 이 조약은 위 (5)의 조약이 그 보호수준이 높음에도 불구하고 그 체약국 수가 적기 때문에 우선 음반 해적판의 횡행에 대처하기 위한 조약이다.

(7) 세계지식재산권기구 저작권조약(1996년 제네바)

(8) 세계지식재산권기구 실연, 음반조약(1996년 제네바)

(9) 표장등록을 위한 상품 및 서비스의 국제분류에 관한 니스협정(1957년)

(10) 표장의 국제등록에 관한 마드리드협정에 대한 의정서(1989년)

(11) 공업소유권의 보호를 위한 파리협약(1983년) : 파리협약의 목적은 내국민 대우의 보장,[11] 우선권 부여[12] 및 통일규정의 계속 유지[13]에 있다.

(12) 특허협력조약(PCT) 및 개성(1970년 워싱턴) : 파리조약의 우선권제도를 더욱 진전시켜 국제출원제도를 창설하고, 국제출원을 간이·신속화함과 동시에 각국 특허청의 부담을 경감하는 조약이다.

(13) 특허절차상 미생물 기탁의 국제적 승인에 관한 부나페스트조약(1977년)

(14) 국제특허분류에 관한 스트라스부르그협정(1973년)

(15) 상표법조약(1994년 제네바)

(16) 대한민국과 구주공동체 및 그 회원국 간의 무역과 협력을 위한 기본협정(1996년 룩셈부르크)

---

8) 원칙적으로 저작자 사후 25년.

9) 베른조약에도 가맹하고 있는 체약국 간에는 베른조약만이 적용된다.

10) 녹음권, 녹화권, 음반복제권, 방송복제권, 재방송권, 텔레비전전달권 등.

11) 동맹국 국민에 대하여 자국민과 동등한 보호와 대우를 함.

12) 동맹국 중 한 국가에서 출원한 자에 대하여 최초 출원일로부터 일정 기간 동안, 다른 동맹국에서 동일한 발명을 출원할 수 있는 우선권을 부여함.

13) 각국의 공업소유권법에 일정 수의 통일규정을 둠.

(17) 세계무역기구설립을 위한 마라케쉬협정(WTO) (1994년)

03 기술거래의 동기

1) 개관

국제거래의 하나인 국제기술거래란 국제기술이전을 수반하는 거래를 말한다. 여기서 국제기술이전이란 기술의 이전 즉, 기술에 관한 권리(특허권 등)의 양도, 권리에 대한 실시권 및 사용권의 설정 또는 기술적 노하우의 개시 또는 기술지도에 의하여 기술이 국경을 넘어 이전 내지는 이동하는 것을 말한다.

기술은 기업의 경영정책에 따라서 선진공업국으로부터 다른 선진공업국 또는 선진공업국으로부터 개발도상국으로 이전되고 있으나, 기업이 국제기술거래를 하는 동기에는 다음과 같다.

2) 기술정책

기업이 국제기술거래를 하는 동기는 우선 기업의 기술정책을 들 수 있다. 기업의 기술정책에 근거한 국제기술이전은 예를 들면, 자사의 기술을 업계의 표준기술로 육성하여 자사에 유리한 경쟁을 하고자 하는 경우, 자사에서의 기술개발은 기본기술에 머물러 개량기술이나 응용기술을 타사에 맡기는 경우, 기술을 상호에게 보완하기 위하여 교차특허(Cross License; 자사가 가지고 있는 특허 등을 상호간에 사용허락하기 위한 라이센스)를 득하는 경우에 행하여지나, 이러한 기업에 의한 정책적인 기술이전은 선진공업국의 기업 간에 이루어지고 있다.

3) 시장의 유지 및 확대

기업은 본래 기술거래보다는 당해 기술에서 생성된 물품의 거래로 이익을 창출하고, 시장의 확대를 도모한다. 일반적으로 기술거래보다는 물품거래가 부가가치가 높기 때문이다. 그러나 우리나라의 기업은 우리나라에서 생산비용의 상승, 원화가치절상문제의 해결, 개발도상국에서의 수입제한, 현지생산의 장려, 저임금노동력의 이용, 국제시장의 분담 등의 이유로 그 시장의 유지 및 확대를 위하여 국제기술이전을 단행하는 경우가 있다.

기술이전의 상대방에는 완전자회사(100% 출자), 타사와의 합병회사, 동업타사, 순수한 현지회사가 있는데, 이 중에서 어느 회사를 상대방으로 할 것인가는 현지국에서의 외국인투자규제, 투자이익의 규모, 투자위험의 크기 및 자사의 자금력 등에 따른다.

4) Royalty 수입의 확보

로열티 수입의 획득이 주목적인 국제적 기술이전으로써 선행 투자한 기술개발비용의 일부를 회수하기 위한 것, 기술이 진부화하기 전에 개발도상국 등으로의 기술이전 등이 있다.

04 기술거래의 관리

국제기술거래는 선진공업국에서는 주로 국제적인 평화 및 안전의 유지와 국제조약 내지 국제적 약속의 성실한 이행의 관점에서 그리고 개발도상국에서는 주로 국제수지의 개선 및 자국산업의 보호라는 관점에서 외국인투자촉진법 등에 의하여 관리된다.

우리나라의 경우 기술수출거래의 관리에 관하여는 특별한 규정을 두고 있지 않다. 이에 반하여, 일본의 경우에는 거주자는 국제평화 및 안전의 유지를 방해한다고 인정되는 특정 기술을 특정 지역에서 제공할 때에는 통상산업대신의 허가를 받도록 하고 있다(외환관리법 제25조 제2항2 제1호).

기술도입거래의 관리에 관하여는 외국인투자촉진법에서 기술도입계약의 체결이라는 개념으로 규정한다. '기술도입계약'이란 대한민국 국민 또는 대한민국 법인이 외국인으로부터 산업재산권이나 그 밖의 기술을 양수하거나 그 사용에 관한 권리를 도입하는 계약을 말한다(동법 제2조 제1항 제10호, 제25조(기술도입계약의 신고)).

개인 또는 법인은 외국인과 대통령령으로 정하는 기술도입계약을 체결하였을 때 또는 신고한 기술도입계약내용을 변경하였을 때에는 지식경제부령으로 정하는 바에 따라 지식경제부장관에게 신고하도록 하고 있다(동법 제25조 제1항).

위 신고대상 기술도입계약의 범위는 그 기술도입대가의 지급기간이나 계약기간이 1년 이상으로서 조세특례제한법 제121조의 6 제1항에 따른 국내산업의 국제경쟁력 강화에 긴요한 고도의 기술에 해당하여 기획재정부장관에게 조세면제를 신청하는 계약, 항공우주산업개발 촉진법 제2조 제2호 및 제3호에 따른 항공기 및 우주비행체(지상지원설비를 포함한다)와 그 부분품에 관한 기술을 도입하는 계약 및 방위사업법 제35조 제2항 제1호·제2호·제4호·제6호·제7호 및 제10호에 따른 방산물자에 관한 기술을 도입하는 계약이다(동법 제31조 제1항).[14] 즉, 기술도입계약을 체결함에 있어서 그 기술의 도입이 국가안전보장, 공공질서유지에 지장을 초래할 염려가 있거나 국가경제의 원활한 운영에 현저한 악영향을 미칠 우려가 있는 경우에는 사전에 지식경제부장관에게 신고하도록 하고 있다.

14) 예를 들면 항공기, 무기, 화약류, 원자력 및 우주개발에 관한 지정기술 중 특정한 조건을 충족한 특정 기술이 신고대상이 된다.

제 2 절 기술원조계약

01 기술원조계약의 분류

기술원조계약도 관점의 차이에 따라 여러 가지로 분류되며 같은 기술원조계약이라도 그 내용이 다르다.

1) 당사자의 입장

기술원조계약은 계약당사자의 입장 차이에 따라서 기술원조계약(또는 기술지도계약)과 기술도입계약으로 분류된다. 이 분류는 하나의 계약을 단지 실시허락자(Licensor)의 입장에서는 기술원조계약, 실시권자(Licensee)의 입장에서는 기술도입계약으로 부르는 것으로서, 동일한 기술거래에 관하여 기술원조계약과 기술도입계약이 존재하는 것은 아니다. 기술원조계약은 어디까지나 하나뿐이다.

그러나 실시허락자 측에서 본 기술원조계약과 실시권자 측에서 본 기술원조계약에서는 기술원조계약의 내용은 상당히 차이가 난다. 즉, 실시허락자는 기술원조계약 중에 그 권리의 강화와 의무의 경감을 도모하고자 하며, 실시권자는 실시허락자와는 반대로 자신의 권리의 강화와 의무의 경감을 꾀하고자 한다. 이 실시허락자, 실시권자 사이의 의견 조정이 기술원조계약의 교섭이 된다.

2) 실시권의 내용

기술원조계약은 법률에 의하여 주어진 권리(예를 들면, 특허권)의 실시를 허락할 경우에는 실시허락계약(License Agreement)으로 불린다. 실시허락계약은 실시권의 내용의 상위에 따라서 독점적(또는 전속적) 실시허락계약(Exclusive License Agreement)과 비독점적(또는 비전속적) 실시허락계약(Non-Exclusive License Agreement)으로 분류된다.

독점적 실시허락계약은 실시허락자가 실시권자에게 독점적으로 실시권을 허락하는 계약이다. 비독점적 실시허락계약은 실시권의 허락이 독점적이지 않은 계약을 말한다.

우리나라에서는 공업소유권에 관하여 전용실시권[15] 및 통상실시권제도가 있는데, 이는 각각 독점적 실시권 및 비독점적 실시권에 해당한다.

여기서 전용실시권이란 설정행위로 정해진 범위 내에서 특허발명 등을 업으로써 독점적으로 실시하는 권리를 말한다(특허법 제100조 제1항, 제2항). 전용실시권의 설정은 등록이 효력 발생요건으로 되어 있으나(특허법 제101조 제1항), 등록을 하면 원칙적으로 전용실시권자만이 특허발명 등을 실시할 수 있다(특허법 제100조 제2항). 또한 전용실시권자는 전용실시권의 침해에 대하여 침해의 금지 또는 예방(특허법 제126조) 및 손해배상(특허법 제128조)을 청구할 수 있다. 이와 같이 우리나라의 전용실시권은 강력한 효력을 가진 우리나라의 독특한 제도이다.

통상실시권은 특허법 등 법률의 규정 또는 설정행위로 정해진 범위 내에서 특허발명 등을 업으로써 실시하는 권리를 말한다(특허법 제102조 제1항, 제2항). 통상실시권은 독점적인 권리는 아니고 같은 특허발명 등을 특허권자 등이 스스로 실시하거나 그 외의 통상실시권자에게 실시하게 하거나 하는 것이 인정된다.

---

15) 상표의 경우에는 전용사용권.

3) 기술원조수단

기술원조수단에는 특허권 등의 권리의 양도, 실시권의 허락 또는 기술적 노하우의 개시 또는 동작 내지 구두에 의한 지도 및 전달이 있으나, 기술원조계약은 이러한 기술원조수단의 차이에 따라서도 그 내용이 크게 다르다. 기술원조수단의 차이에 따라서 소위 기술원조계약은 각각 특허권양도계약, 특허권실시허락계약, 기술지도계약, 기술자파견계약 등으로 불린다.

4) 기술의 존재형태

기술은 다양한 형태로 존재한다. 전형적으로는 가령, 특허권과 같이 법률에 의하여 보호되는 권리로서 존재한다. 그러나 일반적으로는 권리만으로는 권리의 실시는 곤란하다. 설계도, 계획서, 매뉴얼 등의 서면, 도면 또는 모형, 견본 등의 유형의 모양 혹은 실시지도 또는 구두전수와 같은 무형의 모양으로 존재한다. 따라서 기술원조계약의 내용도 기술이 존재하는 형태의 차이에 따라서 크게 다르다.

02 기술원조계약의 구성

기술원조계약은 많은 종류가 있으며 그 내용은 계약의 종류에 따라서 다르다. 그러나 여기서는 국제기술거래 내지 국제기술이전 중에서도 가장 전형적이라고 생각되는 특허발명의 실시허락계약을 염두에 두고 기술원조계약의 구성을 생각해 보면 다음과 같다.

1. 정의
2. 실시권의 허락 및 그 범위
3. 기술이전 및 생산개시
4. 실시권의 대가
5. 대가의 지급, 기록 및 보고
6. 표시 및 보증
7. 실시권자의 약속
8. 개량기술
9. 특허권침해에 대한 보상
10. 계약의 발효
11. 계약기간
12. 계약의 해제
13. 중재
14. 준거법
15. 완전합의, 계약의 변경
16. 계약의 양도
17. 조세부담
18. 통지
19. 권리포기
20. 계약조항의 독립성
21. 계약용어

제 3 절 기술원조계약조항과 법률

1. 정의

이 조항에서는 기술원조계약 중에 사용된 용어를 정확하게 정의함으로써 계약내용을 간결하게 표현함과 동시에 당사자 간의 오해 및 분쟁을 회피하는 데 의미를 둔다.

2. 실시권의 허락 및 그 범위

이 조항에서는 실시허락자가 실시권자에게 허락하는 실시권의 내용 및 그 범위가 규정되며 외국인투자촉진법, 공정거래법, 지적재산권법 등 관련 법률과의 접점이 인정된다

3. 기술이전 및 생산개시

이 조항에서는 실시허락자로부터 실시권자에 대한 기술이전의 방법과 시기 및 특허허락상품의 생산개시 시기에 관하여 정하여지나 법률과의 접점은 없다.

4. 실시권의 대가

이 조항에서는 실시권자가 실시허락자에 대하여 지급하는 실시권의 대가에 관하여 정하며, 여기서는 법인세법이나 민법과의 접점이 있다.

5. 대가의 지급, 기장 및 보고

이 조항에서는 실시권자에 의한 대가의 지급, 그를 위한 기장 및 보고에 관하여 정하며, 법인세법, 조세조약, 민법 및 무역보험법과의 접점이 있다.

6. 표시 및 보증

이 조항에서는 실시허락자 및 실시권자가 기술원조계약의 체결에 있어서 기본적인 사항에 관하여 종종 약속하는데, 그 약속은 표시(Representations) 및 보증(Warranties)이라고 부르며, 이를 위반하면 손해배상을 해야 한다.

7. 실시권자의 약속

이 조항에서는 기술원조계약의 이행과 관련하여 실시권자가 종종 약속을 한다.

8. 개량기술

이 조항에서는 실시허락자 또는 실시권자가 장래 해야 할 개량기술의 취급에 관하여 정한다. 개량기술의 취급에 관하여는 미국의 경쟁법상 문제가 있다.

9. 특허침해에 대한 보상

이 조항에서는 계약대상이 특허발명의 실시에 의하여 타인의 특허를 침해한 경우, 실시허락자가 실시권자에 대하여 어떠한 보상을 하는가에 관하여 정한다. 즉, 여기서는 실시허락자의 계약위반에 관하여 정한다.

10. 계약의 발효

이 조항에서는 계약이 효력을 발생하는 조건(정지조건)에 관하여 정한다.

11. 계약기간

이 조항에서는 기술원조계약의 유효기간에 관하여 정한다.

12. 계약의 해제

이 조항에서는 실시권자의 계약위반에 대한 실시허락자의 구제에 관하여 정한다.

13. 중재

이 조항에서는 기술원조와 관련하여 당사자 간에 발생하는 분쟁을 중재에 의하여 해결하는 내용을 정한다.

14. 준거법

이 조항에서는 준거법에 관하여 정한다.

15. 완전합의 및 계약의 변경

앞에서 소개한 국제매매거래에 관한 완전합의 및 계약의 변경 내용과 같다.

16. 계약의 양도

앞에서 소개한 국제매매거래에 관한 계약의 양도 내용과 같다.

17. 조세부담

이 조항에서는 국제기술원조계약과 관련된 조세부담에 관하여 정하며, 법인세법(투자소득세) 및 조세조약과의 접점이 있다.

18. 통지

앞에서 소개한 국제매매거래에 관한 통지의 내용과 같다.

19. 권리포기

앞에서 소개한 국제매매거래에 관한 권리포기의 내용과 같다.

20. 계약조항의 독립성

기술원조계약에서 실시허락자는 특허발명에 관하여 독점적으로 실시하는 권리가 법률에 의하여 인정되기 때문에 일반적으로 실시권자에 대하여 우월적인 지위에 있으며, 기술원조계약 중에 구속적인 조건을 붙이는 일이 있다. 이러한 구속적인 조건은 나중에 공정거래법상 위법 내지 무효가 되는 일이 있다. 이 조항에서는 기술원조계약의 일정한 조항이 위법 내지 무효가 된 경우 그 외의 계약조항이 어떠한 영향을 받는가에 관하여 정한다.

21. 계약용어

이 조항에서는 계약의 용어에 관하여 정한다. 기술원조계약에 관한 용어문제는 계약용어, 기술정보용어, 구두로 기술지도하는 경우의 용어에 관한 것이다.

PART 5

국제자본거래계약

제1절 의의

제2절 국제대차계약

제3절 국제리스계약

제4절 국제팩토링계약

제5절 기타 국제자본거래계약

제1절 의 의

국제자본거래(International Capital Transaction)란 국제거래 중에서 자본의 투자나 대차 및 유가증권의 매매 등을 중심으로 하는 거래를 말한다. 국제자본거래에는 국제기관에의 출자를 비롯하여 차관 및 외채발행 등과 같이 정부 등 공적 부문이 행해지는 것과 민간에 의한 직접투자나 민간외채 및 차관 등이 있다. 일반적으로 국제수지 계산은 경상수지와 자본수지로 나누어서 행하여지는데, 이 중에서 자본수지를 나타내는 거래가 국제자본거래이다.

국제자본거래가 이루어지는 시장인 국제금융시장에서는 대차, 채권, 주식 등의 거래가 주로 이루어지고 있다.

대차의 경우에는 세계 각국의 금융기관이 국제협조융자단을 조성하여 대형융자를 행하는 신디케이트(Syndicate) 및 대차의 응용형으로써 프로젝트파이낸스(Project Finance), 리스(Lease), 팩토링(Factoring) 등이 있다.

국제채권발행시장에는 표시통화국 밖에서 인수·판매하는 유러본드(Euro Bond)[1]와 통화국 시장에서 인수와 판매가 이루어지는 외채가 있다.

외채(外債, Foreign Bond)[2]는 주로 장기자금의 조달을 위해 외국에서 발행

---

1) 유럽 자본시장에서 발행되는 외화표시 채권으로, 국제적인 신디케이트에 의하여 인수되어 매출된다. 대부분이 미국 달러 표시의 유러달러 채권인데, 그 밖에 독일 마르크, 스위스 프랑 표시 채권 등이 있다. 유러본드의 등장은 1963년 미국이 국제수지대책으로써 이자평형세를 창설하여 뉴욕 자본시장에서 외채를 축출한 데서 비롯된다. 이 때문에 차주(借主)의 자금수요와 거액 투자가의 투자의욕을 결부시킬 것을 겨냥하여 런던의 머천트뱅크를 중심으로 한 국제적 신디케이트가 유럽에서 기채(起債)한 달러 표시 채권을 세계 각국에서 매출하는 방법을 고안해냈는데, 이 시장은 급속히 확대되었다.

되는 국채나 정부보증채 및 사채(社債) 등의 유가증권으로서, 외국정부나 외국기업 등의 비거주자가 발행한다는 점을 제외하면, 국내에서 거주자가 발행하는 국내채와 차이가 없다.

유러시장은 원칙규제가 없는 시장이기 때문에 어음발행융자(Note Issuance Facility), 순환인수융자(Revolving Underwriting Facility) 등의 채권과 융자의 복합적인 상품 등 신상품의 개발이 활발하다. 일반적으로 외채시장에서 행해지는 최신 수법으로서는 전환사채(Convertible Bond), 신주인수권부사채(Bond with Warrant), 스왑채(Swap Bond)를 들 수 있다.

이러한 국제자본거래는 다양한 형태로 존재하기 때문에, 이에 대한 법규범으로서의 국제거래법의 내용을 구성하는 모든 법 형식인 준거법의 지정에 의한 국제사법, 실질법의 통일조약,[3] 국제단체나 기관에 의한 통일규칙, 표준계약서식 및 표준계약약관,[4] 관습법 등이 각자의 분야에서 적용된다.

---

2) 넓은 의미로는 외국으로부터 유상으로 들여오는 차관이나 예수금 등 모든 대외부채가 포함되며, 액면금액은 외채를 모집한 현지통화로 표시되는 것이 많으므로 외화채(外貨債)로 볼 수 있는 반면 자국화폐로 표시된 것을 내화채(內貨債)라고 한다. 외채는 발행주체에 따라 공채와 사채, 특수한 권리내용의 유무에 따라 전환채와 일반채, 발행조건에 따라 이자부채권과 할인채권, 발행형식에 따라 기명채와 무기명채로 분류된다.

3) 조약으로서는 국제 파이낸셜 리스(international financial leasing) 및 국제 팩토링에 관한 UNIDROIT조약이 채택되고 있다.

4) 유력한 시장참가자가 사용하는 계약서식의 일반화라는 형태까지 포함시킨다면, 외채발행에서는 발행시장의 관행에 따른 정형화된 계약서식이 존재하고 있으며, 신디케이트론에서는 계약서식의 유형화라는 현상이 있다.

제 2 절 국제대차계약

01 국제대차계약의 의의

일반적으로 대차계약업무가 은행거래로 이루어질 경우 이 계약은 부합계약성이 강하다. 즉, 국내에서 은행이 고객과 대차거래를 할 때에는 거래약정서에 기명날인 또는 서명을 요구한다. 이 약정서에는 여신업무 전반에 적용되는 기본규정이 있다. 이 약정서는 전국은행연합회가 작성하고 거의 대부분의 금융기관이 채택하고 있기 때문에 전형적인 보통거래약관으로서, 은행과 고객 사이의 모든 대차 관련은 이 약정서의 제출을 전제로 작성되어 있다. 가령, 어음대출이나 어음할인의 경우에는 그 외의 특별한 약정서는 필요 없지만, 증서대출의 경우에는 각 은행마다 정해진 양식에 따라서 금전소비대차, 분할대출, 한도대출계약증서가 있으나 일반적으로 간결한 것으로 그 내용은 큰 차이가 없다.

국내거래에서는 한 국가의 단일 법역 내에서 그 배후에 상관습이나 민상법 등의 제 법규가 존재하고 있기 때문에 문제가 발생하지 않는다. 이러한 사정은 영국이나 미국 및 독일 등에서도 다르지 않다. 은행연합회 등의 업무단체가 통일양식을 제정하는 것은 아니라고 할지라도, 적어도 통상적인 대차는 각 은행이 정하는 계약서를 사용하여 이루어지고 있기 때문에 일종의 부합계약이라고 할 수 있다.

이에 비하여 국제금융거래에서는 각 당사자가 전제로 하는 공통의 단일법은 없으므로 당연히 계약서에 정해야 할 내용이 상세하다. 또한 서로 다른 법역 간 거래에 특유한 준거법이나 재판관할, 중재, 소장송달, 외국 판결의 집행, 주권면제특권 등에 관한 조항을 두는 경우가 많기 때문에 계약증서가 중요한 부분을 차지하기 쉽다.

또한 국제금융거래에 관한 계약서의 특징으로서 그 변화의 속도를 들 수 있다. 국제금융 자체의 역사는 새로운 것이 아니라고 할지라도 유로통화(Eurocurrency) 시장의 발생을 배경으로 하여 현재와 같은 유로통화 대출이 왕성하게 된 것은 비교적 최근의 일이다. 그리고 이 시장이 초국가 내지는 다국적 시장으로서 통일적인 법질서의 지배가 확립되어 있지 않은 현 단계에서는 계약의 내용이 당사자 사이의 자유로운 교섭결과에 의한 합의로만 위임될 수 있기 때문에, 수시로 변화하는 당사자 간의 힘의 관계와 시장의 동향에 따라서 신속하게 변화하고 있다.

특히 국제거래의 주요한 형태로서는 대출과 채권을 비교할 경우 채권발행계약은 그 발행지나 상장시장에 따라 어느 정도 정형화되어 있는데 비하여, 대출계약은 아직 그 표준양식이라고 할 만한 것은 확립되어 있지 않아 그 내용이 다양하고 차입인과 대출인의 개개의 현실적 요청에 유연하게 대처할 수 있다.[5)]

02 국제중장기대출계약

1) 개관

1950년대 이후 급속하게 발전한 유로통화시장 내부의 국제적 실무관행 중에서 현실적으로 사용되는 계약서에 관하여는 영미계 은행이 사용하는 계약서의 영향을 받은 영어를 사용한 어느 정도 공통된 체재와 내용을 가지는 유러화 조

5) 예를 들면, 채권의 경우는 단일통화로 전액 한 번에 발행되는 것이 보통이지만 대출의 경우에는 대출금의 교부방법으로도 일괄대출, 분할대출, 한도대출 등의 방법을 취할 수 있으며, 통화변환도 가능하다.

건 대출계약(Eurocurrency Term Loan Agreement) 양식이 많은 거래를 통하여 형성되었다. 이것은 원래 유로통화 대출(Eurocurrency Loan)이라고 하더라도 대출계약이기 때문에 그 기본적 효력은 대출자가 빌려줄 의무를 부담하고, 차입자가 원금과 이자를 변제할 의무를 지는 것이지만, 거기에 상정할 수 있는 종종의 문제점에 대처할 만한 빈틈없는 조항이 있다.

앞서 말한 바와 같이 시장이 융통성과 무애성(無碍性)이라는 특징을 가지고 있는 이상 유러화 대출계약(Eurocurrency Loan Agreement)의 내용도 국제금융정세의 추이에 따라서 지극히 변화가 빠르고, 또한 개별거래의 구체적인 요청에 따라서 수정이 가해지고 있다. 이러한 대출계약은 원래 은행을 대출자로 하는 것이 보통이지만 기업 간 대출에서도 이용된다.[6)]

2) 대출계약서의 구성

(1) 표제(Title)

표제에는 Loan Agreement 또는 Credit Agreement로 표시되는 것이 보통이다.

(2) 전문(Preamble)

계약서의 전문에는 통상 계약체결일과 체결지 및 당사자가 표시된다. 계약체결지는 인지세의 적용과 관련된다. 전문의 후반부에는 Whereas로 시작되는 설명조항이 있다. 설명조항은 당사자가 계약체결에 이르게 된 경위나 당사자의 목적을 기재하지만, 계약주문의 기재가 불분명한 경우 해석기준에 원용되는 등 특수한 경우를 제외하고 원칙적으로 법적 효력을 가지지 않는다. 영미법상의 계약의 유효요건으로써 전문의 말미부분에 약인(Consideration)을 기재하는 경우도 있다.

---

6) 예를 들면, 우리나라 투자회사와 현지 기업 간의 대출계약에서도 유사한 형태와 내용의 계약이 체결되는 경우가 많다. 이러한 대출계약에 기초한 대출채권을 원자금조달계약의 담보로서 그 위에 채권질 또는 채권양도담보를 설정하는 이상 그 대상인 대출채권의 내용이 문제가 되지 않을 수 없고, 결국 빈틈없이 채권자의 지위보전을 배려한 은행거래에 사용되는 대출계약양식이 답습되게 되는 것이다.

(3) 본문

a. 정의(Definitions)

반복하여 사용되는 용어의 의미를 정하고, 이하 대문자로 기재한다.

b. 대출 및 약정(Loans and Commitments)

대출자가 대출전제조건의 성취를 조건으로 일정 금액을 한도로 하여 대출기간 내에 대출에 응한다는 취지를 정한다. 국내은행대출방식의 증서대출에는 금전소비대차계약으로서 그 요물성의 요청에서 계약일에 대출금의 수수를 완료하고 그 취지를 계약서에 기재하는 것과 금전을 일시에 교부하지 않고 계약일 후에 분할하여 교부하는 형식의 분할대출이 있으나, 대출계약의 방식은 후자에 가깝다고 할 수 있다.

c. 대출전제조건(Conditions Precedent)

차입신청을 할 때에는 차입자의 능력, 권한을 확인하는 정관, 이사회 의사록, 인허가 등의 서류 및 차입시점에서 채무불이행 사태가 없다는 점의 증명서, 이상의 사항을 확인하는 변호사의 의견서 등의 제출을 요구한다.

d. 융자이행절차(Draw-Down)

융자금액은 전액 일괄이행이나 분할이행이 인정되는지의 여부 및 차입이행통지의 양식, 사전통지기한 등을 정한다.

e. 변제조건(Repayments)

여기에는 기한에 일괄상환 또는 분할상환의 방법을 기재한다.

f. 기한 전 변제(Prepayments)

기한 전 변제의 선택권을 차입자에게 제공할 것인가의 여부, 만일 이를 제공하는 경우에는 수수료의 필요 여부를 정한다.

g. 이자(Interest)

금리를 정하는 방법에는 고정금리와 변동금리가 있다. 변동금리는 3개월 또는 6개월 유러 정기예금금리에 일정한 비율을 더하는 방식으로 정하며, 각 3개월 또는 6개월마다 금리를 다시 정한다. 따라서 유러 금리가 급등한 때에는 가령, 차입자 소재국 이외의 국가의 법률이 준거법으로 지정되어 있더라도 차입자 소재국의 이자제한법에 저촉될 가능성이 발생한다.

h. 지급(Payments)

원리금의 지급은 사용통화의 본국의 금융시장에 있는 주요 은행의 계좌를 통하여 이루어진다.

i. 조세공과(Taxes)

해당 대출거래에 관하여 부과되는 조세공과는 원칙적으로 차입자에게 부담지우지만, 차입자 국가의 이자원천징수세에 관하여는 일정한 규정이 있을 수 있으며, 이는 국제대출에서 가장 중요한 문제라고 할 수 있다. 각 국내세법에 의한 이자원천세율은 10~30%의 범위 내이다. 차입자국과 대출자국 간의 조세조약이 이를 10% 등으로 경감하고 있는 경우가 많으나, 이를 차입자가 부담하는 경우와 외국세액공제 범위 내에서 여유가 있는 경우는 대출자가 부담하는 경우도 있다. 또한 조세조약이나 차입지국 조세우대조치가 차입자가 국가기관 또는 산업적 사업으로서 면세되고 있는 경우, 그리고 감면대상이 된 외국세액을 실제로 납입한 것으로 간주하고, 외국세액공제의 대상이라고 간주하여 세액공제제노가 조세조약상 인정되고 있는 경우도 있다.

j. 사실의 표명과 보증(Representations and Warranties)

차입자의 존립, 권한, 외국환거래법 등의 인허가, 해당 차입채무의 효력 발생, 중요소송 또는 채무불이행의 부존재, 최신시의 재무제표의 정확성을 진술한다. 이러한 상태가 어느 시점에 관하여 표명하고 있는가에 관하여는 본래는 계약체결시점이지만, 융자기간 전체와 같이 장래에 걸쳐 그 상태를 보증하는 일도 이루어진다. 영미법에서는 사실의 표명은 사실의 진술에 불과하지만 보증은 계약을 구성하는 약관(Term)이다.

k. 서약(Covenants)

사실의 표명과 보증이 기본적으로는 대출 실행시점의 차입자에 관한 사실상황을 확인하는 것인데, 차입자에 대하여 융자기간 중에 재무제한, 담보제공금지, 중요재산의 처분·합병금지 등의 의무를 부담하게 한다.

l. 채무불이행(Events of Default)

이 조항에 들 수 있는 사유가 발생한 때에는 대출자의 청구에 의하여 대출금의 기한의 이익을 상실시켜, 곧바로 변제를 요구하고 미실행의 대출약정을 취소할 수 있다. 보통 채무불이행의 사유로 들고 있는 것은 원리금의 지급, 서약위반, 다른 차입금의 채무불이행, 사실의 표명 및 보증이 허위 또는 부정확한 점, 파산 등의 도산법 절차의 개시 등이다.

m. 양도(Assignments)

차입자에 의한 대출계약상의 권리(금전을 차용할 권리)의 양도는 금지되고, 대출자의 채권양도의 권리는 명시적으로 인정된다. 양도성이 필요한 사례에는 우리나라의 투자회사가 그 현지회사에 대한 대출채권을 우리나라의 은행에서 원자금조달의 담보로서 양도담보권을 설정하는 경우가 있다.

n. 법률변경 및 추가비용(Changes in Law, Increased Cost)

법률의 변경에 의하여, 가령, 이자에 대하여 새롭게 부가된 부가가치세가 부과되거나, 준비예금이 적용되는 등 대출의 기본적 전제조건에 변화가 생겨 대출의 유지에 필요로 하는 비용이 증가한 때에는 차입자가 그 비용을 부담한다.

o. 수수료 및 비용(Fees and Expenses)

계약서의 작성에 관한 변호사비용이나 인지세 등에 대한 차입자의 부담을 정한다.

p. 준거법(Governing Law)

준거법에 관하여 정한다.

q. 재판관할(Jurisdiction)

국내의 금융거래에서는 내국법의 적용으로 국내법원의 관할에 따르는 것에 관하여는 계약상 규정하지 않더라도 당연한 일이지만, 국제거래에서는 그 결정 자체가 문제가 되기 때문에 계약상 명시적으로 규정해 두는 것이 바람직하다. 대출자와 차입자가 모두 자국법의 적용 및 자국재판관할을 주장하기 때문에 중립적인 뉴욕이나 영국법의 법률 및 재판적을 지정하는 경우가 많다. 다만, 준거법의 지정에서 유의해야 할 것은 당사자 간의 합의에 의하여 지정할 수 있는 준거법은 임의법분야에 한정되어 강행법에는 미치지 않는다. 따라서 그 외의 준거법을 지정하더라도 차입자 소재지 국가의 이자제한법이 적용될 가능성이 있다. 또한 재판관할에 관하여는 가령, 뉴욕이나 런던의 법원에서 판결을 받았더라도 판결지에 집행할 만한 재산이 없는 경우에는 차입자 소재지 국가에서 집행을 청구하지 않을 수 없으며, 이러한 경우에는 외국 판결의 승인이라는 절차가 필요하다.

r. 소장송달대리인선임(Appointment of Process Agent)

영국의 법원에서는 영국 내에서 소송당사자에 대한 소장송달의 가능 여부가 재판관할을 인정하는 요건이기 때문에, 계약상으로도 영국 내에 소장송달대리인을 지명하여 둘 것이 요청된다는 사정에 유래하는 조항이다.

s. 국가주권면제특권의 포기(Waiver of Sovereign Immunity)

국가 및 정부기관이 차입자인 경우에 국가주권면책을 포기하게 하고, 그들을 상대로 법원에 제소할 수 있다는 점을 명시적으로 규정한다.

t. 기타(Miscellaneous)

이 외에도 통지방법, 대출자에 의한 일정한 권리의 불실행 또는 부분실행은 다른 권리의 포기로 간주되지 않는다는 점, 본 계약의 규정에 따라서 부여된 대출자의 권리는 법률상의 일반적 권리의 실현을 방해하지 않는다는 점, 상쇄를 인정한다는 점, 일부 조항이 무효가 되더라도 다른 조항의 유효성에는 영향을 미치지 않는다는 점, 각 조항의 표제는 편의를 위한 것으로서 법적 의미를 가지지 않는다는 점, 사용언어 등이 규정된다.

(4) 인증 문언 및 서명

계약의 말미문언과 계약당사자의 서명을 기재한다. 서명일자 또는 계약일자를 기재함으로써 계약당사자의 정당한 대표자에 의하여 서명되어 계약의 효력이 발생함을 선언한다.

제 3 절 국제리스계약

01 리스거래의 개념

리스거래는 최근 40여 년간 급속도로 성장하였으며, 국제리스거래도 점차 증가하고 있다. 리스거래 중 금융리스(Finance Lease)7)거래는 경제적으로는 대차와 유사한 것으로, 리스사업자(Lessor)가 생산자 등으로부터 대상이 되는 상품을 매입하여 리스이용자(Lessee)에게 리스하는 것으로서, 이 거래에 의하여 임대인(Lessor)은 임차인(Lessee)으로부터 융자금 및 그 이자에 상당하는 금융의 리스료의 지급을 받는다. 임대인과 임차인 사이에는 리스계약이 체결된다.

그리고 운용리스(Operate Lease)8)거래는 본래의 리스로서, 임대인은 임차인

7) 금융리스란 임차인이 임차자산의 유지·보수에 관한 책임을 지고 임대인은 설비에 대한 금융제공에 한정되는 리스이다. 중도해약이 안 되고 임차기간은 거의 당해 자산의 내용연수와 같은 장기이다. 임대인은 자기책임 하에 자산구입에 소요되는 자본을 출자하고 이를 임대료의 형식으로 분할하여 회수한다. 기업이 금융리스를 이용할 경우, 기업은 당해 자산에 대한 성능·용량·제품의 질 등을 직접 선정하고 가격이나 구매조건 등에 대하여 당해 자산의 제조회사와 직접 협의한다. 협의가 끝나면 임차인은 임대인(리스회사)과 리스계약을 맺고 임대인이 당해 자산을 구입하여 임차인에게 대여하는 방식을 취하고 있다. 법인세법의 규정에서는 리스료에 포함되어 있는 지급이자 및 감가상각비에 대해서 임차인이 손비처리하도록 하고 있다.

8) 임차인이 임차자산을 필요한 기간 동안에만 이용하고 리스회사에 반환하는 비교적 단기간의 리스로 서비스리스 또는 유지리스라고도 한다. 운용리스는 금융리스와는 달리 계약기간 만료 전이라도 임차인의 희망에 따라 언제든지 중도해약할 수 있다. 운용리스의 대상 자산은 컴퓨터, 사무용기계, 의료기기, 자동차, 항공기 등과 같이 진부화의 위험이 큰 자산이 보통이며, 금융리스와는 달리 수선 및 유지관리 비용과 책임을 임대인이 부담한다.

에게 대상상품을 적절한 리스료로 임대하는데, 이 거래를 위하여 임대인과 임차인 사이에 체결되는 계약이 운용리스계약이다.

02 리스거래계약

시설대여업법 제2조는 리스(시설대여)를 대여시설의 이용자가 선정한 특정 물건을 시설대여 회사가 새로이 취득하거나 대여받아 대여시설 이용자에게 일정 기간 이상 사용하게 하고, 그 기간에 일정한 대가를 정기적으로 분할지급 받으며, 그 기간 이 종료한 후의 물건의 처분에 관하여는 당사자 간의 약정으로 정하는 물적 금융이라고 규정한다. 리스는 형식적으로는 임대차이지만 중장기 물적 금융과 같은 효과를 갖는다. 즉, 리스는 자금이 아닌 물건의 형태로 대여하거나 또는 원리금이 아닌 사용료의 형태로 대금을 상환할 뿐만 아니라 거래대상물건이나 상대방도 전통적인 금융과 크게 다르다.

운용리스(Operate Lease)는 사용자가 필요기간만 기계나 설비를 이용할 수 있도록 하는 방식으로 물건의 사용에 중점을 둔 본래 의미의 리스를 말한다. 계약기간 중 중도해약이 가능하고 리스물건의 보수관리도 임대인(Lessor)에게 부담시킬 수 있다.

금융리스(Finance Lease)는 리스방식을 취하는 금융거래로써 리스업자(Lessor)는 리스물건의 구입가격에 이자와 비용 등을 합한 금액을 차주인 리스이용자(Lessee)에게 융자하고, 차주는 리스계약기간에 분할하여 상환하기로 하는 거래이다. 이에 따라 금융리스는 리스대상설비의 가용연수와 리스계약기간이 일치하는 것이 보통이며, 중도해약은 인정되지 않고 설비하자 보수 등의 책임도 전적으로 리스이용자에게 있다.

알선리스(Leveraged Lease)는 리스이용자가 리스물건가액의 약 20~40%만 자기자금으로 조달하고 나머지는 차입하는 형태의 리스거래를 말한다. 이는, 소액의 자기자금을 지렛대(Leverage)로 하여 3~4배에 달하는 자금조달을 할 수 있기 때문에 붙여진 이름이다. 이 리스는 국제적으로는 항공기·선박 등 거액의 자금에 소요되는 대형리스 물건의 도입에 주로 이용된다.

판매재취리스(Sale & Leaseback)는 어떤 기계나 설비를 소유하고 있는 기업이 이를 리스회사에 판매하고 그 판매가격을 취득원가로 하여 다시 리스받는 방식으로 물건을 실제 이동하지 않고 형식상 소유권만 이전되는 형태의 리스를 말한다.

따라서 리스이용자는 리스물건을 계속 사용·수익하면서 필요한 운영자금의 조달이 용이하며 주로 중고품리스에 활용된다.

국제금융리스거래는 서로 다른 국가에 영업소를 두고 있는 대주(Lessor)와 차주(Lessee) 그리고 공급자(Supplier)라는 세 당사자 간의 거래로 일방 당사자(대주)가 다른 당사자(차주)가 제시한 사양과 조건에 따라 플랜트, 자본재, 또는 기타 설비(Equipment)를 취득할 계약(공급계약)을 제3자(공급자)와 체결하고 리스료(Rental) 지급과 상환으로 리스물건을 이용할 권리를 차주에게 부여하는 계약이다.

국제리스계약에서 차주와 대주 간의 법률관계를 보면 다음과 같다.

① 대주는 차주에 대하여,

i) 리스료 지급청구권　　ii) 리스물건 반환청구권(기간만료 시)

iii) 입회청구권　　iv) 재정보고징수권 등을 갖는 대신,

의무로서,

i) 리스물건 인도의무　　ii) 리스물건 인도지체에 따른 책임

iii) 평온한 점유의 보장의무 등을 부담한다.

② 반면 차주는 대주에 대하여,

i) 리스물건의 사용수익권　　ii) 계약갱신권 등의 권리를 갖는 대신,

의무로서,

i) 리스물건의 수취·수검의무　　ii) 리스료 지급의무

iii) 리스물건의 보관의무　　iv) 통지·보고의무

v) 표지부착의무　　vi) 리스물건의 반환의무 등을 부담한다.

제 4 절 국제팩토링계약

01 의의

팩토링(Factoring)이란 제조업자 등 공급자(Supplier)가 구매업자(Debtor)에게 상품 등을 외상으로 판매한 후 발생되는 외상매출채권을 팩토링회사(Factor)에게 일괄 양도함으로써 팩토링회사로부터 구매업자에 관한 신용조사 및 신용위험인수(지급보증), 채권의 관리 및 대금회수, 양도한 채권 금액 범위 내에서의 금융지원과 기타 사무처리대행 등의 서비스를 제공받는 새로운 금융기법으로, 최근 들어 국제간 신용사회화의 진전에 따라 수출입거래 시에도 팩토링서비스의 이용이 점차 증대되고 있다.

국제팩토링은 세계 각국의 팩토링회사가 그룹을 결성하여 수출업자 및 수입업자에 대하여 제공하는 새로운 금융서비스로써, 수출국 팩토링회사(Export Factor, 수출팩터)는 수출업자와 수출팩토링 거래약정을 체결한 후 수출업자에게 선적 전 또는 선적 후 운전자금을 제공하며, 수입국 팩토링회사(Import Factor, 수입팩터)는 수입업자에 대한 신용조사 및 신용승인(Credit Approval), 팩토링회사의 지급보증과 수출채권의 관리 및 수입업자로부터의 대금회수서비스를 제공하는 거래이다. 이 거래의 주요 메커니즘을 살펴보면 다음과 같다.

02 수출팩토링 거래약정 체결

수출국 팩토링회사(Export Factor)와 국제팩토링의 이용가능성 검토를 위한 거래상담을 마친 후 수출국 팩토링회사가 요구하는 수출업자의 재무상황, 금융거래현황, 수입업자 명세와 주요 수출품목 등 소정의 자료를 제출하면 수출국 팩토링회사는 신용분석을 거쳐 수출업자에게 수출채권매입한도 즉, 금융제공한도를 부여하고 수출팩토링 거래약정을 체결하게 된다.

수출팩토링 거래약정은 수출입업의 자격을 득한 자를 대상으로 하며, 수출업자 본인의 신용을 기본으로 물적 담보를 요구하지는 않으나 필요시 수출국 팩토링회사는 약정에 대한 연대보증인을 요구하는 경우가 있다.

또한 동 약정은 약정체결 이후 발생되는 수출채권의 일괄양도를 원칙으로 하고 있으며, 수입업자에 대한 수출국 팩토링회사(Export Factor)의 신용승인 유무에 따라 수출국 팩토링회사는 수입업자에 대한 상환청구권(With or Without Recourse)을 가질 수 있다.

03 수입업자에 대한 신용승인 의뢰

수출팩토링 거래약정을 체결한 후 수출업자는 수출국 팩토링회사에 대하여 수입업자 신용조사 및 신용승인을 의뢰할 수 있다. 수입업자와의 예상거래금액 또는 신용승인요청금액, 대금결제조건, 거래통화, 수입업자 주소 및 주거래은행 등의 명세를 첨부하여 신용승인의뢰서(CAR; Credit Approval Request)를 수출국 팩토링회사에 제출하면 이를 접수한 수출국 팩토링회사그룹의 업무취급규정에 의거 소정의 절차에 따라 수입국 팩토링회사에게 신용승인요청을 하게 된다.

수입업자에 대한 수입국 팩토링회사의 신용승인(Credit Approval)은 수입업자의 파산, 지급불능 등 신용위험 발생 시 수입국 팩토링회사가 수입대금을 대신 지급할 것을 확정하는 일종의 지급보증으로 간접적인 신용조사에만 의거하여 이루어지는 것이 원칙이며, 신용승인 방식에는 일정 기간 동안(통상 1년 단위) 수입업자에 대하여 신용승인한도(Credit Limit)를 부여하는 한도 방식과 매거래 시마다 신용승인조사를 결정하는 건별 방식(ICAR; Individual Credit Approval)이 있다.

팩토링회사의 신용승인은 은행의 신용장과는 달리 상품의 질, 수량 등 상거래상의 분쟁이 발생한 경우에는 지급보증의 책임을 지지 않는 반면 수입업자에게는 담보제공, 금융비용 등의 부담이 전혀 없기 때문에 신용조건부 거래 방식(Open Account Credit Terms)에 많이 활용되고 있다.

04 수출승인

수입업자에 대한 수입국 팩토링회사의 신용승인내용을 통보받은 수출국 팩토링회사는 수출업자에게 신용승인통지서를 발행하게 되며 수출업자는 동 통지서에 기재된 신용승인 금액, 거래통화 및 대금결제조건 등의 범위 내에서 수입업자와 팩토링 방식에 의한 수출계약을 체결하여야 한다.

수출계약서에는 국제팩토링 방법에 의한 거래임이 명시되어야 하며, 동 방식의 거래 시에는 통상 운송서류 일체가 수입업자에게 간접 발송되므로 대금결제기간은 선적일 또는 선하증권 발행일로부터 기산하는 것이 원칙이다.

수출계약이 체결된 후, 수출자는 수출승인신청서, 국제팩토링 방식임이 명시된 수출계약서 원본 및 사본과 수출국 팩토링회사가 발행하는 신용승인통지서(Answer to CAR) 등을 수출업자가 거래하는 외국환은행 또는 수출국 팩토링회사 주거래외국환은행에 제출하여 수출승인을 받는다.

또한 국제팩토링 방식 수출의 경우, 수출대금은 수출국 팩토링회사의 주거래외국환은행으로 입금되므로 수출업자가 수출국 팩토링회사 주거래외국환은행에서 수출승인을 받은 때에는 수출승인 및 수출대금회수기관이 동일하므로 수출대금의 입금과 동시에 사무관리가 종료되나, 수출국 팩토링회사 주거래외국환은행 이외의 외국환은행에서 수출승인을 받은 때에는 수출대금을 영수한 기관이 수출승인 외국환은행에 입금사실을 통보하거나 또는 수출업자가 수출국 팩토링회사 주거래외국환은행으로부터 입금증명을 발급받아 수출승인은행에 제출함으로써 수출승인의 사후관리를 종료한다.

05 선적 및 수출채권의 매입

수출계약서상의 선적기간 내에 선적을 완료한 후 수출업자는 수출국 팩토링회사에 수출채권의 매입을 의뢰하게 된다.

국제팩토링거래에서 수출채권이라 함은 일반적으로 수출업자가 수입업자 앞으로 발행하는 상업송장(Commercial Invoice)을 말하며, 수출채권의 매입이란 엄격한 의미에서 수출업자가 상업송장의 대금회수권리를 팩토링회사에 양도하는 것을 말한다.

상업송장은 민법상 지명채권으로서 국가에 따라 그 법적 성격의 차이는 다소 있으나 일반적으로 양도인이 채무자에게 사후에 통지하거나 채권자가 사전에 승낙하는 절차에 의하여 제3자에게 양도될 수 있다. 실질적으로 어음 사용이 일반화되어 있지 않는 영국, 미국 등에서는 송장의 양도가 비교적 자유스러워 수출업자가 상업송장 상에 채권양도문구를 날인함으로써 수입업자에 대한 통지에 갈음하고 있으며, 이에 의하여 팩토링회사는 채권의 대금회수권리를 취득하고 있다. 그러나 채권의 양도가 자유스럽지 못한 국가와의 거래 시에는 수입팩터가 대금회수권리를 적절하게 취득하게 하기 위하여 환어음을 사용하기도 한다.

수출채권 매입 시 수출국 팩토링회사는 수출업자로부터 수출채권매입의뢰서, 수출승인서(E/L), 수출면장, 선하증권, 보험증권, 원산지증명 및 포장명세서 등을 제공받아 약정서 등의 조건에 따라 면밀히 심사한 후, 수출채권금액의

100% 이내의 범위에서 매입대금을 수출업자에게 지급한다. 또한 수출국 팩토링회사는 매입 시 수출업자로부터 양도받은 수출채권(송장)상에 채권양도문구를 날인한 후, 양도장(Transfer Letter)을 첨부하여 수입국 팩토링회사에게 송부하여 대금회수를 요청한다.

06 금융제공

수출국 팩토링회사가 수출업자에게 제공하는 금융의 종류에는 전도금융(前渡金融), 재고담보금융 및 기타자산담보금융의 3가지가 있다.

전도금융은 수출채권매입 시 수출업자에게 지급하는 채권대금으로 국내의 경우 수입국 팩토링회사로부터 신용승인(Credit Approval)을 받은 경우에 한하여 100% 이내에서 지급하고 있으나 영국, 미국 등의 경우에는 수입국 팩토링회사의 신용승인 유무에 관계없이 수출업자로부터 양도받은 월별채권금액 평잔(平殘)의 70~80%를 지급하고 있다.[9)]

또한 국내의 경우에는 외국환은행의 수출금융지원과 보조를 맞추기 위하여 선적 전에 수출업자의 생산자금, 원자재수입 또는 원자재구매자금의 지원을 위한 재고담보금융 및 기타 자산담보금융을 제공하고 있다.

국제팩토링 방식으로 수출할 경우 수출채권의 매입 후, 수출국 팩토링회사가 수출업자에게 지급하는 전도금융은 외국환은행이 지급하는 Nego 대금과는 달리 원화로만 지급된다. 융자 시에는 원화 확정이자율을 적용하며, 재고 및 기타 자산담보금융도 원화로만 융자하며 확정이자율을 적용한다. 또한 전도금융제공 시 수출국 팩토링회사는 수출업자로부터 일정수수료를 선취한다. 팩토링 수수료는 수입업자에 대한 신용승인, 수출채권관리 및 동 대금회수팩토링회사 간

9) E/L 또는 수출계약서금액이 100인 경우, 재고 또는 기타자산담보금융은 80%까지 담보물 평가비율에 따라 융자받을 수 있으며, 전도금융은 수출채권금액의 100%까지 융자받을 수 있음.

서류발송 및 정보전달에 관계하여 소요되는 비용으로써 기간에 관계없이 송장금액당 일정비율로 공제하며 수출국 팩토링회사는 징수한 수수료의 일부를 수입국 팩토링회사에게 송금·지급한다.

07 채권대금회수

수출국 팩토링회사를 통하여 수출채권을 양수한 수입국 팩토링회사는 동 채권대금을 만기일에 회수할 수 있도록 사전에 적절한 조치를 취하게 된다. 일반적으로 팩토링회사들은 채권회수전문기관의 성격을 띠고 있어 채권대금회수서비스에 적극적이며 부실채권 회수를 위하여 변호사 고용, 법적 처리전담팀과 클레임 처리팀과 같은 전문조직을 갖고 있는 경우가 대부분이다.

수입국 팩토링회사가 신용승인을 한 이후, 만일 수입업자의 파산 등 신용위험이 발생하여 수출채권대금의 회수가 불가능한 경우에는 수입국 팩토링회사가 채권대금의 100%를 대지급(代支給)하게 되며, 이 경우 수입국 팩토링회사에 3개월 정도의 대지급 유예기간을 주는 것이 일반적이다.

상품의 가격, 수량, 품질과 인도 등 상거래의 원인관계에 의하여 수입업자가 수출채권의 대금지급을 거절하는 경우에는 원칙적으로 수입국 팩토링회사가 지급보증책임을 지지는 않으나 수출업자와 수출국 팩토링회사에 지급거절사유 등을 즉시 통지하며 수출업자가 수입업자의 항변을 승인하지 않는 경우에는 수출업자의 비용부담하에 수입팩터가 수출업자를 대신하여 필요한 법적 절차를 밟는 등 대금회수를 위한 최대의 노력을 기울이게 된다.

수입업자로부터 채권대금을 회수한 수입국 팩토링회사는 이를 즉시 수출국 팩토링회사에 송금·지급하며 대금을 영수한 수출국 팩토링회사는 전도금융과 상계 후 수출업자에게 잔액을 지급한다. 또한 수출국 팩토링회사는 자신의 주거래외국환은행을 통하여 대금을 영수하므로 앞에서 설명한 바와 같이 동 은행으로부터 입금증명을 발급받아 수출업자에게 교부한다.

제 5 절 기타 국제자본거래계약

01 국제프로젝트 파이낸스계약 및 신디케이트융자계약

프로젝트 파이낸스(Project Finance)는 중요한 사업계획융자로서, 그 변제재원을 주로 그 계획 자체의 자금운용 및 이익만으로 하며, 모회사에 대한 청구권을 한정하는 금융기법이다.10) 즉, 이는 사업 주체가 특정 사업을 수행하는데 소요되는 자금을 대출자로부터 차입할 경우 당해 사업에서 발생한 이익을 채무변제를 위한 주된 재원으로 하고 금융에 대한 담보를 그 사업의 자산으로 한정하는 새로운 금융기법이다.

전통적인 금융에서는 사업상의 리스크는 당해 사업에 정통한 차입자가 부담하며 대출자인 금융기관은 제3자적 입장에서 그 리스크를 평가하여 필요한 신용을 공여하는 것이 보통이지만, 프로젝트 파이낸스는 대출자인 금융기관들이 주도적으로 프로젝트의 위험을 평가하고 프로젝트 수행에 가장 적합한 금융구조를 협정하는 리스크 관리자로서의 역할을 부담하는 것이 특징이다. 그러므로 리스크를 대출자와 차입자 등 모든 관련 당사자들이 공평하게 배분하여 부담한다.

10) 프로젝트 파이낸스는 프로젝트의 실제 사업 주체인 프로젝트 스폰서(project sponsor)와 프로젝트 파이낸스의 차입자인 프로젝트회사(project company)가 분리되기 때문에, 스폰서에 대하여는 상환청구권이 배제 또는 제한되고 대출금상환은 프로젝트에서 발생하는 현금수입(cash flow)이 유일한 재원이다. 즉, 대출자가 직접 리스크를 관리하여 공사완성·생산·가공·판매 등에 관련된 자금흐름을 모니터 하지 않으면 안 된다.

프로젝트 파이낸스계약의 주요 내용은 합작계약(Joint Venture Agreement)과 대출계약이며, 재원조달은 자기자본 및 타인자본으로 조달되고, 리스크 유형으로는 공사완성 리스크(Start-Up Cost Overrun), 운영 리스크(Higher Operating Cost), 시장 리스크(Market Risk), 정치적 리스크(Political, Country Risk) 등이 있다.

한편, 신디케이트융자란 융자규모가 크기 때문에 단독으로는 대응할 수 없는 경우에 국적을 달리하는 협조융자은행단이 하나의 융자계약에 따라 융자해 주는 국제협조융자를 말한다. 따라서 그 중에는 참가은행 사이의 관계, 협조융자의 주관하는 매니저와 사무적인 면을 담당하는 대리인의 선임, 권한, 면책을 규정하는 조항을 둔다.

02 선물거래계약

선물거래는 매매계약의 체결과 동시에 상품의 인도와 대금결제가 이루어지는 현물거래에 대응하는 개념으로서 매매대상물과 그 대금이 계약체결일로부터 일정 기간 후에 교환되는 거래를 말한다.

선물거래는 거래대상에 따라 상품선물(Commodity Futures)과 금융선물(Financial Futures)이 있으며, 금융선물거래는 상품선물에서 발달한 거래기법을 채권, 외국통화에 응용한 것에 지나지 않기 때문에 농축산물이나 금속 등을 대상으로 하는 상품선물거래와 유사하다.

금융선물거래에는 환율변동위험을 방지하기 위한 통화선물거래와 이자율변동의 위험을 방지하기 위한 이자율선물거래(금리선물) 및 주식의 가격변동으로 인한 위험을 방지하기 위한 주식선물거래가 있다.

03
옵션계약

옵션(Option)이란 문자 그대로 '선택권'을 말하며, 옵션거래는 이러한 선택권을 일정한 대가(프리미엄)를 받고 매매하는 것을 말하며, 옵션의 매입자는 계약에서 정해진 대로 매도인에게 일정한 행위를 하도록 요구하거나 또는 요구하지 않을 수 있는 선택권을 갖는다.

옵션에는 어떤 상품의 일정량을 정해진 가격으로 일정 기일이나 일정 기간 내에 매수할 수 있는 콜 옵션(Call Option)과 매도할 수 있는 풋 옵션(Put Option)이 있으며, 옵션거래에서 매입자를 홀더(Holder)라 하고, 매도자를 그랜터(Granter)라고 한다.

04
스왑계약

스왑(Swap)거래는 장래 특정 일 또는 특정 기간 동안 일정한 상품 또는 금융자산(또는 부채)을 상대방의 상품 또는 금융자산과 교환하는 거래를 말한다. 교환대상이 상품일 때 상품스왑이라 하고, 금융자산 또는 부채인 때를 금융스왑이라고 부른다. 전자의 대상은 대체로 원유·곡물 등이며, 후자의 경우로는 외환·채권이 주 대상이다.

법적 성격은 그 대상이 상품이나 채권인 경우에는 '교환'이며, 부채인 경우에는 경개(更改)에 가깝지만 우리 민법상 어느 전형계약에도 속하지 않는 무명계약이다.

금리스왑(IRS; Interest Rate Swap)은 동종통화 간의 거래로써 약정된 이자를 계약만기 시까지 약정시기에 서로 교환하는 거래이다. 외환스왑은 현물환(Spot Exchange)을 매도하는 동시에 선물환(Foward Exchange)을 매입하거나 반대로 현물환을 매입하는 동시에 선물환을 매도하는 거래이며, 통화스왑(CRS; Cross Currency and Interest Rate Swap)은 이종통화 간의 거래로써 약정된 원리금을 계약만기 시까지 약정된 시기에 서로 교환하는 거래를 말한다.

05 국제직접투자계약

1) 국제직접투자의 의의

국제직접투자란 기업이 해외에서 토지, 건물, 기계 등의 각종 실물자산을 취득하여 직접 생산활동을 수행하는 것을 말한다. 국제간접투자가 자본이득이나 배당 또는 이자소득을 목적으로 한 투자인데 반하여 국제직접투자는 경영권을 목적으로 한 투자라는 점에서 국제간접투자와는 구별되는 개념이다.

기업은 국제직접투자를 통하여 피투자국에 자본, 기술, 마케팅, 노하우 및 경영 노하우 등을 일괄적으로 이전시켜 줄 뿐 아니라 수입대체효과를 가져다주고 수출기회를 제공해 줌으로써 피투자국의 경제에 긍정적인 효과를 미치고 있다. 이에 각국 정부는 국제경영에 참여하고자 하는 기업에 국제직접투자를 유치하고자 노력하고 있으며, 이를 위하여 세제감면, 금융지원 등의 투자유인을 제공한다.

2) 국제직접투자의 특징

국제직접투자는 해외사업에 대하여 직접적으로 영향력을 행사하여 그 경영지배를 목적으로 한다.

국제직접투자는 단순한 자본이동뿐만 아니라 유형무형의 경영자원, 인적자원, 그리고 경영관리상의 지식과 경험, 특허, 노하우는 물론 마케팅 방법 등을 포함한 광범위한 전문적, 기술적 지식 등의 포괄적 이전을 의미하고 있다는 점에서 수출이나 Licensing과 구별된다.

해외직접투자는 자본과 기업의 수출로써 한 국가의 기업이 국내지향 및 해외지향 경영에서 현지지향 및 세계지향 경영으로 전환하기 위한 필요조건이다.

3) 국제직접투자의 동기

국제경영에 참여하는 기업의 국제직접투자 동기는 매우 다양하여 특정 기업이나 산업 또는 국가별로 서로 다른 양상을 보이고 있다. 그러나 이러한 동기는 대체로 다음과 같은 몇 가지 유형으로 분류해 볼 수 있다.

① **시장추구**이다.

국제기업은 시장을 찾아 세계 어느 곳에서든지 직접 현지에서 자사의 상품 또는 서비스를 생산·판매하고자 한다. 특히 선진국 간의 국제직접투자에서는 시장추구가 가장 중요한 투자동기라고 할 수 있다. 이는 전 세계 국제직접투자의 약 70~80% 가량이 소득수준 및 소비형태가 비슷한 선진국 간의 국제직접투자임을 보여준다.

② **생산효율의 증대**이다.

생산효율을 높이고자 요소가격이 낮은 지역으로 생산설비를 이전하는 경우도 있다. 특히 최근에는 경제의 국제화, 개방화, 자율화 추세에 따라 국제경쟁이 더욱 치열해지고 있다. 이에 따라 노동집약적인 산업에 있어서는 미국, 일본을 위시한 선진국 기업들이 점차 경쟁력을 상실하고 있어 이들 기업들은 경쟁력을 회복하기 위해서 생산설비를 해외로 이전하고 있는 실정이며 앞으로도 이러한 추세는 지속될 것으로 보인다.

③ **기술습득**이다.

해외의 선진기술을 습득하고자 국제직접투자를 결정하는 경우도 있다. 첨단기술을 보유하고 있는 외국의 기업을 인수하여 기술경쟁에서 유리한 고지를 점하고자 하는 기업이 점차 늘고 있어 기술습득이 국제직접투자의 주요한 전략적 동기가 되고 있다.

④ **현지 고객욕구 변화에의 빠른 대응**이다.

최근 고객욕구가 급변함에 따라 많은 기업들이 수출에서 벗어나 고객 가

까이에서 제품이나 서비스를 생산 공급함으로써 고객의 욕구 변화 등을 현지에서 즉각적으로 감지하여 대응한다.

⑤ 무역장벽의 회피이다.

WTO체제의 출범(1995)과 함께 각종 규제가 대폭 완화되기는 하였으나 아직까지 선·후진국을 막론하고 직·간접적인 각종 무역장벽이 상존하고 있다. NAFTA나 EU와 같은 지역경제블록에 참여하지 못한 역외권 국가의 기업들은 블록화로 인한 피해를 최소화하기 위하여 미리 역내국가에 대한 설비투자를 늘리고 있는 추세이다. 또한 선진국보다 개발도상국에서 무역장벽이 훨씬 더 높아서 국제기업들은 개발도상국에 의한 각종 관세 및 비관세 장벽을 회피하고 현지정부가 해외투자 유치를 위하여 제공하는 각종 특혜를 누리고자 국제직접투자를 늘리고 있다.

4) 국제직접투자의 장점

국제직접투자는 자본이전을 수반하는 기업의 이전이다. 그러므로 해외 현지에 자회사를 설립하고 자회사에 기업의 생산시설, 마케팅, 재무, 기술, 지적재산권의 일부 또는 전부를 이전시켜 현지에서 생산하고 현지에서 판매한다.

국제직접투자에서는 수출이나 라이센싱과는 달리 생산, 기술, 마케팅, 인사, 재무활동에 대한 통제가 모두 가능하다. 따라서 기업은 해외생산에서의 유리한 점을 이용하여 경쟁적 우위(Comparative Advantage)를 유지하거나 강화할 수 있다.

수출의 경우에는 운송비, 관세, 각종 비과세장벽(NTB)에 따른 비용이 소요되나 국제직접투자에서는 이러한 비용지출이 없다. 국제직접투자는 수입수량제한 또는 수입금지조치가 실시되는 나라에 효율적으로 진입할 수 있는 방법이다.

현지의 노동력, 기술, 원자재, 에너지 등을 유리하게 활용함으로써 생산비를 낮출 수 있다.

현지 소비자의 기호에 맞추어 제품수정을 할 수 있으며, 현지의 판매경로를 이용하여 단기간 내에 저렴한 비용으로 소비자에게 접근할 수 있다.

해외의 자회사에서 생산한 제품은 '현지 기업의 이미지'(Local-Company Image)를 가지고 있으므로 기업의 이미지를 높일 수 있다.

5) 국제직접투자의 단점

정치적 위험이 높다. 피투자국의 허가를 얻는 데에 제한이 있거나 허가조건이 있는 경우가 많다. 해외투자의 이익송금을 제한하는 위험이 있다. 정치적 불안, 혁명, 국유화, 징발, 수입규제, 세금, 외국인사제한, 수출의무의 부과, 외국기업 차별조치 등 무수한 정치적 위험이 있다.

시장의 위험이 높다. 투자할 때는 사업성이 높으나 몇 년 안에 사업성이 낮아져 손실이 발생할 가능성이 있다.

국제직접투자는 외부환경의 영향을 가장 많이 받는 방식이므로 시장조사에 많은 비용이 소요된다.

사업착수비용이 높고 자본회수기간이 길며 철수비용도 높다.

6) 국제직접투자의 결정단계

국제투자계획안(International Investment Proposal)을 심사할 필요성이 있는지를 결정한다. 국제투자안의 심사는 많은 시간과 경비가 소요되므로 심사 여부를 먼저 심사숙고하여 결정한다. 국제직접투자는 대체안 즉, 수출, 라이센싱, 프랜차이징 방식과 상호 비교한다. 또한 국제직접투자의 유형을 합작투자로 할 것인지, 전액투자로 할 것인지를 검토한다. 동시에 현지 기업을 인수할 것인지, 자회사를 설립할 것인지도 결정한다.

국제투자안에 대한 당위성이 인정되면 현지국의 현재 및 미래의 투자환경에 대한 조사분석을 행한다. 투자환경분석의 대상은 투자프로젝트에 영향을 미치는 정치적·경제적·문화적 환경이 된다.

투자환경이 양호하다고 판단되면 투자프로젝트의 경제성을 분석한다. 투자프로젝트의 이익률이 목표에 도달하는가, 생산규모는 어느 정도가 적정한가, 숙련된 노동력을 충분히 동원할 수 있는가 등을 검토한다. 투자프로젝트의 예상이익은 위험요소를 감안하여 조정되어야 한다.

이익성 및 위험성 면에서 타당성이 인정되면 현지국 정부와 협상한다. 협상 과정에서 검토된 투자프로젝트안이 수정될 수도 있다.

수정된 투자프로젝트안이 만족할 만한 수준이면 국제직접투자를 결정한다.

06 국제합작투자계약

1) 국제합작투자의 의의

국제합작투자는 2개국 또는 그 이상 국가 또는 그 이상의 투자선들 예컨대, 기업체, 개인, 정부기관, 정부기업체 등으로 구성되는 파트너(Partners)들이 영구적으로(Permanent Basis) 특정 기업체의 소유와 경영에 참여하는 것을 말한다. 그러므로 특정 한국 기업체가 개입될 때에는 외국에 기반을 둔(Foreign Based) 또는 외국국적을 갖고 있는 하나 또는 그 이상의 파트너들이 특정 기업체에 대해 공동소유·경영권(Joint or Shared Ownership and Management Control)을 행사하는 것을 국제합작투자라고 할 수 있다.

여기서 '영구적'으로라 함은 국제합작경영(International Joint Venture)의 한 형태로서 특정프로젝트가 완료됨과 동시에 일반적으로 해체되는 국제컨소시움(International Consortium)과 구별하기 위한 것이다. 국제컨소시움과는 달리, 국제합작투자기업체(International Joint Investment Firm)는 장기간 운영하기 위해 어느 나라에서나 법인체로 설립하는 것이 통례로 되어 있고, 또한 그렇게 하는 것이 바람직하기 때문에 국제합작투자기업체는 적어도 이론적으로는 영구적인 생명을 갖고 있다고 할 수 있다.

'참여'(Participation)한다는 것은 자산(Assets) 및 자본(Capital, Equity)뿐만 아니라 특허·상표와 같은 산업재산권(Industrial Properties), 제조공정을 포함한 기술·경영 노하우, 기업경영상 중요한 기타 기업자원을 결합(Pooling)하여 국제합작기업체에 참여하는 것을 뜻한다. 실제로도 그렇게 하여야만 국제합작투자기업체들은 합리적으로 운영될 수 있다.

2) 국제자본합작투자와 국제비자본합작투자

합작파트너들의 권리(Rights)가 자본참여(Equity Participation)에서 비롯된 때에는 이를 국제자본합작투자(International Equity Joint Venture)라고 한다.

하나 또는 그 이상의 합작파트너가 자본참여 없이 국제합작경영에 참여할 때는 이를 국제비자본합작투자(International Non-Equity Joint Venture)라고 한다.

법적인 관점에서, 국제자본합작투자는 합작투자기업체를 등기한 특정 국가의 주식회사법에 의한 창조물이며, 국제비자본합작투자는 계약법에 의한 창조물이다. 우리가 통상적으로 말하는 국제합작투자란 국제자본합작투자를 뜻한다.

국제합작투자를 할 때에 중요시해야 할 두 개의 키워드는 합친다는 뜻의 풀링(Pooling)과 쉐어링(여럿이 할당·분담·부담·출자·참여·분배·공유한다는 뜻의 Sharing)이다. 합작으로 기업체를 설립·운영할 경우에는 합작파트너들이 자본·기술 등 기업자원을 투입할 때에 풀링을 해야 할 뿐만 아니라, 경영관리·이익 및 적자·리스크 등까지도 쉐어링해야 한다.

이와 같이 풀링과 쉐어링이 필수적이기 때문에 합작파트너들은 각기 소유권에 대해서 뿐만 아니라 권리·책임·의무 등에 대해서도 신경을 쓰고 사전에 합의할 필요가 있다. 사전에 합의가 이루어지지 않았거나 합의가 이루어졌어도 서로 지키지 않을 때는 파트너들 간에 불화와 분쟁(Disputes)이 발생하여 합작기업체가 제대로 운영되지 않든지 와해될 수도 있다.

3) 국제합작투자의 동기

세계화 추세에 따라 국제합작투자가 활발히 전개되는 이유는 다음과 같다.

투자수입국들(Investment Recipient Countries)의 투자환경이 변화하고 있기 때문이다. 높은 민족주의 의식 등 때문에 원칙적으로 외국인 투자를 합작투자에 한하여 허용하는 국가들이 늘어나고 있다. 이러한 현상은 개발도상국일수록 특히 심하다. 그러므로 개발도상지역과 과거 및 현재의 공산권 국가들을 주요 투자대상지역의 하나로 삼고 있는 한국 기업들은 투자수입국들의 투자환경에 순응하기 위해서도 국제합작투자를 확대하지 않을 수 없다고 본다.

투자수입국들 중에는 비록 외국인의 단독투자를 허용하는 나라들이 있다하더라도, 그러한 나라의 현지 기업들과 협력관계를 유지함으로써 이익증대·리스크의 분산 등 현지 투자기업체가 얻을 수 있는 경영상의 편익을 최대화하기 위해 자발적으로 국제합작투자를 선택하는 외국인 기업들이 늘어나고 있기 때문이다. 특히 투자수입국이 개발도상국이거나 과거와 현재의 공산권 국가이고, 투자규모가 크고, 투자회수기간이 긴 투자프로젝트(예컨대, 해외자원개발, 수직적으로 통합된 제조활동과 같은)에 개입하는 기업들일수록 국제합작투자를 선호하는 경향이 많다.

국제기업들은 위와 같은 이유들 때문에도 국제합작투자를 선택하는 경향이 있지만, 자본·국제경영 노하우 등 기업자원이 부족할 때에도 국제합작투자를 선택하는 경향이 많다. 마찬가지로 한국 기업들 중에는 기업자원의 부족 때문에도 국제합작투자를 선호하는 경향이 많다.

4) 국제합작투자에 따른 소유권 형태

국제합작투자에 따른 소유권 형태는 5가지의 유형이 있는데, 이 중에서 처음 세 가지는 널리 활용되는 반면 나머지 두 가지는 활용도가 저조하다.

우선, 현지인 과반수소유권(Majority Local Ownership) 및 외국인 소수소유권(Minority Foreign Ownership)이 있는데, 여기서 과반수소유권이란 현지 합작투자기업체의 소유권 100% 중에서 50% 이상의 지분(Equity Share)을 차지하는 것을 말하며, 소수소유권이란 50% 이하의 지분을 가지는 것을 의미한다. 그러므로 현지 합작투자공동출자자가 과반수소유권을 차지한다면, 외국인 합작투자공동출자자는 자동적으로 소수소유권을 차지할 수밖에 없게 된다.

모든 기타 조건이 같다고 할 때(All Other Thing Being Equal), 현지 합작투자기업체에 대한 경영통제권은 소유권 비율(Ownership Ratio)에 따라 과반수소유권자가 차지하는 것이 원칙이기 때문에 현지인 과반수소유권 및 외국인 소수소유권은 현지 합작투자기업체의 경영통제권을 원칙적으로 현지 공동출자자에게 주기 때문에 그들에게 유리한 소유권 형태라고 할 수 있다.

다음으로, 현지인 소수소유권(Minority Local Ownership) 및 외국인 과반수소유권(Majority Foreign Ownership) 형태는 소유권 비율에 따라 현지 합작투자기업체의 경영통제권을 원칙적으로 외국인 공동출자자에게 주기 때문에 그들에게 유리한 소유권 형태라고 할 수 있다.

여기서도 만일 외국인 공동출자자가 현지 합작투자기업체의 경영통제권을 현지의 공동출자자에게 위임하는 조항을 담은 경영계약을 체결하면, 현지 공동출자자가 비록 소수소유권을 차지하고 있더라도 현지 합작투자기업체의 경영통제권을 장악할 수 있다.

그리고 동등(50:50)소유권(Equal Share, Equal Ownership) 방식이 있는데, 이는 외국인 투자자파트너와 현지 공동출자자가 현지 합작투자기업체의 소유권을 50%씩 동등하게 차지하는 소유권 형태이다.

이러한 소유권 형태에서는 모든 기타 조건이 같다고 가정할 때, 두 합작투자 공동출자자가 경영통제권을 동등하게 행사(Equally Share)해야 한다. 따라서 동등소유권은 소유권 비율과 그에 따른 경영통제권 비율의 두 측면에서 현지 공동출자자와 외국인 공동출자자 모두에게 유리한 소유권 형태라고 할 수 있다.

만일, 두 공동출자자가 모든 문제와 과제에 대하여 항상 완전히 합의할 수만 있다면, 두 공동출자자 모두에게 유리하도록 현지 합작투자기업체가 운영될 수도 있다. 그러나 두 공동출자자 사이의 이해충돌·견해와 판단의 차이 등 때문에 합의가 잘 이루어지지 않거나 분쟁(Disputes)이 자주 발생하게 된다면, 의사결정이 벽에 부딪치게(Deadlock) 되어 현지 합작투자업체는 뚜렷한 목표와 전략이 없이 표류하게 될 가능성도 많다. 이는 50 대 50의 소유권 비율에만 근거해서는 두 공동출자자 모두가 결단성 있는 의사결정(Decisive Decision-Making)을 할 수 없는 위치에 있기 때문이다.

그러므로 동등소유권 형태를 채택할 경우에는 두 공동출자자 중에서 어느 하나가 결정적인 경영통제권을 행사할 수 있도록 양자 간에 경영계약을 체결하는 경향이 많다. 대체적으로 협상력(Bargaining)이 상대적으로 강한 공동출자자가 경영계약을 통해 경영통제권을 장악한다.

또한, 현지인 공동출자자와 외국인 공동출자자가 49:49의 비율로 소유권을 가지고 나머지 결정적인 주식비율(Decisive Stock Share)을 독립적인 제3자가 소유하는 형태가 있다.

이것은 현지 합작투자기업체가 행하는 의사결정이 두 공동출자자 중 어느 한 쪽에만 유리하게 이루어지지 않도록 하는 동시에 의사결정이 벽에 부딪히는 것을 미리 방지하는 데 목적을 둔다. 이는 양 공동출자자가 다 같이 과반수소유권에 미달하는 49%씩 동등하게 소유하고 나머지 결정적인 주식비율은 현지 합작투자기업체 자체의 권익(Interest)만을 보호·증진토록 의사결정할 수 있는 독립적이고 객관적인 입장에 있는 제3자가 소유하도록 하는 소유형태이다. 이러한 소유권 형태는 이상성이 강하여, 현실적 어려움이 따르기 때문에 최근에는 그다지 활용도가 높지 않다.

마지막으로, 공동출자자 중의 한 사람이 일단 일정비율의 소유권을 가지되 일정기간 후에는 다른 공동출자자에게 그 지분의 일부 또는 전부를 구입할 수 있는 선택권을 주는 형태가 있다.[11)]

이러한 방식도 그 활용도가 높지 않으나, 이러한 소유권 형태에 외국인 공동출자자가 때때로 동의하는 이유는 민족주의에 바탕을 둔 현지국의 자국화정책에 순응하고, 합작투자를 실시한 후 일정한 기간 내에 투자금의 회수가 충분히 이루어지게 되면 자신의 지분을 매각하여 현지에서 철수하는 것이 바람직하다는 사전적인 계획이 있기 때문이다.

---

11) 예를 들면, 현지 합작투자기업체를 설립할 당시에는 외국인 공동출자자가 50%의 지분을 소유할 수 있게 하되 10년 후부터 시작하여 5년 이내에 외국인 공동출자자인 지분의 일부 내지 전부를 현지 파트너가 매입하는 선택권(option)을 행사할 수 있도록 합작투자계약에 명시하는 경우가 있다.

07
국제 M&A계약

1) M&A의 의의

M&A는 둘 이상의 기업이 법률상의 절차를 거쳐 하나의 기업으로 되는 기업합병(Mergers)과 하나의 기업이 다른 기업의 자산 또는 주식을 취득하여 경영권을 획득하는 기업인수(Acquisitions)를 합한 말이다.

M&A는 비효율적인 경영으로 인하여 수익성이 낮고 주가가 저평가된 기업의 주식을 저가로 매입하여 경영권을 확보한 후 기업의 효율성을 증대시켜 수익과 주가를 높임으로써 이익을 획득하고자 하는 목적을 가진다. 이는 1980년대 이후 활발하게 진행되어 오다가 1995년 WTO 출범과 함께 세계화 전략에 따라 본격적이며 광범위하게 행하여지고 있다.

2) M&A의 효과

M&A는 경영과 기술 및 자본의 효율적 분배와 규모경제, 생산공정, 영업효율성과 같은 경영효율성 증대라는 긍정적 효과가 큰 반면, 지배주식의 쟁탈로 인하여 소액투자가인 소수주주가 피해를 볼 가능성이 크고 소위 기업사냥의 수단으로 악용될 우려가 있다는 부정적 효과가 있다.

3) M&A의 유형

M&A는 우호적 M&A와 적대적 M&A가 있다. 전자는 매수기업이 대상기업과의 합의에 의하여 이루어지는데 반하여, 후자는 대상기업의 의사와는 무관하게 매수회사가 단독으로 공개매수나 주식매집 등의 방법으로 행하여진다. 보통 M&A라고 할 때에는 적대적 M&A를 칭한다고 할 수 있다.

4) 합병방식

합병에는 흡수합병과 신설합병이 있다. 전자는 한 회사가 다른 회사에 흡수되어 소멸하고 존속회사가 소멸회사의 자산과 부채를 승계하는 방식의 합병을 말하며, 후자는 둘 이상의 당사 회사가 모두 해산하고 새로운 회사를 설립하여 그 회사로 하여금 소멸회사의 자산과 부채를 모두 승계하는 방식으로 이루어지는 방식의 합병을 말한다. 합병의 경우에는 소멸하는 회사의 주주에게 합병비율에 근거하여 신 회사의 주식을 교부한다.

5) 자산매수와 주식매수

자산매수(Asset Acquisition)는 매수기업이 계약에 근거하여 피매수기업의 자산과 사업의 전부 또는 일부를 매수하는 것으로서 상법상의 영업양도에 속한다. 이 경우 피매수기업은 해산 및 청산절차를 밟아 소멸하는 것이 보통이다. 자산매수의 장점은 매수대상이 될 자산과 부채를 한정할 수 있기 때문에 매수인은 불필요한 자산을 매수대상에서 배제시킬 수 있으며, 예측불허의 부채출현도 우려할 필요가 없다는 데 있다.

주식매수(Stock Acquisition)는 매수기업이 피매수기업의 주주가 소유하는 주식의 전부 또는 일부를 매수하는 것으로 단지 주주가 바뀐다는 점에서 자산매수와 다르다. 주식매수의 방법으로는 피매수기업의 대주주로부터 계약에 따라 주식을 취득하는 방법, 공개매수방법, 피매수기업이 신주를 발행하고 당해 신주를 인수하는 세 가지 방법이 있다. 합병의 경우와는 달리 소수주주를 보호하기 위한 주식매수 청구권은 존재하지 않는다.

6) M&A의 절차

M&A는 계획의 수립과 사전조사, 대상기업과의 협상, 의향서의 교환이라는 절차를 거쳐 계약을 체결하는 순서로 진행된다. M&A의 조건에 대하여 원칙적인 합의를 보게 되면 이를 서면으로 작성해 두는데, 이때 작성되는 서면을 양

해각서(Memorandum)라고 한다. 의향서(Letter of Intent)는 양해각서를 근거로 하여 중요한 조건에 대하여 기재한 것을 말한다. 이는 법적 구속력을 갖지 않는 경우가 많다.

M&A에서 체결되는 옵션계약(Option Contract)은 일정한 기간 동안 매수인에게 매수옵션을 부여하는 것으로 매수인 외에 대상기업의 매수를 희망하는 경쟁자가 많은 경우에는 매수인에게 시간을 벌 수 있는 중요한 수단이 된다. 실무적으로는 옵션계약을 체결하기 전에 본 계약서를 작성하고 옵션의 행사와 함께 본 계약을 체결한다.

M&A 절차의 마지막 단계로서의 클로징(Closing)은 M&A의 구체적인 실행을 뜻하는 말로서 M&A계약서에는 클로징의 시기와 장소 및 방법 등에 관한 조항을 둔다. 즉, 매도인에 의한 주권교부, 매수인에 의한 대금지급 및 서류의 인도 등에 관한 절차가 바로 그것이다. 그리고 클로징에는 당사자 간에 여러 가지 약속조항을 두는 경우가 있다.[12)]

7) 적대적 M&A

지금까지 국내외에서 사용되어 온 적대적 M&A를 정리하면 다음과 같다. 먼저 그린메일(Green Mail)은 외국인에 의한 M&A의 허용으로 가장 성행할 것으로 예상되는 적대적 M&A의 유형이다. 공격 측은 대주주의 지분이 취약한 특정 기업의 주식을 경영권을 위협할 정도로 매집하는데, 주식의 매입은 은밀히 진행되며 일정한 지분이 확보된 후 대주주 측에 대하여 일정한 서신(그린메일)을 통하여 자신들의 지분을 높은 가격에 매수해 줄 것을 요구한다. 이에 대하여 대주주가 매수를 거부할 경우에는 미리 확보한 제3의 매수자에게 지분을 몰아주고 제3자가 기업의 경영권을 획득하도록 한다.[13)]

공격자는 공개매수(Take-over-bid)를 통하여 공격대상기업의 지분을 어느 정

12) 예를 들면, 사업을 계속할 것, 매수인 조사에 협력할 것, 신주발행·배당 등을 하지 말 것, 담보설정이나 채무보증을 하지 아니할 것 등의 약정을 한다.

13) 1997년 초의 미도파에 대한 외국투자자들의 M&A 시도를 그린메일의 일종으로 보는 견해도 있다.

도 확보하고 있다가 단기간 내에 경영권의 획득을 위하여 해당 기업의 주식에 대하여 공개적으로 매수수량과 매수가격을 발표한 후, 일정 기간 내에 원하는 지분을 획득하여 경영권을 획득한다.14)

08 채권발행

국내기업이 해외에서 발행하는 채권과 외국 정부나 기업이 국내외시장에서 발행하는 채권을 외채라고 한다. 외채발행과 관련하여 검토해야 하는 법규제로는 우선 발행체의 설립준거법(상법 등), 모집형태에 의하여 당해 시장의 증권거래법(우리나라는 자본시장법), 사용통화의 관계에서는 외국환거래법 등이 있다.

외채발행에서는 복수국가의 당사자가 관여하기 때문에 국제사법상 당사자 자치가 인정되는 범위에서의 계약서에 의한 약정이 중요한 역할을 하게 된다. 이는 실제로는 발행시장별로 그 시장의 관행이나 준거법을 반영한 계약서나 법률관계로서 정형화되어 있다.

09 기타 계약

그 외에도 위에서 소개한 계약에 속하지 않는 계약으로서 위임계약, 채권양도계약, 화해계약 등이 있다.

---

14) 국내에서는 1994년에 한솔제지가 동해종금을 공개 매수한 것이 처음이며, 1997년 증권거래법(현 자본시장법)에 의무공개매수 규정이 신설된(그 후 외국인의 M&A 허용과 함께 의무공개매수 규정은 폐지되었다.) 후 신성무역 등 여러 사례가 있다.

PART 6

국제거래의 결제

제1절 국제거래결제의 의의

통화를 달리하는 지역에 거주하는 당사자 간에 상품의 수출입이나 자금의 대차 및 서비스제공 등의 국제거래가 있었을 경우에는 국가와 국가 사이에 대차관계가 발생한다. 이러한 결제를 하기 위하여 금이나 현금을 수송하는 것은 위험이 따르고 비용도 만만치 않으며 상호간에 통화제도가 다르기 때문에 자국통화와 외국통화의 교환도 필요하게 된다.

가령, 한국인 X가 미국인 Y에 대하여 10만 달러의 채무를 부담하고 있었다면, X가 Y에게 10만 달러를 지급하면 양자 간의 채권채무의 결제는 종료하지만, 이 경우 X가 현금을 지참하여 Y에게 교부하는 것은 불편할 뿐만 아니라 X에게는 외화의 조달방법도 문제가 될 수 있다. 이러한 경우 X는 거래은행에 10만 달러 상당의 원화를 지급하고 미국 거래은행을 지급인으로 하는 수표나 환어음을 거래은행에서 발행하여[1] 이것을 Y에게 송부하면 Y는 이 유가증권을 지급은행에 제시하여 지급받음으로써 X와 Y 사이의 결제는 종료된다.

이와 같이 외국환의 원리는 거래은행을 매개로 수표나 환어음 등의 외국환 수단을 이용하여, 현금거래를 하지 않더라도 국제간의 채권채무를 결제하는 구조로 되어 있으나 외국환의 본질은 외화채권의 매매라고 본다.

외국환의 구조를 이용하여 국제간의 대차를 결제하는 기본적인 방법에는 채무자가 채권자에 대하여 자금을 지급하는 방법과 채권자가 채무자로부터 대금을 추심하는 방법이 있다.

---

1) 이는 외화채권을 표시한 환어음이라는 외국환 수단을 매수하는 것(매수환)이 도는데, 이를 거래은행의 입장에서 보면 외국환을 매도하는 것(매도환)이 된다.

제 2 절 어음 · 수표

01 개 관

어음과 수표는 국제거래의 지급수단으로써 자주 이용되는데, 이러한 경우에는 전 세계 각 국가가 통일된 어음법 및 수표법을 채택하는 것이 바람직할 것이며, 만일 각 국가가 내용이 서로 다른 개별 어음법과 수표법을 가지고 있다면 그 불편함은 이루 말할 수 없을 것이다. 이에 국제연맹의 주관 하에 어음법의 세계적 통일을 위한 노력의 결과 1930년 5월에 제네바에서 열린 어음법통일회의에서 어음법통일조약이 채택되었고, 이듬해인 1931년에는 제네바통일수표법이 채택되었다.

이 조약은 그 원문을 영어와 프랑스어로 작성하고 체약국은 원문 또는 자국어로 번역한 것을 그 영토 내에서 채용할 의무를 진다. 어음법통일조약은 전 세계에서 40여 개국에서 채택하고 있으나, 영미법권 제국에서는 비준되지 않고 영국에서는 1882년의 환어음법(Bill of Exchange Act), 미국에서는 1952년의 통일상법전(Uniform Commercial Code) 제3편(Commercial Paper)이 통용되고 있다. 이와 같이 세계의 어음법은 제네바통일어음법(Geneva Uniform Law on Bills of Exchange and Promissory Notes)과 영미어음법으로 나뉘어져 있으며, 또한 이 양 체제와는 전혀 다른 어음법을 채택하고 있는 국가도 있다.

세계의 어음법이 이와 같이 서로 다르기 때문에 국제거래의 원활한 결제에 장해가 되고 있다는 점에서 어음법의 국제적인 통일을 실현할 필요가 있다. 유통증권법을 포함한 국제상거래를 위한 통일법을 촉진하기 위한 목적으로 1966년에 설치된 유엔국제상거래법위원회(UNCITRAL)는 1971년부터 어음법의 통일을 위한 작업에 착수하여 제네바통일어음법을 영미법계 국가들이 받아들이기 쉽도록 수정하고, 이들 국가가 이를 채택할 것을 촉구하였다. 국제거래를 위해서만 사용될 새로운 어음법을 제정할 것을 검토하였으나, 이 중에서 가장 용이한 국내의 어음거래에는 하등의 영향을 미치지 않고 오로지 국제거래를 위해서만 이용되는 새로운 어음법을 제정할 것을 채택하여, 약 20년에 걸친 작업 끝에 1987년 8월에 국제상거래법위원회에서 최종 초안을 채택하고, 1988년 12월 9일 유엔총회에서 '국제환어음 및 국제적 약속어음에 관한 조약' (이하 "국제어음조약"이라 한다.)을 채택하였다.

국제어음조약은 국제간의 거래를 위하여 당사자가 임의로 이용하는 국제환어음 및 약속어음에만 적용된다. 이는 국제적으로 유통되는 어음에 당연히 적용되는 것은 아니고, 당사자가 이 조약의 적용을 희망하고 또한 그 취지를 증권상에 표시한 경우에만 이를 적용할 수 있다. 즉, 당사자가 증권의 표제 및 본문 중에 '국제환(약속)어음(UNCITRAL조약)'이라는 문언을 사용한 경우에 이 조약이 적용된다(동 조약 제1조).

또한 당사자가 이 조약의 적용을 희망한다는 뜻을 증권상에 표시하는 것만으로는 부족하고, 그 증권이 이 조약에서 정하는 국제적 성질을 가지고 있어야 한다. 여기서 국제적 성질이란 환어음에서는 발행지, 발행인의 서명에 부기된 곳, 지급인의 명칭에 부기된 곳, 수취인의 명칭에 부기된 곳, 지급지의 기재(약속어음에서는 발행지, 발행인의 서명에 부기된 곳, 수취인의 명칭에 부기된 곳, 지급지의 기재) 중의 임의의 2가지가 서로 다른 국가에 있다는 것을 나타내고 있는 것을 말한다(동 제2조).

이 조약의 적용을 받기 위해서는 환어음에서는 발행지 또는 지급지 중의 어느 하나가 표시되고 또한 그것이 당사국 내에 있을 것, 약속어음에서는 지급지가 표시되고 또한 그것이 당사국 내에 있을 것이 필요하다(동 제2조 단서).

02 어음·수표의 배서

제네바통일어음법과 영미어음법의 기본적인 차이의 하나는 위조배서의 효력에 관한 것이라고 할 수 있다.

제네바통일어음법에 따르면 위조배서가 개재하더라도 취득자에게 악의 및 중과실이 없는 경우에는 선의취득하며(동 제16조 2항), 취득자는 어음의 서명자에게 어음상의 권리를 행사할 수 있다.

영미어음법에서는 위조배서에 의한 취득자는 아예 어음상의 권리자가 될 수 없으며, 위조배서 전의 서명자에 대하여 어음상의 권리를 행사할 수 없고, 채무자는 위조어음에 의한 취득자에게 지급하더라도 면책되지 아니한다(영국 환어음법 제24조, UCC3-417조).2)

이에 대하여 국제어음조약은 위 양 법의 절충적 입장을 취하고 있다. 즉, 위조배서임을 알지 못하고 어음을 취득한 자는 선의취득할 수 있으며, 어음에 서명한 자에 대하여 그 자가 위조배서 전에 서명했는가 아니면 그 후에 했는가를 불문하고 어음상의 권리를 행사할 수 있으나, 위조자 및 위조자로부터 직접 어음을 취득한 자는, 위조된 자 또는 위조 전의 서명자에 대하여 이들이 위조로 인하여 입게 될 모든 손해를 배상해야 한다(동 제26조 1항).3)

---

2) 발행인 X가 수취인 Y에게 매매대금의 지급을 위하여 환어음을 교부하였는데, Z가 Y의 어음을 절취하여 Y의 배서를 위조하여 M에게 양도하였다. 이때 M은 환어음을 선의로 취득했고, 이어서 선의의 N에게 배서양도하였다. 만기에 선의의 지급인 P는 N에게 지급했고, P는 지급결과를 발행인 X의 계산으로 하도록 하였다.

이 사안에서 제네바통일어음법상으로 M과 N은 선의취득자이며 권리자라고 할 수 있으므로 P의 지급은 유효하며, 이때 Y는 Z에게 손해배상청구를 할 수 있을 뿐이다. 영미어음법상으로는 P의 지급에는 면책력이 없고 P는 지급결과를 X의 계산으로 할 수 없다. Y는 어음상의 권리를 잃지 않으며, N에게 지급한 P에 대한 불법행위 소송에 따라 배상청구할 수 있다(UCC3-419조 1항 C호). P는 지급한 어음금액을 N으로부터 환수할 수 있으며, N과 M의 담보책임을 추궁하여 손해의 회복을 꾀할 수 있다. 즉, 이 경우 위조자로부터 M이 위조의 위험을 부담하게 된다.

3) 위 각주 2)의 사례에서 M은 어음을 선의취득하고, M으로부터 취득한 N도 어음상의 권리자이며, 지급인 P의 N에 대한 지급은 유효하다고 할 수 있으므로, P는 그 지급 결과를 발

이 조약은 위조의 위험을 위조자로부터 어음을 직접 취득한 자에게 돌리며, 어음취득자는 자기에게 배서하는 자를 알아야 한다는 입장을 취한다. 위조자에게 악의로 직접 또는 수임자를 통하여 지급한 당사자 또는 지급인도 위조배서로 인하여 손해를 입은 자에 대한 배상책임이 있다(동 제26조 1항 및 2항). 무권대리배서도 위조배서와 동일하다(동 제27조).

03 어음·수표의 채권자

국제어음조약은 어음소지인 및 보호되는 소지인(Protected Holder)의 개념에 의하여 구성되어 있으며, 이러한 어음소지인은 어음상의 채권자가 된다. 여기서 소지인은 어음을 점유하는 수취인, 배서[4]가 연속하는 어음의 배서를 받은 점유자, 최후의 배서가 백지식인 어음의 점유자를 말한다(동 제16조 1항). 백지식 배서에 이어서 다른 배서가 있을 때에는 그 배서인은 백지식 배서의 피배서인으로 간주되며(동 제16조 2항), 배서는 연속하는 것으로 취급된다.

따라서 이 조약에서의 소지인은 제네바통일어음법에서의 형식적 자격자에 해당하며, 또한 이 조약에서도 자기 또는 자신의 전자인 소지인이 어음에 대한 청구권이나 어음상의 책임에 대한 항변을 발생하게 하는 사정[5]에서 어음을 취득하더라도 소지인이 된다(동 제16조 3항).

소지인은 어음을 양도할 수 있는 외에 어음 당사자(서명자)에 대하여 이 조약에 따라 인정되는 모든 권리를 가지고(동 제28조), 또한 당사자는 소지인에

행인 X의 계산으로 돌릴 수 있다. 발행인 X의 수취인 Y에 대한 원인채무도 소멸한다. Y에게 손해가 발생하나, Y는 Z 및 Z로부터 직접 취득한 M에 대하여 손해배상을 청구할 수 있다. 위조자로부터 직접 취득한 자도 어음의 소지인이 되고, 선의취득이 될 수도 있기 때문에 M은 어음금지급을 수령할 수 있을 뿐만 아니라 위조배서 전의 최후의 소지인 Y 이외의 서명자 X에 대한 소구권도 주어지나, 지급을 수령했더라도 결국은 M은 Y에 대하여 손해배상책임을 진다.

4) 이때 배서는 위조된 배서와 무권대리인에 의한 배서도 포함한다.

5) 무능력, 사기, 강박, 착오를 포함한다.

게 지급함으로써 면책된다(동 제73조 1항).

04
어음·수표의 당사자

어음·수표의 당사자란 어음·수표상의 채권자와 채무자를 총칭하며, 환어음의 경우에는 발행인, 수취인, 보증인 및 인수인, 약속어음의 경우에는 발행인, 수취인 및 보증인을 말한다.

이들 어음·수표의 당사자의 책임에 관하여는 제네바통일어음법과 거의 동일하지만, 이 조약에서는 배서인 및 교부양도인의 담보책임에 관하여 특별규정을 두고 있으며, 또한 어음보증인의 책임은 제네바통일어음법에서의 그것과 다르다.

05
어음·수표의 상실

어음·수표상의 권리는 소지인에게 부여되는데, 어음·수표의 소지인이기 위해서는 어음을 점유하고 있어야만 된다. 여기서 어음·수표를 상실한 자의 권리가 문제가 된다. 이 문제에 관한 각국의 구제책은 현저한 차이를 보여주고 있다.

미국법에는 어음상실자가 담보를 제공하여 채무자로부터 지급받을 수 있는 방법이 채택되어 있다(UCC 3-804조).

우리나라를 비롯한 일본 및 독일에서는 공시최고 및 제권판결제도를 채택하고 있다. 이는 어음·수표의 상실자가 그 어음·수표의 지급지를 관할하는 간이법원에 공시최고를 신청하고, 법원이 일정한 기간을 정하여 동 어음에 관하여 권리를 취득한 자는 그 기간 내에 동 법원에 권리청구를 해야 한다는 취지와 증권을 제출하여 권리신고를 하는 자가 없으면 증권의 무효선언인 제권판결을 내린다는 점을 동 법원의 게시판과 관보에 공고하고, 그 사이에 권리의 신고가 없으면 신청인의 신청에 의해 제권판결로서 증권을 무효로 하는 제도이다.

그러나 이 제도는 제권판결을 행하는 국가 이외의 국가에 거주하는 자에게는 그와 같은 공시최고절차가 행하여지고 있음을 알릴 수 없기 때문에, 국제적으로 유통하는 어음에 관하여는 부적당하다. 이에 국제어음조약은 어음의 상실자에게 담보를 제공하도록 하여 채무자로부터 지급을 받을 수 있게 하는 제도를 채용했다.

06 화환어음에 의한 국제거래대금결제

매도인이 매수인을 지급인으로 하는 환어음을 발행하고, 이 환어음에 운송인에 대한 선적약정물품의 인도청구권을 표시한 선하증권을 주체로 하는 선적서류(Shipping Documents)를 첨부하여 화환어음(Documentary Draft)으로 하고, 매도인이 자기의 거래은행에 위탁하여, 이 화환어음을 추심함으로써 매수인으로부터 대금의 회수를 꾀한다.

여기서 선적서류에 관하여는 국제상업회의소(International Chamber of Commerce)가 제정한 CIF 조건 등의 정형거래조건에 관한 INCOTERMS에서 매도인이 제공해야 할 선적서류를 정하고 있다.

화환어음에 첨부되는 선적서류(Shipping Documents)[6]는 일반적으로 상업송장(Commercial Invoice),[7] 운송서류(Transport Documents),[8] 화물해상보험증권,[9] 기타 서류[10]로 구성된다.

---

6) 국제거래목적물품의 재산권을 나타낸 것이다. 국제거래계에서 인정되고 있는 상용(商用)의 서류로써, 선하증권·보험증권 및 상업송장의 3가지로 이루어진다.

7) 매매계약조건의 정당한 이행을 알리기 위하여 매도인이 매수인에게 보내는 서류로써, 명세서와 계산서 및 매매대금청구서를 겸한 선적서류이다.

8) 화물의 선적·탁송을 근거로 작성되는 서류로써 물품대금의 결제 시에는 운송서류의 인도가 조건이 된다.

9) 해상보험의 계약내용을 나타내는 증명서이다. 해상보험자가 피보험자에게 발행한다.

10) 국가에 따라서는 영사송장·세관송장·원산지증명서·검사증명서·포장명세서·중량용적증명

매도인은 약정물품을 선적하고 화환어음을 작성하여 이것을 자기의 거래은행에 지참하여 추심을 위탁하게 된다. 그때 매도인은 선하증권을 중심으로 하는 선적서류를 외국의 매수인에게 인도하는 조건을 명시한 추심지도를 포함하는 추심의뢰서를 거래은행에 제출한다.

또한 화환어음이란 인적 신용을 주체로 하는 환어음에 선하증권과 같은 인도증권(물권적 유가증권) 즉, 증권상의 유자격자에게 증권을 인도함으로써 그 인도가 증권상에 기재된 물품 자체를 인도한 것과 동일한 효력을 가지는 유가증권을 첨부함으로 그 증권의 물적 신용을 더하여 어음채권을 담보한 것을 말한다.[11]

명세표 등을 필요로 하는 경우도 있다.

11) 대법원 2007.06.28. 선고 2007다16113 판결.

제 3 절 신용장거래

01 의 의

신용장(L/C; a Letter of Credit)이란 은행의 고객(Applicant, 신용장개설의뢰인)이 제3자인 채권자(Beneficiary, 수익자)에 대하여 부담하는 채무에 관하여, 그 고객의 위탁에 기초하여 은행(Issuing Bank, 신용장개설은행)이 그 특정한 채권자(수익자) 또는 그 지시인에 대하여 일정한 요건(신용장조건)을 외관상(문언상) 충족하는 서류가 제공되는 것을 정지조건으로 하여, 그 은행이 직접 지급 내지는 환어음의 인수하기로 약속하거니(Undertaking, 지급확약), 또는 그 은행의 거래은행이 그와 같은 지급, 환어음의 인수 또는 매입을 수권하는 약정(Agreement)을 말한다.12)

신용장에 관한 중요한 법원은 국제상업회의소가 제정한 '화환신용장에 관한 통일규칙 및 관례' (Uniform Customs and Practice for Documentary Credits; UCP<ICC Publication No. 400>)로서 실무에서는 이것을 '신용장통일규칙'이라고 칭하고 있다.

12) 대법원 2007.05.10. 선고 2005다57691 판결.

02 주요 당사자

국제거래에서 이용되는 화환신용장의 주요 당사자로는 개설의뢰인, 개설은행, 수익자, 통지은행, 지정은행, 보상은행, 확인은행을 들 수 있다.

개설의뢰인(Applicant)은 물품매매계약의 매수인으로서 매매계약에 합치되는 내용의 신용장의 발행을 자기의 거래은행에 위탁하는 자이다. 발행의뢰인은 신용장개설의뢰서에 매매계약에 따라서 금액, 선적기한, 선적약정물품 등의 항목 및 제공해야 하는 선적서류의 종류와 매수를 기재하여 거래은행에 신용장의 개설을 위탁하는데, 이러한 항목들이 신용장조건이 되는 것이다.

개설은행(Issuing Bank)은 개설의뢰인의 위탁에 대하여 소정의 내용을 담은 신용장을 개설하는 은행이며, 수익자(Beneficiary)는 물품매매계약의 매도인으로서 신용장에 지정되어 개설은행에 대해 지급확약의 이행을 청구할 수 있는 입장에 있는 자를 말한다.[13)]

통지은행(Advising Bank)은 수익자에 대하여 신용장을 통지(인도)하는 은행을 말하며, 이는 개설은행의 거래은행으로서 수익자의 인근에 소재하는 은행인 것이 보통이다.

지정은행(Nominated Bank)은 신용장의 표면상에 지급은행(Paying Bank)이나 인수은행(Accepting Bank) 또는 매입은행(Negotiating Bank)으로, 수권되어 지정된 은행이다. 이들 지정은행은 개설은행의 거래은행인 것이 원칙이다.[14)]

보상은행(Reimbursing Bank)은 개설은행명의의 결제(예금)계정을 보유하는 은행으로서 지정은행의 출연을 보충하도록 개설은행으로부터 위탁을 받은 은행이다. 개설은행은 보통 신용장의 표면에 명시된다. 신용장에 근거하여 지급, 인수, 매입을 행한 지정은행은 수익자에 대한 지급자금을 이 보상은행에 대하여 청구함으로써 개설은행에 대한 보상청구를 실행하게 되는 것이다.

---

13) 부산지방법원 2007.06.13. 선고 2005가합26270 판결.

14) 서울서부지방법원 2007.03.23. 선고 2006가합1213 판결.

확인은행(Confirming Bank)은 개설은행의 지급확약을 한층 견고하게 하고, 신용장의 신뢰도를 높이기 위하여 개설은행의 의뢰에 따라 수익자에 대하여 신용장조건의 충족을 정지조건으로 하여 별도로 지급확약을 하는 은행이다. 이와 같이 확인은행에 의한 별도의 지급확약이 부가된 신용장을 확인신용장(Confirmed Letter of Credit)이라고 한다. 실무적으로 신용장의 통지은행이 동시에 확인은행이 되는 것이 보통이다.

03 주요 당사자 간의 법률관계

1) 개설의뢰인과 수익자 또는 발행은행 및 통지은행, 지정은행, 확인은행, 보상은행 간의 법률관계

우선 개설의뢰인과 수익자 간의 법률관계를 보면, 물품매매계약에서 대금지급수단으로써 화환신용장을 사용할 것을 정한 경우에는 매수인은 그 매매계약에 합치되는 내용을 담은 화환신용장의 발행을 거래은행에 위탁하고, 매도인인 신용장의 수익자에게 교부하도록 할 의무를 부담한다. 매수인이 소정의 신용장을 조달하는 일은 매도인의 선적행위의 선이행 요건이며, 늦어도 신직기간의 경과 이전에 신용장이 개설되어야 한다. 매도인이 수령한 신용장이 매매계약에 합치되지 않는 경우에는, 매도인은 그 신용장을 수리하거나 아니면 거절하거나, 또는 매수인에게 신용장조건의 변경(Amendment)절차를 요구할 수 있다.

다음으로 개설의뢰인과 개설은행과의 법률관계를 보면, 매수인은 개설의뢰인으로서 자신의 거래은행에 대하여 소정의 화환신용장을 개설하도록 위탁하고, 은행이 이를 승낙함으로써, 양자 간에는 신용장의 개설에서부터 나중에 도착할 매도인 발행의 화환어음의 결제처리에 이르기까지의 일련의 사무처리에 관한 위탁계약이 성립한다. 이 신용장에 관한 위임계약에 의하여 매수인은 위임계약에서의 위임자로서 비용(신용장금액과 기타 비용)을 지급할 의무를 지며, 반면 개설은행은 수임자로서의 선관주의 의무 등의 의무를 부담하게 된다. 신용장통일규칙은 매수인인 개설의뢰인과 개설은행 간의 권리와 의무를 직접 규율하는 것은 아니기 때문에 보통은 은행연합회가 당사자 사이의 권리와 의무를 정한 신용장거래약정서를 사용하도록 하고 있다.

마지막으로 개설의뢰인과 통지은행, 지정은행, 확인은행, 보상은행 간의 법률관계를 보면, 화환신용장의 개설의뢰인인 매수인은 이들 은행과는 직접적인 법률관계는 없다.

2) 개설은행과 수익자 또는 통지은행, 지정은행, 확인은행, 보상은행 간의 법률관계

먼저 개설은행과 수익자와의 법률관계를 보면, 화환신용장을 수령한 매도인은 신용장의 수익자로서 신용장조건의 충족을 정지조건으로 개설은행에 대하여 동 은행의 지급확약의 이행을 청구할 권리를 갖는다. 만일, 신용장개설은행이 도산하여 매도인이 신용장에 의한 지급을 받지 못할 경우에는 매도인은 매매계약을 근거로 매수인에 대하여 청구할 수 있다고 본다.

그리고 개설은행과 통지은행, 지정은행, 확인은행, 보상은행 간의 법률관계를 보면, 신용장개설은행과 이들 은행과의 관계는 위임계약관계로서 개설은행이 위임자이고 각 은행은 수임자라고 본다. 따라서 이들 은행이 개설은행으로부터 위탁받은 신용장에 관한 사무처리를 행한 경우에는 각 은행은 그 사무처리비용을 개설은행에 청구할 수 있다.

3) 수익자와 통지은행, 지정은행, 확인은행, 보상은행 간의 법률관계

매도인은 화환신용장의 수익자로서 확인은행과의 관계에서는, 매도인의 개설은행에 대한 관계와 유사하여, 신용장조건의 충족을 정지조건으로 확인은행에 대하여 지급확약의 이행을 청구할 수 있다.[15] 그러나 매도인은 통지은행을 비

15) 이때 확인은행이 그 이행을 게을리 할 경우에 매도인은 개설은행에 대하여 이행을 청구할 권리를 가진다고 본다.

롯하여 지정은행 및 보상은행과는 아무런 법률관계를 가지지 않는다. 그러므로 매도인으로서는 통지은행에 대하여 자신을 수익자로 하는 신용장의 인도를 청구할 수 있는 법률상의 권리를 가지는 것은 아니다.

04 신용장의 법적 성질

1) 판례의 입장

물품매매거래에서 사용되는 화환신용장은 매도인이 신용장의 조건을 충족하는 화환어음을 제시한 경우, 개설은행이 확실히 지급할 것 또는 개설은행이 그 지급에 책임질 것을 매도인에게 담보하기 위하여 개설되는 것이다. 이러한 신용장이 가지는 법적 성질에 관하여 미국의 판례는, 신용장이 다음과 같은 세 가지의 계약으로 성립된다고 설명한다.

① 은행과 그의 고객인 매수인 간의 계약을 들 수 있다.

이 계약에 따라 은행은 수익자인 매도인에 대하여 신용장을 개설하는 것에 동의하는 것이다. 이 계약은 화환신용장의 개설로부터 사후의 사무처리에 이르기까지의 신용장거래계약이다.

② 매수인과 매도인과의 계약이다.

이 계약에 따라 특히 매도인은 화환어음을 발행하여 매수인이 명시한 서류를 첨부하여 은행에 제시함으로써 신용장을 근거로 지급받는 것에 동의하는 것이다. 이 계약은 매매계약을 의미하며, 이들 두 개의 계약을 근거로 하여 다음의 은행과 매도인 간의 계약으로서의 화환신용장이 개설되는 것이다.

③ 은행과 수익자인 매도인과의 계약인 신용장 그 자체이다.

이 신용장에 따라 은행은 신용장을 근거로 수익자인 매도인에 의하여 발행된 환어음이 요구서류와 함께 은행에 제시된 경우에는 그 환어음을 지급하는 것에 동의하는 것이다.

2) 학설의 입장

신용장의 법적 성질과 관련하여 유력하게 제기되는 이론은, 신용장의 본질을 넓은 의미의 지시와 위임계약이 병존하는 것으로 본다.[16] 즉, 매수인은 넓은 의미에서 지시인이며 동시에 위임계약에서의 위임인으로서, 개설은행에 신용장의 개설을 지시하고 또한 위임하는 것이다. 매도인은 피지시인이다. 개설은행이 매수인의 위임신청을 승낙한다면 이 양자 사이에는 위임계약이 성립하고, 개설은행은 매수인을 위하여 신용장사무를 처리해야 할 위임계약상의 의무를 부담하게 되지만, 이 위임계약과 병존하는 지시와의 관계가 이 양자 사이에 존재하는 것이다.

매수인은 통상적으로 발행은행에 대하여 지시를 행함과 동시에 이것을 통하여 그 지시를 매도인에게 전달하게 한다. 개설은행이 단순히 매수인의 지시를 매도인에게 통지하는 경우가 취소할 수 있는 신용장의 개설에 해당하고, 이에 반하여 개설은행이 매수인의 지시를 인수하는 경우가 취소할 수 없는 신용장의 발행에 해당한다.

3) 신용장거래의 기본원리

신용장에서 개설은행은 주된 채무자(Primary Obligor)로서 개설의뢰인의 보증인이 아니다. 개설은행이 주된 채무자라는 점은 신용장의 정의로서 개설은행이 스스로 지급 등을 행하거나 또는 자기의 책임으로 타 은행에 지급 등을 수권하는 것이다.

---

16) 伊澤孝平, 商業信用狀論, (增補), 有斐閣, 1953, 230면.

한편, 은행이 보증인으로서 보증장(L/G; Letter of Guarantee)을 발행하는 경우의 주된 채무자는, 가령, 보증장의 발행을 위탁한 물품의 매수인이며, 보증인으로서의 은행은 그 주된 채무자가 이행을 게을리 한 때에 그에 대신하는 이행을 행하는 2차적 채무자(Secondary Obligor)에 불과하다. 이러한 점에서 신용장은 보증장과는 법적 성질이 다르다고 할 수 있다.

신용장은 물품매매계약이나 기타 신용장을 발행하는 기초가 되는 원인계약(Underlying Contract)으로부터 독립한 별개의 계약으로서, 이를 신용장에서의 독립추상성의 원칙이라고 한다. 즉, 독립추상성의 원칙이란 신용장의 원인이 된 계약과 신용장거래는 서로 독립된 것으로서 계약과 관련하여 당사자 사이에 발생한 분쟁은 신용장에 아무런 영향을 미치지 않는다는 원칙이다. 이를 좀 더 자세히 살펴보면, 신용장거래에서 개설은행의 지급의무는 신용장의 기초가 되는 계약이나 개설의뢰인과 개설은행 사이의 상환계약과는 구별되는 독립된 것이다.[17)]

신용장을 이용하는 거래는 오로지 서류상의 표시에 따라 서류의 형식심사를 하는 것으로, 이와 같은 규칙을 서류거래의 원칙이라고 한다. 서류거래의 원칙은 보증채무에서 실질심사의 원칙[18)]과는 본질적으로 다른 것으로 신용장통일규칙은 이 서류거래의 원칙을 "신용장거래에서는 모든 관계당사자는 서류를 취급하는 것으로서 그러한 서류가 관계하는 물품이나 용역의 거래, 또는 그 외의 행위를 취급하는 것은 아니다(동 규칙 제4조)."고 규정하고 있다.

17) 이를 상설하면, 우선 개설은행의 매도인에 대한 지급의무는 기본계약에 의한 매도인의 이행과는 독립적이며, 이는 비록 매수인이 개설의뢰인과의 기본계약을 위반하더라도 매도인이 신용장조건과 일치하는 서류를 제시하여 지급청구할 때에는 개설은행이 이를 지급하여야 한다. 그리고 개설은행의 매도인에 대한 지급의무는 개설의뢰인이 개설은행에 대하여 부담하는 상환의무와도 독립된다. 즉, 신용장이 개설된 후 개설의뢰인이 도산하여 개설은행에 지급불능에 빠진 경우 또는 개설의뢰인이 상환계약을 이행하지 않는 경우에도 개설은행은 이러한 사실을 원용하여 수익자에 대한 지급을 거절할 수 없다.

18) 서류의 형식적 심사만이 아니라 그 서류가 표시하는 내용의 사실성 여부에 관하여 조사를 행하는 원칙.

05 신용장의 양도

매수인은 물품매매거래에서 이용되는 화환신용장의 개설의뢰에 앞서, 매도인이 성실하고 신뢰할 수 있다는 점과, 또한 그 매도인이 신용장거래에 적용되는 독립추상성의 원칙과 서류거래의 원칙을 악용하여 약정물품과는 다른 물건을 선적하거나 또는 아예 선적하지 않음에도 불구하고 선하증권 등을 위조함으로써 화환신용장을 근거로 지급받고 도주할 사람이 아니라는 점을 신용조서 등에 의하여 확인하는 것이 보통이다. 즉, 매수인은 신뢰할 수 있는 매도인을 수익자로 하여 자신의 거래은행에 대해 화환신용장의 발행을 의뢰하는 것이 된다. 이와 같은 사정은 화환신용장 이외의 경우에도 마찬가지이다.

신용장거래에서는 이와 같은 상거래의 당사자의 기대를 기초로 신용장의 수익자는 원칙적으로 그 지위를 다른 자에게 양도할 수 없는 것으로 하고, 예외적으로 수익자로서의 지위를 제3자에게 양도할 수 있는 것은 그 취지가 신용장의 표면상에 '양도가능' (Transferable)과 같이 명시되어 있는 경우에 한하여 가능하다.

06 신용장의 종류

신용장은 그 사용목적이나 형식 등의 관점에서 몇 가지로 분류할 수 있는데, 특히 신용장의 법률적 성질의 차이에 따라서 취소할 수 있는 신용장과 취소할 수 없는 신용장으로 분류하기도 한다.

취소할 수 있는(Revocable) 신용장은 신용장개설은행이 수익자에 대한 사전의 통지 없이 원칙적으로 언제든지 취소하거나 또는 그 내용을 변경하는 것이 가능한 성질을 가진 신용장을 말한다. 화환신용장의 경우 수익자로서 신용장면

상에 지정된 물품의 매도인은 신용도가 떨어지거나 또는 신용도가 불확실한 외국 매수인의 신용을 신용장이라는 제도를 통하여 개설은행이 인수해 줄 것을 기대하고 있는 데도 불구하고, 취소 가능한 화환신용장에서는 그 발행은행이 매도인에 대하여 사전에 통지하지 않고 임의로 신용장을 취소하거나 조건을 변경하는 것이 가능하기 때문에, 매도인은 이와 같은 취소할 수 있는 신용장을 신뢰하여 선적할 수는 없다.[19] 이와 같이 취소할 수 있는 신용장은 본래 의미의 신용장이라고 할 수 없기 때문에 실무에서는 거의 이용되고 있지 않다.

취소할 수 없는(Irrevocable) 신용장은 수익자의 요구에 합치하는 신용장으로서, 일단 신용장이 유효하게 발행된 경우에는 개설은행 자신과 수익자의 사전 동의 없이는 개설은행의 지급확약의 취소나 조건변경을 할 수 없는 성질을 가지는 신용장이다. 사실 취소할 수 없는 신용장도 신용장의 개설원인이 된 물품의 매매계약이 취소 또는 변경된 경우, 개설은행 및 수익자인 매도인이 신용장의 취소나 변경에 동의한 때에는 당해 신용장의 취소 및 조건변경은 유효하기 때문에 취소할 수 없는 신용장은 거래의 실정에 따른 탄력성을 갖춘 것이라고 할 수 있다. 실무에서는 거의 예외 없이 취소할 수 없는 신용장이 사용되고 있다.

한편, 화환신용장(Documentary Letter of Credit)은 국제거래에서 매도인의 대금청구권의 행사를 용이하고 확실하게 하기 위하여, 일정한 조건을 충족하는 화환어음의 제시가 있을 것을 정지조건으로 하여 개설은행이 매도인에 대하여 지급확약하는 것이다. 즉, 화환신용장은 개설은행이 매수인인 수입업자의 의뢰로, 매도인이 발행한 환어음을 약정물품의 담보가 되는 선적서류의 첨부를 조건으로 하여 인수 또는 지급할 것을 확약하는 신용장으로서, 신용장 중에서도 가장 전형적으로 사용되는 것이지만 경우에 따라서는 무담보신용장[20]도 이용된다.

보증신용장(Stand-By Letter of Credit)은 매수인인 개설의뢰인의 의뢰를 받

19) 가령, 개설의뢰인인 매수인이 도산한 경우에는 취소할 수 있는 화환신용장의 개설은행은 여신상의 관점에서 곧바로 이 신용장을 취소할 것이므로, 매도인에게는 취소할 수 있는 신용장은 하등 도움이 되지 않는다.

20) 무담보신용장이란 매도인인 수출업자가 발행한 어음을 선적서류가 첨부되어 있지 않더라도 인수 또는 지급할 것을 약정하는 신용장을 말한다.

은 개설은행이 매도인인 수익자 앞으로 신용장을 개설하여 매도인이 신용장에 규정한 서류를 제공하는 경우 신용장의 한도액까지 지급을 보증한 신용장이다. 즉, 이는 국제거래대금의 결제를 목적으로 하는 화환신용장(Documentary Letter of Credit)이 아니라 금융서비스나 채무이행의 보증을 목적으로 개설되는 신용장이라고 할 수 있다. 요즈음 기업의 국제거래가 증가되고 거래의 다양화와 대규모화가 진전됨에 따라 화환신용장거래의 증가와 함께 지급보증의 수요가 급격히 늘어나면서 보증신용장거래도 증가하고 있다.21)

07 신용장통일규칙의 주요 내용

1) 개관

신용장통일규칙은 국제상업회의소가 1933년에 제정한 후 여러 차례의 개정을 거쳐 현재에 이르고 있으며, 우리나라를 비롯한 자유주의 국가는 물론 사회주의 국가를 포함하여 전 세계에서 사용되고 있다.

신용장통일규칙의 목적은 신용장거래에서 당사자의 권리·의무나 용어의 해석을 분명히 하고, 국제간의 신용장거래를 원활하게 수행하고자 하는 데 있다. 최근 국제거래에서 복합운송의 발달 등으로 운송형태가 다양화하고 정보처리기술의 진전22)에 대응하기 위하여 수차례의 개정이 있었다.23)

2) 적용범위

신용장통일규칙은, 신용장의 본문에서 이 규칙에 따른다고 명시적으로 표시하고 있는 경우에는 모든 화환신용장(적용 가능한 범위에서 모든 보증신용장

21) 서울남부지방법원 2007.03.19. 선고 2006카합3097 판결.

22) 컴퓨터에 의한 선적서류의 작성 등.

23) 최근 개정판으로는, The Uniform Customs and Practice for Documentary Credits, 2007 Revision (화환신용장에 관한 통일규칙 및 관례, 2007년 개정, ICC 출판물번호, 제600호)이 있다.

을 포함한다)에 적용된다. 신용장에서 명시적으로 수정되거나 또는 배제되지 않는 한, 이 규칙은 모든 관계당사자를 구속한다(제1조).

3) 신용장과 당해 국제거래계약과의 관계

신용장은 그 성질상 그 근거가 되는 매매계약 또는 기타 계약과는 독립된 거래이기 때문에, 은행은 그러한 계약에 관한 어떠한 참조사항이 신용장에 포함되어 있다 하더라도 그러한 계약과는 아무런 관계가 없으며, 또한 이에 구속되지 아니한다.

결과적으로 신용장에 의하여 지급을 이행하거나 또는 매입하거나 기타 모든 의무를 이행한다는 은행의 확약은 개설은행 또는 수익자와 개설의뢰인과의 관계로부터 생긴 개설의뢰인에 의한 클레임 또는 항변에 지배받지 아니한다. 수익자는 어떠한 경우에도 은행 상호간 또는 개설의뢰인과 개설은행 간에 존재하는 계약관계를 원용할 수 없다(제4조).

4) 신용장의 사용 가능성, 유효기일 및 장소

신용장에는 그 신용장이 사용될 수 있는 은행 또는 그 신용장이 모든 은행에서 사용될 수 있다는 점을 명기하여야 하며, 지정은행에서 사용될 수 있는 신용장은 개설은행에서도 사용될 수 있다. 신용장은 일람지급, 연지급, 인수 또는 매입 중 어느 것에 의하여 사용될 수 있는 지를 명기하여야 한다. 신용장은 개설의뢰인을 지급인으로 하여 발행된 환어음에 의하여 사용될 수 있도록 발행하여서는 안 된다.

신용장은 제시를 위한 유효기일을 명기하여야 하며, 지급이행 또는 매입을 위하여 명기된 유효기일은 제시를 위한 유효기일로 본다. 신용장이 사용될 수 있는 은행의 장소는 제시장소이며, 모든 은행에서 사용될 수 있는 신용장에 의한 제시장소는 모든 은행의 장소이다. 제29조 a항에서 규정된 경우를 제외하고는, 수익자에 의하거나 또는 대리하는 제시는 유효기일에 또는 그 이전에 행하여져야 한다(제6조).

5) 개설은행의 확약

① 명시된 서류가 지정은행 또는 개설은행에 제시되고, 그 서류가 일치하는 한, 신용장이 개설은행에서 일람지급, 연지급[24] 또는 인수 중의 어느 것에 의하여 사용될 수 있는 경우

② 지정은행에서 일람지급에 의하여 사용될 수 있고 그 지정은행이 지급하지 아니한 경우

③ 지정은행에서 연지급에 의하여 사용될 수 있고 그 지정은행이 연지급의 확약을 부담하지 아니한 경우 또는 그 지정은행이 연지급의 확약을 부담하였지만 만기일에 지급하지 아니한 경우

④ 지정은행에서 인수에 의하여 사용될 수 있고 그 지정은행이 자행을 지급인으로 하여 발행된 환어음을 인수하지 아니한 경우 또는 그 지정은행이 자행을 지급인으로 하여 발행된 환어음을 인수하였지만 만기일에 지급하지 아니한 경우

⑤ 지정은행에서 매입에 의하여 사용될 수 있고 그 지정은행이 매입하지 아니한 경우에는 개설은행은 지급하여야 한다.

개설은행은 신용장을 개설하는 시점부터 지급할 의무를 부담하며, 명시된 서류가 일치하는 제시에 대하여 지급 또는 매입하고, 그 서류를 개설은행에 발송하는 지정은행에게 상환할 것을 약정해야 한다. 인수 또는 연지급에 의하여 사용될 수 있는 신용장과 일치하는 제시금액에 대한 상환은 지정은행이 만기일 전에 선지급 또는 구매하였는지의 여부와 관계없이 만기일에 이행되어야 한다. 지정은행에 상환할 개설은행의 확약은 수익자에 대한 개설은행의 확약으로부터 독립한다(제7조).

---

24) 일람지급에서는 수입자가 선적서류를 받자마자 수입대금을 지급하지만, 연지급(deferred payment, 延支給)에서는 선적서류를 받은 때에는 일정 기간 후에 수입대금도 지급하겠다는 의사표시 즉, 인수만 하고 대금지급은 일정 기간 후에 하게 된다.

6) 상업송장

상업송장은 수익자에 의하여 발행된 것으로 보아야 한다. 개설의뢰인 앞으로 작성되어야 하며, 신용장과 동일한 통화로 작성되어야 하고 서명할 필요가 없다.

지정에 따라 행동하는 지정은행, 확인은행 또는 개설은행은 신용장에 의하여 허용된 금액을 초과한 금액으로 발행된 상업송장을 수리할 수 있으며, 그러한 결정은 모든 당사자를 구속한다. 다만, 문제의 은행은 신용장에 의하여 허용된 금액을 초과한 금액으로 지급이행 또는 매입하지 아니하여야 한다. 상업송장상의 물품, 용역 또는 이행의 명세가 신용장상의 기재내용과 일치하여야 한다.

7) 서류의 효력에 관한 면책

서류효력에 관한 면책은행은 모든 서류의 형식, 충분성, 정확성, 진정성, 위조성 또는 법적 효력에 대하여 또는 서류에 명시되거나 이에 부가된 일반조건(General Conditions) 또는 특별조건(Particular Conditions)에 대하여 어떠한 의무나 책임도 부담하지 않는다.

또한 은행은 모든 서류에 표시되어 있는 물품, 용역 또는 기타 이행의 명세, 수량, 중량, 품질, 상태, 포장, 인도, 가치 또는 존재에 대하여 또는 물품의 송하인, 운송인, 운송주선인, 수하인 또는 보험자, 또는 기타 당사자의 성실성 또는 작위 또는 부작위, 지급능력, 이행능력 또는 신용상태에 대하여 어떠한 의무 또는 책임도 부담하지 아니한다(동 제34조).

8) 불가항력

은행은 천재, 폭동, 소요, 반란, 전쟁, 폭력주의의 행위에 의하거나 또는 동맹파업 또는 직장폐쇄에 의하거나 또는 기타 은행이 통제할 수 없는 원인에 의한 은행업무의 중단으로 인하여 발생하는 결과에 대하여 어떠한 의무 또는 책임도 부담하지 아니한다.

은행은 그 업무를 재개하더라도 그러한 업무의 중단 동안에 유효기일이 경과한 신용장에 의한 지급이행 또는 매입을 하지 아니한다(동 제36조).

제 4 절 송 금

01 개 관

송금이란 일정한 국가에 소재하는 채무자나 증여자 등의 송금의뢰인이 외국에 소재하는 채권자나 수증자 등을 수취인으로 하여 외환거래은행을 통하여 특정 통화의 금액을 교부하는 것을 말한다.

일정한 국가에 소재하는 매도인이 다른 국가에 소재하는 매수인에게 물품을 매도하는 매매계약을 체결하고, 이에 따라 매도인이 약정물품을 선적하는 경우에는 매수인은 매도인에 대하여 대금지급의무를 부담하며, 매도인은 매수인으로부터 대금을 수령할 권리를 취득한다.

매수인이 매도인에 대하여 매매대금을 지급하는 방법에는 여러 가지가 있다. 그 중에서 송금에 의하여 매매대금을 결제하는 방법은, 매수인이 자신의 거래은행을 통하여 매도인을 수취인으로 하여 자금을 교부하는 것이다.

02 송금의 종류

송금에 의한 방법에는 그 시기에 관하여 매수인의 입장에서 보면 선불송금과 후불송금이 있으며, 송금의 지급지시가 유가증권이 아닌 서면이나 전신에 의하여 이루어지는 것을 우편송금 및 전신송금이라고 한다. 이때 수표에 의한 송금의 경우 송금수표가 이용된다.

선불송금은 매도인이 약정물품을 선적하기 전에 매수인이 매도인에 대하여 송금하는 방법을 말한다. 선불송금에 의하여 대금을 지급하고자 하는 매수인은 매도인이 실제로는 약정물품을 선적하지 아니할 위험과 선불송금에 따른 자금조달비용을 부담해야 한다. 선불송금은 매도인의 입장에서는 매수인의 대금지급불능 등의 위험과 약정물품의 조달에 필요로 하는 자금비용을 회피할 수 있기 때문에 유리한 방법이라고 할 수 있다.

후불송금은 매수인이 약정물품을 수령한 후에, 경우에 따라서는 매수인이 약정물품을 타인에게 매각한 후에 매수인이 매도인에게 송금하는 방법을 말한다. 이는 매수인에게는 유리하지만 매수인의 지급불능 등에 따른 대금불지급의 위험 및 이를 위한 자금을 조달할 때까지의 자금비용은 매도인이 부담하게 된다.

송금에 의한 대금결제방법은 매도인과 매수인의 이해가 상반하고, 양자 간의 신뢰관계가 견고한 경우가 아닌 한, 또는 양 당사자의 힘의 관계가 한쪽으로 치우지지 않는 한 채택하는 경우는 많지 않다.

약 속 어 음

______________________ 귀하

금 __________________ 원

위의 금액을 귀하 또는 귀하의 지시인에게 이 약속어음과 상환하여 지급하겠습니다.

지급기일 : 년 월 일 발 행 일 : 년 월 일
지 급 지 : 발 행 지 :
주 소 :
지급장소 : 발 행 인 :

보 증 인 : (인) 보 증 인 : (인)
(주민등록번호) : (주민등록번호) :
(주 소) : (주 소) :

※ 상기 보증인은 어음발행인을 위하여 보증함.

BILL OF EXCHANGE

EXCHANGE FOR **Date** ______________ **Seoul, Korea**

AT SIGHT AGAINST THIS **FIRST** OF **EXCHANGE** (**SECOND** UNPAID) PAY TO THE ORDER OF THE SUM OF VALUE RECEIVED UNDER LETTER OF CREDIT NO.

______________________ DATED ____________________

ISSUED BY **KOREA EXCHANGE BANK**

TO : ____

____

____

AUTHORIZED SIGNATURE

BILL OF EXCHANGE

EXCHANGE FOR **Date** ______________ **Seoul, Korea**

AT SIGHT AGAINST THIS **SECOND** OF **EXCHANGE** (**FIRST** UNPAID) PAY TO THE ORDER OF THE SUM OF VALUE RECEIVED UNDER LETTER OF CREDIT NO.

______________________ DATED ____________________

ISSUED BY **KOREA EXCHANGE BANK**

TO : ____

____

____

AUTHORIZED SIGNATURE

환 어 음
(내국신용장용)

내국신용장 번호

____________________ 앞 내국신용장 발행일자

금 ____________________

위의 금액을 이 환어음과 상환하여 은행 지점(부) 또는 그 지시인에게 지급하여 주십시오. 거절증서 작성면제

발 행 일 년 월 일

지 급 지 발 행 지

주 소

지급장소 은행 지점(부) 발 행 인 (인)

내국신용장

년　　월　　일

은행　　　　　　　　　　　　　　은행
______________ 지점앞　　　______________ 지점앞

추 심 번 호	신용장번호	금　　액		비고
		원 화	부기외화	(발행신청인)

1) 본 양식은 은행별, 점포별로 작성함.

2) 본 양식은 3통을 작성 송부하고 발행은행은 내용확인 후 2통을 추심의뢰은행에 교부함.

PART 7

국제거래 분쟁해결과 국제사법

제1절 개 관

국제거래에서는 상사분쟁이 항상 따라다닌다고 해도 과언이 아니다. 일반적으로 상사분쟁은 대화와 타협에 의하여 해결되는데, 그 중에서도 일부는 법적 수단에 의하여 해결되기도 한다.

국제거래에서 빈번하게 발생하는 분쟁은 통상적으로 소송과 중재에 의하여 해결한다. 물론, 수적으로만 본다면 화해에 의한 해결이 가장 많지만 화해가 성립하는 것은 소송이나 중재라는 강제적인 분쟁해결절차가 그 배경이 된다.

이 장에서는 국제거래에서 발생하는 분쟁을 해결하기 위한 법적 수단인 국제소송과 중재 및 이들 법적 수단의 근거가 되는 분쟁해결 법규로서의 국제사법에 관하여 살펴보고자 한다.

제 2 절 국제소송에 의한 분쟁해결

01 개 관

국제거래에서 빈번히 발생하는 상사분쟁을 해결하기 위한 법적 수단 중의 하나인 국제민사소송은, 국제거래의 각 당사자 간의 이해관계로 발생하는 국제적인 충돌이나 분쟁을 강제적이고 법률적인 방법으로 해결하고 조정하기 위한 절차이다.

국제거래에서 당사자 사이에 분쟁이 발생하면 당사자들에게 최대의 관심사는 우선, 재판이 어느 나라의 법원에서 이루어질 것인가에 관한 것이다. 이는 당사자가 준거법은 어느 법으로 결정하고, 혹시 텃세판결(Hometown Decision)은 없는지 그리고 제 비용이나 제 경비는 점점 커지지는 않을지 및 의사소통은 충분할지 등이 걱정되기 때문이다. 그 다음으로는 재판이 이루어지는 국가의 소송절차 및 외국 판결의 승인과 집행 그리고 국제적인 소송경합 및 판결의 저촉이 문제가 된다.

이와 같은 문제는 세계 각국의 국제민사소송에 관한 문제인데, 우리나라의 국제거래법에서는 국제민사소송법을 간단하게 논하는 것이 일반적이다. 그러나 기업 등 국제거래의 당사자에게는 세계 각국의 국제민사소송법이 중요하기 때문에 여기서는 이에 관하여 살펴본다.

02 국제적 재판관할권

1) 개관

국제거래에서 발생한 상사분쟁을 해결하기 위하여 국제민사소송을 제기하는 경우, 재판이 어느 국가의 법원에서 행하여질 것인가의 문제는 각국의 국제적 재판관할권의 문제이다. 이 국제적 재판관할권은 개별국가가 가지는 재판권과는 구별되어야 한다.

재판권은 국제법상의 국가에 의한 주권행사의 하나로써 일정한 사건(속물적) 또는 사람(속인적)에 대한 사법관할권을 말한다. 이에 대하여 국제적 재판관할권은 국가가 국제법상 가지는 재판권의 범위 내에서 국가가 실제로 재판을 행하는 범위를 자주적으로 규제한 것을 말한다.

2) 재판권

각국 재판권의 행사에는 국제법상 물적인 제약과 인적인 제약이 있다. 먼저, 물적 제약은 재판권을 행사하는 국가가 사건과의 사이에 일정한 관계를 가져야 한다는 제약이다. 그러나 각국은 현행 국제법상 사건과의 사이에 일정한 관계만 존재한다면 재판권을 행사할 수 있으며, 이러한 일반적이고 추상적인 기준을 넘어서 각국의 민사재판권을 적극적으로 제한하는 원칙은 존재하지 않는다고 본다.

다음으로 재판권 행사에 관한 인적 제약은 피고의 속성에서 오는 재판권의 행사에 대한 제약을 말한다. 이는 국제법상 주권면제(Sovereign Immunity) 등으로서 논의되고 있다.

3) 국제적 재판관할권의 의의

국제적 재판관할권이란 국제법상의 제약 아래에서 각국이 당사자의 공평, 재판의 적정 및 신속 등의 절차법상의 이념에 기초하여 내국 법원에서 실제로 재판을 행하는 범위를 말한다. 이를 위하여 국제적 재판관할권은 각국의 국내법 및 판례에 의하여 규율되게 된다. 각국의 국제적 재판관할권에 관한 규정에서 거의 공통적인 규준은 피고의 주소지국가의 관할권과 부동산 소재지 국가의 관할권뿐으로, 국가에 따라서는 자국의 이익보호를 위하여 과대한 관할권을 인정하고 있는 예도 있다.[1)]

그러나 국제적 재판관할권에 관한 규칙이 국가에 따라서 다른 것은 재판관할권의 국제적인 적정배분의 이념 및 섭외적 사법생활의 안전성이라는 관점에서 바람직하지는 않고, 2국간 조약 및 다수국간 조약(다변조약, Multilateral Treaty)을 통하여 국제적 재판관할권에 관한 규칙을 통일하는 노력이 행하여지고 있다. 1968년의 EC에서 민사 및 상사에 관한 재판관할권 및 판결의 집행에 관한 조약(Brussels Treaty)[2)]이 그 예라고 할 수 있다.

03 소송절차상의 문제

1) 개관

민사소송법은 기본적으로는 국내의 사건을 처리하기 위한 절차법이기 때문에 섭외사건의 소송절차에서는 특별한 배려를 필요로 하고, 이 문제를 외국인의 소송상의 지위에 관한 문제나 국제적 사법공조의 문제로서 다루고 있다.

---

1) 미국에서 역외 적용법(Long-Arm Statute)이 인정하는 광범위한 대인관할권(Minimum Contract가 있다면 미국 법원에 대인관할권이 발생한다.) 등이 그 예라고 할 수 있다.

2) 브뤼셀조약은 1948년 지역적인 집단방위기구를 설립하기 위하여 영국·프랑스·벨기에·네덜란드·룩셈부르크 등 서유럽 5개국 사이에 체결된 조약.

2) 외국인의 소송상의 지위

외국인 또는 외국 법인을 당사자로 하여 한 국가의 법원에서 민사소송이 제기된 경우, 당사자 능력 및 소송능력에 관하여 어느 국가의 법률이 적용될 것인가가 문제가 된다.[3)]

먼저 당사자 능력이란 민사소송의 당사자가 될 수 있는 일반적 능력을 말하며, 이는 영미법계 제국에서 볼 수 있는 합명회사(Partnership)에 관하여 다투는 경우가 있다. 당사자 능력의 결정에 관하여는 법정지법설과 속인법설이 대립하고 있다.

법정지법설은 많은 민사소송법 학자가 지지하는 견해이다. 이는 당사자 능력의 결정은 소송절차상의 문제로서 법정지인 당해 국가의 민사소송법의 규정에 따라야 한다는 입장을 취한다. 그러므로 법정지법설에 의하면 외국인이나 외국법인의 당사자 능력은 법정지인 재판이 행하여질 법원이 속한 국가의 민사소송법을 적용하여 결정해야 한다.

이에 대하여 속인법설은 많은 국제사법 학자의 지지를 받는 견해이다. 이는 당사자 능력은 사람의 속성에 관한 문제로서 속인법인 본국의 민사소송법의 규정에 따라야 한다는 입장을 취한다. 즉, 속인법설에 의하면 본국의 민사소송법에 의하여 당사자 능력의 유무를 결정하는 것이다.

소송능력이란 단독으로 유효하게 소송을 할 수 있는 능력 즉, 적극적으로 소송행위를 행하거나 또는 소극적으로 상대방으로부터 소송행위를 당하는 능력을 말한다. 소송능력에 관하여도 법정지법설과 속인법설이 대립하고 있다.

3) 국제사법공조

섭외소송사건은 각국 간에 재판의 개시 및 진행에 관한 사법사무의 협력이 있을 때 비로소 순조롭게 수행된다. 각국 간의 사법사무의 협력은 국제사법공

---

3) 【제57조】 (외국인의 소송능력에 대한 특별규정) 외국인은 그의 본국법에 따르면 소송능력이 없는 경우라도 대한민국의 법률에 따라 소송능력이 있는 경우에는 소송능력이 있는 것으로 본다.

조라고 하며, 많은 국제사법공조가 행하여지고 있다. 이는 소장, 기타 문서의 송달과 증거조사가 중심이 된다.

소송은 피고에게 소장을 송달함으로써 개시되며 소송과정에서도 다양한 문서가 송달된다. 만일, 우리나라에서 소송으로 외국에 있는 당사자에 대하여 하는 송달은 통상적으로는 사법공조에 의하지만 최후의 수단으로써 공시송달도 인정된다.[4)]

한편, 민사소송에서는 당사자가 주장하는 사실이 증거에 의하여 입증되어야 한다. 그러므로 섭외소송사건에서는 외국에 소재하는 증거나 증거방법을 이용할 필요가 있는 경우가 있다.[5)] 해외에서의 증거조사는 통상적으로 민사소송조약 또는 2국간 조약에 기초하여 사법공조에 의하여 행하여지지만, 만일 조약이 없는 경우에는 당해 외국의 법령이나 판결례 및 사법기관의 임의의 협력을 기대하는 것 이외에는 방법이 없다.[6)]

---

4) 【민사소송법 제191조】 (외국에서 하는 송달의 방법) 외국에서 하여야 하는 송달은 재판장이 그 나라에 주재하는 대한민국의 대사·공사·영사 또는 그 나라의 관할 공공기관에 촉탁한다.

【제194조】 (공시송달의 요건) ① 당사자의 주소 등 또는 근무장소를 알 수 없는 경우 또는 외국에서 하여야 할 송달에 관하여 제191조의 규정에 따를 수 없거나 이에 따라도 효력이 없을 것으로 인정되는 경우에는 재판장은 직권으로 또는 당사자의 신청에 따라 공시송달을 명할 수 있다. ② 제1항의 신청에는 그 사유를 소명하여야 한다.

【제196조】 (공시송달의 효력 발생) ① 첫 공시송달은 제195조의 규정에 따라 실시한 날부터 2주가 지나야 효력이 생긴다. 다만, 같은 당사자에게 하는 그 뒤의 공시송달은 실시한 다음 날부터 효력이 생긴다. ② 외국에서 할 송달에 대한 공시송달의 경우에는 제1항 본문의 기간은 2월로 한다.

【민사집행법 제13조】 (외국송달의 특례) ① 집행절차에서 외국으로 송달이나 통지를 하는 경우에는 송달이나 통지와 함께 대한민국 안에 송달이나 통지를 받을 장소와 영수인을 정하여 상당한 기간 이내에 신고하도록 명할 수 있다. ② 제1항의 기간 이내에 신고가 없는 경우에는 그 이후의 송달이나 통지를 하지 아니할 수 있다.

5) 예를 들면, 당사자 또는 제3자가 외국에서 소지하고 있는 문서의 제출, 외국에 소재하는 증인의 증언녹취 등을 요구하는 것이 이에 해당한다.

6) 【민사소송법 제296조】 (외국에서 시행하는 증거조사) ① 외국에서 시행할 증거조사는 그 나라에 주재하는 대한민국 대사·공사·영사 또는 그 나라의 관할 공공기관에 촉탁한다. ② 외국에서 시행한 증거조사는 그 나라의 법률에 어긋나더라도 이 법에 어긋나지 아니하면 효력을 가진다.

04

외국 판결의 승인 및 집행

1) 개관

국제거래에 따른 소송에서 판결을 득한 경우 또는 중재기관에서 판정을 받은 경우, 그 판결이나 판정의 효력이 타국에서 승인될 것인지 그리고 타국에 소재하는 피고의 재산에 대하여 어떻게 강제집행을 할 수 있는지가 문제가 된다. 또한 국제거래분쟁의 경우 통상적으로 법정지국의 관할범위 밖에 소재하는 피고를 상대로 하는 경우가 많기 때문에 현실적으로 피고 소재지 국가에서 집행하는 데는 많은 어려움이 개재하고 있다.

외국 판결의 우리나라에서의 승인 및 집행은 민사집행법 제26조에 규정되어 있다. 즉, 외국 법원의 판결에 기초한 강제집행은 대한민국 법원에서 집행판결로서 그 적법함을 선고하여야 할 수 있으며, 집행판결을 청구하는 소는 채무자의 보통 재판적이 있는 곳의 지방법원이 관할한다. 이때 보통 재판적이 없는 때에는 민사소송법 제11조의 규정에 따라 채무자에 대한 소를 관할하는 법원이 관할한다.

한편, 우리나라에서의 판결이 외국에서 승인 및 집행되기 위해서는 당해 외국의 법률에 따라야 한다. 이와 같이 세계 각국의 법률은 외국 판결의 승인 및 집행에 관하여 다르게 규정하고 있기 때문에 국제적 상거래의 안전이라는 관점에서 볼 때 바람직하지 않다. 이에 다수국간 조약으로서 민사 및 상사에 관한 외국 판결의 승인 및 집행에 관한 조약이 1971년에 만들어졌지만 발효되지는 못하였다.

2) 외국 판결의 승인 및 집행의 요건

(1) 외국 판결의 승인[7)]

외국 판결이 국내법원에서 승인되기 위해서는 다음과 같은 민사소송법상의 몇 가지 요건이 갖추어진 경우에는 별도의 절차 없이 국내에서도 그 효력이 인정된다.

첫 번째로, 외국 법원의 확정판결이어야 하는데, 여기서 '외국'의 의미와 '확정'의 의미가 논란이 되고 있다. 먼저 '외국'에는 미승인국가가 포함되는가가 문제이다. 일정한 지역을 실효적으로 지배하고 있다면 미승인국가라도 관계없다고 본다. 그리고 '확정'이란 당해 국가에서 통상적인 이의신청이 불가능하게 된 것을 의미한다.

두 번째로는, 우리나라의 법령 또는 조약에 따른 국제재판관할의 원칙상 그 외국 법원의 국제재판관할권이 인정되어야 한다. 즉, 판결국가는 당해 사건에 대하여 간접적 재판관할권인 국제재판관할권을 가지고 있어야 한다. 여기서 말하는 국제재판관할권은 우리나라가 재판을 행할 때의 국제재판관할권인 직접적 재판관할권과 동일한 기준에 따라 판단되어야 한다고 본다(다수설).

세 번째로, 패소한 피고가 소장 또는 이에 준하는 서면 및 기일통지서나 명령을 적법한 방식에 따라 방어에 필요한 시간적 여유를 두고 송달받았거나[8] 송달받지 아니하였더라도 소송에 응하였어야 한다. 여기서 송달은 송달조약에 따라 행하여지지만 미국에서 한국의 피고에게로의 우편에 의한 송달에 관하여 문제가 될 수 있다.

네 번째로, 외국 판결의 효력을 인정하는 것이 우리나라의 선량한 풍속이나 그 밖의 사회질서에 어긋나지 않아야 한다. 여기서 '공서'는 외국 판결의 내용[9] 뿐만 아니라 판결의 성립절차에 관하여도 문제가 된다는 것이 다수설과 판례의 입장이다. 외국 판결의 내용에 관하여 미국의 징벌적 손해배상(Punitive

7) 【민사소송법 제217조】 (외국 판결의 효력) 외국 법원의 확정판결은 다음 각 호의 요건을 모두 갖추어야 효력이 인정된다. 1. 대한민국의 법령 또는 조약에 따른 국제재판관할의 원칙상 그 외국 법원의 국제재판관할권이 인정될 것. 2. 패소한 피고가 소장 또는 이에 준하는 서면 및 기일통지서나 명령을 적법한 방식에 따라 방어에 필요한 시간여유를 두고 송달받았거나(공시송달이나 이와 비슷한 송달에 의한 경우를 제외한다) 송달받지 아니하였더라도 소송에 응하였을 것. 3. 그 판결의 효력을 인정하는 것이 대한민국의 선량한 풍속이나 그 밖의 사회질서에 어긋나지 아니할 것. 4. 상호보증이 있을 것.

8) 공시송달이나 이와 비슷한 송달에 의한 경우를 제외한다.

9) 즉, 판결문 중의 전문이나 판결이유를 말한다.

Damages)이 우리나라의 공서에 반한다는 주장도 있다. 또한 판결의 성립절차에 관하여 제도의 문제로서 불공정한 판결절차, 당사자의 행위의 문제로서 법관의 매수 등이 있을 수 있다.

마지막으로, 상호간에 보증이 있어야 한다. 우리나라와 판결국가 사이에 상호보증이 있어야 한다. 이 요건에 대해 학설은 좁게 해석하고 있으나, 우리나라의 동종의 판결이 당해 외국에서 우리나라의 요건과 중요한 점에서 다르지 않은 조건으로 승인되었다면 충분하다고 본다.

(2) 외국 판결의 집행[10)]

외국 판결을 국내에서 집행하기 위해서는 국내법원에 의한 집행판결이 있어야 하는데, 이 집행판결은 통상적인 판결절차에 의하기 때문에 피고가 소를 제기한다면 많은 시간과 비용이 소요된다는 점이 문제가 될 수 있다.

한편, 외국에서 강제집행을 할 경우, 그 외국 공공기관의 법률상 공조를 받을 수 있는 때에는 제1심 법원이 채권자의 신청에 따라 외국 공공기관에 이를 촉탁하여야 하고, 외국에 머물고 있는 대한민국 영사에 의하여 강제집행을 할 수 있는 때에 제1심 법원은 그 영사에게 이를 촉탁하여야 한다(민사집행법 제55조).

3) 외국 판결의 효력

앞에서 언급한 바와 같이 외국 판결의 승인은 국내법원에서 당해 판결국가에서와 동일한 효력을 승인하는 것이라고 해석된다. 그러나 오늘날에는 오히려 판결국과 동일한 효력을 그대로 승인하여 버린다는 점에 문제가 제기되고 있다. 예를 들면, 외국 판결의 기판력의 물적·인적 범위가 우리나라에서보다도 지나치게 넓은 경우에는 그 한도에서 외국 판결의 효력을 축소시켜야 한다고 본다.

---

10) 【민사집행법 제26조】 (외국 판결의 강제집행) ① 외국 법원의 판결에 기초한 강제집행은 대한민국 법원에서 집행판결로 그 적법함을 선고하여야 할 수 있다. ② 집행판결을 청구하는 소는 채무자의 보통 재판적이 있는 곳의 지방법원이 관할하며, 보통 재판적이 없는 때에는 민사소송법 제11조의 규정에 따라 채무자에 대한 소를 관할하는 법원이 관할한다.

05

국제적 소송경합 및 판결의 저촉

국제거래에서 국제적 소송경합이란 동일한 섭외적 사건에 관하여 2개국 이상의 법원에서 동일 당사자 사이에 동시 또는 순차적으로 소송이 제기되는 경우를 말한다. 즉, 거래당사자 중 일방이 상대국에서 피소된 상태로 공정한 판결을 구하며 국내법원에 제소하여 판결을 얻어내는 경우를 말한다.[11] 이 경우 각국의 국제민사소송법이 당해 국가의 국제적 재판관할권을 규율하고 있기 때문에 동일한 소송이 복수국가에서 계속될 수도 있다.

민사소송법 제259조는 법원에 계속되어 있는 사건에 대하여 당사자는 다시 소를 제기하지 못한다고 규정함으로써 중복된 소제기를 금지하고 있다. 그러나 여기서 말하는 법원에는 외국 법원은 포함되지 않는다는 판결이 있다.[12] 그러므로 우리나라에서의 국제적 소송경합은 법률상 당연히 일어날 수 있다고 할 수 있다.

---

11) 예를 들면, 미국에서 피소된 우리나라의 국민이 공정한 판결을 구하며 원고로서 국내법원에 제소하는 경우와 피고가 우리나라가 아닌 제3국에서 제소하는 경우가 있다.

12) 부산지법 2007.02.02. 선고 2000가합7960. 판결손해배상(기) 등 항소 〈일제 강제징용 손해배상청구 사건〉 [각공 2007.03.10.(43), 655].

[1] 외국 법원의 확정판결은 민사소송법 제217조 각 호의 요건을 모두 충족하면 우리나라에서 그 효력이 인정되고, 외국 법원의 확정판결이 위 승인요건을 구비하는 경우에는 이와 동일한 소송을 우리나라 법원에 다시 제기하는 것은 외국 법원의 확정판결의 기판력에 저촉되어 허용되지 않으므로, 외국 법원에 소가 제기되어 있는 경우 그 외국 법원의 판결이 장차 민사소송법 제217조에 의하여 승인받을 가능성이 예측되는 때에는 민사소송법 제259조에서 정한 소송계속으로 보아야 할 것이므로, 이와 동일한 사건에 대하여 우리나라 법원에 제소한다면 중복제소에 해당하여 부적법하다.

[2] 일제강점기에 일본 정부에 의하여 강제징용되어 일본 내 기업에서 강제노동에 종사한 대한민국 국민이 위 기업을 상대로 불법행위로 인한 손해배상청구를 한 사안에서, 동일한 사건이 일본 최고재판소에 소송 계속 중이라고 하더라도 위 법원의 판결결과를 예측하기 어렵고, 다수의 과거 일본 재판소의 판결내용에 비추어 볼 때 일본 최고재판소의 판단이 대한민국의 법원과 그 견해를 달리할 가능성을 배제할 수 없으므로, 향후 일본 재판소가 결론내린 확정판결의 효력을 그대로 승인하는 것이 대한민국의 공익이나 정의관념 및 국내법질서 등에 비추어 허용될 수 없는 결과를 전혀 예상 못할 바 아니어서, 대한민국 법원에 위 소를 제기하는 것이 중복제소에 해당하지 않는다고 본 사례.

또한 우리나라에서 확정판결이 존재하는 경우 그 확정판결과 저촉하는 외국 판결을 승인하는 것은 민사소송법 제217조 제3호의 공서양속에 반한다고 해석되므로, 부당한 외국 판결의 승인 및 집행을 회피하는 수단으로써 국제적 소송 경합이라는 방법이 이용되고 있다. 그러므로 외국소송과 경합하는 국내소송의 제기는 일정한 경우에만 제한해야 한다는 주장이 제기되고 있다.

06 미국 연방민사소송법

1) 연방법원 및 재판관할권

국제거래에서 미국의 연방민사소송법은 중요하게 검토되어야 할 법률 중의 하나이다. 미국 법원은 연방법원과 주법원으로 구성되어 있다. 연방법원은 연방 지방법원, 연방항소원(고등법원) 및 연방대법원의 3심제를 채택하고, 그 재판 관할권은 연방법에 따른 소송, 타 주 또는 외국의 시민 간의 US$50,000를 초과하는 소송, 기타로 되어 있다. 그러므로 만일 미국에서 우리 기업 또는 한국계 기업이 당사자인 소송은 대부분이 연방법원에서 심리한다.

2) 연방법원에서의 소송

미국 연방민사소송법(Federal Rules of Civil Procedure)은 제1심의 소송절차는 답변(Pleading), 심리전 절차(Pretrial Proceedings), 심리(Trial), 판결(Judgment)의 4단계의 절차로 이루어진다.

(1) 답변

가) 소장의 송달

통상적으로 소송은 원고(Plaintiff)가 법원에 소장(Complaint)을 제출하면,

법원서기관(Court Clerk)이 사건번호(Docket Number)를 부여하고, 이에 따라 사건부가 작성되면서 소환장(Summons) 발행과 함께 집행관(U.S. Marshal)이 소환장에 소장을 첨부하여 피고(Defendant)에게 송달함으로써 개시된다.

소장의 송달방법은 우선 주 내의 경우에는 교부송달(Personal Delivery), 주 외는 의제송달(Substituted and Constructive Service), 해외의 경우에는 촉탁(Letters Rogatory)에 의한 송달(송달조약에 따른 촉탁에 의한 송달)과 우편(Return Receipt Requested)에 의한 송달이 있다.

미국 법원이 외국의 당사자에 대하여 재판관할권을 갖기 위해서는 사물관할권(Subject Matter Jurisdiction)과 대인관할권(Personal Jurisdiction)을 가져야 한다.

사물관할권에는 전속관할권(Exclusive Jurisdiction)과 경합관할권(Concurrent Jurisdiction)이 있다. 즉, 연방법원은 해사, 파산, 특허, 상표, 저작권, 반트러스트(Anti-Trust) 등에 관하여는 전속관할권을 가지며, 연방문제(Federal Question) 사건이나 주적이 다른(Diversity) 사건에 관하여는 주법원과의 경합관할권을 갖는다.

대인관할권에는 존재(Presence)나 주소(Domicile)에 근거한 일반적 관할권과 그 밖에 동의(Consent)[13) 또는 주와 관련된 행위(State-Related Act)[14) 및 Long-Arm Statute[15)에 의한 관할권이 있다. 대인관할권을 발생시키는 사유는 합리성 테스트에 적합해야 한다. 즉, 연방대법원의 1945년 판결에 따르면 공정하고 실질적 정의라는 전통적인 관념에 저촉하지 않는 정도의 최소한의 관계(Minimum Contacts)가 그 재판 주와의 사이에 있어야 한다.

---

13) 동의에 의하여 당해 사건에 한하여 재판관할권이 발생하는데, 이 동의는 제소 전 또는 후에 할 수 있다. 즉, 사전동의는 합의관할권을 발생시키고, 사후동의는 응소관할권을 발생시킨다.

14) 영업활동(Business Activity), 불법행위(Tortious Acts), 재산의 소유권이나 사용권 및 점유권, 다툼이 있는 행위가 이에 해당한다.

15) 재판관할권은 판례를 통하여 주와 관련된 행위에 기초를 두어야 한다는 인식이 일반화하고, 1955년 일리노이 주가 처음으로 이 법을 제정했다. 이 법에 의하면 일리노이 주의 비거주자라도 주 내에서의 부동산 소유나 그 사용 및 점유, 주 내에 있는 사람이나 재산 및 위험과 관련 있는 보험계약에 관하여는, 주법원의 관할권에 따른다. 그 후 일리노이 주뿐만 아니라 각 주 및 연방에서도 유사한 법률이 제정되어 각 법원의 대인관할권은 그 범위가 확대되었다.

나) 피고의 대응

법원으로부터 소환장 및 소장의 송달을 받은 경우 피고는 답변서의 제출 전 신청(Preanswer Motions),[16] 추가적 답변(Additional Pleadings)[17] 또는 답변서(Answer)[18]를 제출해야 한다. 이 경우 만일 피고가 이 중 하나에 대한 절차를 진행하지 않는다면 결격재판(Default Judgment)이 되어 원고의 주장에 대하여 구제가 있게 된다.

(2) 심리전 절차

심리전 절차에는 증거공개절차, 심리전 협의 및 심리전 소송종료절차가 있다.

증거공개절차(Discovery)는 연방민사소송법에 의하여 광범위하게 인정되고 있으나, 관련성이 없는 사항(Irrelevant Matter)이나 특권적 면제사항(Privileged Matter) 및 Work Product 면책에 의한 제한이 있다. 증거공개절차의 수단으로써는 증언녹취(Deposition),[19] 질문서(Interrogatories),[20] 서류제출(Production of Documents),[21] 신체검사 및 정신감정(Physical or Mental Examination), 자백요구(Request for Admission)[22]가 있다.

연방민사소송법은 증거공개절차에 법원을 관여시킴으로써 그 남용을 억제하

16) 신청은 답변서 제출까지 기간 내인 소환장이나 소장 송달일로부터 20일 이내에 해야 하며, 각하신청, 삭제신청 및 명확한 기재를 구하는 신청이 있다.

17) 여기에는 반소(Counterclaim), 반소변론(Cross Claim), 제3자에 대한 소(Third-party claim)가 있다.

18) 피고는 답변 연장이 인정되지 않는 한 소환장 및 소장을 송달한 후 20일 이내에 답변서를 제출해야 한다. 답변서에는 부인, 적극적 항변 및 정보 부족에 의한 부인이 인정된다. 이 답변서에서 피고의 주장은 원고에 의하여 자동적으로 부인 또는 무효가 되지만, 원고는 법원의 재량에 의하여 피고의 항변에 대한 답변(Reply)을 구하는 일이 간혹 있다. 법원은 통상적인 사건에서는 소송개시 후 120일 이내에 신청을 심리하여 변론을 종결하여 증거공개절차를 완료시키는 기간을 제한하는 계획명령(Scheduling Order)을 발하여야 한다.

19) Oral Deposition이 일반적이며, 이는 당사자와 증인(Deponent)의 증언을 녹취하기 위하여 변호사사무소 등 법정 외에서 법관 참관 없이 공증인(Notary Public) 출석 하에 행한다. Written Deposition도 일부 행하여진다.

20) 소송당사자에 대하여 단순한 서면의 질문에 대하여 서면으로 답변한다.

21) 관련서류를 상대방에게 제출한다.

22) 상대방에게 사실을 인정하도록 한다.

고자 한다. 즉, 법원은 당사자의 신청에 따라 조사대상이 된 자를 부당한 부담 등으로부터 보호하기 위하여 이 절차를 규제하거나 제한할 수 있다. 단, 보호명령을 받기 위해서는 신청한 당사자는 법원에 정당한 사유[23])를 제시(a Show of Good Cause)해야 한다.

소송당사자의 증거공개절차에 대하여 법원은 강제명령[24])이나 법정모욕(Contempt of Court)에 대한 조치[25])로써 제재(Sanctions)할 수 있다.

증거의 공개를 공평하게 하기 위한 제도는 원고 또는 피고의 요청에 따라 원고, 피고 또는 제3자를 대상으로 법원이 발행하는 소환장(Subpoena)제도가 있다. 소환장에는 증거서류제출명령(Subpoena Duces Tecum)과 증언명령(Subpoena Ad Testificandum)이 있다. 소환장 위반에 대하여는 법정모욕죄(Contempt of court)와 벌금(Fine) 또는 구류(Imprisonment)의 형사적 제재가 주어지며, 위증에 대하여는 위증죄(Perjury)를 묻는다.

심리 전 협의는 증거공개절차의 종료 후 심리에 앞서서 심리법관의 참관 하에 원고 및 피고 쌍방의 변호사가 진행하는데, 이는 간단한 소송에서는 행하여지지 않는 경우도 있으며, 복잡한 소송에서는 여러 차례에 걸쳐 열리기도 한다. 심리 전 협의의 목적은 심리를 원활하게 진행시키기 위하여 사건의 쟁점을 다루는 것이나, 구체적으로는 답변을 수정하고 압축·단순화하여 입증을 효율적으로 행할 수 있도록 사전에 당사자 사이에서 협의하는 것이다. 이 단계에서는 심리하는 사항(Agenda for Conference)이 결정되는데, 이를 위하여 쌍방의 변호사는 사실문제 및 법률문제의 요약, 증인명부, 증거서류 및 증거물 일람표를 제출해야 한다.

협의가 막바지에 이르면 법관은 쌍방의 변호사의 결정에 근거하여 심리 전

---

23) 여기서 정당한 사유에는 불필요하게 불편한 장소에서 조사 실시, 불합리한 증언녹취 방법, 불합리한 질문 실시, 프라이버시 침해 등이 있다.

24) 상대방이 증거공개절차를 거부한 경우 당사자는 상대방에게 이를 강제하는 명령을 발하도록 법원에 신청할 수 있다.

25) 법정모욕에 대하여 법원은 당사자 또는 증인을 소환하거나 증거공개절차의 대상이 된 사항을 심리에서 증명된 것으로 간주하는 명령을 발할 수 있다. 또한 법원은 당사자의 변론의 전부 또는 일부를 삭제할 수 있다. 단, 법정모욕에 대한 제재는 신체검사 및 정신감정명령의 거부에 대하여는 적용되지 않는다.

협의에 기한 명령을 발하여 이 절차를 종료한다.

만약 심리 전에 소송을 종료하기 위해서는, 답변에 기초한 판결(Judgment on Pleadings)이나 소의 취하(Voluntary Dismissal), 그리고 소의 각하(Involuntary Dismissal)나 약식판결(Summary Judgment)의 절차를 밟아야 한다.

(3) 심리

심리는 원고의 모두진술(Opening Statement), 피고의 모두진술, 원고에 의한 직접심문(Direct Examination) 및 피고에 의한 반대심문(Cross Examination), 피고에 의한 직접심문 및 원고에 의한 반대심문, 원고에 의한 배심원에의 변론(Argument), 피고에 의한 배심원에의 변론, 원고의 배심원에의 최종변론(Colsing Argument), 법원의 설명(Instruction), 배심원의 평결(Verdict)의 순서로 진행된다.

개인 또는 법인은 일정한 경우에 사실상의 쟁점에 관하여 배심에 의한 심리를 받을 권리를 가진다. 배심에 의한 심리가 이루어지지 않을 경우에는 법관에 의한 심리(Judge Trial or Bench Trial)에 의하여 심리하게 되는데, 이 경우 법관은 당사자의 신청 또는 법관의 발의에 기초하여 그 재량으로 연방민사소송법에 따라서 자문적 배심(Advisory Jury)의 원조를 받아서 사실상의 쟁점에 대한 심리를 할 수도 있다.

배심은 6인 이상 12인 이하의 배심원으로 구성되도록 되어 있으나 통상적으로는 12인으로 구성된다. 배심의 협의는 비공개로 이루어지며, 배심은 사실관계와 관련된 문제에 관하여 평결한다. 평결은 전원일치가 원칙이지만 다수결에 의한 평결이 인정되어 있다.

원고 또는 피고는 예정배심원(Prospective Jurors)에 대하여 적성심문(Voir Dire)을 하여 배심원의 적성을 심사할 수 있다. 적성검사의 목적은 각 배심원이 법률상의 자격요건을 충족하고 있는가의 여부 결정, 기피사유(Challenge for Cause)가 존재하는가의 여부 결정, 당사자가 절대적 기피(Peremptory Challenge)를 행사하기 위한 정보의 입수 등에 있다.

배심원은 일반적으로 약자(개인이나 소기업)에 호의적인 경향이 있고, 외국인이나 외국 회사보다는 미국인이나 미국 회사에 호의적이다. 그러므로 외국 회사는 배심의 영향을 최소한으로 방지하기 위하여 재판지(Venue)나 법원(Forum)의 선정, 배심원의 구성, 모의재판의 실시 등을 배려해야 한다.

(4) 판결

배심에 의한 평결이 있게 되면 법원에 의한 판결이 언도된다. 법원의 판결에 의하여 인정되는 판결과 구제는 형식적으로는 배심의 평결에 의한 판결, 피고가 응답하지 않는 경우의 결석판결(Judgment by Default), 당사자 간 화해가 불성립한 경우의 동의에 의한 판결(Judgment by Consent), 법적 근거결여의 답변(Demurrer) 또는 소의 각하신청(Motion to Dismiss)에 관한 판결에 이어지는 판결, 소송수행의 해태 등에 의한 소의 각하신청 또는 지도평결(Directed Virdict)의 신청이 인정되어 계속하여 행하여지는 판결이 있다.

판결은 실질적으로는 원고에게 구제방법이 인정되는 판결이 있는가 하면, 이것이 인정되지 않는 판결도 있다. 우선 구제가 인정되는 판결은, 원고에게 그 구제방법으로서, 일정 금액의 재정과 피고에 대한 작위 또는 부작위의 명령 및 당사자 간의 법률관계를 명시하는 명령을 편성하는 것을 인정한다. 또한 구제가 인정되지 않는 판결은 원고가 아무것도 취득하지 않는다는 내용으로 되어 있다.

심리를 거치거나 또는 이를 거치지 않고 도달한 분쟁의 결론은 판결이라는 형태로 나타난다. 연방민사소송법은 연방법원에서 판결은 곧바로 요식의 서면으로 행할 것을 요구하고 있다. 그리고 판결은 법원 서기관에 의하여 사건부에 등록되어 신청기간 및 상소기간이 진행을 개시한다.

연방법원에 의한 판결의 집행에 관하여는 구체적으로는 승소한 원고가 제2의 연방법원 또는 주법원에 강제집행을 위한 소송을 제2의 법원의 법률에 기초하여 제기하고, 그 강제집행판결을 득하여 이것을 등록한 후에 강제집행을 하게 된다.

판결에는 기판력과 쟁점 효가 있다. 기판력(Claim Preclusion)은 판결이 확정되었을 경우에는 동일 당사자 또는 당사자적 관계인은 그 후의 소송에서 동일 소송원인에 근거하여 재논쟁할 수 없다는 구속력을 말한다. 쟁점 효(Issue Preclusion)란 법률상 또는 사실상의 쟁점이 실제로 논쟁되어 그것이 판결에 필요한 것으로서 판단된 때에는, 동일 당사자는 그 후의 소송에서 동일 쟁점을 근거로 재논쟁할 수 없는 효력을 말한다. 단, 제3자는 이전의 소송당사자에 대하여 쟁점 효를 원용할 수 있다.

상소법원에는 항소법원과 대법원이 있으며, 상소는 상소법원에의 상소통지(Notice of Appeal)의 제출에 의하여 개시된다. 상소통지는 원칙적으로 판결 후 30일 이내에 제출해야 한다. 상소법원은 하급법원의 판결을 확인하고(Affirm) 파기하거나(Reverse) 또는 수정할 수 있다(Modify). 상소법원에서는 사실문제는 심사하지 않고 또한 새로운 증거(New Evidence)도 접수할 수 없다.

상소법원은 하급법원에서 심리가 공정하게 행하여졌는지의 여부를 심사하는 기능을 가진다. 따라서 하급법원에서의 심리가 판결에 영향을 미치는 잘못을 범하고 있다면 당해 판결은 상소법원의 심사에 따르게 된다.

상소법원의 재심사에는, 하급법원의 기록에 나타나지 않는 사항은 재심사하지 않으며, 사실의 재심사에 관하여 배심재판에 의하지 않을 때에는 명확한 잘못(Clearly Erroneous)이 있으면 심사하나, 배심재판을 거치고 있을 때에는 재심사를 회피하는 경향이 있다. 승소한 당사자에게 불리하게 인정 또는 판단된 사항은 원칙적으로 재심사되지 않는다는 기준이 적용된다.

07 국제민사소송과 대응

1) 예방대책

국제민사소송의 대응은 민사소송이 제기되지 않도록 하는 예방대책과 소송이 제기된 후부터의 소송대책이라는 관점에서 검토할 필요가 있는데, 이 중에서 예방대책으로는 사원교육,[26] 계약 면에서의 조치,[27] 신속한 대응,[28] 서류의 작성과 정비,[29] 문서보존규정의 제정[30]을 들 수 있다.

2) 소송대책

국제민사소송의 대응책으로서 이미 소송이 제기된 후부터의 소송대책에는 보험부보,[31] 주도면밀한 준비,[32] 변호사의 기용[33] 및 소송방침 협의[34]가 있다.

3) 화해

민사소송에 대하여는 화해와 다툼이 얽히면서 진행하게 되는데, 여기서는 미국에서의 화해를 전제로 그 문제점을 정리하고자 한다.

---

26) 거래의 상대국 및 거래의 종류에 따라 다르다. 만일 미국의 반트러스트법, 특허법, 제조물책임법 등과 깊은 관련이 있는 기업이라면, 이들 법률의 요점, 구체적 주의사항 등을 중심으로 사원교육에 힘써야 한다.

27) 소송은 계약뿐만 아니라 불법행위를 원인으로 해서도 제기된다. 가령, 미국에서 소송에는 반트러스트법이나 특허법 위반, 제조물책임의 추궁 등 불법행위 내지는 불법행위와 유사한 원인에 근거한 소송이 많기 때문에(즉, 이들 소송은 직접 계약에 근거하지 않기 때문에) 계약 측면에서의 조치는 불가능하지만, 계약 면에서의 조치가 가능한 것에 관하여는 적극 조치할 필요가 있다.

28) 상대방으로부터 클레임 등이 있을 때에는 성의를 가지고 신속한 처리에 힘쓰는 동시에 상대방의 앞으로의 태도를 살펴보도록 한다.

29) 중요한 사항은 모두 편지, 텔렉스, 텔레팩스 등의 서류로 확인하도록 주의하고, 전화 등 구두에 의한 확인은 소송이 있는 경우, 쌍방이 서로 이론만 내세우고 결말이 나지 않는 논의가 결말이 날 가능성이 강하다.

30) 문서보존규정을 제정하여 정기적으로 서류정리 및 폐기에 주의한다.

31) 미국에서는 제조물책임보험 등 각종 보험이 발달되어 있기 때문에 보험으로 손실보전이 가능한 것에 관해 적극 보험에 가입한다.

32) 소송의 배려가 있게 되면 담당부분만의 판단에 의하지 않고 서둘러서 변호사 등 전문가에게 상담하여 적절한 지시를 함과 동시에 소송에 대한 사내의 체제를 정비한다.

33) 일반적으로 특정 지역 및 특정 분야의 일류변호사를 기용하도록 주의한다. 변호사의 보수에 관하여 확실히 결정할 필요가 있다. 변호사에게는 사실관계를 정확하게 알림과 동시에 자사의 의향을 정확하고 명확하게 전하여 필요에 따라서 소송의 작전회의를 갖도록 한다.

34) 기용된 변호사와는 소장 송달의 유효성, 재판관할권을 다투는 것의 득실, 주법원으로부터 연방법원에의 소송의 이송 가능성 및 그 득실, 증거공개 신청 가능성, 화해 가능성, 심리전 협의에서의 쟁점 도출의 방향성, 배심원의 적성검사, 모의재판의 필요성, 국제적 소송경합을 위한 소송을 우리나라에서 제기하는 것의 득실, 상소의 가능성에 관하여 그 방침을 협의한다.

먼저, 소송의 계속과 화해의 추진에 대한 판단은 소송의 귀추와 경제성,[35] 다른 소송에의 영향의 배려,[36] 화해의 이해득실[37]의 관점에서 한다.

다음으로, 화해교섭은 화해의 타진,[38] 화해시기,[39] 화해 시의 주의사항[40]이라는 관점에서 추진한다.

마지막으로, 화해가 성립하면 화해계약서(General Release)를 반드시 작성하여 법원에 제출하고, 원고에게 본소를 취하시킨다.

또한 화해금의 지급에 관하여 세법상 손금산입의 가능 여부를 사전에 검토할 필요가 있다.[41]

---

35) 승소할 전망이 강하면 소송을 계속하고 약하면 기회를 보아서 화해를 검토한다. 또한 소송의 계속에는 외국기업에게는 시간과 비용이 부담이 되므로 소송의 계속을 요하는 시간 및 비용과 화해비용을 비교하여 경제성을 검토한다.

36) 증거공개절차를 통하여 불이익이 되는 사실과 증거가 발견되어 불리한 인정을 받게 된다면 이는 별도의 유사소송에서도 원용되어 다툴 수 없게 되어 버린다. 반면에 자사에 유리하게 인정되더라도 유사소송의 원고는 당해 소송에서는 제3자이기 때문에 같은 쟁점을 유사소송에서 재도 다툴 수 있다. 그러므로 증거공개절차에서 자사에게 불리한 사실 및 증거가 나타날 것 같다면 그것이 발견되기 전에 화해를 검토한다.

37) 화해의 이점으로는 화해에 의한 소송의 종결, 소송 계속에 의한 시간 및 비용의 절감, 증거공개절차에서 불리한 사실 및 증거의 단절을 들 수 있으며, 화해의 단점으로는 화해로 승소의 가능성이 완전히 없어진다는 점, 또 안이하게 화해한다는 인상을 주면 장래 유사소송을 유발할 가능성이 있다는 점, 화해비용의 지급이라는 손실이 발생한다는 점, 새로운 사실 및 증가가 나오는 것을 단절할 수 있다고 하더라도 화해가 배심 및 법원에 피고가 불리한 것 같은 인상을 줄 가능성이 있다는 점을 들 수 있다.

38) 화해타진은 원고 또는 법원으로부터 최초로 행하여지기 때문에 피고는 화해하고 싶어도 그러한 마음을 드러내지 못하고 소송준비를 추진해야 한다.

39) 판결이 확정될 때까지 언제든지 가능하지만 원고 또는 법관으로부터 제안받을 때까지 기다린다. 법관이 화해교섭을 강제하는 경우도 있으나 그때에는 진지하게 그 가능성에 관하여 상대방과 교섭할 자세를 취하는 것이 필요하다.

40) 화해교섭은 반드시 변호사를 통하여 하며, 화해에 관한 이야기가 진행되더라도 화해성립 예측은 하지 않는다. 이는 전혀 성립하지 않는 경우가 많기 때문에 증거공개절차준비를 게을리해서는 안 된다. 원고로부터 부당한 화해조건을 강요받아서는 안 되며, 원고의 화해제안은 피고의 입장을 타진할 뿐일지도 모른다. 공모(Conspiracy)이유로 공정거래법위반소송 등을 제기하고 있는 경우에는 원고로부터 화해제안이 있더라도 결코 다른 피고와 연락을 취해서는 안 된다.

41) 원고가 화해계약서를 작성할 때에는 원고로부터 With Prejudice(장래 영겁에 걸쳐 권리를 포기함)로 인한 권리포기의 확인, 제3자와 공동으로 재도 소송을 제기하지 않을 것의 확인, 제3자에 대하여 증거공개절차(Third Party Discovery)를 밟지 않을 것의 확인, 화해내용의 비밀준수의무를 확약하는 것이 좋다.

제 3 절 중재에 의한 분쟁해결

01 국제상사중재의 의의

1) 중재의 의의

국제거래에서 발생하는 분쟁을 법적 수단에 호소하여 강제적으로 해결하는 방법에는 소송과 중재가 있다는 점은 앞서 말한 바와 같다. 소송을 제기하는 경우에는 제소하는 법원에 당해 분쟁과 관련성이 있는 재판관할권이 있을 것을 요하지만, 중재에서는 당해 분쟁발생 전후 당사자 간에 중재에 부탁하여 이를 해결하고자 하는 취지의 중재합의가 필요하게 된다.

중재란 당사자 간의 합의에 의하여 중재인에게 분쟁의 최종적인 해결을 위탁하고, 당사자가 당해 중재인의 판단에 따르겠다고 하는 재판 외에서의 분쟁해결제도를 말한다.[42] 그러나 넓은 의미에서의 중재는 국가 사이의 다툼을 제3자의 구속력 있는 판단에 맡겨서 해결하는 제도를 포함한다.

국제거래와 관련된 분쟁해결을 위한 중재는 당연한 일이지만 좁은 의미의 중재 즉, 민사중재(Civil Arbitration)이다. 민사중재는 상사중재(Commercial Arbitration)로 불리는 일이 많으나 이는 중재의 중심적인 것이 상사인 점에 착안한 것으로서 민사분쟁의 해결을 배제하는 취지의 것은 아니다. 중재제도는

42) 【중재법 제3조 제1호】 중재란 당사자 간의 합의로 사법상의 분쟁을 법원의 재판에 의하지 아니하고 중재인의 판정에 의하여 해결하는 절차를 말한다.

재판이라는 국가권력에 의하지 않고 분쟁을 해결하는 제도로서 오늘날에는 각국이 이를 인정하여 법적인 효력을 부여하고 있다.

2) 중재법

우리 민사소송법은 구 민사소송법상의 중재제도를 삭제하고 현재는 중재법을 제정하여 시행하고 있다(제정 1966.03.16 법률 제1767호, 시행 1966.03.16). 사법상의 분쟁을 법원의 판결절차에 의하지 아니하고 당사자 간의 합의로써 중재인의 판정에 의하여 해결할 수 있도록 함으로써 분쟁의 신속하고 경제적이며 거래의 실정에 맞는 해결을 할 수 있도록 한 것이라고 할 수 있다.

국제거래분쟁의 증가와 법원의 지연된 해결은 간이·신속한 해결이 요구됨에 따라 민사중재에 관하여는 중재법을 적용하고, 상사중재에 관하여는 대한상사중재원의 상사중재규칙을 적용하고 있다.

민사중재가 적용되는 중재법은 원칙적으로 중재지가 대한민국 내에 있는 경우에 적용하며, 예외적으로 외국에서 득한 중재판정의 승인·집행에 관하여는 중재지가 외국인 경우에도 적용할 수 있도록 하고 있다(동법 제2조). 법원은 중재의 독립성을 보장하기 위하여 동법에 규정된 사항에 대하여만 관여할 수 있으며(동법 제6조), 중재합의는 독립된 합의 또는 계약 중에 중재조항 형식의 서면으로 한다(동법 제8조). 또한 소가 제기되어 있는 분쟁이 중재합의의 대상인 경우, 중재합의의 명확성과 실효성을 고려하여 중재합의의 부존재나 무효 및 효력 상실이나 이행불능 등의 특별한 사유가 없는 한 이를 각하한다(동법 제9조).

중재합의의 유효성에 대한 판단은 법원이 하고 있지만 중재절차의 신속이라는 관점에서 중재인 자신이 할 필요가 있다고 본다. 중재인에게는 중재합의의 유효성을 심리하는 중이라고 하더라도 중재절차의 속행권이 주어져 있으나 절차의 지연은 부정할 수 없다.

민사중재의 경우 중재인의 수와 선정은 당사자 자치의 원칙에 따라 당사자 간에 합의로 정하며, 합의에 이르지 못한 경우에는 3인으로 정하고 중재법상의 선정절차에 의한다(동법 제11조 및 제12조). 중재판정은 법원의 확정판결과 동일한 효력을 가지며(동법 제35조), 불복신청은 중재판정정본의 수령일로부터 3월 내에 중재판정취소의 소만으로 할 수 있다(동법 제36조). 중재판정의 승인 및 집행은 법원의 승인 및 집행 판결에 따르며(동법 제37조), 그 신속한 집행에 의하여 분쟁이 최종적으로 해결될 수 있도록 판정의 취소사유가 없는 한 승인 및 집행되어야 한다(동법 제38조).

3) 중재와 소송

분쟁을 법적 수단에 호소하여 강제적으로 해결하는 방법에는 민사소송과 상사중재가 있으나 여기서는 상사중재제도의 이점과 단점을 민사소송제도와 비교하여 일반론으로서 검토한다.

먼저 상사중재의 민사소송에 대한 장점으로는 신속성 및 경제성,[43] 전문성,[44] 비공개성,[45] 중립성,[46] 절차의 간이성 및 유연성,[47] 비적대성[48]을 들 수 있다.

단점으로는 중재합의의 필요성,[49] 예측가능성,[50] 강제성,[51] 단심제,[52] 예방

---

43) 민사소송은 통상적으로 3심제이나, 중재는 절차가 간단하고 1심으로 종료되기 때문에 신속한 처리가 기대되며 분쟁해결에 소요되는 비용이 절감된다.

44) 중재에서는 중재인으로서 국제거래, 투자, 건설, 해사, 특허 등의 전문가에 의하여 실제적인 판단을 한다.

45) 민사소송의 경우 구두변론 및 판결은 공개법정에서 해야 하지만 중재는 비공개로 하며 판단도 당사자의 동의 없이는 공개되지 않는다.

46) 민사소송은 법정지, 법관의 국적, 배심원의 국적, 절차법, 언어 등이 일방 당사자에게 유리할 수 있으나, 중재는 중재지나 중재인을 자유로 선택할 수 있어 당사자에게 중립적이다.

47) 소송의 경우 소장 송달 등이 복잡하나, 중재의 경우 피신청인에 대한 중재개시 통지가 간단하고, 중재절차도 비교적 유연하며 심리방법이나 장소 및 시간도 중재인이 자유롭게 결정한다.

48) 중재는 개시 후라도 당사자 간의 우호관계의 유지가 가능하다.

49) 중재를 이용하기 위해서는 합의가 필요하다. 그러므로 제조물책임이나 불법행위의 경우 합의가 될 수 없기 때문에 중재로는 해결할 수 없다.

50) 소송이 엄격한 절차법에 따라 실체법이 적용되므로 당사자는 그 결과에 관하여 어느 정도 예측이 가능하지만, 중재는 법률에 근거한 중재라고 하더라도 이 법률은 엄밀하게는 적용되지 않기 때문에 그 결과에 대한 예측은 곤란하다.

51) 법관은 법률에 의하여 권한을 부여받으나, 중재인에게는 하등의 강제력이 부여되지 않는다. 그러므로 증거조사에서 증인이 임의로 응하지 않을 때에도 중재인은 법원의 협력을 구할 방법이 없다.

성[53])을 들 수 있다.

4) 국제상사중재의 중요성

최근 국제화와 세계화의 진전과 함께 산업기술의 발전과 경제규모 확대에 따라 국제거래를 둘러싼 상사분쟁이 지속적으로 증가하고 있다. 이러한 상사중재를 해결하기 위한 법적 수단에 소송과 중재가 있다는 것은 앞서 말한 바와 같다. 국제거래에서 실제 국제상사분쟁이 발생한 경우 당사자는 소송과 중재 중에서 자신에게 유리한 수단을 택할 것이다.[54)]

보통 국제거래에서 발생하는 분쟁은 당사자가 스스로 선택한 중재지에서 국제거래에 능통한 중재인에 의하여 해결하고자 하는 경향이 있는데, 그 이유는 다음과 같다.

첫째, 소송은 국제재판관할권이라는 문제가 있으나 중재는 당사자 간에 중재합의가 있기 때문에 이러한 문제가 없다.

둘째, 소송은 장소, 언어, 소송법, 법관의 국적 등이 일방 당사자에게 유리한 경우가 있으나, 중재는 당사자의 선택에 맡겨지기 때문에 이러한 문제는 발생하지 않는다.

셋째, 중재절차는 유연하고 1심제이므로 신속한 중재판단과 비용절감이 기대된다.

넷째, 외국 중재판단의 집행은 외국 판결의 집행과 달리 조약에 의하여 보장되고 있기 때문에 용이하다.

---

52) 중재는 1심제이므로 불복의 신청을 할 수 없다. 오로지 판정취소소송으로만 불복할 수 있다(【중재법 제36조】)

53) 가압류나 가처분 같은 보전처분을 할 때에는 별도로 법원에 신청해야 하고, 중재신청인은 그 권리를 보전하기 위한 노력이 필요하다.

54) 예를 들면, 커피나 곡물 및 사탕 등의 거래와 같이 신속성과 전문성을 요하는 경우와, 국제매매계약이나 판매점·대리점계약 및 합작사업계약과 같이 그 중립성과 비공개성 및 비적대성을 고려하는 경우에는 중재를 택할 가능성이 크다. 반면, 융자나 보증계약 등의 경우에는 중재의 장점을 살리기 어려운 점이 있기 때문에 소송이 적합할 수 있다.

02 중재합의

1) 중재합의의 의의

국재거래의 당사자가 거래에서 발생한 분쟁의 해결수단으로써 중재를 선택한 경우, 중재합의란 계약상의 분쟁인지 여부에 관계없이 일정한 법률관계에 관하여 당사자 간에 이미 발생하였거나 앞으로 발생할 수 있는 분쟁의 전부 또는 일부를 중재에 의하여 해결하도록 하는 당사자 간의 합의를 말하며, 중재는 중재합의가 있어야 성립한다(중재법 제3조 제2호).

2) 중재합의의 시기

중재합의는 분쟁의 발생 전 또는 후에 언제든지 할 수 있으나 사실 분쟁이 발생하고 나서 중재계약을 체결하는 것은 거의 불가능하다. 소송의 경우 당사자의 일방에게 유리하게 결론이 나는 일이 많은 것은 그 당사자가 중재에 합의하지 않기 때문이다. 그러므로 중재합의는 상사분쟁이 발생하기 전에 당사자 간의 각종의 계약 중에 중재합의조항(Arbitration Clause)을 두는 방법으로 한다.

중재조항에는 장래 발생하는 상사분쟁을 당해 계약과 관련된 것으로 한정하거나, 중재인의 수와 선임방법, 중재지, 중재기관, 중재의 최종성,[55] 중재합의의 준거성, 중재절차의 준거성, 중재법원의 보전조치, 중재비용의 분담, 중재의 용어 등에 관하여 정할 수 있다.

3) 중재합의의 방식

중재합의는 서면으로 하여야 하며, 이는 독립된 합의 또는 계약에 중재조항

55) 당해 중재판정이 최종적으로써 그 외의 분쟁해결수단에 호소하지 않는다는 취지를 규정한다.

을 포함하는 형식으로 할 수 있다(중재법 제8조 제1항 및 제2항). 그러므로 만일, 법정지법이 서면에 의한 중재합의를 요구하는 경우에는 서면이 없는 한 항변은 인정되지 않는다. 중재합의의 존부 및 그 내용에 관한 분쟁의 발생을 회피하기 위해서도 중재합의는 서면으로 할 필요가 있다.

그리고 중재합의를 별도의 서면으로 하지 않았더라도 당사자들이 서명한 문서에 중재합의가 포함되었거나 편지, 전보, 전신, 팩스 또는 그 밖의 통신수단에 의하여 교환된 문서에 중재합의가 포함된 경우, 또는 어느 한쪽 당사자가 양자 간에 서로 교환된 문서의 내용에 중재합의가 있는 것을 주장하고 상대방이 이에 대하여 다투지 아니하는 경우에는 서면에 의한 중재합의로 본다(동조 제3항).

한편 계약이 중재조항을 포함한 문서를 인용하고 있는 경우에는 중재합의가 있는 것으로 본다. 다만, 당해 계약은 서면으로 작성되고 중재조항을 그 계약의 일부로 하고 있는 경우에 한한다(동조 제4항).

4) 중재합의의 독립성 및 분리 가능성

중재조항이 삽입된 계약 본문이 어떤 사유로 무효가 된 경우에는 당해 중재조항의 효력이 문제가 될 수 있다.

이에 관하여 중재계약 및 중재조항의 독립성 내지는 분리 가능성이 인정된다는 것이 다수 견해이다. 즉, 이에 따르면 주된 계약이 객관적으로 무효가 되더라도 중재합의는 무효되지 않고 중재합의로서 유효하며, 중재에 의하여 주된 계약의 효력을 판단할 수 있다고 주장한다. 앞서 말한 바와 같이 중재합의의 유효성은 법원이 판단한다.

03
중재기관 및 중재절차

1) 중재의 종류

국제상사중재에는 개별중재와 기관중재가 있다.[56] 개별중재는 당사자 간에 발생하는 분쟁을 중재합의에 기초하여 개별적으로 선임된 중재인에게 부탁하여 해결하는 중재를 말한다. 당사자가 개별중재를 선택할 때에는 중재지, 중재인의 선임, 중재절차, 비용분담 등에 관하여 상세하게 정해야 한다.

기관중재는 당사자 간에 발생하는 분쟁을 중재합의에 기초하여 특정한 상설중재기관에 부탁하여 해결하는 중재를 말한다. 기관중재를 선택할 때에는 당해 상설중재기관의 기구, 중재인, 중재규칙 등을 이용할 수 있다는 이점이 있기 때문에 국제거래에서는 일반적으로 기관중재가 이용되고 있다.

2) 중재기관

국제거래의 분쟁해결을 위한 세계의 중요한 상설중재기관으로서는,

미국중재협회(American Arbitration Association)

국제상업회의소중재법원(Court of Arbitration International Chamber of Commerce)

런던국제중재법원(London Court of International Arbitration)

대한상사중재원(the Korean Commercial Arbitration Board)

일본국제상사중재협회 등이 있다.[57]

---

56) 대한상사중재원(KCAB)의 중재규칙(1989.11.16, 1993.12.14, 1996.08.05, 2000.04.27. 각각 大法院承認) 제2조에 따르면 상사중재는 국내중재와 국제중재로 나뉜다. 국내중재는 국내에 주된 영업소나 주소를 두고 있는 당사자 간의 중재를 말하며, 국제중재는 위의 국내중재를 제외한 중재를 말한다.

57) 이에 대하여 【중재법 제3조 제3호】는 "중재판정부란 중재절차를 진행하고 중재판정을 내리는 단독중재인 또는 여러 명의 중재인으로 구성되는 중재인단을 말한다."고 규정하고 있다.

3) 중재절차

우선 개별중재의 경우에는 신청인으로부터 상대방에의 중재부탁 통지, 신청인에 의한 중재인의 선임, 피신청인에 의한 중재인의 선임, 중재지의 결정, 중재규칙의 결정, 중재규칙에 근거한 중재절차의 진행, 중재판정 및 중재판정서의 작성의 순으로 중재가 개시되고 진행된다. 또한 중재인의 수, 중재지 및 중재규칙은 당사자 간에 사전에 합의되는 일이 많다.

기관중재의 경우, 중재절차의 진행은 중재기관에 따라서 다르나 대한상사중재원의 중재규칙에 따르면 다음과 같은 절차로 개시되고 진행된다. 또한 당사자 간에 별도의 정함이 없는 한, 당사자가 합의한 중재기관의 중재규칙이 적용된다.

① 당사자 간의 중재합의
② 신청인에 의한 중재신청서의 제출
③ 중재원에 의한 중재신청서의 접수 및 통지
④ 피신청인에 의한 답변서의 중재원에의 제출
⑤ 중재원에 의한 답변서의 신청인 기타 관계자에의 송부
⑥ 중재인의 선임
⑦ 중새지의 결정
⑧ 중재규칙에 근거한 중재절차의 진행
⑨ 중재판정 및 중재판정서의 작성
⑩ 중재판정서 정본의 당사자에의 송달
⑪ 중재판정서 정본의 법원에의 예치

또한 중재인의 수, 중재지 및 중재규칙은 당사자 간에 사전에 합의되는 일이 많다.

04

중재판정과 집행

1) 중재판정의 기준

중재판정의 기준에는 법, 형평과 선, 법에 의하지 않는 중재인의 판정(즉, 우의적 중재)이 있으나 법에 의한 중재가 일반적이다. 당사자 간에 중재판정의 기준에 관한 합의가 없다면 법에 의한 중재를 하게 된다.

법에 의한 중재의 이점은 판정의 기준으로서 법이 쓰이기 때문에 법적 안정성 및 예측가능성이라는 점에서 뛰어나다.

법에 의한 중재의 경우, 본 계약의 성립 및 효력의 준거법에 관하여 당사자가 지정한 법이 있다면 그 준거법에 의하지만, 그 지정이 없을 때에는 중재법원은 소송에서의 법정지법의 적용과 같이 의무가 없기 때문에, 어떤 저촉규정에 따라서 준거법을 결정할 것인가를 알 수 없다는 불안감이 있다. 이와 관련하여 UNCITRAL 중재규칙에 의하면 중재법원이 상당하다고 인정하는 저촉규정에 따라서 준거법을 결정해야 한다.58)

형평과 선에 의한 중재란, 국제재판의 기준으로서의 형평과 선에 따른 법과 동떨어진 형평과 선이라는 일반적 기준에 근거한 중재를 말한다.

이러한 종류의 중재는 법에 구속되지 않는 실상에 적합한 해결을 할 수 있다는 이점이 있는 반면, 판단기준이 명확하지 않다는 단점도 있다. 이에 관하여 중재법은 당사자들이 명시적으로 권한을 부여하는 경우에만 형평과 선에 따라 판정을 내릴 수 있다고 규정한다(동법 제29조 제3항).

법에 의하지 않는 중재인의 판정이란 프랑스 민사소송법(제1019조)에 근거한 중재이다. 당사자의 합의에 의하여 중재인에게 우의적 중재인으로서의 권한

58) 【중재법 제29조】 (분쟁의 실체에 적용될 법) ① 중재판정부는 당사자들이 지정한 법에 따라 판정을 내려야 한다. 특정 국가의 법 또는 법체계가 지정된 경우에 달리 명시된 것이 없으면 그 국가의 국제사법이 아닌 분쟁의 실체(실체)에 적용될 법을 지정한 것으로 본다. ② 제1항의 지정이 없는 경우 중재판정부는 분쟁의 대상과 가장 밀접한 관련이 있는 국가의 법을 적용하여야 한다.

을 부여한 때에는 중재절차 및 중재판정기준에 관하여 법을 적용할 필요가 없게 된다. 그러나 이것은 법에 의하지 않는다는 것일 뿐 반드시 법을 무시하는 것은 아니다.

2) 중재판정의 효력과 불복

중재판정의 효력은 중재절차의 준거법이 정하는 바에 따른다. 중재판정은 양쪽 당사자 간에 법원의 확정판결과 동일한 효력을 가지기 때문에 강제통용력이 있으며, 이 점에서 조정과 다르다(중재법 제35조). 즉, 조정은 법원 밖에서 하는 조정은 강제통용력이 없고 화해계약으로서의 효력이 있을 뿐이며, 법원에서 조정하더라도 당사자가 합의하고 이 합의를 조서하지 않는 한 강제통용력이 없다.

중재판정에 불복하는 때에는 법원에 중재판정 취소의 소를 제기하는 방법으로만 할 수 있으며(중재법 제36조 제1항), 법원은 일정한 요건에 해당하는 경우에만 중재판정을 취소할 수 있다.[59] 이 소는 당사자가 중재판정의 정본을 받은 날부터 또는 제34조에 따른 정정·해석 또는 추가 판정의 정본을 받은 날부터 3개월 이내에 제기하여야 한다(동조 제3항).

해당 중재판정에 관하여 법원에서 내려진 승인 또는 집행판결이 확정된 후에

---

59) 1. 중재판정의 취소를 구하는 당사자가 다음 각 목의 어느 하나에 해당하는 사실을 증명하는 경우
가. 중재합의의 당사자가 해당 준거법(준거법)에 따라 중재합의 당시 무능력자였던 사실 또는 중재합의가 당사자들이 지정한 법에 따라 무효이거나 그러한 지정이 없는 경우에는 대한민국의 법에 따라 무효인 사실
나. 중재판정의 취소를 구하는 당사자가 중재인의 선정 또는 중재절차에 관하여 적절한 통지를 받지 못하였거나 그 밖의 사유로 본안에 관한 변론을 할 수 없었던 사실
다. 중재판정이 중재합의의 대상이 아닌 분쟁을 다룬 사실 또는 중재판정이 중재합의의 범위를 벗어난 사항을 다룬 사실. 다만, 중재판정이 중재합의의 대상에 관한 부분과 대상이 아닌 부분으로 분리될 수 있는 경우에는 대상이 아닌 중재판정 부분만을 취소할 수 있다.
라. 중재판정부의 구성 또는 중재절차가 이 법의 강행규정에 반하지 아니하는 당사자 간의 합의에 따르지 아니하였거나 그러한 합의가 없는 경우에는 이 법에 따르지 아니하였다는 사실
2. 법원이 직권으로 다음 각 목의 어느 하나에 해당하는 사유가 있다고 인정하는 경우
가. 중재판정의 대상이 된 분쟁이 대한민국의 법에 따라 중재로 해결될 수 없는 경우
나. 중재판정의 승인 또는 집행이 대한민국의 선량한 풍속이나 그 밖의 사회질서에 위배되는 경우

는 중재판정 취소의 소를 제기할 수 없다(동조 제4항).

3) 중재판정의 승인 및 집행

중재판정의 승인 또는 집행은 법원의 승인 또는 집행판결에 따르며(중재법 제37조 제1항), 이를 신청하는 당사자는 중재판정의 정본 또는 정당하게 인증된 그 등본과 중재합의의 원본 또는 정당하게 인증된 그 등본을 제출하여야 한다(동조 제2항).

우리나라에서 내려진 중재판정은 제36조 제2항의 사유가 없으면 승인되거나 집행되어야 한다(중재법 제28조).

외국 중재판정의 승인 및 집행에 관한 협약(1958년 뉴욕조약)을 적용받는 외국 중재판정의 승인 또는 집행은 같은 협약에 따르며(동법 제29조 제1항), 동 협약을 적용받지 아니하는 외국 중재판정의 승인 또는 집행에 관하여는 민사소송법 제217조, 민사집행법 제26조 제1항 및 제27조를 준용한다(동조 제2항).

여기서 외국 중재판정이란 그 국적의 결정에 관하여 준거법설과 절차지설이 대립하고 있다. 준거법설에 의하면 중재판정의 국적은 중재합의의 준거법을 기준으로 결정해야 한다고 한다. 따라서 예를 들면, 우리나라의 국제사법상 준거법이 될 만한 외국법에 따라서 내린 중재판정이 외국 중재판정이 된다.

05 중재와 법원의 관계

1) 개관

법원은 이 법에서 정한 경우 외에는 이 법에 관한 사항에 관여할 수 없다(중재법 제6조). 중재인의 선정, 중재인의 기피신청에 대한 법원의 기피결정, 중재인의 권한종료신청에 대한 법원의 권한종료결정, 중재판정부의 권한심사신청에 대한 법원의 권한심사, 감정인에 대한 기피신청에 대한 법원의 기피결정에 대하여는 중재합의에서 지정한 지방법원 또는 지원이 관할한다.

그 지정이 없는 경우에는 중재지를 관할하는 법원이, 중재지가 아직 정하여지지 아니한 경우에는 피신청인의 주소 또는 영업소를 관할하는 법원이, 주소 또는 영업소를 알 수 없는 경우에는 거소를 관할하는 법원이, 거소도 알 수 없는 경우에는 최후로 알려진 주소 또는 영업소를 관할하는 법원이 이를 관할한다(중재법 제7조 제1항).

증거조사는 증거조사가 실시되는 지역을 관할하는 법원이 관할하며, 중재판정 원본의 보관과 중재판정 취소의 소에 대하여는 중재합의에서 지정한 법원이 관할하고, 그 지정이 없는 경우에는 중재지를 관할하는 법원이 관할한다(동조 제3항).

중재판정의 승인과 집행청구의 소는 중재합의에서 지정한 법원, 중재지를 관할하는 법원, 피고 소유의 재산이 있는 곳을 관할하는 법원, 피고의 주소 또는 영업소, 주소 또는 영업소를 알 수 없는 경우에는 거소, 거소도 알 수 없는 경우에는 최후로 알려진 주소 또는 영업소를 관할하는 법원에 해당하는 법원이 관할한다(동조 제4항).

국제거래에서는 중재합의로 가령, 중재지는 외국이지만 중재절차법은 한국법인 경우 또는 반대로 중재지는 한국이나 중재절차법이 외국법인 경우에는 우리 법원의 원조와 협력이 있게 된다.

2) 중재합의의 유효성

당사자 간에 중재합의에 관하여 다툼이 있는 경우에는 이를 법원에서 해결해야 한다.

중재합의의 대상인 분쟁에 관하여 소가 제기된 경우에 피고가 중재합의가 있다는 항변(항변)을 하였을 때에는 법원은 그 소를 각하하여야 한다. 다만, 중재합의가 없거나 무효이거나 효력을 상실하였거나 그 이행이 불가능한 경우에는 그렇지 않다(중재법 제9조 제1항).

3) 중재인의 선정 및 기피

중재인의 선임은 중재합의 또는 중재규칙에 따라 이루어지지만, 원만하게 되지 않을 경우에는 법원에 의하여 선임된다. 즉, 당사자 간에 다른 합의가 없으면 중재인은 국적에 관계없이 선정되며, 그 선정절차는 당사자 간의 합의로 정해진다. 만일, 선정절차의 합의가 없는 경우, 단독중재인은 선정의 요구가 있은 후 30일 이내에 당사자들이 선정에 관하여 합의하지 못하면 어느 한쪽 당사자의 신청을 받아 법원이 선정하며, 3명의 중재인을 선정하는 때에는 각 당사자가 1명씩 선정하고 나머지 1명은 합의하여 선정해야 하나 그 선정을 요구받은 후 30일 이내에 선정하지 아니하거나 선정된 2명의 중재인들이 선정된 후 30일 이내에 나머지 1명의 중재인을 선정하지 못한 경우에는 어느 한쪽 당사자의 신청을 받아 법원이 그 중재인을 선정한다(중재법 제12조 제2항, 제3항).

중재인 선정절차에 대한 합의가 있더라도 어느 한쪽 당사자가 합의된 절차에 따라 중재인을 선정하지 아니하였을 때나 양쪽 당사자 또는 중재인들이 합의된 절차에 따라 중재인을 선정하지 못하였을 때, 중재인의 선정을 위임받은 기관 또는 그 밖의 제3자가 중재인을 선정할 수 없을 때에는 당사자의 신청을 받아 법원이 선정한다(동조 제4항).

또한 중재인에게 중재인으로서의 권리와 의무가 발생하는 것은 중재인과 중재기관과의 사이에 중재인계약이 있기 때문이다.

중재인으로 선정된 사람의 기피신청이 받아들여지지 아니한 경우, 신청당사자는 그 결과를 통지받은 날부터 30일 이내에 법원에 해당 중재인에 대한 기피신청을 할 수 있다. 이 경우 기피신청이 법원에 계속 중일 때에도 중재판정부는 중재절차를 진행하거나 중재판정을 내릴 수 있다(동법 제14조 제3항).

4) 보전처분

중재합의의 당사자는 중재절차의 개시 전 또는 진행 중에 법원에 보전처분을 신청할 수 있다(중재법 제10조). 보전처분에는 가압류와 가처분이 있으나 중재신청인은 중재절차과정에서 그 권리의 보전을 위하여 보전처분을 신청할 필요가 있는 경우가 있다.

법원은 필요에 따라서 보전조치를 취할 수 있으나 이에는 강제력이 동원되지 않는다. 신청인은 법원으로부터 피신청인에 대하여 법적 강제력이 있는 보전처분을 해야 하는 사태가 발생한다.

5) 증거조사

중재인은 중재판정 시 사전에 당사자를 심문하고 필요한 때에는 분쟁의 원인이 되는 사건관계를 조사할 수 있다. 즉, 중재판정부는 직권으로 또는 당사자의 신청을 받아 법원에 증거조사를 촉탁할 수 있다(중재법 제28조 제1항). 중재판정부는 증거조사에 필요한 비용을 수탁법원에 내야 한다(동조 제4항).

6) 국내 중재법원의 집행

중재신청인은 피신청인이 중재판정에 임의로 따르지 않을 때에는 법원에 강제집행신청을 해야 한다. 이에 관하여 중재법은 우리나라에서 내려진 중재판정은 제36조 제2항의 사유가 없으면 승인되거나 집행되어야 한다고 규정한다(동법 제38조).

7) 외국 중재판정의 승인 및 집행

외국 중재판정은 중재조약에 따라 우리나라에서 그 효력이 인정된다. 우리나라의 피신청인이 중재판정에 임의로 따르지 않을 때에는 외국의 신청인은 법원에 강제집행을 신청할 수 있다. 즉, 외국 중재판정의 승인 및 집행에 관한 협약을 적용받는 외국 중재판정의 승인 또는 집행은 같은 협약에 따라야 하며, 동 협약을 적용받지 아니하는 외국 중재판정의 승인 또는 집행에 관하여는 민사소송법 제217조, 민사집행법 제26조 제1항 및 제27조를 준용한다(중재법 제39조).

8) 중재판정 최소의 소

우리나라의 중재판정에 하자가 있는 경우에는 법원에 제소하여 이를 취소할 수 있다. 즉, 중재판정에 대한 불복은 법원에 중재판정 취소의 소를 제기하는 방법으로만 할 수 있다(중재법 제36조 제1항).

외국 중재판정의 취소 또는 무효는 중재절차준거법에 따라 결정된다. 즉, 우리나라 법원에는 외국 중재판정의 취소 및 무효의 소를 수리할 권한이 없고 이것은 외국 법원을 통해서만 할 수 있다.

06 국제상사중재와 대응

국제거래에서 발생하는 클레임에 대하여 중재를 의뢰할 경우, 당사자 간의 해당 약관에 따라서 특정 국가의 중재기관에서 재정을 받겠다는 중재신청을 서면으로 하고, 이를 접수한 중재기관은 중재인의 선정 등 업무를 개시한다. 중재인은 재판권은 없지만 공정한 판단으로 재정서를 작성하는데, 당사자는 원칙적으로 재정판정에 따라야 한다. 재정판정은 확정판결과 동일한 효력이 있기 때문에 당사자가 판정의 이행을 해태한 때에는 법적 수단을 취할 수 있다.

우리나라에서는 대한상사중재원이 국제거래 클레임의 중재뿐만 아니라 국내의 상사중재도 다룬다. 대한상사중재원의 상사중재규칙은 대법원의 승인을 받은 것으로 본다(중재법 제6083호 부칙 3항).

상사중재규칙에 따르면,

- 중재판정부는 1명 또는 여러 명의 중재인으로 구성된다(동법 제5조).
- 중재판정은 비공개로 하고(동법 제8조),
- 중재판정부는 심리가 종결된 날로부터 30일 내에 신속하게 판정하여야 한다(동법 제48조).
- 중재판정부는 중재계약의 범위 안에서 계약의 이행뿐만 아니라 공정하고 정

당한 배상이나 그 외의 구제를 명할 수 있다. 또한 상당하다고 인정되는 범위 안에서 이자 및 지연손해금에 대한 지급을 명할 수 있다(동법 제52조).

- 별도의 합의가 있는 중재사건이나 신청금액이 1억 원 이하인 국내중재의 경우에는 신속절차를 적용하고(동법 제56조),
- 심리가 종결된 날로부터 10일 내에 판정하여야 한다(동법 제59조).

국제상사중재에서는 국제상사중재를 개시하기 위한 준비를 철저히 해야 함은 물론,[60] 상사분쟁이 발생하지 않도록 거래의 상대방과 신뢰관계를 구축하고 계약불이행이 없도록 신중하게 배려하는 예방적 자세가 필요하며, 중재가 개시된 이후부터의 중재절차에 대하여도 철저한 준비를 해야 한다.[61]

---

60) 중재는 민사소송과 달리 당사자 간에 중재합의가 존재해야만 개시된다. 즉, 중재기관이 관할권을 가지기 위해서는 그 전제로서 당사자 간에 일정한 상사분쟁을 당해 중재기관의 중재에 의하여 최종적으로 해결한다는 취지의 합의가 필요하다. 이 합의에는 중재기관의 종류, 중재지, 중재규칙 등에 관하여 정한다. 따라서 중재합의에는 중재판정의 공평성, 중재에 소요되는 비용, 중재판정이 나올 때까지의 기간, 교통, 기타의 면에서 그 편리성 등의 관점에서 각 선택지를 검토할 필요가 있다.

61) 중재인은 민사소송의 법관에 해당하는 자로서 원칙적으로 중재당사자에 의하여 선정된다. 따라서 당사자는 먼저 당해 상사분쟁에 적합한 중재인을 선정해야 한다.

제 4 절 국제사법

01 국제사법의 개념

1) 의의

국제사법(Private International Law)이란 외국적 요소가 있는 법률관계에 관하여 국제재판관할권에 대한 원칙과 준거법을 정하는 법을 말한다(제1조). 즉, 국제사법은 사인 간의 법률관계, 즉, 권리의무관계를 직접적으로 규율하는 법이 아니라, 법률관계를 직접적으로 규율할 일정한 법률을 지정함으로써 사인 간의 법률관계를 간접적으로 규율하는 법이다. 이는 국제사법을 그 법률이 수행하는 기능적 관점에서 협의로 파악한 정의로서, 국제사법의 목적을 섭외적 사법관계에서 법의 저촉을 해결함으로써 사법적 거래관계의 안전보장을 도모하는 데 두는 정의라고 할 수 있다.

각국의 법질서가 서로 다르고 국제계약 등 개인 간의 거래행위가 국경을 넘어서 행하여지기 때문에 법률의 저촉이 있게 되는 것은 당연하다. 이와 같은 문제점을 해소하기 위하여 통일법의 제정을 시도하고 있지만 그 구체적 실현이 어려운 현 시점에서 각국이 독자적인 입장에서 섭외적 사법관계의 특수성을 고려하여 일정한 기준인 연결점에 따라서 자국 내의 법원에 의한 외국법의 적용을 지시하는 것이 국제사법이라고 할 수 있다.

그러나 섭외적 법률관계의 법적 규정은 위와 같은 협의의 국제사법에 의한 준거법의 지정만으로는 충분하지 않기 때문에, 오늘날의 국제사법은 이를 넓게 파악하여, 법의 장소적 충돌이 있는 경우에 있어서 그 적용법규를 결정하는 법칙이라고 할 수 있다. 즉, 지금까지는 국제사법의 개념을 법의 충돌규범 또는 준거법 선택의 법칙이라고 파악하였으나 최근에는 섭외적인 분쟁해결규범이라는 넓은 개념으로 변화하여 국제재판관할이나 외국 판결 및 중재판정의 승인집행까지 포함하고 있다. 가령, 일정한 섭외적 사건이 발생한 경우, 준거법이 지정됨과 동시에 준거법인 실질법이 그 섭외사건에 실질적으로 적용되어야만 비로소 종국적인 해결을 볼 수 있게 되는데, 이를 위해서는 국제적인 재판관할권을 비롯하여 당사자 능력과 소송능력 등 민사소송상의 당사자, 외국에서의 문서의 송부 및 증거조사 등 국제사법공조, 소송비용 담보의 면제, 외국 판결의 승인 및 집행 등의 절차법적인 규정이 필요하다.

이러한 문제를 다루는 법체계는 국제민사소송법 분야에 해당하지만 협의의 국제사법에 국제민사소송법을 가미한 법체계를 광의의 국제사법이라고 한다.

2) 국제사법의 영역

앞에서 본 바와 같이 국제사법은 협의로는 섭외적 사법관계에 적용되는 국내외의 법률을 정하는 법률이며, 광의로는 협의의 국제사법에 국제민사소송법을 더한 법체계라고 할 수 있는데, 현실적인 섭외적 사법관계에서는 다음과 같은 다른 학문영역에 속한 문제들이 관여한다.

(1) 법의 저촉

법의 저촉에는 사법의 저촉과 공법의 저촉이 있는데, 사법의 저촉은 민법이나 상법 등의 저촉을 말하며, 공법의 저촉은 공정거래법을 비롯하여 세법이나 노동법 및 형법 등의 저촉을 말한다.

국제사법의 중심적인 과제는 국제적인 사법의 저촉을 해결하는 데 있다. 공정거래법의 저촉(가령, 역외적용)이나 세법의 저촉(가령, 국제 2중과세) 등의 문제도 적극적으로 국제사법의 대상 내지는 밀접한 관련영역으로 해야 한다는 견해도 있으나, 공법은 사법과는 달리 한 국가의 공익과 밀접한 관계를 가지고 있는 법으로서 외국의 공법을 국내법원에서 직접 적용하는 일은 없기 때문에 국제사법의 범위로 본다면 제외해야 한다고 본다.

(2) 준국제사법

일정한 국가에서 이법지역 간의 사법의 저촉을 해결하는 법칙을 준국제사법이라고 한다. 예를 들면, 미국 내에서 뉴욕 주와 뉴저지 주의 사법의 저촉을 해결하는 법칙이 이에 해당한다. 이에 대하여 국제사법은 한 국가의 사법과 타국의 사법과의 저촉을 해결하는 법칙이므로 준국제사법과는 다르다. 연혁적으로도 국제사법은 준국제사법에서 발전된 것으로서, 실제로 준국제사법에서는 국적을 연결점으로서 이용할 수 없다는 점에서 국제사법과의 차이점은 있지만, 실질적으로는 그 성질상 큰 차이가 없으며 양자는 대체적으로 동일 또는 유사한 원칙에 따르고 있다.

그러나 국제사법은 한 국가의 사법과 타국의 사법과의 저촉을 해결하는 법칙이며, 준국제사법은 한 국가에서 이법지역 간의 사법의 저촉을 해결하는 법칙이므로 이 양자를 동일시할 수는 없다.

(3) 국제민사소송법

국제민사소송법은 국제적 재판관할을 비롯하여 당사자 능력이나 소송능력 등의 민사소송에서의 당사자 문제, 국외에서의 문서의 송달과 증거조사 등 국제사법공조문제, 소송비용의 담보면제, 외국 판결의 승인 및 집행 등의 문제를 해결하는 법을 말한다.

이러한 문제는 이론적으로는 국제사법과 그 성질을 달리 하지만 섭외적 사법관계의 법규정에서 아주 밀접한 관계에 있고, 국제민사소송법을 국제사법에 포함시켜야 한다는 견해도 있다.

(4) 국적법

국적법[62]은 개인이 특정 국가의 국적을 취득 또는 상실하는 요건을 정한 법률이다. 국제법상 국적에 관한 입법은 조약에 의해 제한된 경우를 제외하고 개별 국가가 자유롭게 정할 수 있기 때문에 국가마다 그 내용도 다양하므로, 개인의 국적 취득 여부는 그가 속한 국가의 국적법에 따라 결정될 뿐 여타 국의 법령의 영향을 받지 않는다.

한편, 국제사법상 본국법을 적용해야 하는 경우 이중국적자에 관하여 국적의 저촉문제를 해결하는 점은 국제사법과 불가분의 관계에 있다. 그러므로 국적법을 국제사법의 범위에 포함시켜야 하는지의 여부에 관하여 견해가 나뉘어 있으나, 국적법이 국제사법과 아주 밀접한 관계에 있다는 점만큼은 확실하다.

(5) 외인법(Fremdenrecht)

한 국가의 국내법상 외국인에 관한 특별규정을 외인법이라고 한다.[63] 이는 외국인의 국내법상의 지위를 규정한 법률로서, 넓게는 공법 및 사법의 모든 영역에 미치며, 특히 외국인의 사법상의 지위는 국제사법의 영역에 속하기도 한다. 저촉법으로서의 국제사법과 외인법은 그 법적 성질이 다르지만 이 양 법규는 섭외적 고려에 근거하고 있다.

생각건대, 국제사법은 섭외적 사법관계를 대상으로 하기 때문에, 외국인의 지위문제도 사법상의 지위에 관한 문제에 한정하여 편의적으로 국제사법의 범위에 포함시키는 것이 타당하다고 본다.

---

62) 우리나라의 국적법은 헌법 제2조 제1항에 기하여 우리 국민이 되는 요건을 규정하는 법률(1997.12.31. 법률 제5431호)로서 전문 20조와 부칙으로 되어 있으며, 출생에 의한 국적 취득, 외국인의 인지(認知)나 귀화로 인한 국적 취득, 귀화 요건과 허가, 배우자와 자녀의 국적 취득, 국적 상실, 국적의 회복·재취득 등의 절차, 국적상실자의 처리 및 권리 변동에 관하여 규정한다.

63) 상법 중 외국 회사에 관한 규정(제614~621조), 외국인의 토지취득 및 관리에 관한 법률, 저작권법 제3조, 특허법 제25조 등은 외인법에 해당한다.

(6) 국제거래법

국제거래법을 일의적으로 정의하는 것은 쉽지 않지만, 이는 국제거래를 규율하는 법규범의 총칭으로서, 협의로는 국경을 넘어서 이루어지는 물품이나 서비스 및 금융의 상거래를 규율하는 사법적 성격을 가지는 실체법 규범을 말하며, 광의로는 국경을 초월하여 이루어지는 물품이나 서비스 및 금융의 상거래를 규율하는 법규범을 중심으로 하여 국제거래로 인한 사인 간의 권리와 의무를 직접 규율하는 사법적 성격을 가지며, 여기에는 격지자 간의 상거래를 규율하는 통일법이나 통일규칙 및 관습, 각국에서 섭외적인 법률관계를 규율하는 법률이 포함될 뿐만 아니라, 국제거래를 수행하기 위한 국제기업조직과 국제거래로부터 발생하는 이익에 대한 국제과세나 국제거래상의 분쟁에 관한 법규범을 포함한다.

3) 분쟁해결을 위한 당사자 간의 합의

당사자 간에 분쟁이 발생한 경우 거래의 원활한 이행을 위해서는 신속한 해결이 중요하다. 당사자 간의 충돌문제를 해결하는 데는 일반적으로 당사자 자치의 원칙이 적용되며, 이는 계약에서 합의된 방식과 절차에 따라 해결함을 의미한다. 이를 위해서는 우선 당사자 간에 청구권의 포기, 화해, 알선 등의 분쟁해결방법에 합의를 해야 한다. 만약, 이러한 합의가 원만하게 이루어지지 않을 경우에는 조정, 중재, 소송, 재판관할 등의 법적 수단에 합의하거나 계약의 해석 및 계약상 확실히 정하지 않은 사항에 관하여는 준거법, 국제법원의 부재로 인한 특정 국가에서의 재판 등 장소선정에 관한 합의를 한다.

4) 당사자 간 합의 후의 문제

계약당사자 간에 합의가 있게 되면 관할법원의 소송진행 시의 문제해결을 위한 서류송달, 증거자료수집 등을 진행한다. 관할법원에서 판결이 확정되면 동 판결에 대한 국외에서의 집행문제가 대두된다.

5) 당사자 간의 분쟁해결방안에 대한 합의 부존재 또는 사전합의가 불가능한 경우

계약상의 분쟁이 아닌 국제 불법행위나 부동산 등에 관한 분쟁은 당사자 간에 분쟁해결을 위한 방안을 미리 정하거나 사전에 이에 관하여 합의를 할 수 없다. 또한 준거법 결정문제 등의 국제사법 영역과 재판관할이나 판결의 승인 및 집행문제 등의 국제민사소송법 영역은 밀접·불가분의 관계로서, 점차 확대되고 늘어나는 국제거래분쟁을 해결하기 위해서는 함께 연구해야 할 사항이다.[64)]

6) 법선택법

국제사법은 국제적 사법관계(섭외적 사법관계)를 규율하는 준거법을 선택하는 법이며, 준거법은 섭외적 법률관계관련법 중에서 국제사법이 선택한 실체법이다. 예를 들면, A국의 매도인과 B국의 매수인이 A국에서 매매계약을 체결할 경우, 이 계약관계에 적용될 실정법은 A국의 민법, 상법 및 B국의 민법, 상법이 있다. 이 중에서 어느 법을 준거법으로 지정할 것인가를 정하는 법이 국제사법이다.

---

64) 휴가차 미국을 방문한 甲은 라스베이거스에서 묵을 기회가 있었는데, 시간을 보내기 위하여 호텔 카지노에 들렀다가 많은 돈을 잃었다. 甲은 손해를 만회하기 위하여 호텔에서 수차에 걸쳐 돈을 빌려서 도박을 하였으나 결국 실패하였다. 그런데 돈을 조금 더 빌려서 손해를 만회해 보고자 하던 甲은 어느 날 법원으로부터 호텔이 자신을 상대로 소송을 제기하였으므로 법정에 출석하라는 통지를 받고 몰래 호텔을 빠져나와 귀국하였다. 그런데 수개월 후 이 호텔의 대리인인 乙로부터 미국 법원에서 甲에 대한 승소판결을 받고 위 판결이 확정되었으므로 채무를 이행하지 않으면 강제집행을 하겠다는 통보를 받았다. 甲은 미국 법원의 판결로 강제집행을 당해야만 하는가?

[검토] 만약, 한국에서 도박하기 위하여 돈을 빌렸다면 불법원인급여(민법 제746조)에 의하여 변제하지 않아도 된다. 합법적인 카지노에서 도박하기 위해 돈을 빌린 경우에는 다르다. 따라서 소비대차에 관하여 본다면 甲은 호텔에 대하여 당연히 변제할 의무가 발생한다. 다만, 甲은 실제로 미국 법정에서 직접 재판을 받은 것이 아니므로 이 재판이 정당하지 않은 것으로 생각될 수 있으나, 이러한 상황은 甲이 법정의 소환을 받고도 몰래 귀국해 버림으로써 스스로 자기를 방어할 수 있는 기회를 포기한 것이다. 그러므로 미국 법원의 판결은 한국에서 승인될 수 있고 당연히 집행판결을 받을 수 있다. 따라서 호텔 대리인 乙이 집행문을 얻어 강제 집행한다면 甲은 대항할 방법이 없다. 甲은 미리 대금을 변제하는 것이 손해를 줄이는 방법이 된다.

우리 국제사법은 계약당사자가 명시적 또는 묵시적으로 선택한 법을 준거법으로 한다고 규정함으로써 당사자 자치를 천명한다(제25조 제1항). 즉, 국제사법은 국제거래관계에 직접 적용되는 실정법이 아니고 이를 지정하고 선택하는 법이다.

7) 분쟁해결법

영미에서는 국제사법을 외국적 요소를 지니고 있는 사건을 다루는 국가의 국내사법의 일부로 본다. Restatement(판례를 정리하여 법전형식으로 재구성한 미국의 국제사법) 제2조는 국제사법을 "사건이 외국과 중요한 관계를 가지는 경우에 그에 대하여 어떠한 효과가 부여되는가를 결정하는 각국의 국내법의 일부"로 규정하고, 여기에는 재판관할을 비롯하여 외국 판결의 집행 및 법선택을 포함하고 있다.

8) 국제사법의 법원

국제사법의 법원에는 국내법원과 국제법원이 있다. 국내법원에는 제정법인 국내 성문법과 관습법 및 조리가 있으며, 국제법원에는 조약이 있다.

국제사법은 그 대상이 복수의 국가에 걸치는 섭외적 사법관계를 규율하는 데 있기 때문에, 각국이 공통된 통일적인 내용의 국제사법을 가지지 않는 한 사법면에서의 거래관계 및 가족생활관계의 안전을 보장하는 국제사법의 기능을 완수할 수 없다.

따라서 국제사법 분야에서는 각 국가에서 이를 통일하고자 하는 움직임이 있었고, 19세기 말 이래 몇몇 조약이 체결되어 조약을 중심으로 법원이 형성되어 가고 있다.

02 국제재판관할

1) 개관

국제재판관할은 국제적 성질을 가지는 분쟁, 가령, 국제거래계약에서 당사자 간에 분쟁이 발생한 경우 이를 해결하기 위하여 어느 국가의 중재기관이나 법원에서 재판할 것인가에 관한 문제이다.

각국 법원은 자국민 보호의 입장에서 자국민에게 유리한 판단을 내리는 경향이 있다. 그러므로 당사자들은 상대국에서의 소송에 불안감을 느끼게 되고, 또한 재판에 소요되는 제 비용, 상대국에서의 의사소통, 해당 국가의 소송절차와 판결의 승인 및 집행, 소송경합, 판결의 저촉에 관한 문제를 고민하게 된다.

2) 국제재판관할권

국제재판관할권의 결정에 관하여는 종래 그것이 국가주권, 즉, 한 국가의 사법권의 한계의 문제로서, 국제사법의 원칙에 따라서 다루어져야 한다는 생각이 지배적이었다(국제주의 입장).

이후 여기에 국제재판관할권은 각국이 독립적으로 결정할 수 있다는 주장이 더해지면서 내국민의 보호 등을 고려한 입법이 등장하기도 하였다(국가주의 입장).[65]

이에 대하여 최근 국제적 재판관할권의 결정에 관한 문제는 관할권의 국제적인 장소적 배분의 문제라는 입장에서 소송당사자 간의 공평이나 소송경제의 관점에서 결정해야 한다는 주장이 유력하게 제기되고 있다(보편주의 입장).

현행 국제사법은 국제재판관할과 관련하여 법원은 당사자 또는 분쟁이 된 사안이 대한민국과 실질적 관련이 있는 경우에 국제재판관할권을 가지며,[66] 이

---

65) 프랑스 민법 제14~15조, 미국의 확대관할법(long-arm statute) 등.
66) 甲은 A국 국민, 乙은 B국 국민으로서 이 두 사람은 C국에서 함께 살고 있는 부부이다.

경우 법원은 실질적 관련의 유무를 판단함에 있어 국제재판관할 배분의 이념에 부합하는 합리적인 원칙에 따라야 한다고 규정함으로써 보편주의 입장에 있다고 할 수 있다(제2조 제1항).[67]

여기서 '실질적 관련'이라 함은 우리나라 법원이 재판관할권을 행사하는 것을 정당화할 수 있을 정도로 당사자 또는 분쟁의 대상이 우리나라와 관련성을 갖는 것을 말하고, 그 인정 여부는 법원이 구체적인 개별 사건마다 종합적인 사정을 고려하여 판단해야 한다.

또 법원이 구체적인 관할 유무를 판단함에 있어서는 민사소송법의 토지관할 규정 등 국내법의 관할규정을 참작하여 재판관할권의 유무를 판단하되 국내법상의 재판적에 관한 규정은 국내적 관점에서 제정된 것이므로 국제재판관할의 특수성을 충분히 고려해야 하는 바(제2조 제2항), 법원으로서는 소송당사자들의 공평, 편의 그리고 예측가능성과 같은 개인적인 이익뿐 아니라 재판의 적정, 신속, 효율 및 판결의 실효성 등과 같은 법원 내지 국가의 이익도 함께 고려해야 한다.[68]

그런데 이 두 사람이 D국을 여행하던 중 乙의 옛 애인 丙을 만나, 乙이 수개월 전부터 丙과 불륜관계를 계속하고 있음을 알게 되었다. 甲은 이를 원인으로 乙을 상대로 이혼소송을 제기하고자 한다. 甲은 D국의 법원에 이 소송을 제기할 수 있나? [검토] 甲과 乙부부의 국적이 다르므로 소를 제기한다면 공통의 거소지인 C국의 재판관할권이 우선된다고 본다. 그러나 이혼관계소송은 호적과 관련이 있기 때문에 乙의 국적인 B국에 소를 제기하는 것도 가능하다. 현재지인 D국의 관할권이 문제로 될 수 있으나 쌍방이 합의 하에 재판을 받고자 한다면 불가능한 것은 아니다. 물론 이 경우에는 외국 판결의 승인문제가 대두된다.

67) A국 국민 甲은, 자국에 주소를 가지고 있는 B국 국민 乙로부터 C국에서 매매계약을 체결하여 D국에 소재한 토지를 매수하였다. 甲은 이 토지 위에 건물을 지어 사업을 할 계획이었으나 갑자기 乙이 이 토지를 丙에게 이중매매하는 바람에 곤란을 겪게 되었다. 이에 甲은 乙을 상대로 계약한 대로 토지를 명도해주든가 아니면 계약파기로 인한 손해배상을 청구하는 소를 제기하려고 한다. 이 사건의 경우 甲은 어느 나라의 법원에 소를 제기해야 하나?

[검토] 토지매매계약으로 인한 명도청구 또는 손해배상청구사건이다. 우선 피고 乙의 주소지인 B국의 국제재판관할권을 인정할 수 있다. 문제는 토지에 관한 소송이므로 부동산 소재지인 D국의 국제재판관할권이 문제가 되는데, 1) 명도청구와 같은 경우에는 후일 강제집행의 필요가 있기 때문에 D국의 재판관할권을 인정할 수 있다. 만일, 타국에서 재판한다면 추후 D국에서 외국 판결의 승인·집행절차를 밟아야 하는 경우가 발생한다. 2) 손해배상청구의 경우에는 나중에 강제집행을 하더라도 B국에서 해야 하므로 B국 이외의 재판관할을 인정할 필요가 없다고 본다.

68) 국제재판관할권과 실질적 관련의 의미(서울중앙지방법원 2007.08.23. 선고 2006가합89560 판결).

3) 본국법

당사자의 본국법에 의하여야 하는 경우에 당사자가 둘 이상의 국적을 가지는 때에는 그와 가장 밀접한 관련이 있는 국가의 법을 그 본국법으로 정하며(제3조 제1항),[69] 당사자가 국적을 가지지 아니하거나 당사자의 국적을 알 수 없는 때에는 그의 상거소가 있는 국가의 법(이하 '상거소지법'이라 한다.)에 의하고, 당사자의 상거소지법에 의하여야 하는 경우에 그 상거소를 알 수 없는 때에는 그의 거소가 있는 국가의 법에 의한다(제4조).

당사자가 지역에 따라 법을 달리하는 국가의 국적을 가지는 때에는 그 국가의 법선택 규정에 따라 지정되는 법에 의하고, 그러한 규정이 없는 때에는 당사자와 가장 밀접한 관련이 있는 지역의 법에 의한다(제3조 제3항).[70]

4) 준거법의 지정 및 적용 배제

국제사법에 의하여 준거법으로 지정되는 외국법의 규정은 공법적 성격이 있다는 이유만으로 그 적용이 배제되지 아니하며(제6조), 동법에 의하여 지정된 준거법이 해당 법률관계와 근소한 관련이 있을 뿐이고, 그 법률관계와 가장 밀접한 관련이 있는 다른 국가의 법이 명백히 존재하는 경우에는 그 다른 국가의 법에 의하나(제8조 제1항), 당사자가 합의에 의하여 준거법을 선택하는 경우에는 그 합의에 의할 수 있다.

국제사법 제2조는 국제재판관할권 인정 기준에 관해 실질적 관련의 원칙을 받아들여 소송원인인 분쟁이 된 사안 또는 원·피고 등의 당사자가 법정지인 우리나라와 '실질적 관련'을 가지는 경우에 우리나라 법원에 국제재판관할권을 인정하고, 이러한 실질적 관련의 유무는 국제재판관할 배분의 이념과 합리적인 원칙에 따라 결정되어야 함을 선언하고 있다.

69) 다만, 이때 그 국적 중 하나가 대한민국인 때에는 대한민국 법을 본국법으로 한다.

70) 일부다처제를 인정하는 나이지리아 사람인 甲은 이미 본국에서 혼인한 뒤 한국에 유학을 왔는데, 한국 대학생 乙녀과 사랑에 빠져 다시 혼인하고자 한다. 그런데 乙녀의 부모는 강력 반대. 甲은 혼인의 성립요건은 각 당사자의 본국법에 의한다고 하는 국제사법 제36조를 들어 혼인하려고 한다. 가능한가?

[검토] 일부다처제를 인정하는 나이지리아법의 적용은 중혼을 인정하고 있지 않는 내국의 공서양속 및 사회질서를 파고하는 결과가 되므로 나이지리아 법률의 적용은 배제되고 그 결과 내국법보충설에 따라 한국법이 적용된다. 따라서 甲과 乙 간의 혼인은 유효하게 성립할 수 없다.

국제사법에 의하여 외국법이 준거법으로 지정된 경우, 그 국가의 법에 의하여 대한민국 법이 적용되어야 하는 때에는 대한민국의 법(준거법의 지정에 관한 법규를 제외한다)에 의하는데(제9조 제1항), 당사자가 합의에 의하여 준거법을 선택하거나, 국제사법에 의하여 계약의 준거법이 지정되거나, 동법 제46조의 규정에 의하여 부양의 준거법이 지정되거나, 동법 제50조 제3항의 규정에 의하여 유언의 방식의 준거법이 지정되거나, 동법 제60조의 규정에 의하여 선적국법이 지정되거나, 그 밖에 동법 제9조 제1항의 규정을 적용하는 것이 이 법의 지정 취지에 반하는 경우에는 이를 적용하지 아니한다(준거법 지정 시의 반정).

한편, 국제사법의 입법목적에 비추어 준거법에 관계없이 해당 법률관계에 적용되어야 하는 대한민국의 강행규정은 이 법에 의하여 외국법이 준거법으로 지정되는 경우에도 이를 적용한다(제7조).[71]

5) 외국법의 적용 및 배제

법원은 국제사법에 의하여 지정된 외국법의 내용을 직권으로 조사·적용하여야 하고, 이를 위하여 당사자에게 그에 대한 협력을 요구할 수 있으며(동법 제5조), 외국법에 의하여야 하는 경우에 그 규정의 적용이 대한민국의 선량한 풍속 및 그 밖의 사회질서에 명백히 위반되는 때에는 이를 적용하지 아니한다(제10조).

---

71) 한국인 여자 甲이 스페인 남자 乙과 결혼하여 한국에서 아들 丙을 출산한 몇 시간 뒤 먼저 甲이 죽고 뒤이어 곧 한국 국적을 취득한 아들 丙도 죽었다면 상속관계는? (스페인 법에 의하면 출생 후 24시간 경과 전에 사망한 아들은 처음부터 권리능력이 없다고 한다.)

[검토] 스페인 법에 의하면 출생 후 24시간 경과 전에 사망한 아들은 처음부터 권리능력이 없으므로 그 아들은 처음부터 출생한 일이 없거나 또는 母보다 먼저 사망한 것처럼 취급되어 상속에서 제외된다. 한국 법의 경우 이들은 민법 제3조에 의하여 권리능력 인정되고 상속권이 있다. 사례의 경우 한국에서 출생하여 한국 국적을 취득한 아들 丙은 한국인이며 한국 민법을 적용받아 권리능력자가 되며, 아버지 乙과 함께 어머니 甲의 재산을 상속하며, 그 후에 아버지 乙은 아들 丙의 재산을 상속하게 된다.

03
사 람

사람의 권리능력은 그의 본국법에 의하며(제11조), 법원은 외국인의 생사가 분명하지 아니한 경우에 대한민국에 그의 재산이 있거나 대한민국 법에 의하여야 하는 법률관계가 있는 때, 그 밖에 정당한 사유가 있는 때에는 대한민국 법에 의하여 실종선고를 할 수 있다(제12조).

사람의 행위능력은 그의 본국법에 의하며, 행위능력이 혼인에 의하여 확대되는 경우에도 동일하다(제13조). 또한 이미 취득한 행위능력은 국적의 변경에 의하여 상실되거나 제한되지 아니한다.

법원은 대한민국에 상거소 또는 거소가 있는 외국인에 대하여 대한민국 법에 의하여 한정치산(한정후견개시) 또는 금치산(성년후견개시) 선고(심판)를 할 수 있다(제14조).[72]

법률행위를 행한 자와 상대방이 법률행위의 성립 당시 동일한 국가 안에 있는 경우에 그 행위자가 그의 본국법에 의하면 무능력자이더라도 법률행위가 행하여진 국가의 법에 의하여 능력자인 때에는 그의 무능력을 주장할 수 없으나,[73] 상대방이 법률행위 당시 그의 무능력을 알았거나 알 수 있었을 경우에는 그러하지 아니하다(제15조 제1항).

한편, 법인 또는 단체는 그 설립의 준거법에 의하되, 외국에서 설립된 법인 또는 단체가 대한민국에 주된 사무소가 있거나 대한민국에서 주된 사업을 하는 경우에는 대한민국 법에 의한다(제16조).

---

72) 개정 민법상으로는 한정후견개시 및 성년후견개시 심판을 할 수 있게 된다(【민법 제9조, 제12조】).

73) 이 규정은 친족법 또는 상속법의 규정에 의한 법률행위 및 행위지 외의 국가에 있는 부동산에 관한 법률행위에는 이를 적용하지 아니한다.

04
연결점과 준거법의 적용

1) 연결점의 규정

저촉규정은 각각의 대상이 되는 섭외적 사법관계에서 일정한 요소에 착안하여 이를 기준으로, 즉, 이를 매개로 하여, 해당 섭외적 사법관계와 밀법한 관계에 있다고 판단되는 법역의 법을, 그 사법관계를 지배해야 하는 준거법으로 지정하고 있다.

이와 같은 요소로서는 당사자의 국적, 주소, 상거소, 거소, 의사, 법률행위지, 의무이행지, 목적물소재지, 원인사실의 발생지, 법정지 등이 있다. 이들 요소는 문제가 되는 섭외적 사법관계와 일정한 법역의 법질서를 연결하는 역할을 수행하기 때문에, 연결점 또는 연결소라고 한다. 또한 국적이나 주소 등과 같은 법률개념을 나타내는 연결점은 연결개념이라고 부른다.[74)]

준거법을 지정할 때에는, 가령, "상속은 피상속인의 본국법에 의한다"는 규정과 같이 '상속'이라는 하나의 단위 법률관계에 관하여 '국적'이라는 하나의 연결점에 의하여 '피상속인의 본국법'이라는 하나의 준거법이 지정되는 것이 원칙이다. 그러나 국제사법의 사명인 '가장 밀접한 관계에 있는 법'을 선택하는데 있어서의 가치기준은 다원적일 수 있으며, 보다 복잡한 준거법의 선택방법을 채택해야만 하는 경우가 적지 않다.

---

74) 가령, 불법행위라는 법률관계에서 보면, 이를 구성하는 요소로서 가해자와 피해자의 국적과 주소, 가해행위지, 손해발생지 등이 고려되는데, 이들 요소 중에서 불법행위채권의 성립이나 효력의 문제와 가장 밀접한 관계가 있는 것으로서, 그 요소 중 가해행위지를 선택하고, 불법행위의 준거법은 가해행위지인 불법행위지에 의한다는 것처럼 저촉규정이 만들어진다. 그러나 이러한 요소를 기준으로 하여 준거법을 선택할 것인가의 여부는 각국의 저촉규정을 규정하는 입법정책이나 연결정책의 문제이다.

2) 준거법의 결정문제

국제거래계약에서 국제재판관할이 결정된 후 법정지법원은 당해 거래에 적용될 법률인 준거법을 결정하게 된다. 이 경우 계약당사자는 자연스럽게 자국법의 적용을 기대하게 될 것이다. 국제적인 물품, 용역, 기술, 자본, 금융거래에 관한 법규범은 당사자 사이의 계약규범인 동시에 분쟁해결규범이므로 대부분의 분쟁은 당해 계약조항이나 이를 보충하는 국제적 규범으로 해결할 수 있다.

그러나 이러한 계약조항이나 국제규범이 존재함에도 불구하고 구체적인 분쟁해결과정에서는 흠결이나 계약조항의 해석기준이 문제가 된다. 예를 들면, 신용장거래의 경우에는 통일규칙이 존재하지만 여기에 포함되어 있지 아니한 신용장의 개설 시기나 사기적인 청구와 권리남용 등의 문제는 그 해결기준이 될 법률을 별도로 결정해야 한다. 또한 당사자의 행위능력 문제는 계약서에 일일이 규정할 수 없는 사항이다. 그 외에도 국제 불법행위나 부동산에 관한 분쟁은 당사자가 미리 합의하는 것만으로는 정할 수 없는 사항이다. 그러므로 국제거래법이 완비되고 계약조항을 상세하게 규정한다고 하더라도 분쟁의 궁극적인 해결은 특정 국가의 국내법을 기준으로 하지 않을 수 없다. 즉, 분쟁해결에 어느 나라의 법이 적용될 것인가를 결정하는 문제 즉, 준거법 결정문제는 매우 중요하다고 할 수 있다.

3) 계약의 성립과 효력의 준거법

(1) 법률행위 방식의 준거법과 실질의 준거법

국제사법에서는 법률행위의 실질의 문제와 방식의 문제를 구별하여 채권적 법률행위인 계약의 실질은 동법 제25조에서, 그리고 법률행위의 방식은 동 제17조에서 각각 규정한다. 여기서 방식은 법률행위에서 당사자가 그 의사를 표시할 만한 외부적 형식을 말하며,[75] 법률행위의 실질이란 법률행위의 성립과 그 효력의 문제 중에서 방식의 문제를 제외한 문제를 말한다.[76]

---

75) 예를 들면, 계약서상의 날인증서, 공증인의 공정증서, 서명, 입회인 등의 형식을 말한다.

(2) 당사자 자치의 원칙

국제계약은 상이한 법제, 서로 다른 화폐와 외환·관세제도, 상이한 주권국가, 상이한 언어·문화·풍속 등 이질국가 간의 거래로 통일적인 법규에 의한 규율이 불합리하거나 비능률적이란 점에서 계약당사자의 자유의사 즉, 당사자 합의(약정)를 가장 존중하게 되어 있는데, 이를 '당사자 자치의 원칙' (Autonomy of Parties) 또는 '계약자유의 원칙' (Freedom of Contruct)이라고 한다.

당사자 자치에도 준거법을 지정하는 면에 있어서의 당사자 자치와 실질적인 규율내용을 당사자 자신들이 규정하는 당사자 자치가 있다. 앞의 것을 저촉법적 당사자 자치라 하고 뒤의 것을 실질법적 당사자 자치라고 하는데, 국제계약에서 종종 문제가 되는 것은 실질법적 당사자 자치의 내용으로 당사자 약정의 규범력에 관한 문제이다.

국제사법상 계약은 당사자가 명시적 또는 묵시적으로 선택한 법에 의하고 (제25조 제1항), 계약의 성립 및 유효성은 그 계약이 유효하게 성립하였을 경우 이 법에 의하여 적용되어야 하는 준거법에 따라 판단한다(제29조 제1항)고 규정함으로써 당사자 자치의 원칙을 천명하고 있다.[77] 즉, 국제계약의 실질적인 준거법은 당사자가 자유로이 선택할 수 있다. 실제의 국제거래계약에는 통상적으로 준거법 조항이 존재하지만 당사자가 자유로이 준거법 조항을 정할 수 있는 법적 근거는 바로 이 조항이다.

또한 이 조항에서 준거법은 당사자의 묵시적인 의사에 의하더라도 선택가능하다고 규정하고 있는데, 여기서 묵시적인 선택은 계약내용, 그 밖에 모든 사정으로부터 합리적으로 인정할 수 있는 경우에 한한다(동조 제2항). 준거법 선택과 관련하여 계약의 유형마다 특정한 연결점을 강조하여 준거법의 일반적 추정을 시도한다든지, 당사자의 국적·주소, 계약의 교섭지·체결지·이행지, 목적물의 소재지 등의 개별적인 사정을 고려하여 가장 상응하는 준거법을 결정하는 경우에는 묵시적인 의사가 있었다고 볼 수 있을 것이다.

---

76) 예를 들면, 청약과 승낙에 의한 계약의 성립문제나 약인문제 등.
77) 이 원칙은 계약의 일부에 관하여도 적용된다(【동조 제2항】).

당사자에 의한 준거법의 선택에 관하여는 부합계약에서 준거법 조항의 유효성 여부와 준거법 분할지정의 가능성 여부의 문제가 있을 수 있다. 먼저 부합계약의 준거법 조항은 원칙적으로 유효하며, 다만 준거법의 적용 결과 상대방에게 지극히 불리한 결과를 초래하여 부당할 때에 그 효력은 부정된다. 다음으로 계약의 성립과 효력의 준거법은 통상적으로는 통합적으로 지정되어 계약의 준거법으로서 성립과 효력에 관한 모든 문제에 적용된다. 이것을 준거법 단일의 원칙이라고 한다. 이에 대하여 가령, 계약의 성립의 문제는 A국 법으로 하고, 계약의 효력의 문제는 B국 법으로 하듯이 준거법의 분할지정의 가부에 관한 문제가 대두되는데, 학설상으로는 최근 분할지정을 인정한다는 견해가 유력하다.

(3) 당사자 간의 명시적인 법선택이 없는 경우의 준거법 문제

국제사법은 계약서상에 당해 계약에 적용될 법률에 관하여 명시적인 합의가 없는 경우 또는 명시적인 합의가 있더라도 그 합의가 유효하지 아니할 경우 즉, 당사자가 준거법을 선택하지 아니한 경우에는 그 계약과 가장 밀접한 관련이 있는 국가의 법에 의한다고 함으로써 준거법 결정 시의 객관적 연결을 명문화하고 있다(제26조 제1항).

이때 당사자가 계약에 의하여, 양도계약의 경우에는 양도인의 이행, 이용계약의 경우에는 물건 또는 권리를 이용하도록 하는 당사자의 이행, 위임·도급계약 및 이와 유사한 용역제공계약의 경우에는 용역의 이행이 있어야 하는 경우에는 계약체결 당시 그의 상거소가 있는 국가의 법(당사자가 법인 또는 단체인 경우에는 주된 사무소가 있는 국가의 법)이 가장 밀접한 관련이 있는 것으로 추정한다(제2항 본문).[78]

---

78) 단, 계약이 당사자의 직업 또는 영업활동으로 체결된 경우에는 당사자의 영업소가 있는 국가의 법이 가장 밀접한 관련이 있는 것으로 추정되며(【동 제26조 제2항】 후단), 부동산에 대한 권리를 대상으로 하는 계약의 경우에는 부동산이 소재하는 국가의 법이 가장 밀접한 관련이 있는 것으로 추정된다(【동 제26조 제3항】).

(4) 준거법의 변경

국제거래계약의 당사자는 합의에 의하여 국제사법 제25조 또는 동법 제26조의 규정에 의한 준거법을 변경할 수 있다. 그러나 국제거래계약의 체결 후에 이루어진 준거법의 변경은 계약의 방식의 유효성과 제3자의 권리에 영향을 미치지 아니한다(제25조 제3항).

(5) 계약의 성립 및 유효성

국제거래계약의 성립과 그 유효성 및 준거법의 선택에 관한 당사자의 합의의 성립과 그 유효성은 그 계약이 유효하게 성립하였을 경우에는 국제사법에 의하여 적용되어야 하는 준거법에 의하여 판단해야 하나(제29조 제1항), 만일 그러한 판단이 모든 사정에 비추어 명백히 부당한 경우에는 그 당사자는 계약에 동의하지 아니하였음을 주장하기 위하여 그의 상거소지법을 원용할 수 있다(제29조 제2항, 제25조 제5항).

4) 계약의 방식의 준거법

(1) 법률행위의 방식의 준거법

국제사법상 법률행위의 방식은 그 행위의 준거법에 의한다고 규정한다(제17조 제1항). 여기서의 법률행위는 채권적 법률행위, 그 중에서도 특히 계약을 의미하기 때문에 계약당사자가 계약의 성립과 효력문제에 관하여 특정 국가의 법률이 적용되어야 한다는 점을 명시한 때에는 그 계약의 성립과 효력은 이 법에 의하게 된다. 당사자에 의한 준거법의 지정은 유효해야 하기 때문에 당사자의 법선택이 국제사법의 입장에서 착오나 사기 기타 강박 등의 부정한 수단에 의한 때에는 당사자의 의사에 의한 유효한 준거법의 지정이라고 할 수 없다.

당사자에 의한 법선택이 유효하게 되면 이 당사자에 의하여 지정된 법률은 계약의 준거법으로서 그 성립과 효력에 관한 모든 문제에 원칙적으로 적용되게 된다(준거법 단일의 원칙). 그렇지만 계약당사자가 준거법을 분할지정한 경우에는 당사자의 정당한 기대보호나 국제거래의 원활과 안전이라는 당사자에 의한 법선택을 인정한 취지에 부합한다는 점에서 이를 인정하는 것이 타당하다고 본다.[79]

한편, 당해 계약의 모든 요소가 오로지 한 국가와 관련이 있음에도 불구하고 당사자가 그 외의 다른 국가의 법을 선택한 경우에는 그 관련된 국가의 강행규정은 당해 계약에 적용될 수 있다(동조 제4항).

따라서 계약을 포함한 법률행위 일반의 방식은 그 효력의 준거법 즉, 채권적 법률행위에 관하여는 당사자의 선택법에 의하고 물권적 법률행위에 관하여는 목적물의 소재지법에 의하게 된다. 계약 방식의 준거법은 법률행위에서 당사자가 그 의사를 표시할 만한 외부적 형식에 적용되고, 구체적으로는 계약에서의 서면의 요부, 공정증서작성의 요부, 날인증서작성의 요부, 서명의 요부, 입회인의 요부, 사기방지법의 적용문제 등에 적용된다.

(2) 행위지법

행위지법에 의하여 행한 법률행위의 방식은 '그 행위의 준거법'에 의한다고 규정한 국제사법 제17조 제1항의 규정에도 불구하고 유효하다(동조 제2항)고 규정함으로써 효력의 준거법상의 하자가 있는 법률행위의 방식이라도 행위지법상 인정되는 방식이라면 계약은 유효하게 성립한다.

이와 같이 법률행위의 방식에 효력의 준거법과 행위지법과의 선택적 적용을 인정하는 이유는, 가령, 방식에 관하여 엄격하게 효력의 준거법에 의할 것이 요구된다면 준거법 소속국 이외의 국가에서는 법률행위를 하기 어렵게 된다는 점과 행위지법의 적용은 당사자의 정당한 기대를 보호하고 국제거래의 안전과 원활한 확보에 도움이 된다는 점에 있다고 본다.

한편, 국제거래계약의 당사자가 계약체결 시에 서로 다른 국가에 있는 때에는 그 국가 중 어느 한 국가의 법이 정한 법률행위의 방식에 의할 수 있으며(동조 제3항), 대리인에 의한 법률행위의 경우에는 대리인이 있는 국가를 기준으로 동

79) 예를 들면, A국과 B국에 소재하는 당사자가 계약의 성립문제는 A국 법을 적용하고 계약의 불이행과 손해배상청구를 포함한 계약의 효력문제는 B국 법을 지정하는 경우에도 이를 인정하는 것이 타당하다고 본다.

법 동조 제2항에 규정된 행위지법을 정한다(동조 제4항). 국제사법 제17조 제2항 내지 제4항의 규정은 물권 그 밖에 등기하여야 하는 권리를 설정하거나 처분하는 법률행위의 방식에 관하여는 이를 적용하지 아니한다(동조 제5항).

(3) 대리관계와 준거법

본인과 대리인 간의 관계는 당사자 간의 법률관계의 준거법에 의한다(제18조 제1항).

대리인의 행위로 인하여 본인이 제3자에 대하여 의무를 부담하는지의 여부는 대리인의 영업소가 있는 국가의 법에 의하며, 대리인의 영업소가 없거나 영업소가 있더라도 제3자가 이를 알 수 없는 경우에는 대리인이 실제로 대리행위를 한 국가의 법에 의한다(동조 제2항).[80]

대리인이 본인과 근로계약 관계에 있고 그의 영업소가 없는 경우에는 본인의 주된 영업소를 그의 영업소로 본다(동조 제3항).[81]

5) 국제관습 및 관습법

국제무역거래에 종사하는 모든 사람들이 승인하고 준수하려고 하는 거래양식을 국제무역관습 또는 국제상관습이라고 한다. 국제상관습은 그것을 묵시적으로 승인한 국가나 당사자에 한하여 유효하다.

국제상관습의 효력은 다음과 같다.

① 당사자는 그들이 합의한 모든 관행(Usage)과 당사자 간에 확립되어 있는 모든 관례(Practices)에 구속된다.

② 별도의 합의가 없는 한 당사자가 알았거나 또는 당연히 알았어야 하는 관행으로서 국제무역에서 해당되는 특정 무역에 관련된 종류의 계약당사자에게 널리 알려져 있고 통상적으로 준수되고 있는 관행은 당사자가 이를

---

80) 무권대리인과 제3자와의 관계에 관하여도 동일하다.

81) 당해 계약의 본인은 대리의 준거법을 선택할 수 있으나, 준거법의 선택은 대리권을 증명하는 서면에 명시되거나 본인 또는 대리인에 의하여 제3자에게 서면으로 통지된 경우에 한하여 그 효력이 있다(【동조 제4항】).

그들의 계약 또는 계약의 성립에 묵시적으로 적용하는 것으로 본다.

국제상인 간의 거래에 나타난 규칙적·합리적인 관습적 행위가 점차 국제상관습을 발전시키며, 또 오랜 시일을 거쳐 이것이 국제상관습법으로 발전하게 된다. 국제상관습과 국제상관습법은 다음과 같은 차이가 있다.

첫째, 국제상관습법은 당사자가 이것을 따를 의사가 있다고 인정되지 않는 경우에도 당연히 적용된다. 이에 반하여 국제상관습은 원칙적으로 당사자가 이것을 따를 의사가 있는 경우에 한하여 법률행위의 해석기준으로 적용된다.

둘째, 국제상관습법과 국제상관습은 사회질서 또는 강행규정에 반하는 것은 성립할 수 없다. 그러나 전자는 임의규정이 있는 경우에는 성립할 수 없지만, 후자는 임의규정이 없는 경우는 물론 임의규정이 있다고 하더라도 이것에 우선하여 적용된다.

셋째, 국제상관습법은 법률과 동일 효력을 가지므로 계약당사자가 이것을 따른다는 뜻의 의사표시를 하였는가의 여부에 불구하고 적용되나, 국제상관습은 이러한 관습의 존재 또는 그 내용이 사실로서 증명되지 않으면 안 된다.

국제계약에 있어서 국제상관습 및 국제상관습법이 형성되면 이것은 국제계약의 묵시조항(Implied Terms)의 하나로서 국제계약의 내용을 보완하고 해석하는 데 있어서 하나의 기준이 된다.

6) 지정준거법

(1) 국제계약에서는 당사자 자치의 원칙이 적용되기 때문에 계약당사자가 자유로이 준거법을 지정하여 선택할 수 있다. 우리 섭외사법은 "법률행위의 성립과 효력에 관하여는 당사자의 의사에 의하여 적용할 법을 정한다."고 규정하고 있으며, 로마협약도 "계약은 당사자가 선택한 법에 의하여 규율된다."고 하여 명시적 의사에 의한 준거법 결정원칙을 채택하고 있다.

준거법을 지정한다고 하는 것은 저촉법적 지정을 의미하며 실질법적 지정을 뜻하는 것과도 다르다. 이와 같이 지정준거법이 있는 경우, 이 법은 국제계약을 규율하는 가장 강력한 규범이 된다.

(2) 해상보험증권상의 영국법 준거약관 제19조는 "This insurance is subject to English law and practice." (이 보험은 영국의 법률 및 관습에 준거한다.)라고 규정하고 있는데, 이것이 해상보험계약관계의 대표적인 준거법 지정조항의 예에 속한다.

준거법 조항은 보통 "The formation, Validity, Construction and the performance of this Agreement shall be governed by the laws of Korea."라고 함으로써 "본 계약의 성립, 유효성, 해석 및 이행은 한국법에 준거하여야 한다."라는 식으로 포괄적이고도 구체적으로 지정하는 것이 바람직하다.

7) 법정 준거법 및 조약

국제계약에서 지정준거법이 없거나 또는 계약당사자의 의사가 불분명할 때에는 그 법률관계의 성격에 따라 법정지(法廷地)의 섭외사법이 정하는 준거법이 적용된다. 또한 문제되는 국제계약의 법률관계에 대해 관계당사국 간의 조약이 있는 경우에는 당해 조약도 그 국제계약에 적용되는 규범으로 작용한다.

조약(Treaty)은 명칭에 관계없이 국제법의 주체인 국가와 국가 간의 일정한 법률효과를 발생시키기 위하여 하나 또는 여러 개의 문서로 교환하는 명시적인 합의결정이다.

조약에는 공법적 성격의 것과 사법적인 성격의 것이 있는데, 전자의 예로는 GATT/WTO, IMF, 조세조약, 투자보호협정, 영사조약, 우호통상항해조약 등이고, 후자의 경우로는 UN국제물품매매협약, 선하증권통일조약, 공업소유권 보호에 관한 파리조약 등이다.

8) 국제거래계약법원의 적용순서

앞에서 설명한 바와 같이 국제계약의 경우 계약당사자 간의 어떠한 약정이나 국제상관습 및 상관습법 또는 준거법이 지정되어 있다 할지라도 관련 국가의 국내법상의 강행법규, 특히 공서양속 또는 중대한 공익보호의 관점에서 비롯된 제한규정이 있는 경우에는 국제계약은 그 범위 내에서 당사자가 원하든, 원치 않든 이러한 강행법규의 규율을 받지 않으면 안 된다. 즉, 국제계약분야에서 당사자 약정, 조약, 국제관습·관습법·국내법 중 강행법규가 최우선적으로 적용된다.

우리 상법 제1조는 상사에 관하여 상법의 규정이 없으면 상관습법에 의하고 상관습법도 없으면 민법의 규정에 의한다고 규정한다. 이에 따라 상법 중 임의규정이 적용되고 다음으로 상관습법이 적용되며, 민법 중 임의규정이 마지막으로 적용된다.

이러한 적용순서는 외국법의 경우에도 동일하다. 요컨대, 국제계약법원의 적용 순위는,

첫째, 조약 또는 국가법 중 강행규정

둘째, 국제계약조항

셋째, 국제상관습법

넷째, 상법 중 임의규정

마지막으로, 민법 중 임의규정 순이다.

05 재산권

1) 물권

동산 및 부동산에 관한 물권 또는 등기하여야 하는 권리는 그 목적물의 소재지법에 의하며, 이 권리의 득실변경은 그 원인된 행위 또는 사실의 완성 당시 그 목적물의 소재지법에 의한다(제19조). 제20조(운송수단) 항공기에 관한 물권은 그 국적소속국법에 의하고, 철도차량에 관한 물권은 그 운행허가국법에 의한다(제20조).

무기명증권에 관한 권리의 득실변경은 그 원인된 행위 또는 사실의 완성 당시 그 무기명증권의 소재지법에 의하며(제21조), 이동 중의 물건에 관한 물권의 득실변경은 그 목적지법에 의한다(제22조).

채권·주식 그 밖의 권리 또는 이를 표창하는 유가증권을 대상으로 하는 약정담보물권은 담보대상인 권리의 준거법에 의하나, 무기명증권을 대상으로 하는 약정담보물권은 국제사법 제21조의 규정에 의한다(제23조). 지적재산권의 보호는 그 침해지법에 의한다(제24조).

2) 채권

소비자가 직업 또는 영업활동 외의 목적으로 체결하는 계약이,

① 소비자의 상대방이 계약체결에 앞서 그 국가에서 광고에 의한 거래의 권유 등 직업 또는 영업활동을 행하거나 그 국가 외의 지역에서 그 국가로 광고에 의한 거래의 권유 등 직업 또는 영업활동을 행하고, 소비자가 그 국가에서 계약체결에 필요한 행위를 한 경우

② 소비자의 상대방이 그 국가에서 소비자의 주문을 받은 경우

③ 소비자의 상대방이 소비자로 하여금 외국에 가서 주문을 하도록 유도한 경우 중 어느 하나에 해당하는 경우에는 당사자가 준거법을 선택하더라도 소비자의 상거소가 있는 국가의 강행규정에 의하여 소비자에게 부여되는 보호를 박탈할 수 없다(제27조 제1항).

당사자가 준거법을 선택하지 아니한 경우에 위와 같은 규정에 의한 계약은 제26조의 규정에 불구하고 소비자의 상거소지법에 의한다.

이와 같은 계약의 경우에 소비자는 그의 상거소가 있는 국가에서도 상대방에 대하여 소를 제기할 수 있으며, 소비자의 상대방이 소비자에 대하여 제기하는 소는 소비자의 상거소가 있는 국가에서만 제기할 수 있다. 이때 계약의 당사자는 서면에 의하여 국제재판관할에 관한 합의를 할 수 있으나, 다만 그 합의는 분쟁이 이미 발생했거나 또는 소비자에게 이 조에 의한 관할법원에 추가하여 다른 법원에 제소하는 것을 허용하는 경우에 한하여 그 효력이 있다.

근로계약의 경우에 당사자가 준거법을 선택하더라도 제2항의 규정에 의하여 지정되는 준거법 소속국가의 강행규정에 의하여 근로자에게 부여되는 보호를 박탈할 수 없으며(제28조 제1항), 당사자가 준거법을 선택하지 아니한 경우에 근로계약은 제26조의 규정에 불구하고 근로자가 일상적으로 노무를 제공하는 국가의 법에 의하며, 근로자가 일상적으로 어느 한 국가 안에서 노무를 제공하지 아니하는 경우에는 사용자가 근로자를 고용한 영업소가 있는 국가의 법에 의한다(동조 제2항).

근로계약의 경우에 근로자는 자신이 일상적으로 노무를 제공하거나 또는 최후로 일상적 노무를 제공하였던 국가에서도 사용자에 대하여 소를 제기할 수 있으며, 자신이 일상적으로 어느 한 국가 안에서 노무를 제공하지 아니하거나 아니하였던 경우에는 사용자가 그를 고용한 영업소가 있거나 있었던 국가에서도 사용자에 대하여 소를 제기할 수 있으며(동조 제3항), 사용자가 근로자에 대하여 제기하는 소는 근로자의 상거소가 있는 국가 또는 근로자가 일상적으로 노무를 제공하는 국가에서만 제기할 수 있다(동조 제4항).

근로계약의 당사자는 서면에 의하여 국제재판관할에 관한 합의를 할 수 있으나, 그 합의는 분쟁이 이미 발생하였거나 또는 근로자에게 이 조에 의한 관할법원에 추가하여 다른 법원에 제소하는 것을 허용하는 경우에 한하여 그 효력이 있다(동조 제5항).

사무관리는 그 관리가 행하여진 곳의 법에 의하나, 사무관리가 당사자 간의 법률관계에 기하여 행하여진 경우에는 그 법률관계의 준거법에 의하며(제30조 제1항), 다른 사람의 채무를 변제하여 발생하는 청구권은 그 채무의 준거법에 의한다(동조 제2항).

부당이득은 그 이득이 발생한 곳의 법에 의하나, 부당이득이 당사자 간의 법률관계에 기하여 행하여진 이행으로부터 발생한 경우에는 그 법률관계의 준거법에 의한다(제31조).

불법행위는 그 행위가 행하여진 곳의 법에 의하며, 불법행위가 행하여진 당시 동일한 국가 안에 가해자와 피해자의 상거소가 있는 경우에는 제1항의 규정에 불구하고 그 국가의 법에 의한다. 가해자와 피해자 간에 존재하는 법률관계가 불법행위에 의하여 침해되는 경우에는 위와 같은 규정에 불구하고 그 법률관계의 준거법에 의한다(동조 제3항).

이와 같은 규정에 의하여 외국법이 적용되는 경우에 불법행위로 인한 손해배상청구권은 그 성질이 명백히 피해자의 적절한 배상을 위한 것이 아니거나 또는 그 범위가 본질적으로 피해자의 적절한 배상을 위하여 필요한 정도를 넘는 때에는 이를 인정하지 아니한다(제32조).[82)]

당사자는 이상과 같은 규정에 불구하고 사무관리, 부당이득 및 불법행위가 발생한 후 합의(준거법에 관한 사후적 합의)에 의하여 대한민국 법을 그 준거법으로 선택할 수 있으나, 그로 인하여 제3자의 권리에 영향을 미치지 아니한다(제33조).

채권의 양도인과 양수인 간의 법률관계는 당사자 간 계약의 준거법에 의하나, 채권의 양도 가능성, 채무자 및 제3자에 대한 채권양도의 효력은 양도되는 채권의 준거법에 의하며, 이 규정은 채무인수에 이를 준용한다(제34조).

법률에 의한 채권의 이전은 그 이전의 원인이 된 구채권자와 신채권자 간의 법률관계의 준거법에 의하나, 이전되는 채권의 준거법에 채무자 보호를 위한 규정이 있는 경우에는 그 규정이 적용되며(제35조 제1항), 이와 같은 법률관계가 존재하지 아니하는 경우에는 이전되는 채권의 준거법에 의한다(동조 제2항).

---

82) 불법행위로 인한 손해배상청구와 국제재판관할권(부산지방법원 2007.02.02. 선고 2000가합7960판결). 일제강점기에 일본 정부에 의하여 강제 징용되어 일본 내 기업에서 강제노동에 종사한 대한민국 국민이 위 기업을 상대로 불법행위로 인한 손해배상청구를 한 경우에, 위 기업이 일본법에 의하여 설립된 일본 법인으로서 그 주된 사무소를 일본 내에 두고 있으나 대한민국 내 업무 진행을 위해 설치한 연락사무소가 소 제기 시에도 대한민국 내에 존재하고 있었으므로 구 민사소송법 제4조 제2항에 따라 대한민국 법원에 위 기업의 보통재판적이 인정된다. 당사자 또는 분쟁 사안이 대한민국과 실질적인 관련이 있으며, 대한민국 법원이 재판관할권을 행사하는 것이 당사자 간의 공평을 현저히 해하거나 재판의 적정, 신속에 반하는 것이라고 볼 수 없다.

06 친족·상속

1) 친족

혼인의 성립요건은 각 당사자에 관하여 그 본국법에 의하며, 혼인의 방식은 혼인거행지법 또는 당사자 일방의 본국법에 의하나, 대한민국에서 혼인을 거행하는 경우에 당사자 일방이 대한민국 국민인 때에는 대한민국 법에 의한다(제36조). 혼인의 일반적 효력은,

① 부부의 동일한 본국법

② 부부의 동일한 상거소지법

③ 부부와 가장 밀접한 관련이 있는 곳의 법의 순위에 의한다(제37조).

부부재산제에 관하여는 앞의 제37조의 규정을 준용하며, 부부가 합의에 의하여, 부부 중 일방이 국적을 가지는 법, 부부 중 일방의 상거소지법, 부동산에 관한 부부재산제에 대하여는 그 부동산의 소재지법 중 어느 것을 선택한 경우에는 부부재산제는 전항의 규정에 불구하고 그 법에 의하나, 그 합의는 일자와 부부의 기명날인 또는 서명이 있는 서면으로 작성된 경우에 한하여 그 효력이 있다(제38조).

외국법에 의한 부부재산제는 대한민국에서 행한 법률행위 및 대한민국에 있는 재산에 관하여 이를 선의의 제3자에게 대항할 수 없으며, 이 경우 그 부부재산제에 의할 수 없는 때에는 제3자와의 관계에 관하여 부부재산제는 대한민국 법에 의한다(제38조 제3항).

국법에 의하여 체결된 부부재산계약은 대한민국에서 등기한 경우 앞의 규정에 불구하고 이를 제3자에게 대항할 수 있다(제38조 제4항).

이혼에 관하여는 앞의 제37조의 규정을 준용하나, 부부 중 일방이 대한민국에 상거소가 있는 대한민국 국민인 경우에는 이혼은 대한민국 법에 의한다(제39조).

혼인중의 친자관계의 성립은 자의 출생 당시 부부 중 일방의 본국법에 의하나, 이 경우 부가 자의 출생 전에 사망한 때에는 사망 당시의 본국법을 그의 본국법으로 본다(제40조).

혼인외의 친자관계의 성립은 자의 출생 당시 모의 본국법에 의하나, 부자 간의 친자관계의 성립은 자의 출생 당시 부의 본국법 또는 현재 자의 상거소지법에 의할 수 있으며(제41조 제1항), 인지는 여기서 정하는 법 외에 인지 당시 인지자의 본국법에 의할 수 있다(동조 제2항). 제1항의 경우 부가 자의 출생 전에 사망한 때에는 사망 당시 본국법을 그의 본국법으로 보고, 제2항의 경우 인지자가 인지 전에 사망한 때에는 사망 당시 본국법을 그의 본국법으로 본다(동조 제3항).

혼인외의 출생자가 혼인중의 출생자로 그 지위가 변동되는 경우에 관하여는 그 요건인 사실의 완성 당시 부(부) 또는 모의 본국법 또는 자(자)의 상거소지법에 의한다(제42조 제1항). 제1항의 경우 부 또는 모가 그 요건인 사실이 완성되기 전에 사망한 때에는 사망 당시 본국법을 그의 본국법으로 본다(동조 제2항).

입양 및 파양은 입양 당시 양친의 본국법에 의한다(제43조). 제41조 내지 제43조의 규정에 의한 친자관계의 성립에 관하여 자의 본국법이 자 또는 제3자의 승낙이나 동의 등을 요건으로 할 때에는 그 요건도 갖추어야 한다(제44조). 친자 간의 법률관계는 부모와 자의 본국법이 모두 동일한 경우에는 그 법에 의하고, 그 외의 경우에는 자의 상거소지법에 의한다(제45조).

부양의 의무는 부양권리자의 상거소지법에 의하나, 그 법에 의하면 부양권리자가 부양의무자로부터 부양을 받을 수 없는 때에는 당사자의 공통 본국법에 의한다(제46조 제1항).

대한민국에서 이혼이 이루어지거나 승인된 경우에 이혼한 당사자 간의 부양의무는 제1항의 규정에 불구하고 그 이혼에 관하여 적용된 법에 의한다(동조 제2항).

방계혈족 간 또는 인척 간의 부양의무의 경우에 부양의무자는 부양권리자의 청구에 대하여 당사자의 공통 본국법에 의하여 부양의무가 없다는 주장을 할 수 있으며, 그러한 법이 없는 때에는 부양의무자의 상거소지법에 의하여 부양의무가 없다는 주장을 할 수 있다(동조 제3항).

부양권리자와 부양의무자가 모두 대한민국 국민이고, 부양의무자가 대한민국에 상거소가 있는 경우에는 대한민국 법에 의한다(동조 제4항).

그 밖에 친족관계의 성립 및 친족관계에서 발생하는 권리의무에 관하여 이 법에 특별한 규정이 없는 경우에는 각 당사자의 본국법에 의한다(제47조).

후견은 피후견인의 본국법에 의하며, 대한민국에 상거소 또는 거소가 있는 외국인에 대한 후견은,

① 그의 본국법에 의하면 후견개시의 원인이 있더라도 그 후견사무를 행할 자가 없거나 후견사무를 행할 자가 있더라도 후견사무를 행할 수 없는 경우

② 대한민국에서 한정치산 또는 금치산을 선고한 경우

③ 그 밖에 피후견인을 보호하여야 할 긴급한 필요가 있는 경우 중 어느 하나에 해당하는 경우에 한하여 대한민국 법에 의한다(제48조).

2) 상속

상속은 사망 당시 피상속인의 본국법에 의하며, 피상속인이 유언에 적용되는 방식에 의하여 명시적으로, 지정 당시 피상속인의 상거소가 있는 국가의 법(다만, 그 지정은 피상속인이 사망 시까지 그 국가에 상거소를 유지한 경우에 한하여 그 효력이 있다.)이나, 부동산에 관한 상속에 대하여는 그 부동산의 소재지법 중 어느 것을 지정하는 때에는 상속은 제1항의 규정에 불구하고 그 법에 의한다(제49조).

유언은 유언 당시 유언자의 본국법에 의하며, 유언의 변경 또는 철회는 그 당시 유언자의 본국법에 의한다. 유언의 방식은,

① 유언자가 유언 당시 또는 사망 당시 국적을 가지는 국가의 법

② 유언자의 유언 당시 또는 사망 당시 상거소지법

③ 유언 당시 행위지법

④ 부동산에 관한 유언의 방식에 대하여는 그 부동산의 소재지법 중 어느 하나의 법에 의한다(제50조).

07
어음·수표

환어음, 약속어음 및 수표에 의하여 채무를 부담하는 자의 능력(행위능력)은 그의 본국법에 의하나, 그 국가의 법이 다른 국가의 법에 의하여야 하는 것을 정한 경우에는 그 다른 국가의 법에 의하며(제51조 제1항), 이에 의하면 능력이 없는 자라 할지라도 다른 국가에서 서명을 하고 그 국가의 법에 의하여 능력이 있는 때에는 그 채무를 부담할 수 있는 능력이 있는 것으로 본다(동조 제2항).

수표지급인이 될 수 있는 자의 자격은 지급지법에 의하며, 지급지법에 의하면 지급인이 될 수 없는 자를 지급인으로 하여 수표가 무효인 경우에도 동일한 규정이 없는 다른 국가에서 행한 서명으로부터 생긴 채무의 효력에는 영향을 미치지 아니한다(제52조).

환어음, 약속어음 및 수표행위의 방식은 서명지법에 의한다. 다만, 수표행위의 방식은 지급지법에 의할 수 있으며, 이에 의하여 행위가 무효인 경우에도 그 후 행위의 행위지법에 의하여 적법한 때에는 그 전 행위의 무효는 그 후 행위의 효력에 영향을 미치지 아니한다. 대한민국 국민이 외국에서 행한 환어음, 약속어음 및 수표행위의 방식이 행위지법에 의하면 무효인 경우에도 대한민국 법에 의하여 적법한 때에는 다른 대한민국 국민에 대하여 효력이 있다(제53조).

환어음의 인수인과 약속어음의 발행인의 채무는 지급지법에 의하고, 수표로부터 생긴 채무는 서명지법에 의하며, 여기에 해당되는 자 외의 자의 환어음 및 약속어음에 의한 채무는 서명지법에 의한다. 환어음, 약속어음 및 수표의 소구권을 행사하는 기간은 모든 서명자에 대하여 발행지법에 의한다(제54조).

어음의 소지인이 그 발행의 원인이 되는 채권을 취득하는지 여부는 어음의 발행지법에 의한다(제55조).

환어음의 인수를 어음 금액의 일부에 제한할 수 있는지 여부 및 소지인이 일부지급을 수락할 의무가 있는지 여부는 지급지법에 의하며, 이는 약속어음의 지급에서도 마찬가지이다(제56조).

환어음, 약속어음 및 수표에 관한 거절증서의 방식, 그 작성기간 및 환어음, 약속어음 및 수표상의 권리의 행사 또는 보전에 필요한 그 밖의 행위의 방식은 거절증서를 작성하여야 하는 곳 또는 그 밖의 행위를 행하여야 하는 곳의 법에 의한다(제57조).

환어음, 약속어음 및 수표의 상실 또는 도난의 경우에 행하여야 하는 절차는 지급지법에 의한다(제58조).

수표에 관하여,

① 수표가 일람출급을 요하는지 여부, 일람후 정기출급으로 발행할 수 있는지 여부 및 선일자수표의 효력

② 제시기간

③ 수표에 인수, 지급보증, 확인 또는 사증을 할 수 있는지 여부 및 그 기재의 효력

④ 소지인이 일부지급을 청구할 수 있는지 여부 및 일부지급을 수락할 의무가 있는지 여부

⑤ 수표에 횡선을 표시할 수 있는지 여부 및 수표에 "계산을 위하여"라는 문구 또는 이와 동일한 뜻이 있는 문구의 기재의 효력(다만, 수표의 발행인 또는 소지인이 수표면에 "계산을 위하여"라는 문구 또는 이와 동일한 뜻이 있는 문구를 기재하여 현금의 지급을 금지한 경우에 그 수표가 외국에서 발행되고 대한민국에서 지급하여야 하는 것은 일반횡선수표의 효력이 있다.)

⑥ 소지인이 수표자금에 대하여 특별한 권리를 가지는지 여부 및 그 권리의 성질

⑦ 발행인이 수표의 지급위탁을 취소할 수 있는지 여부 및 지급정지를 위한 절차를 취할 수 있는지 여부

⑧ 배서인, 발행인 그 밖의 채무자에 대한 소구권 보전을 위하여 거절증서 또는 이와 동일한 효력을 가지는 선언을 필요로 하는지 여부는 수표의 지급지법에 의한다(제59조).

해상에서,

① 선박의 소유권 및 저당권, 선박우선특권, 그 밖의 선박에 관한 물권[83]

② 선박에 관한 담보물권의 우선순위

③ 선장과 해원의 행위에 대한 선박소유자의 책임범위

④ 선박소유자·용선자·선박관리인·선박운항자 그 밖의 선박사용인이 책임제한을 주장할 수 있는지 여부 및 그 책임제한의 범위

⑤ 공동해손

⑥ 선장의 대리권에 관하여는 선적국법에 의한다(제60조).

개항·하천 또는 영해에서의 선박충돌에 관한 책임은 그 충돌지법에 의하며, 공해에서의 선박충돌에 관한 책임은 각 선박이 동일한 선적국에 속하는 때에는 그 선적국법에 의하고, 각 선박이 선적국을 달리하는 때에는 가해선박의 선적국법에 의한다(제61조).

해양사고구조로 인한 보수청구권은 그 구조행위가 영해에서 있는 때에는 행위지법에 의하고, 공해에서 있는 때에는 구조한 선박의 선적국법에 의한다(제62조).

---

83) 선박우선특권에 의하여 담보되는 피담보채권의 임의대위에 관한 준거법(대법원 2007.07.12. 선고 2005다39617, 2005다47939 판결).

가. 선박우선특권은 일정한 채권을 담보하기 위해 법률에 의하여 특별히 인정된 권리로서 일반적으로 그 피담보채권과 분리되어 독립적으로 존재하거나 이전되기는 어려우므로, 선박우선특권이 유효하게 이전되는지 여부는 그 선박우선특권이 담보하는 채권의 이전이 인정되는 경우에 비로소 논할 수 있을 것인 바, 그 피담보채권의 임의대위에 관한 사항은 특별한 사정이 없는 한 국제사법 제35조 제2항에 의해 그 피담보채권의 준거법에 의하여야 한다.

나. 선박우선특권에 의하여 담보되는 채권이 선원근로계약에 의하여 발생되는 임금채권인 경우 그 임금채권에 관한 사항은 선원근로계약의 준거법에 의하여야 하고 선원임금채권의 대위에 관한 사항은 그 선원임금채권을 담보하는 선박우선특권에 관한 사항과 마찬가지로 선적국법에 의한다.

제 5 절 정부조사

01 개 관

국제거래에서 당사자 간의 분쟁을 해결하기 위한 방법으로서 국제민사소송과 국제상사중재 외에 정부조사(Governmental Investigation)가 있다. 국제민사소송이나 국제상사중재는 국제거래와 관련하여 소송 또는 중재에 의하여, 원칙적으로 사기업과 사기업이 다투는 것이라고 할 수 있으나, 정부조사는 국제거래에서 일정한 국가의 정부가 법령에 근거하여 사기업을 조사하는 것이다. 즉, 국제민사소송과 국제상사중재는 사기업 간의 다툼인데 비해, 정부조사는 정부와 사기업 간의 다툼이라고 할 수 있다.

정부에 의한 사기업의 조사에는 여러 가지가 있으나, 국제거래와 관련하여 행하여지는 정부조사에는 외국환거래법을 비롯하여 통상관련법, 공정거래법, 세법 및 그 외의 법률에 따른 정부조사가 있다.

국제거래에는 물품의 거래를 비롯하여 서비스의 거래와 자본의 거래가 있으나, 이러한 거래는 기본적으로는 외국환거래법의 규제를 받고 있으며, 위반행위에 대하여 벌칙을 적용하기 위하여 정부에 의한 조사나 수사를 행한다(동법 제20조 참조). 국제거래를 규제하는 법률은 국가에 따라 다르지만 각국은 우리나라의 외국환거래법과 유사한 법률을 가지고 있다.

국제통상에 관한 법률로서 대외무역법과 관세법 등이 있다(미국이나 유럽의 통상법). 관세법은 덤핑방지관세, 상계관세, 보복관세, 긴급관세, 농림축산물에 대한 특별 긴급관세, 조정관세, 할당관세, 계절관세, 국제협력관세, 편익관세, 일반특혜관세 등에 관하여 규정하고 있으며, 대외무역법은 대외무역의 진흥과 공정한 거래질서의 확립 및 국제수지의 균형과 통상의 확대를 위한 규정을 두고 있다. 즉, 통상관련법은 불공정한 국제거래, 긴급사태 등의 관점에서 국가의 경제를 수호하고 산업을 보호하기 위하여 제정된 법률로서 그 목적달성을 위하여 정부에 의한 조사가 이루어지고 있다(대외무역법 제53조 이하, 관세법 제11장 및 제12장).

우리나라에는 사업자의 시장지배적 지위의 남용과 과도한 경제력의 집중을 방지하고, 부당한 공동행위 및 불공정거래행위를 규제하여 공정하고 자유로운 경쟁을 촉진함으로써 창의적인 기업활동을 조장하고 소비자를 보호하기 위하여 독점규제 및 공정거래에 관한 법률을 두고 있다. 이 법은 시장지배적 지위의 남용금지(제2장), 기업결합의 제한 및 경제력 집중의 억제(제3장), 부당한 공동행위의 제한(제4장), 불공정거래행위의 금지(제5장), 사업자단체(제6장), 재판매가격유지행위의 제한(제7장), 국제계약의 체결제한(제8장)에 대하여 규정하고 있으며, 또한 위법행위를 규제하기 위하여 공정거래위원회에 조사 등을 행할 수 있는 권한을 부여하고 있다(제10장, 제10장의 2, 제14장).

특히 공정거래법은 국제거래에 관하여 부당한 거래제한 또는 불공정한 거래방법에 해당하는 사항을 내용으로 하는 국제계약의 체결을 제한하고 있으며,[84] 그 단속을 위하여 사업자를 위하여 사업자에 대하여 국제계약의 체결일로부터 60일 이내에 공정거래위원회에 심사를 요청할 수 있도록 하고 있다.[85]

---

84) 【동법 제32조】 (부당한 국제계약의 체결제한) ① 사업자 또는 사업자단체는 부당한 공동행위, 불공정거래행위 및 재판매가격유지행위에 해당하는 사항을 내용으로 하는 것으로서 대통령령이 정하는 국제적 협정이나 계약(이하 "국제계약"이라 한다)을 체결하여서는 아니된다. 다만, 당해 국제계약의 내용이 일정한 거래분야에 있어서 경쟁에 미치는 영향이 경미하거나 기타 부득이한 사유가 있다고 공정거래위원회가 인정하는 경우에는 그러하지 아니하다. ② 공정거래위원회는 제1항의 규정에 의한 부당한 공동행위, 불공정거래행위 및 재판매가격유지행위의 유형 및 기준을 정하여 고시할 수 있다.

85) 【동법 제33조】 (국제계약의 심사요청) 사업자 또는 사업자단체는 국제계약을 체결함에 있어 당해 국제계약이 제32조(부당한 국제계약의 체결제한) 제1항의 규정에 위반하는지 여부에 관하여 대통령령이 정하는 바에 따라 공정거래위원회에 심사를 요청할 수 있다.

공정거래법에 관한 조사는 우리나라뿐만 아니라 EC, 미국, 캐나다, 오스트레일리아에서도 이루어지고 있다. 특히 미국의 경우에는 셔먼법(Sherman Act), 클레이튼법(Clayton Act), 로빈슨·팻트만법(Robinson-Patman Act), 연방거래위원회법(Federal Trade Commission Act) 등에 의하여, 그리고 EC에서는 유럽경제공동체를 설립하는 조약(로마조약, 1958.1. 발효) 제85조에 따라서 엄격하게 집행되고 있다. 따라서 국제적인 계속적 매매계약, 총대리점계약, 라이센스계약 또는 합작사업계약을 체결할 때에는, 현지국가의 공정거래법의 관점에서 검토가 있어야 한다.

세법에 기초한 조사는 이전가격(Transfer Pricing)에 관한 조사가 주체가 된다. 이전가격세제를 가지는 국가가 증가하고 있으나 우리나라의 기업은 특히 미국, 캐나다 및 EC의 이전가격의 조사에 주의가 필요하다.

또한 미국, 캐나다, 오스트레일리아 등은 과소자본(Thin Capitalization)에 관한 세제를 가지고 있고, 현지국가의 세법상 과소자본으로 간주되는 현지법인 등에 의한 차입금의 이자지급이 손금처리가 부인되는 것이 있기 때문에 주의가 필요하다. 특히 미국은 외자에 대한 징세강화의 일환으로 이전가격 및 과소자본의 조사에 주력하고자 하고 있기 때문에 경계해야 한다.

한편, 그 밖의 법률에 의한 정부조사를 생각할 수 있다. 가령, 미국에서는 국제기업조직의 하나인 현지법인에 관하여 고용기회균등위원회(Equal Employment Opportunity Commission)가 공민권법(Civil Rights Acts)에 기초하여 고용상의 차별에 대한 조사를 하는 일이 있다.

【동법 시행령 제48조】 (국제계약의 심사요청) ① 국제계약을 체결하고자 하는 자로서 법 제33조(국제계약의 심사요청)의 규정에 의하여 계약내용에 관한 심사를 요청하고자 하는 자는 공정거래위원회가 정하여 고시하는 심사요청서를 공정거래위원회에 제출하여야 한다. ② 국제계약을 체결한 자로서 법 제33조(국제계약의 심사요청)의 규정에 의하여 당해 계약에 관한 심사를 요청하고자 하는 자는 당해 계약을 체결한 날부터 60일 이내에 공정거래위원회가 정하여 고시하는 심사요청서와 당해 계약서의 사본(번역본을 포함한다)을 공정거래위원회에 제출하여야 한다. 계약내용을 수정·변경한 때에도 또한 같다. ③ 공정거래위원회는 제1항 및 제2항의 규정에 의한 심사요청을 받은 때에는 정당한 사유가 있는 경우를 제외하고는 심사요청을 받은 날부터 20일 이내에 그 결과를 심사요청인에게 서면으로 통보하여야 한다. ④ 심사요청인은 심사요청한 계약의 내용이 법 제32조(부당한 국제계약의 체결제한) 제1항의 규정에 위반된다고 공정거래위원회로부터 통보받은 때에는 그 통보를 받은 날부터 60일 이내에 관련계약조항을 수정하여 다시 심사를 요청할 수 있다.

02

통상관련법(관세법 및 대외무역법)에 근거한 정부조사

관세 및 무역에 관한 일반협정(GATT; General Agreement on Tariffs and Trade), 1979년 덤핑협정, 1979년 보조금·상계조치협정, 특정분야에 관한 약정 등은 각국의 소위 통상관련법에 근거한 정부조사에 관한 기본적인 사항에 관하여 규정하고 있다. 그러므로 각국은 국제법상 GATT협정에 저촉되지 않는 범위 내에서 자국의 통상관련법을 제정하고, 이를 운용할 수 있게 된다. 그러나 실제로는 미국을 비롯하여 많은 국가가 GATT협정을 일탈한 통상관련법을 제정하거나 이를 운용하고 있어 문제가 되고 있다.

부 록

- Distributor Agreement
- Service Agreement
- Non-Disclosure Agreement
- Memorandum of Understanding

I Distributor Agreement

This agreement is made and entered into as of this __________day of __________, 2011, by and between Distributors, Inc,, a New Jersey corporation located at 1, Home Ave., Rutherford, New Jersey ("Distributor") and HNU Corporation, a Korean corporation, located at 1-2-3, Yangjae-Dong, Seocho, Korea ("HNU").

WITNESSETH :

WHEREAS, HNU is the manufacturer of agriculture machine called HNU farmers ("Products") ; and WHEREAS, Distributor desires to sell Products in the US market and enters into the distribution agreement with HNU, and HNU accepts to enter into the agreement.

NOW, THEREFORE, in consideration of the mutual covenants and agreements herein contained, the parties hereby agree as follows :

1. Appointment

HNU appoints Distributor as a limited non-exclusive authorized distributor for the resale of Products at the price as defined in products lists solely determined by HNU ("Product Lists") to customers for use within the United States ("Territory") in accordance with the terms of this agreement and Distributor accepts this appointment.

2. Scope

2.1 Distributor will purchase Product only form HNU. Distributor will sell Products to customers in the name and on the account of Distributor and on the terms and conditions determined solely by Distributor. HNU reserves the right to remove or add Products from Products Lists. Distributor will not make modifications to Products without written authorization form HNU.

2.2 Distributor will not sell Products. : (i) for resale other than to end-users of (ii) for export outside the United States.

2.3 Distributor will actively promote and sell Products in a professional and competent manner.

2.4 Distributor will pay any applicable sales or use taxes, duties and other imposts due on account of imports and resale of Products under this Agreement.

2.5 Distributor is in no way joint venture, the legal agent or partnership of HNU.

3. Price and payment

3.1 Price of Products will be as per the price list prepared by HNU at the time of shipment. The payment shall be in US Dollar.

3.2 Payment to Products will be made by Letter of Credit to be established by Distributor thirty (30)days prior to the shipment.

4. Delivery

4.1 Delivery of Products will be made from HNU to Distributor on the basis of FOB port of Incheon (INCOTERMS 2000).

4.2 Unless Distributor notifies HNU otherwise, HNU may make partial shipments of Distributor. The terms of the Letter of Credit will contain that the partial shipment may be allowed.

5. Confidentiality

Neither party will disclose the other's confidential information or use the other's confidential information except as required to achieve the objectives of this Agreement. "Confidential Information" in this article means any information either in writing or by oral, disclosed by either party to the other, including but not limited to any non-public information relating to the other party's product, marketing plans, finances, personnel, and pricing, but does not include information which is: (i) public information, (ii) made public without the fault of the other party, (iii) owned by the other party at the time of the disclosure, or (iv) disclosed by the public order.

6. Warranty

HNU warrants that Products will conform to the specification. HNU MAKES NO OTHER WARRANTY TO DISTRIBUTOR, EITHER EXPRESS OR IMPLIED, WITH RESPECT TO PRODUCT. HNU SPECIFICALLY DISCLAIMS THE IMPLIED WARRANTIES OF MERCHANTABILITY AND FITNESS FOR A PARTICULAR PURPOSE TO PRODUCT.

7. Intellectual Property Rights

7.1 HNU allows Distributor, during the term of this agreement that Distributor may use intellectual property rights related to Products for the purpose of this Agreement.

7.2 If Distributor promptly notifies HNU in writing and gives HNU sole control over the defense and all related settlement negotiations, HNU will defend, hold harmless and indemnify Distributor against any loss, damage settlement, cost, expense and any other liabilities (including but not limited to reasonable legal fees and expenses) arising as a result of any claim or threat of claim brought by a third party against Distributor to the extent based on an allegation that the sale of Products by HNU infringed to any patent, copyright, trade secret or other proprietary of a third party within Territory.

8. Limitation of liability

THE TOTAL LIABILITY OF HNU ON ALL CLAIMS OF ANY KIND IN CONNECTION WITH THIS AGREEMENT SHALL NOT EXCEED $1,000,000. IN NO EVENT, WHETHER AS A RESULT IF BREACH OF CONTRACT, WARRANTY, INDEMNIFY, TORT, STRICT LIABILITY, INCIDENTAL, STATUTE OR OTHERWISE, SHALL HNU BE LIABLE FOR ANY SPECIAL, CONSEQUENTIAL, INCIDENTAL, INDIRECT OR PUNITIVE DAMAGES. The above limitation shall not apply to (i) personal injury or damage to property other than Products, or (ii) any claims by either party violation of intellectual property rights.

9. Term and termination

9.1 The term of this agreement shall be from the date of this agreement until December 31, 2011.

9.2 This agreement may be terminated if : (i) either party may terminate this agreement at any time, with or without cause on thirty (30) days written notice of termination to the other party : or (ii) either party becomes insolvent or any voluntary petition for bankruptcy or corporate reorganization is filed or a receiver is appointed with respect to any of the assets of the other party or liquidation is s for bankruptcy voluntary or involuntary.

9.3 The provision of articles of 5,6,7 and 8 will survive after the termination of this Agreement.

10. Force Majeure

If the performance of any part of this agreement is interfered with for any length of time by riot, war, fire, earthquake, flood, storm acts of or other similar or dissimilar causes which are beyond the control of the parties hereto, neither party shall be responsible for delay or failure of performance of this agreement for such length of time. If such delay continues for a period three (3) months, either party hereto may terminate his agreement by giving a written notice to the other party.

11. Assignment

Neither party will assign, pledge of otherwise dispose of its right or delegate its duty under this agreement whole of in part to the other parties.

12. Entire Agreement

This agreement constitutes the entire agreement is respect of business hereby contemplated between the parties hereto.

13. Governing Law

This agreement shall be construed and governed in accordance with the laws Korea.

14. Arbitration

Any dispute arising out of this agreement shall be finally settled in accordance with the rules of Conciliation and Arbitration of the International of Chamber of Commerce to be held in Seoul, Korea.

15. Counterparts

This agreement may be executed in any number of separate counterparts and all of said counterparts taken together shall be deemed to constitute one and the same instrument.

16. Headings

The headings used in this agreement are for convenience only and are not to be considered in construing or interpreting this agreement.

17. Severability

If any provision of this agreement is declared invalid or unenforceable by any lawful tribunal, then it shall be adjusted to conform to legal requirements of that tribunal and that modification shall automatically become a part of this agreement.

18. Notices

All notices required or permitted under this agreement will be in writing in English language and will be deemed given when sent by registered mail, postage prepaid All communication will be sent to the address set forth above.

IN WITNESS WHEREOF, the parties hereto have executed this agreement in duplicate on the day and year first written.

II Service Agreement

This Service Agreement (the "Agreement") is made and entered into as of ________, ________ (the "Effective Date") by and between the HNU corporation ("HNU"), ________ and, a ________, having a principal place of business at ________ ("Supplier") :

1. Service and Duties

1.1 Supplier shall provide to HNU the Service and deliverables ("Deliverables") described in this Agreement and the Statement of Work attached hereto as Attachment A (collectively, the "Service"), in accordance with the terms and conditions of this Agreement.

1.2 At all times during the term of this Agreement, Supplier shall comply with all laws applicable to its performance of the Service.

1.3 HNU shall own all Deliverables and work product provided or generated by Supplier under this Agreement.

1.4 Neither party shall use the other party's trademarks, service marks, logo, or any other intellectual property rights for any purpose in order to perform this Agreement except as otherwise approved by the other party.

1.5 Supplier has represented to HNU that Supplier has the expertise required to perform the Service, and that it possesses the necessary skill, means of performance, capacity, facilities, trained personnel and financial resource for the successful completion of the Service, and that HNU is relying on such representation in entering into this Agreement.

2. Payment for Service

As consideration for Supplier's performance of the Service, HNU shall pay Supplier as set forth in Attachment A. Supplier acknowledges and agrees that the payment provided for in Attachment A constitutes Supplier's entire remuneration of its performance of the Service under this Agreement. Supplier will not be reimbursed for any additional charges expense.

3. Relationship of Parties

Supplier is an independent entity providing the Service to HNU. No employment relationship is created by this agreement. At all times during the term of this Agreement, supplier shall retain its independent status and shall use its own discretion in performing the Service, subject to general direction by HNU and to the specific terms and condition of this Agreement.

4. Warranty

Supplier represents and warrants that the service shall be completed in a professional, workmanlike manner and the service shall be completed in accordance with applicable specifications and statement of work. For any defective of non-conforming service covered by the foregoing warranty, supplier shall promptly, at HNU's option : (i) re-perform the service, of (ii) repair or replace the deliverables, or (iii) accept the return of (and credit HNU for) the defective or nonconforming deliverables and service, as applicable.

5. Indemnification

Supplier shall indemnify, hold harmless and defend HNU and its subsidiaries and affiliates, and their respective directors, officers, employees and agents from against all claims, liabilities, actions, demands, settlements, damages, costs, fees and losses of any type in connection with, in whole or in part any breach on the part of supplier in the performance of this Agreement. UNDER NO CIRCUMSTANCES SHALL EITHER PARTY BE LIABLE FOR ANY INDIRECT, INCIDENTAL, SPECIAL, CONSEQUENTIAL OR PUNITIVE DAMAGES INCURRED OF SUFFERED BY THE OTHER PARTY ARISING OUT OF OR IN CONNECTION WITH THIS AGREEMENT.

At all times applicable to supplier's obligations under this Agreement, supplier shall, at no cost to HNU, maintain at least the general liability insurance coverage in the amount of US $1,000,000.

6. Confidentiality

6.1 Supplier shall not disclose any HNU Confidential Information to any third party or otherwise. "HNU Confidential Information" means information concerning HNU's products, plans, methods, processes, customers, personnel and other information related to the business of HNU and the performance of this Agreement. "HNU Confidential Information" does not include any information which : (a) Supplier rightfully knew before HNU disclosed it to Supplier ; (b) has become publicity known through no wrongful act of Supplier ; or (c)Supplier developed independently and without the use of any HNU Confidential Information. Upon the termination of this Agreement, supplier shall return to HNU all HNU Confidential Information.

6.2 Neither party shall make any public statement whatsoever regarding the existence of this agreement or parties' relationship.

7. Miscellaneous

7.1 Assignment. The rights and obligation of HNU and supplier under agreement shall not assign this Agreement, in whole or in part, at any time, without the consent of the other party.

7.2 Notices. Any notice required or permitted hereunder shall be in writing, and shall be given to the appropriate party at the address first set forth above, or at such other address as the party may hereafter specify in writing.

7.3 Governing Law. This agreement shall be governed by and the interpreted under the laws of ________.

7.4 Dispute Resolution. In the event of any dispute between HNU and supplier arising out of or in connection with this Agreement, the parties shall attempt, promptly and in good faith, to resolve any such dispute. If the parties are unable to resolve any such dispute within thirty (30) days, then either party may submit such dispute to the arbitration to be held in ________ in accordance with the rules of ________.

7.5 No Gratuities. Supplier shall not offer or give HNU or any their employees or agents, any gratuity, payment or other personal benefit.

7.6 Counterparts. This agreement may be executed in one or more counterparts, each of which shall be deemed an original and all of which together shall constitute one instrument.

7.7 Complete Understanding. This Agreement and any attached attachment, all of which are incorporated into this Agreement by this reference, constitute the full and complete understanding and Agreement of the parties relating to the subject matter hereof and supersede all prior understandings and agreements relating to such subject matter.

IN WITNESS WHEREOF, HNU and Supplier have executed this Agreement on the dates set forth below.

HNU Corporation	Supplier
By :	By :
Name	Name
Title	Title

ATTACHMENT A

Statement of Work

This attachment A is attached to and incorporated in that certain Service Agreement entered into by and between the HNU Corporation and ("Supplier") dated (the "Agreement"). Unless otherwise defined, the capitalized terms shall have the same meaning as such terms shall have the same meaning as such terms in the agreement. In the event of a conflict between this SOW and the agreement, SOW shall control.

1. Service and Deliverables. Supplier hall provide the following Service and Deliverables on the dates set forth below.

    Details of the Service :

    Deliverables to be delivered :

2. Delivery/Performance Schedule

    Service start date :

    Deadline for delivery of the Deliverables :

3. Fee.

    Fee amount shall be :

4. Payment Terms and Schedule.

ACCEPTED AND AGREED :

III Non-Disclosure Agreement

THIS AGREEMENT is entered into as of ________, by and between HNU Corporation, a corporation organized and existing under the laws of Korea and having its principal place of business at ________. Korea (hereinafter referred to as "Disclosing Party") and KWG Corporation, a corporation organized and existing under the laws of the State of Delaware and having its registered office at ________, Delaware (hereinafter referred to as "Receiving Party").

WHEREAS, Disclosing Party desires to sell the certain business (hereinafter referred to as the "HK Business") conducted by Disclosing Party or through its division commonly known as the HK Division (hereinafter referred to as the "HK Division") and Disclosing party represents that it owns all of the rights, title and interest in and to the assets used in the operation of the HK Business and all intellectual and industrial property rights, and any and all other rights of whatever nature necessary and/or related to the HK Business, including, without limitation, right and licenses with respect to the manufacture, wholesale and retail sale and distribution throughout certain territory in the world (hereinafter referred to as the "Territory") of certain products manufactured by HK Division (hereinafter referred to as the "Products").

WHEREAS, Receiving party desires to purchase from Disclosing Party and Disclosing Party desires to sell to Receiving Party certain of the assets of Disclosing Party relating to the HK Business, including, without limitation, certain of the equipment and machinery and certain of the inventory of the Products which may be required for the Receiving Party to continue the HK Business, and intellectual property rights which together shall constitute all tangible and intangible rights necessary for Receiving Party to manufacture and distribute the Products in the Territory, Receiving Party requires to be provided with certain information relating to the HK Business for the purpose of evaluating the HK Business.

WHEREAS, Disclosing Party agrees to provide Receiving Party and its Representatives with various proprietary information and other necessary information relating to the HK Business and HK Division, subject to the terms and conditions hereinafter provided,

NOW THEREFORE, in consideration of the mutual covenants and promises contained herein, and other good, adequate and sufficient consideration, receipt of which is hereby expressly acknowledged, both Disclosing Party and Receiving Party agree as follows :

1. Receiving Party and its Representatives shall keep strictly confidential and shall not, without Disclosing Party's prior written consent, disclose any information (hereinafter referred to as the "Confidential Information") received from Disclosing Party that is designated by Disclosing Party, either verbally or in writing, as being confidential or proprietary information or as representing trade secrets information of Disclosing Party, to any other person, firm or corporation, except as otherwise agreed to by Disclosing Party.

For the purposes hereof, the "Representatives" of each party hereto shall mean each such party's officers, directors, employees, affiliates, attorneys, accountants and consultants.

The Receiving Party and its Representatives shall use the Confidential Information for such purpose as is necessary for evaluating the HK Business only but not for any other purpose or for their own benefit, except as provided herein.

The receiving Party and its Representatives shall use the same degree of care, but not less than a reason able degree of care, to avoid disclosure or use of the Confidential Information as Disclosing Party or usual person would employ with respect to their own confidential or proprietary information of like importance.

2. The confidential Information disclosed by Disclosing Party to Receiving Party and/or its Representatives in written or other permanent form, shall be prominently and unambiguously identified and marked as "Confidential". The Confidential Information disclosed verbally, shall be stated as being confidential at the time of disclosure, and thereafter summarized in written form that clearly and unambiguously identifies the Confidential Information.

The parties hereto further agree that the following shall not be deemed Confidential Information and neither party shall have any obligation to keep confidential with respect to any such information which :

(1) is already known to the Receiving Party ; or

(2) is or becomes publicly known without breach of this Agreement ; or

(3) is received from a third party without similar restriction and without breach this Agreement ; or

(4) is independently developed by the Receiving Party who have not had access to any of the Confidential Information and without violating its obligations hereunder ; or

(5) is approved for release by written authorization of Disclosing Party.

3. The parties hereto agree that no right or licenses in the Confidential Information is granted to Receiving Party or any of its Representatives except as expressly provided for herein. Receiving Party shall not assign of transfer in any way rights or obligations arising under this Agreement without prior written consent of the disclosing party.

4. Receiving Party shall be responsible for ensuring that any of its Representatives shall keep such information confidential and shall not disclose or divulge the same to any unauthorized persons.

5. The term of this Agreement, during which Confidential Information may be disclosed to Receiving Party, shall begin as of the date first written above, and shall expire on _________, or such date as Receiving Party decided not to consummate the proposed acquisition project, whichever comes earlier.

However, the expiration of this Agreement shall not relieve Receiving Party of its obligation hereunder regarding the protection and use of proprietary information disclosed hereunder prior to the expiration date for a period on five (5) years from date of expiration.

6. All Confidential Information furnished hereunder shall remain the property of Disclosing Party and shall be returned to it or destroyed promptly at its request with all copies made thereof by Receiving Party. Upon request, Receiving Party shall send Disclosing Party a destruction certificate.

7. This Agreement constitutes the entire agreement among the parties hereto and supersedes any and all prior commitments or agreements. Any revision or alteration of this Agreement shall be made only with the written consent of all the parties hereto.

8. This formation, construction, validity, interpretation and performance of Agreement shall in all respects be governed by and interpreted in accordance with the laws of _________, without regard to its provisions concerning choice of law. With respect to all claims, disputes, controversies, of differences that may arise between the parties, out of or in relation to or in connection with the Agreement, or the breach thereof, the parties consent to the personal jurisdiction of _________ and waive any defense to any such action based upon lack of personal jurisdiction, forum non-convenience, or choice of venue.

9. Any provision of this Agreement that is prohibited or unenforceable in any jurisdiction, shall, as to such jurisdiction, be ineffective to the extent of

such prohibition without invalidating the remaining provisions hereof or effecting the validity or enforce ability of such provision in any other jurisdiction.

10. The Agreement does not create a partnership, associations or joint venture or agreement to sell and purchase the HK Business between the parties, nor shall it constitute any party as either an agent or employee of any other party.

11. This Agreement may be executed in one or more counterparts and is effective when each of the parties has executed a copy hereof. Each of the counterparts shall be deemed an original, all counterparts taken together shall comprise one and the same instrument.

HNU Corporation	KWG Corporation
By :	By :
Title	Title
Date	

Date

Ⅳ Memorandum of Understanding

This Memorandum of Understanding (this "Memorandum"), made and entered into as of this _________, 2011, by and between HL Corporation, a corporation organized under the laws of Korea having its registered office at _________ ("HL") and MAUS Corporation, a corporation organized under the laws of the state of New Jersey having its registered office at _________, New Jersey, U.S.A ("US").

1. Formation of Company

US manufacturers clothes under the brand called "SAM" for men, women and kids (the "Products"). HL and US agree ti establish the company under the laws of Korea as Corporation according to the Korean commercial law in Korea. (the "Company"). The purpose of the Company shall be to manufacture, sell, and distribute the Products in Korea and other Asian countries agreed by both parties. The Company's initial capital shall be ₩200,000,000, consisting of 4,000 shares of common stock (each share shall be "share"). The company's authorized shares shall be 16,000 ("Authorized Shares"). HL shall subscribe for 2,400 Shares for ₩1,200,000,000. US shall subscribe for 1,600 Shares for ₩80,000,000.

2. Capital Increase, Funds, Accounting

2.1 The parties shall subscribe and pay for the new shares up to Authorized Shares in proportion to the then shareholding ratio in accordance with the decision by the Meeting of Directors.

2.2 In case the funds of the Company are insufficient and the Company cannot secure funds from the bank, HL and US shall provide the guarantee to the bank in proportion to the share holding ratio (not jointly).

3. Business of the Company

Us shall grant to the Company the exclusive license to manufacture, sell and distribute the Products in Japan under the brand name of SAM. HL manufacturer the Products for the Company at the HL factory. The key terms and conditions of manufacturing of the Products shall be agreed later.

4. Meeting of the Board of Directors

4.1 The Meeting of the Board of Directors shall consist of six members of the directors of whom HL shall nominate four and US shall nominate two. All actions taken by the Meeting of the Board of Directors shall requires the vote of a majority of the members present at a duly constituted Meeting of the Board of Directors.

4.2 Any action taken with respect to any of the following matters shall requires the unanimous affirmative vote of the members present at a duly constituted meeting of the Meeting of the Board of Directors :

(a) Any amendment to the Articles of Association ;

(b) Winding-up, liquidation of the Company ;

(c) The sale, transfer or disposal of all or any significant portion of the assets of the Company ; and

(d) Significant sales contract and purchasing contract.

For purposes of this section, "significant" shall mean a value equal to or greater than ₩20,000,000.

5. Representations and Warranties

Each party shall make the representation and warranty as is customary to this type of transaction.

6. Confidentiality

The party to this Memorandum agrees to keep confidential of the Confidential Information and use the Confidential Information only in accordance with this Memorandum ; provided, however, that his Memorandum shall impose no obligation oh the party with respect to Confidential Information which (1) is now or becomes publicly known or available by publication, commercial use or otherwise through no wrongful act or failure to act by the receiving party ; (2) is independently developed by receiving party without use of disclosing party's Confidential Information, as evidenced by appropriate documentation ; (2) is known by receiving party at the time of disclosure and is not subject to restriction ; (4) is hereafter lawfully furnished to receiving party as a matter or right and without restriction on disclosure, or (5) is required to be disclosed pursuant to a requirements of a government agency of law so ling as receiving party provides prompt notice to disclosing party of such requirement prior to disclosure. For purposes of this Memorandum, "Confidential Information: means confidential information disclosed by either party to the other, including but not limited to the terms and conditions of this Memorandum, any non-public information relating to the other party's research, development, proprietary technology, product and marketing plans, finances, personnel, business opportunities, and pricing.

7. Exclusivity

US agrees that for six (6) months from the date of this Memorandum that : (i) it will not agree with any other third parties to establish the joint venture in Korea, to manufacture, sell and distribute the Products in Korea or any other brand of US, (ii) it will not sell any third partied who will sell the Products to Korea.

8. Definite Agreement

For six (6) months from the date of this Memorandum, HL and US shall negotiate the terms and conditions of the definite agreement (the "Definite Agreement") for establishment the Company. Nothing in this Agreement will constitute the legal obligation to establish the company and either party may make the written notice to the other party the intention not to form the Company without any further liability. Either party shall not claim to the other party in case such party determines not to form the Company.

9. Legal Binding

Except articles of 6, 7, 8 and 10 this Memorandum shall have no legal binding.

10. Term

This MOU shall become effective and valid until the earliest event of the following incidents :

1) if either party makes to the party in writing that MOU the intention to termination this MOU :

2) if the Definite Agreement is made and entered ;

3) six (6) months from the date of this MOU ; or

4) if either party applies for or consent to the appointment of a receiver, trustee or liquidator for substantially all of its assets or such a receiver, trustee or liquidator shall be appointed, or such Party shall have filed against it an involuntary petition of bankruptcy or shall file a voluntary petition of bankruptcy, or a petition or answer seeking reorganization, or an arrangement with creditors, or shall seek to take advantage of any other law relating to relief of debtors, or shall make an assignment for the benefit of creditors.

11. Miscellaneous

11.1 Amendments. This Memorandum may not be amended, supplemented, modified or waive except by an instrument in writing signed by a HL and US.

11.2 No Assignment. Each Party agrees that it will not assign, sell, transfer, delegate, or otherwise dispose of, whether voluntarily or involuntarily, any right or obligation under this Memorandum.

11.3 Notices. All notices required or permitted under this Memorandum will be in writing in the English language and will be deemed given when sent by registered mail, postage prepaid. All communications will be sent the address set forth above.

11.4 Governing Law. This Memorandum shall be governed by, and construed and I interpreted in accordance with, the laws of _______, without giving effect to conflicts of law rules.

IN WITNESS WHEREOF, the Parties hereto have caused this Memorandum in two (2) original copies to be duly executed by their respective representatives thereunto duly authorized on the day and year first above written, and each Party retain one copy each.

HL Corporation	MAUS Corporation
By :	By :
Name	Name
Title	Title

참고문헌

고준환, 국제거래법론, 경진사, 1982.

국제거래학회, 국제거래법연구, 제1권-제4권, 1992-1995.

김우택, 국제거래법, 법률출판사, 2009.

김정호, 국제거래법, 고려대학교출판부, 2006.

박훤일, 국제거래법, 한국경영법무연구소, 1995.

박훤일, 국제거래법-케이스와 서식, 한국경영법무연구소, 1996.

박훤일, 국제금융-무역 실무자를 위한 국제거래법, 한국경영법무연구소, 1995.

서헌제, 국제거래법, 법문사, 1996.

신창선, 국제사법, 대명출판사, 1996.

이기수, 국제거래법, 세창출판사, 2010.

이은섭, 국제거래법, 부산대학교출판부, 2006.

이호정, 국제사법, 경문사, 1981.

장문철, 국제사법총론, 홍문사, 1996.

최준선, 국제거래법, 삼영사, 1996.

A. Kiss & D. Shelton, International Law, 1991.

Alexandre Kiss, "The rights and Interests of Future Generation and the Precautionary Principle" in The Precautionary Principle and International Law, 1996.

Boyle, A. E., "State Responsibility and International Liability for Injurious Consequences of Acts Not Prohibited by International Law: A Necessary Distinction?", 39 I.C.L.Q. 1990.

Harald Hohmann, Basic Documents of International Law, vol.1-3, New York : Gratman & Trotman Ltd., 1992.

J. Cameron and J. Abouchar, "The Status of the Precautionary Principle in International Law" in The Precautionary Principle and International Law, 1996.

W. Freedman, Foreing Plaintiffs in Products Liability Actions, 1988.
高桑昭·江頭憲治郎編, 国際取引法, 青林書院, 1997.
松岡博, 國際私法における法選擇規則構造論, 晃洋書房, 1987.
澤木敬郎, 涉外判例百選 (第二版), 有斐閣, 1986.
小原三佑下嘉, "國際賣買と貿易條件", 「現代契約法大系」, 第9卷, 1985.
畑口紘, "援用可能統一規則", 「現代契約法大系」, 第9卷, 1985.
石黑一憲, "國際運送保險契約", 「現代契約法大系」, 第8卷, 1983.
折茂豊, 國際私法 (各論), 1972.
実方正雄, "各種の契約", 「國際私法講座」, 第2卷, 1955.
野村美明, "航空機事故と國際的裁判管轄權)", 「阪大法學」, 第40卷2号, 1990.
山手正史, "lex mercatoriaについて", 「東北學院大學論集·法律學」, 34号, 1989.
鳥居淳子, "イギリス國際私法上に於ける當事者による契約締結後の準據法の指定", 「國際取引と法」, 1988.
浜上則雄, "生產物責任の準據法についてのハーグ條約 (上) (下)", 「判例時報」, 1014号, 1987.
西賢, "當事者自治の原則と比較法的動向", 「現代契約法大系」, 9卷, 1985.
小原三佑下嘉, "國際賣買と貿易條件", 「現代契約法大系」, 第9卷, 有斐閣, 1985.
畑口紘, "援用可能統一規則", 「現代契約法大系」, 第9卷, 有斐閣, 1985.
西賢, "當事者自治の原則と比較法的動向", 「現代契約法大系」, 9卷, 有斐閣, 1985.
佐野寛, "生產物責任の法選択に関する一考察 (一, 二, 三, 完)", 「法政論集」, 第91号, 第97号, 第99号, 1982-1984.
石黑一憲, "統一法による國際私法の排除とその限界", 「海法會誌復刊」, 24号, 海法學會, 1980.
石黑一憲, "國際金融取引と國際私法", 「金融取引法大系」, 3卷, 有斐閣, 1983.
石黑一憲, "國際運送保險契約", 「現代契約法大系」, 第8卷, 有斐閣, 1983.
浜上則雄, "生產物責任の涉外問題 (一)- (十三)", 「判例時報」, 第780号, 第801号, 第819号, 第825号, 第832号, 第838号, 第847号, 第877号, 第900号, 第941号, 第954号, 第989号, 第992号, 1975-1981,
石黑一憲, "統一法による國際私法の排除とその限界", 「海法會誌復刊」, 24号, 海法學會, 1980.

松岡博, “附合契約に於ける準據法約款の效力”, 「阪大法學」, 72·73号, 1970.
澤木敬郎, “勞働契約に於ける當事者自治と强行法規の連結問題”, 「立教法學」, 第9号, 1967.
折茂豊, “勞働契約の準據法”, 「法學」, 第30卷2号, 1966.
江川英文, “國際私法上の意思自治に關する一考察”, 「商法の基本問題」, 1952.
実方正雄, “國際私法上に於ける當事者自治の原則(一)”, 「法學」, 一卷九号, 1932.

찾아보기

ㄱ

ㄴ

ㄷ

ㄹ

ㅁ

ㅊ

ㅋ

ㅌ

ㅍ

ㅎ

국제거래법

(Law of International Transaction)

인쇄일 | 2014년 2월 10일
발행일 | 2014년 2월 20일 초판 발행
2017년 2월 28일 2쇄 발행

지은이 | 김원규

발행자 | 이덕훈
발행처 | 한남대학교출판부 〈글누리〉
대전광역시 대덕구 오정동 133
Tel (042) 629-7722
Fax (042) 629-7264

인쇄처 | 학예COM.
Tel (042) 625-1821

ISBN 978-89-7066-343-2 93360

가격 25,000원